KB069718

fMRI 기능적 자기공명영상
데이터 분석의 이해

Russell A. Poldrack · Jeanette A. Mumford · Thomas E. Nichols 공저

김초복 역

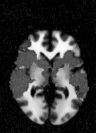
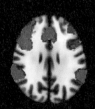
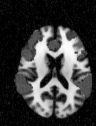

Handbook of **Functional MRI** Data Analysis

Handbook of Functional MRI Data Analysis

by Russell A. Poldrack, Jeanette A. Mumford, Thomas E. Nichols

  이 책은 Russell A. Poldrack, Jeanette A. Mumford, Thomas E. Nichols 의 *Handbook of Functional MRI Data Analysis*를 완역한 것이다. 이 책은 기능적 자기공명영상(fMRI) 데이터 분석에 관한 거의 모든 측면을 다루고 있기 때문에, 인지신경과학 및 관련 분야를 전공하는 대학원생들과 학부생들뿐만 아니라 fMRI 연구를 수행하는 많은 연구자들에게 큰 도움이 될 것으로 여겨진다.

  fMRI 분석을 하는 데 있어 어려운 점 중 하나는 다양한 분야의 지식과 기술이 필요하다는 것이다. 이 책의 저자들이 1장에 간략히 소개한 바와 같이, fMRI 분석을 잘 수행하기 위해서는 확률과 통계, 컴퓨터 프로그래밍, 신경생리학, 자기공명영상 등 다양한 영역에 걸친 지식이 필요하다. 심리학 기반으로 인지신경과학을 전공한 역자의 경우에도 fMRI 분석을 처음 접했을 때 가장 어려웠던 부분이기도 하다. 이러한 관점에서 이 책은 fMRI 분석에 관한 필수적이고 다양한 지식을 제공하는 매우 유용한 지침서가 될 것이다.

  이 책은 전체 10개의 장과 세 개의 부록으로 구성되어 있다. 각 장은 실제 데이터 분석의 순서와 유사하게 배치되어 있고, 부록은 본문에서 다루지는 않았지만 필수적으로 알아야 할 중요한 내용을 담고 있다. 이에 역자는 본문과 부록을 포함한 원서 전체를 완역하여 제공함으로써 fMRI 분석에 관한 독자들의 이해를 높이고자 하였다. 또한 이 책이 출판된 이후로 원서에서 발견된 몇몇 오류들에 대한 수정사항들이 이 책의 웹페이지에 게시되어 있고 그 밖에 사소한 오류들이 존재하는데, 이러한 부분들도 모두 이 번역서에 반영하였다.

fMRI 분석을 배우는 과정에서 전문적인 지침서를 찾을 수 없어 어려움을 겪고 있던 전공 분야 학생들과 이제 막 fMRI 세계에 들어온 동료 연구자들에게 이 책이 도움이 되길 바란다.

마지막까지 세심하게 원고 교정을 도와준 뇌인지연구실 대학원생들에게 마음 깊이 감사를 전하며, 끝으로 이 책의 출판을 위해 수고를 아끼지 않으신 학지사 여러분께 감사를 드린다.

2015년 1월
역자 김초복

저자 서문

기능적 자기공명영상(functional magnetic resonance imaging: fMRI)은 지난 20년 동안 인간의 뇌기능 연구를 위해 사용되는 가장 일반적인 방법이 되었다. fMRI는 뇌활동 측정을 위해 자기공명영상을 이용하여 국지적 뇌활동의 정도를 반영하는 국지적 혈중 산소치(oxygenation) 변화를 측정하는 기법이다. fMRI 데이터의 분석은 매우 복잡하고, 신호와 영상 처리를 위한 고도로 세련된 기술과 원데이터로부터 최종 결과물에 이르기 위한 통계학의 사용을 필요로 한다. 최종 결과물은 일반적으로 특정한 정신기능 혹은 지각적 기능을 조작할 때 어떤 뇌 영역이 반응하는지를 보여 주는 통계적 지도다. 현재 fMRI 데이터의 처리와 분석을 위한 여러 소프트웨어 패키지들이 존재하는데, 이 중 몇몇은 무료로 이용할 수 있다.

이 책의 목적은 연구자들에게 fMRI 데이터의 처리와 분석에 필수적인 모든 기술에 대한 정교한 이해를 제공하는 데 있다. 이 책의 순서는 fMRI 데이터 분석에 사용되는 데이터 처리과정의 표준화된 흐름과 대략적으로 일치하도록 체계화되어 있다. 먼저 fMRI에 대한 일반적인 소개를 하고, 이후 각 장은 하나의 fMRI 데이터 세트를 분석하는 데 필요한 모든 단계를 차근차근 설명하고 있다. 이 책은 먼저 fMRI에서 사용되는 데이터 유형과 이 데이터가 어떻게 변환되고 걸러지는지(filtering)를 소개하는 기본적인 영상 처리 방법에 대한 개관으로 시작한다. 그다음에는 fMRI 데이터의 전처리(preprocessing)에 사용되는 많은 단계, 즉 영상의 질적 통제(quality control)와 다양한 인공결함(artifact)에 대한 보정, 공간적 편평화(smoothing), 그리고 데이터를 공통의 해부학적 공간으로 구부리는 공간적 표준화(spatial normalization) 방법에 대해 논의한다. 그다음 세 개의 장에서는 fMRI 데이터 분석의 핵심인 통계적 모형화와 추론에 관해 살펴본다. 이 부분에서는 먼저 개인의 fMRI 시계열 데이터에 대한 모델링과 집단 데이터에 대한 모델링에 대해 살펴본 다음, fMRI 데이터가 본질적으로 가지고 있는 심각한 다중검증 문제(multiple test problem)에 초점을 둔 통계적 추론 방법을 개관한다. 추가적인 두 장은 단일 복셀(voxel)을 넘어서서 뇌 영역들 간의 연결성에 대한 모델링 혹은 데이터의 다변량 패턴을 모델링하는 기계학습(machine learning) 기술을 포함하는 데이터 분석 방법에 중심을 둔다. 마지막 장에서는 fMRI 분석 결과로 나오는 복잡한 데이터를 시각화하는 방법들을 살펴본다. 부록에서는 일반선형모형(general linear model)에 관한 이론적 기초, fMRI 데이터를 조직화하는 실용적 지침, 그리고 영상 데이터의 파일 형식(format)에 대한 소개를 제공한다.

　fMRI 분석을 위해 단순히 소프트웨어에서 어떤 버튼을 눌러야 하는지를 알려고 하는 것보다는 깊이 있는 개념적 수준에서의 이해를 원하는 독자에게 이 책은 많은 도움이 될 것이다. 따라서 아마도 심리학, 신경과학, 방사선학, 신경학, 통계학 그리고 생명정보과학 등 다양한 분야의 대학원생, 학부생, 의대생 및 연구자에게 도움이 될 것이다. 또한 이 책은 fMRI 데이터 분석에 중점을 둔 강의뿐만 아니라 대학원 및 학부를 포함한 다양한 뇌신경 영상 강의에도 교재로 이용될 수 있다.

　이 책에서는 개념들을 설명하는 과정에서 되도록 최소한의 수학 기호를 사용하기 위해 노력하였다. 일부 장들은 특정 기법에 관한 수학적 세부 사항을 포함하기도 하지만, 건너뛰어도 내용 이해에는 크게 무리가 없을 것이다. 그럼에도 불구하고 관심이 있는 독자는 수학적 이해가 부가적인 통찰을 제공할 수 있다는 것을 알게 될 것이다. 우리는 이 책의 독자가 통계학과 선형대수학에 관한 기초 지식이 있을 것이라고 가정하고 있지만, 또한 이러한 원리들, 특히 일반선형모형에 관련된 원리에 대해 독자에게 기초 지식을 제공하고 있다.

　fMRI 분석에 관해 확실히 배울 수 있는 유일한 방법은 실제로 분석을 해 보는 것이다. 그러한 목적으로, 우리는 이 책에 사용된 예제 데이터 세트를 예제 분석 스크립트와 함께 이 책의 웹사이트(http://www.fmri-data-analysis.org/)에 제공하고 있다.

　이 책의 예제들이 FSL과 SPM 소프트웨어 패키지에 주로 중점을 두고 있지만, 다른 패키지의 개발자나 사용자들이 어떻게 그 패키지를 이용하여 이 데이터를 분석할 수 있는지를 시연하는 예제 스크립트를 우리에게 제공해 준다면 감사할 것이다. fMRI 분석에 관해 배울 수 있는 또 다른 좋은 방법은 데이터를 모의실험하고, 다른 기법들을 검증해 보는 것이다. 이러한 연습에 있어 독자를 보조하기 위해 이 책에 제시된 많은 그림을 만드는 데 사용된 코드의 예제가 웹사이트에 제공되어 있다. 이 예들은 fMRI 데이터를 대상으로 연구할 수 있는 다양한 방법들을 강조하는 MATLAB이나 R, Phthon 코드를 포함한다.

　이 책의 장들에 도움이 되는 의견을 준 Akram Bakkour, Michael Chee, Joe Devlin, Marta Randy McIntosh, Rajeev Raizada, Antonio Rangel, David Schnyer 그리고 Klass Enno Stephan에게 감사드린다. 또한 이 책을 출판하는 전 과정에 걸쳐 안내해 주고 인내심을 보여 준 케임브리지 대학교 출판부의 Lauren Cowles에게도 감사드린다.

차례

역자 서문 / 3

저자 서문 / 5

Chapter 1 ● 서 론 13

1. fMRI의 간략한 개관   15

2. 인지신경과학의 출현   18

3. fMRI 분석의 대략적 역사   20

4. fMRI 분석의 주요 요소   24

5. fMRI 분석을 위한 소프트웨어 패키지   25

6. 소프트웨어 패키지 선택하기   29

7. 처리과정 흐름의 개관   30

8. fMRI 분석을 위한 필수 기초 지식   30

Chapter 2 ● 영상 처리의 기초 33

1. 영상이란 무엇인가   35

2. 좌표 체계   39

3. 공간적 변환   41

4. 필터링과 푸리에 분석   60

Chapter **3**   fMRI 데이터의 전처리 65

1. 서 론   67
2. fMRI 전처리에 대한 개관   68
3. 질적 통제 기법   69
4. 왜곡 보정   73
5. 절편 획득시간 보정   76
6. 움직임 보정   79
7. 공간적 편평화   91

Chapter **4**   공간적 표준화 95

1. 서 론   97
2. 해부학적 다양성   98
3. 뇌영상을 위한 좌표 공간   98
4. 지도와 형판   99
5. 해부학 영상의 전처리   101
6. fMRI 표준화를 위한 처리의 흐름   105
7. 공간적 표준화의 방법   107
8. 표면 기반 방식   110
9. 공간적 표준화 방법 선택하기   112
10. 공간적 표준화의 질적 통제   113
11. 표준화 문제에 대한 해결   115
12. 특수 모집단으로부터의 데이터 표준화   116

Chapter **5** ● 통계적 모형화: 단일 피험자 분석 121

1. BOLD 신호   124

2. BOLD 잡음   146

3. 연구 설계 및 모형화 전략   158

Chapter **6** ● 통계적 모형화: 집단분석 167

1. 혼합효과 모형   170

2. 연속 공변인의 평균 중심화   177

Chapter **7** ● 영상에 대한 통계적 추론 185

1. 통계적 추론의 기초   188

2. 영상의 관심 특징   191

3. 다중검증 문제와 해결책   198

4. 추론들을 연합하기: 차폐화와 결합   210

5. 관심 영역 차폐의 사용   212

6. 통계적 검증력 계산하기   213

Chapter **8** ● 뇌 연결성 모형화 219

1. 소 개   221

2. 기능적 연결성   222

3. 인과적 연결성   242

4. 연결망 분석 및 그래프 이론   257

Chapter 9 다중복셀 패턴 분석과 기계학습 265

1. 패턴 분류에 대한 소개 267
2. 분류자를 fMRI 데이터에 적용하기 271
3. 데이터 추출 271
4. 특징 선택 273
5. 분류자의 훈련과 시험 275
6. 분류자 특성화하기 283

Chapter 10 fMRI 데이터의 시각화, 국지화 및 보고 287

1. 활성화 데이터의 시각화 289
2. 활성화의 국지화 295
3. 활성화의 국지화와 보고 300
4. 관심 영역 분석 303

부 록 315

부록 A. 일반선형모형에 대한 개관 317
부록 B. 데이터 조직화 및 관리 331
부록 C. 영상의 형식 343

참고문헌 349
찾아보기 379

Chapter **1**

서론

1. fMRI의 간략한 개관

2. 인지신경과학의 출현

3. fMRI 분석의 대략적 역사

4. fMRI 분석의 주요 요소

5. fMRI 분석을 위한 소프트웨어 패키지

6. 소프트웨어 패키지 선택하기

7. 처리과정 흐름의 개관

8. fMRI 분석을 위한 필수 기초 지식

Chapter 1

서론

이 책의 목적은 독자에게 기능적 자기공명영상(functional magnetic resonance imaging: fMRI) 데이터의 처리와 분석에 사용되는 기법에 대한 견고한 기초 지식을 제공하는 데 있다.

1. fMRI의 간략한 개관

1990년대 초 fMRI의 개발 이후, fMRI는 과학계를 열광시켰다. 이러한 성장은 [그림 1-1]에 보여 주는 바와 같이 생물의학에 관한 PubMed 데이터베이스에 fMRI를 언급한 논문들의 수에 대한 도표로 쉽게 알 수 있다. 1996년에는 일주일 안에 fMRI 논문 전체를 앉아서 읽을 수 있었던 반면, 지금은 지난주에 출판된 fMRI 논문들을 모두 읽는다는 것이 거의 불가능하다! 이렇게 급격히 관심이 높아진 이유는 fMRI가 이전에는 불가능했던, 안전하고 비침습적인 방법으로 뇌활동의 촬영을 가능하게 했을 뿐 아니라, 양전자방출 단층촬영(positron emission tomography: PET)과 비교할 때 매우 훌륭한 공간적 해상도와 상대적으로 우수한 시간적 해상도를 제공할 수 있기 때문이다.

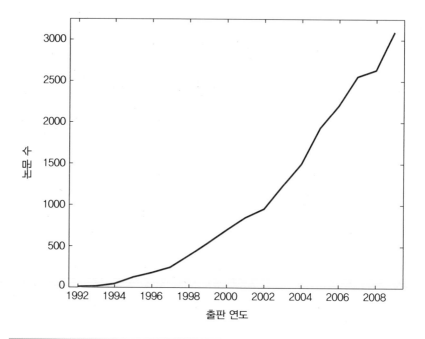

그림 1-1　PubMed 데이터베이스에서 ['fMRI' OR 'functional MRI' OR 'functional magnetic resonance imaging']이라는 조건검색어로 찾은 논문 수를 1992년부터 2009년까지 나타낸 도표

1) 혈류와 신경세포 활동

fMRI의 가장 일반적인 방법은 뇌에 있는 신경세포(neuron)들이 활동을 하면, 그 영역을 통과하는 혈류(blood flow)의 양이 증가한다는 사실을 이용하는 것이다. 이 현상은 100년 이상 알려져 오고 있지만, 그 현상을 일으키는 기제는 일부만이 이해되고 있다. 특히 흥미로운 것은 그 영역으로 흐르는 혈액의 양이 그 세포들의 활동에 의해 사용된 산소를 보충하는 데 필요한 양보다 더 많다는 것이다. 따라서 신경세포 활동으로 유발된 혈류의 증가는 국지적 혈중 산소의 상대적 과잉을 발생시킨다. fMRI에서 측정된 신호는 이러한 산소치(oxygenation)의 변화에 의존하는데, 이를 혈중 산소치 의존(blood oxygenation level dependent:

BOLD) 신호라고 부른다.

[그림 1-2]는 혈류역학 반응(hemodynamic response)이라고 알려진 것의 한 예를 보여 주는데, 이는 신경세포 활동의 짧은 주기 이후에 뒤따르는 혈류의 증가를 일컫는다. BOLD fMRI의 기본적 특징의 기초가 되고, 어떻게 데이터가 분석되어야 할지를 결정짓는 혈류역학 반응에 관한 두 가지 사실이 있다. 첫째, 혈류역학 반응은 느리다. 신경세포 활동은 겨우 수 밀리초(msec) 정도만이 지속되는 반면, 이 신경활동에 뒤따르는 혈류의 증가는 최고점에 도달하는 데 약 5초 정도 걸린다. 이 최고점 이후에는 최소 15~20초 동안 기저선으로 충분히 되돌아가지 않는 상당히 긴 과소이동(undershoot)이 뒤따른다. 둘째, 혈류역학 반응은 근

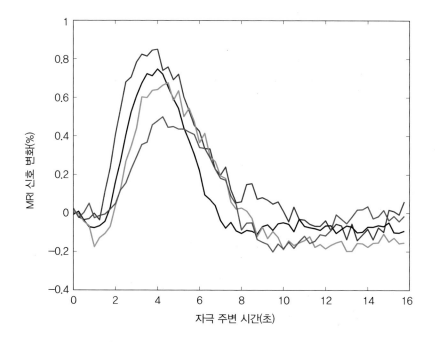

그림 1-2 역으로 반전되는 격자무늬(checkerboard)를 500ms 동안 제시할 때 일차 시각피질(V1) 영역에서 일어나는 혈류역학 반응의 예. 네 가지 다른 선들은 네 명의 서로 다른 개인들로부터 나온 데이터인데, 이는 혈류역학 반응이 사람들마다 얼마나 다른지를 보여 준다. MRI 신호는 매 250ms에 측정되었는데, 이는 도표들에서 나타나는 잡음의 이유다 (자료: 미네소타 대학교의 Stephen Engle).

사적으로 선형적 시불변(linear time-invariant) 시스템으로 간주될 수 있다(Cohen, 1997; Boynton et al., 1996; Dale, 1999). 이와 관련하여 5장에서 더 자세하게 다룰 것이지만, 본질적으로 긴 일련의 신경세포 활동에 대한 반응은 더 짧은 시간 동안 발생하는 활동에 대한 반응들을 합하여 측정될 수 있다. 이 선형성(linearity)으로 인해 주어진 신경세포 활동의 특정 시간추이에 따른 혈류역학 신호의 시간추이를 기술하는 직접적인 통계적 모형을 만드는 것이 가능해진다. 이때 사용하는 수학 연산을 컨볼루션(convolution)이라고 한다.

2) 자기공명영상(MRI)

자기공명영상(MRI)의 놀라운 능력은 아무리 과장해도 지나치지 않다. 10분도 채 걸리지 않는 동안, 완벽히 안전하고 비침습적인 방법으로, 해부 뇌의 해상도 못지않은 살아 있는 인간 뇌의 이미지를 얻는 것이 가능하다. MRI 개발 이전에 뇌영상은 전리 방사선(ionizing radiation)을 이용하는 방식(X-레이 및 컴퓨터 단층촬영[computed tomography: CT], 양전자 방출 단층촬영)에 의존하였다. 방사선에 관한 안전과 관련한 우려와 더불어, 이러한 기법들은 MRI로 측정할 수 있는 다양한 조직의 특성들을 영상화할 수 있는 유연성을 제공해 주지 못한다. 따라서 1980년대 표준 의학영상 기술로서 MRI의 확립은 인간 신체 내부를 들여다볼 수 있는 능력에서 혁명을 가져왔다.

2. 인지신경과학의 출현

뇌와 마음이 얼마나 관련되어 있는가에 관한 매혹은 인류 자체만큼 오래되었을 것이다. 뇌신경 영상 방법이 개발되기 전까지 정신기능이 뇌에 어떻게 조직화되어 있는지를 이해하는 유일한 방법은 뇌졸중, 감염 혹은 상해로 뇌손상을 경험했던 개인들의 뇌를 연구하는 것이었다. 뇌에서의 정신기능의 국지화(localization)에 관해 이루어진 많은 초기 발견들은 이후의 논란에도 불구하고 이러한 유형의 연구들을 통해서 이루어졌다. 하지만 뇌손상 환자들을 연구하는 데 있어 많은 어려움이 나타남으로써 그 진전이 제한되었다(Shallice, 1988).

정신기능들이 정상적 상태에서 뇌의 처리과정과 어떻게 관계되는지를 보다 더 잘 이해하기 위해, 연구자들은 개인이 특정 정신과정을 조작하도록 설계된 과제들을 수행하는 동안 뇌기능을 영상화할 수 있는 방법을 필요로 하였다. 1980년대 여러 집단의 연구자들(세인트루이스의 워싱턴 대학교와 스웨덴의 카롤린스카 연구소[Karolinska Institute] 위주로)이 이러한 필요에 따라 양전자방출 단층촬영(PET)을 사용하기 시작하였다. PET는 신체 내부의 방사성 물질의 감쇠를 측정한다. PET는 물이나 포도당과 같이 생물학적으로 중요한 분자들에 부착되는 방사성 추적자를 이용함으로써 혈류나 포도당 대사와 같은 뇌기능의 양상을 측정할 수 있다. PET는 정신기능을 뇌에 국지화하는 것이 가능함을 보여 주었고, 이는 정상인에게서 인지과정의 뇌신경 조직화를 들여다볼 수 있는 기회를 제공하였다(예: Posner et al., 1988). 하지만 PET의 사용은 방사선 노출에 관한 안전성의 우려와 PET 시스템이 부족하여 쉽게 이용하기 어렵다는 점에서 제한되었다.

fMRI는 인지신경과학이 찾고자 하였던 바로 그 도구를 제공하였다. 첫째, fMRI는 안전하다. 이는 다양한 범위의 개인들에게 사용이 가능하고, 또한 필요하다면 반복적으로 많은 횟수를 스캔할 수 있다는 의미다. 또한 fMRI는 의학적으로 필요한 경우가 아니라면 PET 연구에 참여할 수 없었던 아동에게도 사용될 수 있다. 둘째, 1990년대까지 MRI 시스템이 급속히 확산됨에 따라 거의 모든 의료센터에 최소한 하나의 MRI 스캐너 혹은 여러 개의 스캐너를 보유하게 되었다. fMRI는 많은 표준 MRI 스캐너에서, 그리고 지금은 거의 모든 스캐너에서 수행될 수 있기 때문에 PET에 비하여 더 많은 연구자들이 fMRI를 활용할 수 있다. 끝으로,

fMRI는 PET를 능가하는 몇 가지 중요한 기술적 이점을 가지고 있다. 특히 공간 해상도(예: 작은 구조를 분해하는 능력)가 PET보다 매우 뛰어나다. 또한 PET는 최소한 1분 동안 지속되는 스캔이 필요하지만, fMRI를 이용하면 훨씬 더 빨리 나타나는 사건들을 연구하는 것이 가능해진다. 전 세계의 인지신경과학자들은 이러한 흐름으로 재빨리 뛰어들어 왔고, 이에 따른 fMRI의 급격한 성장이 시작되었다.

3. fMRI 분석의 대략적 역사

1990년대 초에는 fMRI 데이터 분석을 위한 기존의 소프트웨어가 없었기 때문에 최초의 fMRI 연구자들은 자신이 수집한 데이터를 분석할 도구들을 스스로 개발해야 했다. fMRI를 위한 최초의 실험설계와 분석적 접근은 PET를 이용한 뇌혈류 분석 방법을 적용한 것이었다. PET를 이용한 뇌혈류 연구들에서는, 각 이미지의 획득에 최소 1분이 걸리고 하나의 과제가 전체 이미지를 획득하는 동안 반복되어 제시된다. 이 각각의 이미지들은 과제와 휴지기의 이미지들 간 t-검증과 같은 간단한 통계적 절차를 이용하여 비교된다. 초기 연구들은 이러한 접근을 적용하여 하나의 과제를 수행하는 동안의 평균 활성화와 다른 과제를 수행하는 동안의 평균 활성화를 단순히 감산하는 방법으로 활성화 지도를 만들었다. 예를 들어, Kwong 등(1992)의 연구에서는 시각 자극의 블록들과 자극이 없는 블록들이 번갈아 제시되었다. [그림 1-3]에서 보여 주듯이, 시각 피질에서의 신호 변화는 감산 이미지들만을 보더라도 확연히 드러난다. 이 효과에 대한 통계적 근거를 획득하기 위해 자극 블록 동안에 획득된 이미지들이 비자극 블록의 이미지들과 대응표본 t-검증을 이용하여 비교되었다. 이러한 접근은 활성화를 찾아내는 손쉬운 방법을 제공하였지만, 얼마 지나지 않아 그 한계가 분명히 드러났다. 첫째, 이 방법은 신호가 안정된 상태에 도달하기 위해 PET 스캔의 경우에서와 같이

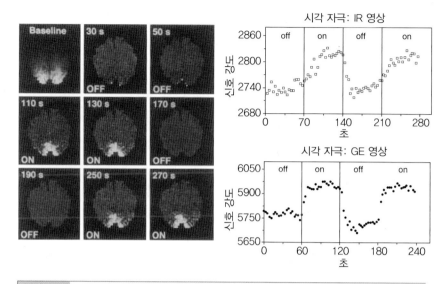

그림 1-3 Kwong 등(1992)의 연구에서 보고된 초기 fMRI 이미지. 왼쪽 그림은 기저선 이미지(왼쪽 위)로부터 시작하는 일련의 이미지들을 보여 주는데, 뒤이어 시각 자극의 제시 혹은 휴지기 동안의 여러 시점에서 획득한 감산 이미지들이 제시되어 있다. 오른쪽 그림은 시각 피질의 관심 영역에서의 시간추이를 보여 주는데, 여기서 시각 자극을 제시하는 동안 신호의 증가가 나타난다.

자극 제시를 위한 긴 블록이 요구되었다. 비록 이것이 가능할지라도 이러한 접근은 fMRI 데이터로부터 얻을 수 있는 향상된 시간적 해상도를 본질적으로는 낭비하는 것이다. 둘째, 단순한 t-검증 접근은 fMRI 데이터의 복잡한 시간적 구성에 대해 고려하지 못하였는데, 이는 통계학적 가정을 위배하는 것이었다.

　연구자들은 곧 PET보다 상대적으로 매우 우수한 fMRI의 시간적 해상도가 사건 관련(event-related: ER) 설계의 사용을 가능하게 한다는 것을 깨달았는데, ER 설계에서는 상대적으로 짧은 개별 자극들의 영향을 추정하는 것이 가능하였다. 이러한 설계를 적용한 초기의 연구들은 혈류역학 반응이 기저선으로 되돌아오는 데 걸리는 시간을 고려하여 시간적으로 매우 간격이 넓은 시행들을 사용하여 각 시행의 중심 시간대에 걸친 혈류역학 반응을 평균하였다(Buckner et al., 1996). 하지만 이러한 매우 느린 사건 관련 설계의 한계가 곧 분명해졌는데, 상대적으로 적은 수의 시행을 수집하는 데 매우 오랜 스캔 시간을 필요로 한다는 점에서 특히 그랬다. 시간적으로 더 빈번하게 발생하는 시행들에 대한 모델링은 BOLD 혈류역학 반응(HRF)에 대한 보다 본질적인 이해를 필요로 하게 되었다. BOLD 반응이 선형적 시불변 체계로 작용하기 때문에 필요한 사건 관련 fMRI 설계의 범위는 몇몇 토대가 되는 연구들(Boynton et al., 1996; Vazquez & Noll, 1998; Dale & Buckner, 1997)에 의해 공고해졌다. 이는 대략 최소 2초의 간격으로 발생하는 사건들에 관한 것이었다. BOLD의 선형성은 결정적인 결과물로, 일반선형모형(General Linear Model)의 사용이 가능해지면서 분석이 극적으로 단순해졌고, 이에 따라 다양한 fMRI 설계의 통계적 효율성에 관한 연구가 가능해졌다. 예를 들어, Dale(1999), Josephs와 Henson(1999)은 선형성을 이용한 블록 설계는 조건 간 차이를 가장 잘 드러낼 수 있지만, 사건들에 대한 주의 깊은 배치가 최선의 가능한 ER 설계를 제공해 줄 수 있음을 증명하였다.

BOLD 데이터의 잡음 또한 난관이었다. 이는 특히 '드리프트(drift)'라 불리는 극심한 저주파 변화와 관련한 것이다. 초기 연구는 이 잡음의 근원과 성질을 체계적으로 조사하였고, 이 잡음을 생리학적 효과와 스캐너 불안정성의 조합으로 그 특성을 기술하였다(smith et al., 1999; Zarahn et al., 1997; Aguirre et al., 1997). 물론 드리프트의 근원에 관해서는 여전히 이해하기 어려운 부분이 존재한다. 드리프트는 필터들 혹은 장애 회귀변수(nuisance regressor)들의 조합이나 시간적 자기상관(temporal autocorrelation)을 이용하여 모형화되었다(Woolich et al., 2001). BOLD 신호에서의 전역 변화(global variation)는 PET에서와 마찬가지로 과제와 관련 없이 관찰되었고, 이 전역 fMRI 신호 강도가 회귀모형을 통해 제거되어야 할지, 비율적으로 제거되어야 할지, 혹은 무시되어야 할지에 관한 논쟁이 있었다(Aguirre et al., 1997).

PET에서는 피험자 내 분석과 집단분석 간 구분을 거의 하지 않았고, 한 피험자로부터 많은 경우 12회까지의 반복적인 스캔으로 발생하는 반복측정 상관도 무시되었다. fMRI의 경우 각 개인에 대해 수백 번의 스캔이 실시된다. 초기 접근법은 한 연구에 참여한 모든 개인에 대한 시계열을 단순히 연결시키는 것이었고, 이 데이터가 서로 다른 개인에 걸쳐서 획득된 반복측정치라는 사실을 무시하면서 모든 시간점에 대한 분석을 수행하는 것이었다. 이 방법은 '고정효과(fixed effect)' 추론을 산출하였는데, 이 방식에서는 한 명의 피험자로 인해 집단분석에서 유의미한 결과가 나타날 수 있다. SPM 집단(Holmes & Friston, 1999)은 '혼합효과(mixed effect)' 모델링에 대한 단순한 접근을 주장하였는데, 이 추론은 표집된 전집에 대해 일반화하는 것이었다. 이 접근은 각 복셀(voxel)에서 피험자별 효과 추정치를 얻은 후, 피험자에 걸쳐 효과를 검증하는 두 번째 수준(second level)에서 이 추정치들을 결합하는 것을 포함하였다. 이 접근법은 오늘날에도 여전히 광범위하게 사용되고 있지만 피험자 내 변산성에서의 차이를 설명하지 못하였다. 보다 향상된 접근법이 FMRIB Software Library(FSL) 집단에 의해 제안되었는데(Woolrich et al., 2004b; Beckmann & Smith, 2004), 이 방식은 개별 피험자효과를 나타내는 영상과 이에 대응하는 표준오차 영상 둘 다를 사용한다. 비록 이 방법이 피험자 간 변산성에서 극단적인 차이가 있을 때 더 우수한 민감도를 제공하지만, 최근의 연구에 따르면 이러한 방법들은 전형적인 단일집단분석과 크게 다르지 않은 것으로 나타나고 있다(Mumford & Nichols, 2009).

2000년 이래로 fMRI 분석에 대한 새로운 접근법이 점점 일반화되고 있는데, 이는 개별 복셀 수준에서의 반응보다는 활성화의 패턴에 존재하는 정보를 분석하고자 시도하는 것이다. 이는 다중복셀 패턴 분석(multi-voxel pattern analysis: MVPA), 패턴 정보 분석(pattern information analysis) 또는 기계학습(machine learning) 등으로 알려져 있는데, 이 방법들은 서로 다른 조건들(예: 서로 다른 자극 종류들)이 fMRI 활성화 패턴을 기초로 하여 구별될 수 있는 정도를 결정하고, 또한 그러한 패턴들에 어떠한 종류의 정보가 존재하는지를 이해하고자 한다. 이러한 방법들의 특별한 혁신은 특정 데이터 세트에 존재하는 패턴들을 단순히 기술하려고 하기보다는 새로운 데이터에 대한 예측을 하고자 하는 데 있다.

4. fMRI 분석의 주요 요소

fMRI 데이터 분석은 수많은 요인들 때문에 복잡해진다. 첫째, fMRI 데이터는, 예를 들어 머리 움직임에 의해 발생하는 것과 같은 수많은 인공결함으로부터 자유롭기 어렵다. 둘째, 데이터에는 피험자 간 변산성과 피험자 내 시간에 따른 변산성을 포함하는 수많은 변산성의 출처가 존재한다. 셋째, 데이터의 차원 수가 매우 큰데, 이는 많은 과학자들이 작업하는 데 익숙한 작은 규모의 데이터 세트와 비교할 때 수많은 난관을 야기한다. fMRI 분석의 주요 구성요소들은 이러한 문제들의 각각을 다루도록 되어 있다. 그 구성요소들은 다음과 같다.

- 질적 통제(quality control): 데이터가 인공결함에 의해 오염되지 않도록 확인하는 것
- 왜곡 보정(distortion correction): fMRI 영상에서 흔히 나타나는 공간적 왜곡의 보정
- 움직임 보정(motion correction): 머리 움직임을 보정하기 위해 시간을 가로질러 영상들을 재배치하는 것
- 절편 타이밍 보정(slice timing correction): 이미지의 다른 절편들에 걸친 획득 시간의 차이를 보정하는 것
- 공간적 표준화(spatial normalization): 서로 다른 개인으로부터 획득한 데이터를 공통의 공간적 틀로 배치함으로써 그 데이터가 집단분석을 위해 결합될 수 있도록 하는 것
- 공간적 편평화(spatial smoothing): 잡음을 줄이기 위해 데이터를 의도적으로 희미해지게 만드는 것
- 시간적 필터링(temporal filtering): 저주파 잡음을 제거하기 위해 시간

축에서 데이터를 걸러 내는 것
- **통계적 모형화**(statistical modeling): 하나의 과제 혹은 자극에 대한 반응을 추정하기 위해 통계적 모형을 데이터에 맞추는 것
- **통계적 추론**(statistical inference): 결과의 통계적 유의성에 대한 추정으로, 전체 뇌에 걸쳐 수행되는 많은 수의 통계 검증들에 대한 보정을 포함하는 과정
- **시각화**(visualization): 결과에 대한 시각화와 효과크기에 대한 추정을 하는 것

이 책의 목표는 이 단계들 각각에 포함된 절차들을 개관하는 것이다.

5. fMRI 분석을 위한 소프트웨어 패키지

fMRI 연구의 초기에는 거의 모든 실험실에서 데이터 분석을 위해 자체적으로 개발한 소프트웨어를 가지고 있었으며, 실험실에 따라 분석 절차들에 차이가 많았다. fMRI의 성장에 따라 이 내부 소프트웨어들 중의 몇몇이 다른 실험실로 배포되기 시작했고, 시간이 흘러 이 소프트웨어들이 fMRI 연구에 필요한 분석의 모든 측면을 수행할 수 있는 완성된 분석 소프트웨어 패키지로 배포되었다.

현재는 fMRI 데이터 분석을 위한 수많은 포괄적인 소프트웨어 패키지들이 존재하며, 각각의 패키지는 충실한 추종자들을 보유하고 있다(〈표 1-1〉 참조). 이 패키지들에 대한 웹사이트는 이 책의 웹사이트에 링크되어 있다.

〈표 1-1〉 주요 fMRI 소프트웨어 패키지들의 개관

소프트웨어	개발자	플랫폼*	라이센스
SPM	University College London	MATLAB	오픈 소스
FSL	Oxford University	UNIX	오픈 소스
AFNI	NIMH	UNIX	오픈 소스
Brain Voyager	Brain Innovation	Mac OS X, Windows, Linux	상업용 (비공개 소스)

* UNIX로 표시된 플랫폼은 Linux, Max OS X, 그 밖에 UNIX 기반 운영 체제도 포함함.

1) SPM

SPM(Statistical Parametric Mapping)은 fMRI 분석에 가장 먼저 널리 이용되고 개방형으로 배포된 소프트웨어 패키지다. Karl Friston과 Functional Imaging Lab(FIL)이라고 알려진 실험실 동료들에 의해 개발되었는데, 1990년 초기에 PET 데이터 분석을 위한 프로그램으로 시작하여 이후 1990년대 중반에 fMRI 데이터 분석에 적용되었다. SPM은 여전히 fMRI 분석을 위한 가장 유명한 소프트웨어 패키지다. SPM은 MATLAB 기반으로 개발되었는데, 따라서 SPM은 다양한 컴퓨터 플랫폼에서 구동시킬 수 있다. 또한 MATLAB 코드는 상대적으로 해석이 쉬워서 코드를 살펴보고 프로그램에 의해 무엇이 이루어지는가를 정확히 볼 수 있게 해 준다. SPM을 주요 분석 도구로 사용하지 않는 사람일지라도 데이터 처리, 데이터 파일 읽기/쓰기, 또는 다른 함수들에 SPM에 포함된 많은 MATLAB 함수들을 유용하게 사용할 수 있다. SPM은 또한 툴박스 기능을 통해 확장이 가능하고, 수많은 확장 프로그램들이 SPM 웹사이트를 통해 이용 가능하다. SPM의 고유한 하나의 특징은 심리생리학적 상호작용(psychophysiological interaction; 8장 참조)과 역동적 인과 모형(dynamic causal modeling; 8장 참조)을 포함하는 연결성 모형화 도구들이

다. SPM으로 가능한 시각화는 상대적으로 제한적이어서 많은 사용자들이 시각화를 위해 다른 패키지들을 이용한다.

2) FSL

FSL(FMRIB Software Library)은 옥스퍼드 대학교에서 Stephen Smith와 동료들이 개발하였고, 2000년에 처음 공개되었다. FSL은 수많은 최첨단 기법들을 구현함으로써 최근에 상당한 인기를 얻게 되었다. 첫째, FSL은 fMRI 데이터의 통계적 모형화에 있어 선두에 있는데, 이는 FEAT, FLAME, RADOMISE와 같은 FSL 모듈에서 수행할 수 있는 수많은 새로운 모델링 및 추정, 추론 기법들을 개발하고 구현했기 때문이다. 둘째, FSL은 인공결함 탐지와 휴지상태(resting-state) fMRI 데이터 모델링을 위해 매우 광범위하게 사용되기 시작한 독립성분 분석(independent components analysis: ICA; 8장 참조)을 위한 탄탄한 도구를 포함하고 있다. 셋째, FSL은 백질의 구조를 분석하는 데 사용되는 확산 텐서 영상(diffusion tensor imaging) 데이터 분석을 위한 복잡한 도구를 포함한다. FSL은 FSLView라고 불리는 점점 더 강력해지고 있는 시각화 도구를 포함하고 있는데, 이 도구는 수많은 확률적 지도를 나타내고 동영상으로 시계열을 나타낼 수 있는 능력을 포함한다. FSL의 또 다른 주요 장점은 그리드 컴퓨팅(grid computing)과의 통합인데, 이는 클러스터 연산을 사용할 때 매우 많은 양의 데이터 세트 분석을 훨씬 빠르게 해 준다.

3) AFNI

AFNI(Analysis of Functional NeuroImages)는 위스콘신 의과대학에 있다가 이후 미국 국립정신건강연구소(National Institutes of Mental Health: NIMH)로 옮긴 Robert Cox와 그의 동료들에 의해 개발되었다. AFNI는 fMRI가 시작된 초기에 개발되어 지금까지 충실한 추종자들을 보유해 왔다. AFNI의 주요 장점은 매우 강력하고 유연한 시각화 능력에 있는데, 이는 SUMA 툴박스를 이용하여 용적과 피질 표면의 시각화를 통합하는 능력을 포함한다. AFNI의 통계적 모형화와 추론 도구들은 개발 초기부터 지금까지 SPM이나 FSL에서 쓸 수 있는 방법보다 덜 복잡하였다. 그러나 최근에는 AFNI와 R 통계 패키지를 통합하여, R 내에서 가능한 보다 복잡한 모델링 기법들이 가능해졌다.

4) 다른 중요한 소프트웨어

BrainVoyager　브레인 이노베이션(Brain Innovation) 기업의 Rainer Goebel과 동료들이 만든 BrainVoyager는 fMRI 분석을 위한 대표적인 상업용 소프트웨어 패키지다. 모든 주요 연산 플랫폼에서 사용이 가능하며, 특히 쉬운 사용법과 세련된 사용자 환경으로 잘 알려져 있다.

FreeSurfer　매사추세츠 종합병원(Messachusetts General Hospital)의 Bruce Fischl과 동료들이 개발한 해부학적 MRI 분석을 위한 패키지다. 이 자체로는 fMRI 분석 패키지가 아니지만, 최소한의 노력으로 피질 표면 모형과 해부학적 분해를 자동적으로 생성할 수 있는 도구들을 제공하기 때문에 fMRI 분석에 점점 더 유용해지고 있다. 이 모형은 표면에 기반한 접근법을 이용하여 피험자 간 데이터를 정렬하는 데 이용될 수 있는데, 이는 피험자 간 정렬을 위한 보다 표준적 볼륨 기반 방법들보다 몇몇 경우에 더 정확하다(4장 참조). FSL이나 SPM을 이용하여 획득한 통계 결과들을 가져올 수도 있고, 그 결과들을 재구성된 피질 표면으로 투사시킬 수도 있어서, 표면 기반 집단 통계분석을 가능하게 한다.

6. 소프트웨어 패키지 선택하기

fMRI 분석을 위한 가용한 소프트웨어 패키지들의 다양성 때문에 그 중에서 어떤 것을 선택해야 할지 의문이 들 것이다. 한 가지 방법은 이 책의 저자들에게 듣는 것이다. 이 책의 저자들은 많은 패키지들을 사용해 왔고, 결국 주요 분석 패키지로 FSL을 선택하였다(물론 다른 패키지들 또한 정기적으로 사용하고 있다). 그러나 어떤 사람은 패키지 선택 시 다른 사람들과 달리 선택하고자 하는 또 다른 이유가 있다. 첫째, 당신의 연구소에 있는 경험 있는 다른 연구자들이 사용하는 패키지는 무엇인가? 메일링 리스트가 도움이 될 수 있을지라도, 새로운 분석 패키지를 배울 때 가까이 있는 전문가를 대신할 수는 없다. 둘째, 어떤 특정한 분석의 측면이 당신에게 가장 중요한가? 예를 들어, 역동적 인과 모델링 사용에 관심이 있다면 SPM이 타당한 선택이다. ICA 사용에 관심이 있다면, FSL이 더 적절한 선택이다. 끝으로, 패키지 선택은 사용하는 컴퓨터 플랫폼에 달려 있다. Microsoft Windows 사용자에게는 SPM이 좋은 선택이다(물론 같은 컴퓨터에 Linux를 설치하는 것은 항상 가능하고, 이는 더 많은 이용 가능성을 열어 줄 것이다). 큰 클러스터에 접근할 수 있다면, 내재된 그리드 컴퓨팅을 지원하는 FSL이 적합할 것이다.

처리과정 흐름의 다른 부분들에 대해 다른 분석 도구들을 필요에 따라 짜맞추는 것도 물론 가능하다. 이는 대부분의 소프트웨어 패키지에서 NIfTI 파일 포맷을 사용할 수 있도록 적용하였기 때문에 가능해졌다(더 자세한 설명은 부록 C 참조). 그러나 일반적으로는 하나의 패키지를 꾸준히 사용하는 것이 타당하다.

7. 처리과정 흐름의 개관

　fMRI 분석의 과정에서 수행되는 작업의 순서를 처리과정 흐름(processing stream)이라고 한다. [그림 1-4]는 일반적인 처리과정 흐름을 묘사한 흐름도를 보여 준다. 기본적인 처리과정 흐름은 패키지들마다 조금씩 다르다. 예를 들어, SPM에서는 공간적 표준화가 대체로 통계적 분석 이전에 적용되지만, 반면 FSL에서는 통계적 분석의 결과에 적용된다. 하지만 주요 부분들은 대부분의 패키지에 걸쳐 동일하다.

8. fMRI 분석을 위한 필수 기초 지식

　전문성 발달에 관한 연구에 따르면, 어느 분야에서 전문가가 되기까지는 약 10년이 걸린다(Ericsson et al., 1993). fMRI 분석 또한 다르지 않은데, fMRI 분석에는 특히 매우 다양한 분야의 지식과 기술이 필요하기 때문이다. 여기서는 우리가 생각하는 fMRI 분석에 있어 전문가가 되기 위해

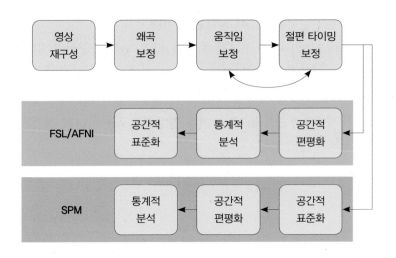

그림 1-4 fMRI 데이터 분석에 대한 일반적인 처리과정 흐름도

필수적인 지식의 분야들을 대략적인 중요도 순으로 개관하고자 한다.

① **확률과 통계**: 기본적인 확률과 통계에 관한 견고한 사전지식보다 fMRI 분석에 더 중요한 기초는 아마도 없을 것이다. 이 분야의 지식이 없다면 fMRI 분석에서 핵심적인 거의 모든 개념이 매우 낯설게 보일 것이다.

② **컴퓨터 프로그래밍**: 우리는 강력한 컴퓨터 프로그래밍 기술이 없이는 fMRI 분석의 효율적인 사용자가 되기는 어렵다고 본다. fMRI 분석을 위해 유용한 많은 언어들이 있는데, 이들 중에는 MATLAB, Python, UNIX shell 스크립팅 등이 포함된다. 특정 언어를 아는 것보다 프로그래밍 방법을 이해하는 것이 중요하다. 그리고 특히 무언가 잘못되어 프로그램을 수정해야 하는 경우라면 실제 실행해 보는 것이 훨씬 더 중요하다.

③ **선형대수학**: 선형대수학은 통계(일반선형모형은 가장 유리한 선형대수의 식으로 정의된다)부터 영상 처리(영상에 대한 많은 조작은 선형대수를 이용하여 수행된다)에 이르기까지 fMRI 분석의 여러 측면에서 중요하다. fMRI 분석에 대한 깊은 이해는 선형대수학의 기본 지식을 필요로 한다.

④ **자기공명영상**: MRI 획득에 관한 상세한 지식이 없이도 fMRI 데이터를 분석할 수는 있다. 그러나 fMRI 데이터를 풍부하게 이해하려면 그 데이터가 어디에서 왔는지, 그리고 실제로 무엇을 측정하는지를 이해할 필요가 있다. 이것은 MRI 인공결함이 자료 분석에 영향을 미칠 수 있는 다양한 방식을 이해할 필요가 있는 경우에 특히 그러하다.

⑤ **신경생리학과 생물물리학**: fMRI 신호는 개별 뉴런들의 활동에 대한 간접적인 측정치이기 때문에 흥미롭다. 뉴런들이 정보를 어떻게 부호화하는지, 그리고 이 신호들이 어떻게 혈류에 반영되는지를 이해하는 것은 fMRI 분석을 통해 획득한 결과들을 해석하는 데 중

요하다.

⑥ 신호 및 영상 처리: 신호 및 영상 처리 방법론에 관한 기본적인 지식은 이 책에 논의된 많은 기법에 중요하다. 특히 푸리에 분석(Fourier analysis; 2장 참조)의 이해는 fMRI 분석의 거의 모든 측면에 매우 유용하다.

Chapter 2

영상 처리의 기초

1. 영상이란 무엇인가

2. 좌표 체계

3. 공간적 변환

4. 필터링과 푸리에 분석

Chapter 2

영상 처리의 기초

fMRI 데이터로 수행하는 많은 작업들은 영상을 변형시키는 것을 포함하고 있다. 이 장에서는 fMRI 데이터 분석의 다양한 측면에 중요한 기본적인 영상 처리 조작들에 대한 개관을 제공한다.

1. 영상이란 무엇인가

가장 기본적으로, 디지털 영상이란 공간적 위치에 대응하는 숫자들의 행렬이다. 영상을 볼 때, [그림 2-1]과 같이 해부학적 MRI 영상에서 흔히 나타나는 회색 값 혹은 통계적 매개변수 지도에서 일반적으로 나타나는 색상 값을 숫자로 표현한다. 일반적으로 영상에 나타나는 각각의 원소를 '복셀(voxel)'이라 하며, 이는 픽셀의 3차원적 용어다. 영상을 '처리'할 때 일반적으로 행렬의 수학적 연산을 수행하게 된다. 예를 들어, 영상을 더 밝게(예: 더 하얗게) 만드는 작업은 그 행렬의 값을 높이는 것이다.

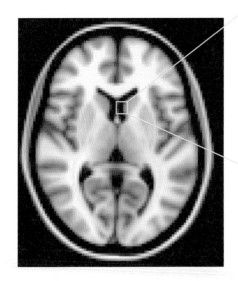

288	27	38	364	621
264	21	97	500	640
271	22	133	543	647
312	28	113	521	649
390	53	58	424	635

그림 2-1 행렬에 대한 그래픽 표현 영상. 왼쪽 영상에 있는 회색 측정 값들은 숫자들에 대응되는데, 이 숫자들은 오른쪽 확대된 부분에서 특정 복셀들의 집합으로 나타나 있다.

컴퓨터에서 영상은 이진(binary) 데이터로 표현되는데, 이는 보통의 문서나 스프레드 시트에서 발견할 수 있는 숫자와 같은 익숙한 형태가 아닌 1 혹은 0의 방식으로 나타남을 의미한다. 더 큰 숫자들은 1과 0을 조합하여 표현되는데, 이 과정에 대한 더 자세한 설명은 〈글상자 2-1〉에 있다.

수치 데이터 형식(numeric format) 수치 표현의 가장 중요한 함의는 표현 방식이 적절하지 않을 경우 정보가 손실된다는 것이다. 예를 들어, 1,000~10,000의 정수 값을 가지고 있는 MRI 원데이터에 대해 각각의 복셀 값을 100으로 나눈다면, 결과적으로 새로운 영상은 10에서 100 사이의 범위로 나타날 것이다. 결과 영상이 부동 소수점 값(floating point value)을 사용하여 저장된다면 원데이터의 정보 모두가 유지될 것이다. 즉, 9,000개의 고유 값이 원본 영상에 있었다면, 새로운 영상에도 9,000개의 고유 값

〈글상자 2-1〉 디지털 영상 표현

영상을 구성하는 숫자들은 일반적으로 정수 혹은 부동 소수점 변수로 표현된다. 디지털 컴퓨터에서 숫자들은 비트(bits)에 포함된 정보량의 개념으로 기술된다. 비트(bit)는 최소의 정보량이며, 이진값(true/false 또는 1/0)에 상응한다. 비트 수는 하나의 수치 변수가 얼마나 많은 서로 다른 값들을 취할 수 있는가를 결정한다. 1비트 변수는 두 가지 경우의 값을 취하고(1/0), 2비트 변수는 네 가지 경우의 값을 취할 수 있다(00, 01, 10, 11). 보다 일반적으로, n 비트를 가지는 변수들은 2^n에 해당하는 다른 값을 취할 수 있다. MRI 원데이터 영상은 가장 일반적으로 부호가 없는(unsigned) 16비트 값으로 저장되는데, 이는 비트 값이 0에서 $65535(2^{16}-1)$ 사이의 정수를 취할 수 있음을 의미한다. 통계적 지도(statistical map)와 같은 분석 결과는 일반적으로 32비트('단정밀도[single precision]', 7개 소수점까지) 혹은 64비트('배정밀도[double precision]', 14개의 소수점)의 부동 소수점 수로 저장된다. 이들은 '부동 소수점'이라고 지칭되는데, 왜냐하면 소수점 위치가 움직일 수 있어서 고정 소수점 수를 사용하는 것보다 훨씬 더 많은 범위의 숫자들을 표현할 수 있기 때문이다.

영상을 저장하는 데 사용되는 비트 수는 정보가 표현되는 데 있어서 그 정밀성을 결정한다. 때때로 MRI 원데이터의 경우처럼, 데이터가 그 데이터의 산출과정 때문에 정밀성이 제한되기도 한다. 이러한 경우, 더 정밀한 표현이 가능한 변수를 사용하는 것은 결과에는 영향을 미치지 않으면서 필요 이상의 메모리를 사용하는 것에 그칠 수 있다. 그러나 데이터에 대한 처리 연산이 적용된 후, 값들이 최근접 값으로 반올림되었을 때 발생하는 오차(양자화 오차)를 방지하기 위해 부가적인 정밀성을 원할 수도 있다. 이렇게 정밀도가 추가되었을 때 치러야 할 대가는 더 큰 저장 공간이다. 예를 들어, 하나의 표준 MRI 영상(64×64×32 복셀 차원)이 16비트 정수로 저장되었을 때 256킬로바이트의 디스크 저장 공간을 차지한다. 그러나 64비트의 부동 소수점 값으로 저장했을 때는 1,024킬로바이트(1메가바이트)를 차지한다.

이 있다는 것이다(예: 3,280은 32.8이 됨). 결과 영상을 부동 소수점 값이 아닌 원본 영상과 같은 정수 값으로 저장한다면 원본의 정보는 유실되고 만다. 즉, 1,000~10,000의 고유 값 9,000개는 새로운 영상에서 단지 90개로 대체된다. 이는 값들이 가장 근접한 정수로 반올림될 때, 정보의 유실이 있음을 의미한다. 반대로, 부동 소수점 값을 사용하면 파일의 크기는 더 커진다(〈글상자 2-1〉 참조).

메타 데이터(metadata) 각 복셀 값 이외에도, 영상 자체에 관한 다른 정보를 저장하는 것 또한 매우 중요한데, 이를 일반적으로 메타 데이터라고 한다. 이러한 정보는 일반적으로 헤더(header)에 저장되는데, 헤더는 별도의 파일이 될 수도 있고, 그 영상 파일 일부분의 형태가 될 수도 있다. 이 정보를 저장하는 많은 유형의 형식(예: Analyze, NIfTI, DICOM 등)이 있다. 이러한 파일 형식들의 세부 사항도 중요하지만, 우리의 주된 논의에서는 벗어난다. 이에 관심이 있는 독자는 부록 C를 참조하기 바란다.

시계열(time-series) 데이터 저장 구조적 MRI 영상들은 일반적으로 하나의 3차원 영상으로 구성된 반면, fMRI 데이터는 3차원 영상의 시계열 데이터로 표현된다. 예를 들어, 전체 6분간 매 2초마다 하나의 영상을 얻었다면, 이는 180개의 3차원 영상들로 구성된 하나의 시계열로 나타난다. 일부 파일 형식들은 4차원 데이터 세트로 표현되기도 하는데, 이러한 경우 전체 시계열 데이터는 시간을 네 번째 차원으로 하는 하나의 데이터 파일에 저장된다. 다른 형식들에서는 시계열 데이터가 분리된 3차원 데이터 파일들이 연속적으로 저장된 형태가 된다.

2. 좌표 체계

　MRI 영상은 물리적 대상과 관련이 있기 때문에 영상 속의 데이터 포인트를 그 물리적 대상 내의 공간적 위치와 관련시킬 방법이 필요하다. 이는 영상의 공간적 특성을 구체화하는 방식인 좌표 체계(coordinate system)를 통해 이루어진다. 단일 뇌영상에 대한 데이터 행렬은 보통 3차원이며, 행렬 내 각 차원은 공간상 차원에 대응한다. 관례상 이러한 차원들(혹은 축들)을 X, Y, Z라고 부른다. 뇌영상 데이터에 사용되는 표준 공간(4장에서 보다 자세히 논의함)에서, X는 좌-우측 차원, Y는 전-후측 차원, 그리고 Z는 상-하측 차원을 나타낸다([그림 2-2] 참조).

　데이터 행렬에서 특정 복셀은 $[X_{vox}, Y_{vox}, Z_{vox}]$로 지표화될 수 있다. 이들 세 좌표값들은 행렬 내에서 각 차원에 따라 복셀의 위치를 구체화한다(좌표값은 소프트웨어 체계의 관례에 따라 0 또는 1에서 시작한다). 이러한 데이터가 어떻게 저장되는지에 관한 세부 사항(예: 첫 번째 X값이 최좌측 복셀인지 최우측 복셀인지)은 일반적으로 영상의 헤더 부분에 저장된다(영상의 메타 데이터에 대한 더 많은 정보는 부록 C 참조).

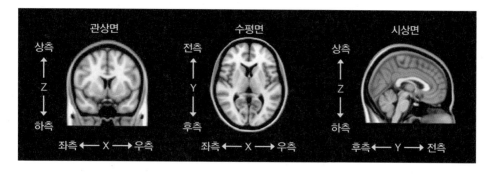

그림 2-2 MRI를 위한 표준 좌표 공간에서 사용되는 세 개의 주축들에 대한 그림(MRI 스캐너에서 직접 얻은 영상은 다른 축 방향으로 나타날 수도 있다.)

1) 방사선학과 신경학의 관례

과학적 연구 분야들은 종종 그 분야만의 관례적인 자료 제시 방법이 있으며, 보통 우연 혹은 명령에 의해 만들어진 것이다. 예를 들어, 전기 생리학적 연구에서 사건 관련 전위는 종종 음수 값이 위로, 양수 값이 아래로 표시된다. 뇌영상을 저장하고 제시하는 방식 역시 모순되는 관례들을 가지고 있는데, 이는 방사선학자와 신경학자가 선호하는 방식이 역사적으로 달랐기 때문에 발생한 것이다. 방사선학자들은 영상 좌측에 우반구가 놓인 영상을 선호하는데, 아마도 침대 발치에서 보았을 때 피촬영자의 신체와 영상 속 뇌 구조의 방향이 맞기 때문일 것이다. 그래서 좌-우측 차원이 뒤집힌 영상 제시는 '방사선학적 관례'로 알려져 있다. 반면, 신경학자들 간의 관례는 좌-우측 차원을 뒤집지 않고 보는 것인데(즉, 뇌의 좌측은 영상의 좌측에 있다), 이는 신경학적 관례로 알려져 있다. 불행하게도, 뇌영상에서의 영상 제시 혹은 저장에 대한 일관된 관례는 없는데, 이는 자료의 X차원을 제대로 해석했는지에 대해 항상 걱정해야 한다는 것을 의미한다. 인간 뇌의 좌우 대칭성으로 인해, 뇌영상으로부터 어떤 쪽이 왼쪽인지 어떤 쪽이 오른쪽인지를 결정짓는 안전한 방법은 없다. 두 반구의 해부학적 차이는 미묘하고 개인에 따라 다르기 때문에, 영상만으로 좌우 반구를 구분하기란 쉽지 않다. 전-후, 상-하 차원에는 관례가 필요하지 않은데, 이는 해부학적 구조로 인해 어떤 방향이 위/아래 또는 앞/뒤인지가 명백하기 때문이다.

2) 표준 좌표 공간

앞서 논의한 좌표 체계는 뇌의 물리적 구조와 영상 내 좌표 사이의 연결고리를 제공한다. 영상에 있는 고유 좌표 체계는 MRI 스캐너로부터 획득되었기 때문에 원 공간(native space)이라고 불린다. 비록 원 공간이 영상 좌표들을 물리적 구조들에 연결시켜 주지만, 서로 다른 개인

의 뇌들(또는 같은 개인이 다른 때 스캔된 경우)이 원 공간에서 반드시 들
어맞지는 않을 것이다. 사람들은 서로 다른 크기의 뇌를 가지고 있으
며, 스캐너에서의 머리 위치가 정확히 어디인가에 따라 뇌는 영상 내
에서 서로 다른 위치에 있을 것이다. 이는 같은 사람이라 할지라도 여
러 번 촬영을 하는 경우라면 마찬가지다. 뇌영상 연구의 많은 주제들
이 개인들로부터 나온 자료를 결합시키는 것을 필요로 하기 때문에, 서
로 다른 개인들이 정렬될 수 있는 하나의 공통 공간을 필요로 한다. 그
러한 공통 공간에 대한 최초의 움직임은 정위수술을 시술하는 데 있
어 표준화된 공간을 열망하던 신경외과의사들로부터 시작되었다. 지금
은 그러한 공간들을 일반적으로 표준 공간(standard spaces) 혹은 정위
공간(stereotactic spaces)이라고 부른다. 이들 중 가장 유명한 것은 Jean
Talairach(Talairach, 1967)가 개발한 방법이다. 최근에는 수많은 MRI
영상들을 기초로 하여 몬트리올 신경학 연구소(Montreal Neurological
Institute: MNI)에서 개발한 정위 좌표 공간이 이 분야의 표준이 되는 추세
다. 이와 관련해서는 4장에서 보다 깊이 있게 다룰 것이다.

3. 공간적 변환

fMRI 분석의 몇 가지 측면들은, 어떤 방식으로 영상의 공간적 변환
(spatial transformations)을 필요로 하는데, 예를 들어 개인 내(대개 머리 움
직임을 보정하기 위해) 혹은 개인 간(집단분석을 하기 위해) 영상들을 정렬
하는 경우가 여기에 해당한다.

영상을 변환하는 방법은 수없이 많다. 단순한 변환(적은 수의 매개변수
를 가진)은 형태를 변환하지 않고 구조를 움직이기만 해도 되지만, 보다
복잡한 변환은 두 개의 복잡한 구조의 형태를 서로 맞추기도 한다. 여기
서는 일반적으로 복셀 수와 비교하여 상대적으로 매개변수가 매우 적은
방법들에 초점을 두고자 한다. 또한 해부학적 표지를 일일이 수작업으

로 기입할 필요가 없는 자동적 방식들에 대해서만 주목할 것인데, 그 이유는 자동적 방식이 현재 가장 일반적으로 사용되고 있기 때문이다. 이 장에서는 볼륨 기반 정합(volume-based registration)에 대해서만 논의할 것인데, 이는 자료의 삼차원 볼륨에 대한 변화를 수반한다. 공간적 표준화에 관한 4장에서는 표면 기반 정합(surface-based registration)에 대해서도 논의할 것인데, 이는 볼륨보다는 표면(피질의 표면과 같은)을 이용해 자료를 공간적으로 변환하는 것을 일컫는다.

　한 영상을 다른 영상에 정렬하기 위해서는 두 단계가 필수적이다. 우선, 최적의 정렬 결과를 위한 변환 매개변수들을 추정해야 한다. 이를 위해서는 영상을 재정렬하기 위해 영상이 변화될 수 있는 방법을 구체화하는 변환 모형(transformation model)이 필요하다. 이러한 모형에서 각 매개변수는 해당 영상에 발생할 변화를 나타낸다. 매우 간단한 모형은 몇 개의 매개변수만 포함할 것이다. 즉, 이러한 모형에서는 단지 전체적 변화만 가능하며, 두 영상의 정교한 세부 사항들을 정렬할 수는 없을 것이다. 복잡한 모형은 더 많은 매개변수들을 포함할 것이며, 특히 더 정교한 세부 사항들에 있어 영상들을 정렬하는 데 더 뛰어날 것이다. 또한 두 영상이 얼마나 잘못 정렬되어 있는지를 결정하기 위한 방법이 필요한데, 이를 비용함수(cost function)라고 부른다. 두 영상을 가장 적절하게 정렬하는 매개변수들을 찾기 위해서는 비용함수를 최소화해야 한다(2장 참조).

　일단 변환 모형의 매개변수를 결정하고 나면 재정렬된 영상을 생성하기 위해 원본 영상을 재배열(resample)해야 한다. 각 복셀의 원 좌표들은 새로운 좌표로 변환되고, 새로운 영상은 변환된 좌표를 기반으로 생성된다. 변환된 좌표들이 대체로 원본 영상의 좌표 위에 정확하게 떨어지지 않기 때문에, 어떠한 밝기 값들이 그러한 중간 지점들에 있을 것인지를 계산하는 것이 필수적인데, 이를 보간법(interpolation)이라 한다. 단순한 방법(예: 최근접 원본 복셀을 고르는 것)부터 전체 영상에 걸친 평균들을 가중하는 복잡한 방법까지 다양한 보간법들이 있다.

1) 변환 모형

(1) 아핀 변환

fMRI에 사용되는 가장 단순한 변환 모형은 선형 연산자(linear operators)를 이용하는데, 이는 아핀 변환(affine transformation)이라고 알려져 있다. 아핀 변환의 특징은 변환 이전에 선 위에 있던 점들의 조합은 변환 후에도 여전히 선 위에 있다는 것이다. 따라서 아핀 변환으로는 대상의 형태를 휘게 하는 것과 같은 근본적인 변화를 만들지는 못한다.

아핀 변환은 선형 변환의 조합을 수반한다.

- 각 축을 따라 이동(옮김)
- 각 축을 중심으로 회전
- 각 축에 따라 크기 조정(늘리기)
- 각 축에 따라 잘라 내기

[그림 2-3]은 이러한 변환들 각각에 대한 예시를 보여 준다. 3차원의 영상에 대한 이러한 작업들은 각각의 차원에서 진행될 수 있으며, 각 차원에 대한 작업은 하나의 매개변수로 표현된다. 따라서 3차원의 각 축에 따라 영상을 이동하고, 회전하고, 기울이고, 늘리는 모두를 포함하는 아핀 변환은 12개의 매개변수들로 표현된다.

어떤 경우에는 단지 가능한 선형 변환의 일부만을 사용하여 영상을 변환하고자 할 때가 있는데, 이러한 경우에 사용하는 것이 12개 이하의 매개변수를 지닌 아핀 변환이다. 예를 들어, 움직임 보정을 할 때에는 머리의 크기나 형태의 변화 없이 시간에 따라서만 움직였다고 가정한다. 이러한 영상들을 6개의 매개변수(이동 3, 회전 3)만을 지니는 아핀 변환을 사용하여 정렬할 수 있다. 이는 강체 변환(rigid body transformation)이라 불리는데, 그 이유는 영상에서 대상의 크기나 형태가 변화하지 않기 때문이다.

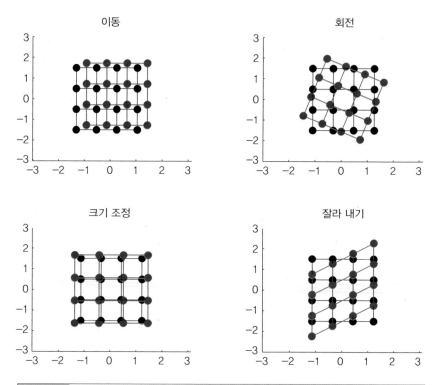

이동

회전

크기 조정

잘라 내기

(2) 구분적 선형 변환

아핀 변환을 응용한 한 가지 방법은 영상 전체를 몇 부분으로 나눈 다음, 그 부분들 각각에 별개의 선형 변환을 적용하는 것이다. 이는 구분적 선형 변환(piecewise linear transformation)으로 알려져 있다. 이 변환 방법은 Jean Talairach가 개발한 뇌영상들의 공간적 표준화를 위해 사용된 초기 방법들 중 하나다(이 방법은 4장에서 좀 더 자세히 다룬다).

(3) 비선형 변환

비선형 변환(nonlinear transformations)은 영상들의 정합에 있어 아핀 변환보다 더욱 유연한 적용이 가능하여, 서로 다른 영상들을 훨씬 더 정

〈글상자 2-2〉 아핀 변환의 수학

아핀 변환은 영상 좌표들의 선형 변환을 수반하는데, 다음과 같이 표현할 수 있다.

$$C_{변환} = T * C_{원본}$$

여기에서 $C_{변환}$은 변환된 좌표들, $C_{원본}$은 원본 좌표들, T는 변환 행렬이다. 행렬 연산의 더 간편한 적용을 위해, 좌표들은 보통 N-차원 좌표가 $(N+1)$차원 벡터에 삽입된 동질좌표(homogenous coordinates)로 제시된다. 이러한 수학적 속임수는 연산을 더 쉽게 만든다($C_{변환}$=T * $C_{원본}$+이동(translation)보다는 $C_{변환}$=T * $C_{원본}$으로 기술할 수 있게 한다). 간단하게, 2차원 좌표들에 대한 이러한 변환이 이루어지는 변환 행렬의 예를 보자.

$$C = \begin{bmatrix} C_X \\ C_Y \\ 1 \end{bmatrix}$$

여기에서 C_X와 C_Y는 각각 X와 Y축의 좌표다. 이러한 좌표가 주어졌을 때, 각 변환은 다음과 같이 정의할 수 있다.

X축($이동_X$)과 Y축($이동_Y$)에 따라 이동

$$T = \begin{bmatrix} 1 & 0 & 이동_X \\ 0 & 1 & 이동_Y \\ 0 & 0 & 1 \end{bmatrix}$$

평면에서의 회전(θ도 만큼)

$$T = \begin{bmatrix} \cos(\theta) & -\sin(\theta) & 0 \\ \sin(\theta) & \cos(\theta) & 0 \\ 0 & 0 & 1 \end{bmatrix}$$

X축(크기 조정$_X$)과 Y축(크기 조정$_Y$)에 따라 크기 조정

$$T = \begin{bmatrix} \text{크기 조정}_X & 0 & 0 \\ 0 & \text{크기 조정}_Y & 0 \\ 0 & 0 & 1 \end{bmatrix}$$

X축(잘라 내기$_X$)과 Y축(잘라 내기$_Y$)에 따라 잘라 내기

$$T = \begin{bmatrix} 1 & \text{잘라 내기}_X & 0 \\ \text{잘라 내기}_Y & 1 & 0 \\ 0 & 0 & 1 \end{bmatrix}$$

확하게 정렬할 수 있다. 이용 가능한 비선형적 변환 기법들이 매우 다양하게 존재하지만, 여기에서는 대략적으로만 살펴보고자 한다. 더 자세한 정보는 Ashburner와 Friston(2007), 그리고 Holden(2008)을 참조하기 바란다. 아핀 변환이 복셀 좌표들의 선형적 연산에 한정되어 있는 반면, 비선형 변환에서는 모든 연산이 가능하다. 비선형 변환은 기저함수(basis function)의 견지에서 설명되는데, 이는 원본 좌표를 변환하는 데 사용되는 함수다. 앞서 언급한 아핀 변환들은 기저함수들 중 하나의 예다. 그러나 기저함수 전개식은 또한 더 복잡한 변환을 가능하도록 하기 위해 좌표들을 고차원의 형태로 다시 나타내 준다.

예를 들어, 다항 기저 전개식은 원본 좌표의 다항함수를 포함한다. 2차 다항 전개식은 2의 배수 개까지 원본 좌표의 가능한 모든 조합들을 포함한다.

$$X_t = a_1 + a_2 X + a_3 Y + a_4 Z + a_5 X^2 + a_6 Y^2 + a_7 Z^2 + a_8 XY + a_9 XZ + a_{10} YZ$$
$$Y_t = b_1 + b_2 X + b_3 Y + b_4 Z + b_5 X^2 + b_6 Y^2 + b_7 Z^2 + b_8 XY + b_9 XZ + b_{10} YZ$$
$$Z_t = c_1 + c_2 X + c_3 Y + c_4 Z + c_5 X^2 + c_6 Y^2 + c_7 Z^2 + c_8 XY + c_9 XZ + c_{10} YZ$$

여기서 $X_t/Y_t/Z_t$는 변환된 좌표를 의미한다. 이 전개식은 총 30개의 매개변수들(a_1 …… a_{10}, b_1 …… b_{10}, 그리고 c_1 …… c_{10})을 가진다. 다항 전개식은 몇 차수까지도 확장될 수 있는데, 이렇게 되면 차수가 증가함에 따라 매개변수의 수도 순식간에 늘어난다. 예를 들어, 12차 다항식은 3차원상의 총 1,365개의 매개변수들을 가진다.

fMRI 데이터 분석에서 흔히 볼 수 있는 또 다른 비선형 함수 기저 세트(basis set)는 이산 코사인 변환(discrete cosine transform: DCT) 기저 세트로, 기존에는 SPM(Ashburner & Friston, 1999)에서 사용되었지만 근래에 스플라인 기저함수(spline basis function)로 대체되었다. 이 기저 세트는 저주파 영역(영상에 걸쳐 매우 느리게 변하는)에서 시작하여 고주파 영역으로 증가하는 코사인 함수를 포함한다. 이는 뒤에서 더 자세히 다룰 푸리에 변환(Fourier transform)과 밀접하게 관련되어 있다. 코사인 함수들 각각은 주파수 영역과 연관된 하나의 매개변수를 갖는다. 저주파 영역 요소들은 보다 점진적인 변화의 원인이 되며, 고주파 영역 요소들은 더 국지적인 변화의 원인이 된다.

모든 비선형 변환들에서, 매개변수의 개수가 많을수록 영상을 변환하는 데 있어 더 많은 자유가 주어진다. 특히 고차원적인 변환들은 더 국지적인 변환들을 가능케 한다. 예를 들어, 선형 변환은 어쩔 수 없이 영상 전체에 동일하게 영향을 주게 되는 반면, 비선형 변환은 영상의 특정 부분을 다른 부분들보다 훨씬 더 극적으로 변환할 수 있다.

2) 비용함수

변환 모형의 어떤 매개변수들이 두 영상을 가장 잘 정렬하는지를 추정하기 위해서는 영상들 간의 차이를 정의하는 방법이 필요한데, 이것이 바로 비용함수(cost function)다. 좋은 비용함수는 영상들이 잘 정렬되었을 때 적어지고, 계속해서 잘못 정렬될수록 더 커져야 한다. 적합한 비용함수의 선택은 전적으로 정합하고자 하는 영상의 유형에 달려 있다.

만일 영상들이 동일한 유형이라면(예: 다른 시점들에 걸쳐 획득한 fMRI 데이터의 재배열), 이때의 비용함수는 두 영상에 걸쳐 영상 강도의 유사성만을 결정하면 된다. 만일 정렬이 완벽하게 이루어졌다면, 영상들의 강도 값들이 서로 매우 비슷해야 한다(여기서 잠시 동안은, 강도 값들이 활성화와 같은 관심 요인들에 의해 변할 수 있다는 사실은 고려하지 않겠다). 이러한 문제는 보통 양식 내 정합(within-modality registration)이라고 불린다. 이와 반대로, 만일 영상들이 다른 종류의 대비를 가지고 있다면(예: T1-강조 MRI 영상과 T2-강조 영상), 최적의 정렬이 영상 전체에 걸쳐 비슷한 값들을 산출하지는 않을 것이다. 이는 양식 간 정합(between-modality registration)이라고 불린다. T1-강조 영상과 T2-강조 영상의 비교에서, T1-강조 영상에서 백질은 회백질보다 밝게 나타날 것이며, T2-강조 영상은 이와 정반대일 것이다([그림 2-4] 참조). 이러한 이유로 영상의 강도만을 단순히 일치시킬 수는 없다. 대신에, 복셀들의 서로 다른 집합들의 상대적인 강도에 민감한 방법을 사용할 필요가 있다. 예를 들어, 한 영상의 밝은 부분을 다른 영상의 어두운 부분에 일치시키는 방법을 사용할 수 있다.

T1-강조 MRI   T2-강조 MRI   T2*-강조 MRI

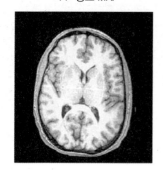 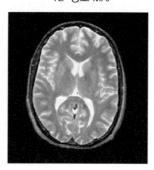 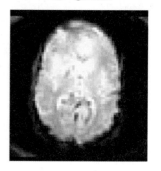

그림 2-4 서로 다른 MRI 영상 유형들의 예. 여러 뇌 영역들(예: 백질, 회백질, 뇌실)의 상대적 강도는 영상의 유형에 걸쳐 다르게 나타나는데, 이는 이 영상들이 단순히 영상들 간의 강도를 일치시키는 것만으로는 정렬될 수 없음을 의미한다.

여기서는 MRI 영상들의 양식 내 혹은 양식 간 정합을 위하여 가장 자주 사용되는 몇 가지 비용함수들을 소개한다.

(1) 최소 자승

최소 자승(least-squares) 비용함수는 가장 표준적인 통계 방법의 기초가 되기 때문에 아마도 가장 친숙한 비용함수일 것이다. 이 비용함수는 각 영상에서 복셀 강도들 간의 차이 제곱의 평균을 측정한다.

$$C = \sum_{v=1}^{n}(A_v - B_v)^2$$

이 식에서 A_v와 B_v는 각각 영상 A와 영상 B의 v번째 복셀 강도를 나타낸다. 이 식은 각 복셀에서 값들의 유사성을 측정하기 때문에, 최소 자승 비용함수는 양식 내 정합에만 적합하다. 양식 내라 할지라도, 두 영상의 밝기 강도 분포가 서로 다르다면 결과물은 좋지 않을 수 있다(예: 한 영상이 다른 영상보다 전체적으로 더 밝거나 강도의 범위가 더 넓을 경우). 한 가지 해결 방법은 최소 자승 비용함수를 사용하기 전에 영상들의 강도 분포들을 먼저 조절함으로써 영상들에 걸쳐 동일한 범위를 갖도록 하는 것이다(AIR 소프트웨어 패키지의 한 옵션임).

(2) 정규 상관

정규 상관(normalized correlation)은 두 영상의 복셀 강도들 간 선형 관계를 측정하는데, 다음과 같이 정의된다.

$$C = \frac{\sum_{v=1}^{n}(A_v B_v)}{\sqrt{\sum_{v=1}^{n}A_v^2}\sqrt{\sum_{v=1}^{n}B_v^2}}$$

이 측정은 양식 내 정합의 경우에만 적합하다. Jenkinson 등(2002)은 움직임 보정을 위한 많은 다른 비용함수들을 비교했을 때, 정규 상관이 최소 자승을 포함한 몇몇 다른 비용함수들보다 더 정확한 정합 결과를 산출한다는 것을 발견했다. 정규 상관은 FSL 소프트웨어 패키지에서 움직임 보정을 위한 기본 비용함수다.

(3) 상호 정보량

앞서 설명한 양식 내 정합에 대한 비용함수들이 고전적 통계에 기반을 두는 반면, 양식 내 정합이나 양식 간 정합에 사용할 수 있는 상호 정보 비용함수(pluim et al., 2003)는 정보 이론으로부터 나온 엔트로피(entropy) 개념에서 유래하였다. 엔트로피는 신호에 존재하는 불확실성이나 임의성을 말한다.

$$H = \sum_{i=1}^{N} p_i * \log\left(\frac{1}{p_i}\right) = -\sum_{i=1}^{N} p_i * \log(p_i)$$

이 식에서 p_i는 변수의 각 가능한 값 x_i의 확률이다. 연속 변수의 값들은 히스토그램 막대(histogram bins)라 불리는 N 막대들에 집단화된다. 엔트로피는 신호에서 한 변수의 여러 가능한 값 각각이 발생하는 정도를 측정한다. 만약 단 하나의 값이 발생할 수 있다면(즉, 단 한 개의 x_i에 대해 $p_i=1$이고, 다른 모든 x_i에 대해 $p_i=0$인 경우), 엔트로피는 최소화된다. 모든 서로 다른 값들이 동일한 확률로 발생한다면(즉, 모든 x_i에 대한 $p_i=1/N$), 엔트로피는 최대화된다. 이런 식으로 엔트로피는 신호의 분산(variance), 그리고 다음 신호 값 예측에 대한 불확실성과 밀접한 관련을 지니고 있다. 엔트로피는 영상들의 결합 히스토그램(joint histogram)을 조사함으로써 여러 영상들로 확장될 수 있다. 결합 히스토그램은 영상 내 모든 복셀들에 대해 가능한 모든 값들에 걸쳐 강도의 조합으로 얻어지는 주파수 영역을 나타낸다([그림 2-5] 참조). 만약 두 영상이 동일하다면 결합 히스토그램에는 대각선을 따라 존재하는 값들만 보여 준다(왜냐하면 그 값들이 각 영상에 있는 복셀들 내에서 동일할 것이기 때문이다).

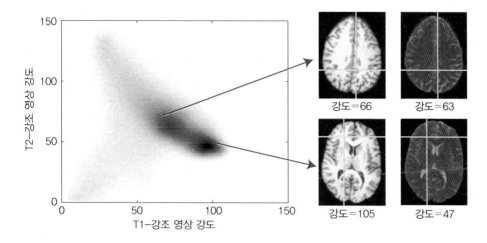

그림 2-5 T1-강조 영상과 T2-강조 영상 간 결합 히스토그램의 예. 영상의 짙은 색은 히스토그램 막대가 더 큰 주파수 영역대임을 나타낸다. 각 영상에서 두 개의 다른 복셀 강도를 볼 수 있는데, 하나는 회백질(위쪽의 절편)에서, 다른 하나는 백질에 있는 지점이다 (아래쪽의 절편).

반면 영상 간 차이가 있다면 히스토그램에 걸쳐 나타나는 값들은 더 큰 산포(dispersion)를 나타낸다. 양식 내 정합의 경우 상관이 상호 정보(mutual information: MI)보다 더 적합한 비용함수 측정치일 수 있다는 것에 유의해야 한다. 서로 다른 양식을 가진 영상들의 경우에는 상호 정보량이 더 적합한데, 이러한 경우에 정합오류가 크면 결합 히스토그램에서 더 큰 산포가 나타난다([그림 2-6] 참조). 두 영상 A와 B의 결합 엔트로피(joint entropy)는 다음과 같은 결합 히스토그램으로 계산될 수 있다.

$$H(A, B) = \sum_{i, j} p_{i, j} * \log\left(\frac{1}{p_{i, j}}\right)$$

이 식에서 i는 A의 값, j는 B의 값, 그리고 $p_{i, j} = P(A = A_i \& B = B_j)$를 의미한다. 이 측정치는 영상 B의 값들이 영상 A의 동일한 복셀 값에 의해 완벽하게 예측될 때 가장 낮다.

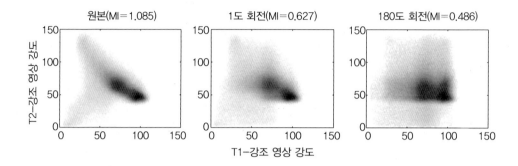

그림 2-6 [그림 2-5]의 T1-강조 영상과 T2-강조 영상에 대한 결합 히스토그램. 좌측 패널은 이미 정합되어 있는 영상들에 대한 결합 히스토그램을 보여 준다. 중앙 패널은 영상 중 하나가 1° 회전한 후의 결합 히스토그램을 보여 주고, 우측 패널은 영상 중 하나가 180° 회전한 후의 결합 히스토그램을 보여 준다. 각각을 비교하기 위한 상호 정보량은 패널 제목에서 볼 수 있다. 영상 간 유사성이 감소할수록 상호 정보량도 감소한다.

상호 정보량은 개별 영상들의 전체 엔트로피와 결합 엔트로피의 차이다.

$$MI = H(A) + H(B) - H(A, B)$$

여기서 $H(A)$와 $H(B)$는 각각의 영상들의 값에 대해 개별적으로 계산된 엔트로피이며(한계 엔트로피로 알려져 있음), $H(A, B)$는 결합 엔트로피다. 상호 정보량은 결합 엔트로피가 최소일 때 가장 크며, 어떤 영상의 값들이 다른 영상들로부터 최대한 예측될 수 있을 때다. 따라서 상호 정보량은 두 영상들 사이의 유사성을 측정할 수 있다(즉, 두 영상 간 유사성 척도가 될 수 있다).

상호 정보량에 있어 하나의 잠재적인 문제점은 경우에 따라 영상 간 중첩이 감소될 때 상호 정보량이 증가할 수 있다는 것이다. 이런 이유로 상호 정보량 계수의 정규화는 다음과 같이 제안되어 왔다(Studholme et al., 1999).

$$MI = \frac{H(A) + H(B)}{H(A, B)}$$

모든 주요 프로그램 패키지들(FSL, SPM, AFNI)은 영상 정합(registration)
에 대해 정규화 및 표준화된 상호 정보량을 제공한다.

(4) 상관 비

상관 비(correlation ratio; Roche et al., 1998)는 한 측정치에서의 분산이
다른 측정치에서의 분산에 의해 얼마나 잘 설명되는지를 측정한다. 두
영상 A와 B에 대한 상관 비는 다음과 같이 정의된다.

$$C = \frac{1}{\mathrm{Var}(A)} \sum_{k=1}^{N} \frac{n_k}{N} \mathrm{Var}(A_k)$$

여기서 k는 B의 각 고유 값이며, N은 B의 고유 값의 개수다. 만약 A와
B가 동일하다면, B의 어떤 특정 값을 가지고 있는 모든 복셀들에 걸쳐
A의 값들에서는 분산이 존재하지 않을 것이고, 따라서 상관 비는 0이
될 것이다. 비록 몇몇 경우에서 서로 다르게 작용하지만(Jenkinson &
Smith, 2001), 이 측정은 AIR 소프트웨어 패키지에서 PET-MRI 상호정합
을 위해 처음으로 적용된 Woods 기준과 유사하다(Woods et al., 1993).
이 방법은 양식 내 정합과 양식 간 정합 모두에 적합하며, FSL 프로그램
패키지의 양식 간 비용함수의 기본형이다.

3) 변환 추정하기

두 영상을 정렬하려면, 변환 모형의 어떤 매개변수 집합이 비용함수
에서 최솟값을 산출해 낼 것인지를 결정해야 한다. 최적의 매개변수들
을 분석적으로 결정하는 것이 보통은 불가능하기 때문에, 대신 최적화
방법을 이용해 추정해야만 한다. 최적화 방법에 대한 광범위한 문헌들
이 있지만, fMRI 연구자들이 이러한 방법들로 직접 작업하지는 않기 때
문에 여기에서 자세히 설명하지는 않을 것이다. 관심 있는 독자는 Press

(2007)를 보면 더 자세히 알 수 있을 것이다. 대신 여기서는 영상 정합을 이해하는 데 있어 매우 중요한, 최적화의 맥락에서 발생할 수 있는 문제들을 설명하고자 한다.

영상 정합에 대한 최적화 방법들은 정합되는 영상들에 대한 비용함수를 최소화하는 매개변수 값들의 특정한 집합을 찾기 위한 시도를 한다. 가장 간단한 방법은 각 매개변수에 대해 가능한 모든 값들의 모든 조합을 철저하게 찾고, 비용함수를 최소화하는 조합을 선택하는 것이다. 불행히도, 이 방법은 매우 작은 수의 매개변수들을 가진 가장 간단한 문제를 제외하고는 모든 경우에 대해 계산적으로 불가능하다. 그 대신, 매개변수 공간을 조사하여 비용함수를 최소화하고자 시도하는 방법을 사용해야 한다. 흔히 사용하는 방법이 경사 하강법(gradient descent)인데, 매개변수를 특정한 시작 값으로 설정하면 이 값들이 비용함수를 가장 잘 줄일 수 있는 방식으로 수정된다. 이 방법은 매우 강력하고 최적화 문제를 빠르게 풀 수 있지만, 국소 최저치(local minima)에 민감하다. 이 문제는 특히 매개변수들의 수가 많을 때 뚜렷이 드러난다. 다차원적 '비용함수 공간(cost function space)'은 최적화된 방법이 적용되지 않는 많은 국소 최하점들을 가지고 있어서 차선책을 선택해야만 하는 상황이 된다. 최적화에 대한 문헌들 중에는 국소 최저치의 문제를 해결하는 많은 방법들이 소개되어 있다. 여기서는 뇌영상 문헌에서 많이 사용되어 온 두 가지 방법, 즉 정규화와 다중척도 최적화에 대해 논의한다.

(1) 정규화

정규화(regularization)는 일반적으로 특정 값에 대한 패널티가 있는 매개변수들을 추정하기 위한 방법을 의미한다. 공간적 표준화의 맥락에서, Ashburne, Friston과 동료들은 왜곡(warp)의 복잡성을 수량화하기 위한 굽힘 에너지(bending energy) 개념을 적용하여, 더 복잡한 왜곡에서 더욱더 큰 패널티가 있게 되는 방법(SPM에 포함되어 있음)을 개발하였다 (Ashburner & Friston, 1999). 이는 왜곡이 더 복잡할수록 그것을 지지해

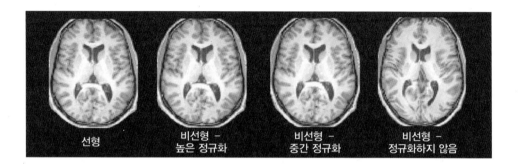

그림 2-7 비선형적 정합에서 정규화 효과의 예. 네 개의 영상 각각은 하나의 고해상도 구조적 영상을 SPM5에 있는 T1-강조 형판에 정합함으로써 만들어졌다. 가장 왼쪽에 있는 그림은 아핀 변환만 적용한 영상이고, 다른 세 개는 정규화 수준(정규화 매개변수는 순서대로 100, 1, 0)을 변화시키면서 비선형 정합을 사용한 영상들이다. 가장 오른쪽 그림은 정규화 없이 비선형 정합이 사용되었을 때 나타나는, 해부학적으로 불가능한 왜곡 영상의 예를 보여 준다. 해부학적으로는 이러한 왜곡이 실제로 나타날 수 없음에도 불구하고, 형판에 고차 강도가 맞추어진 결과물이 발생할 수 있다.

줄 더 많은 근거가 필요함을 의미한다. 정규화 없는 비선형 정합 도구를 사용할 때(예: AIR이나 SPM의 이전 버전), 해부학적으로 명백히 부적절한 극단적인 국지적 왜곡이 보이는 것이 보통이다. 정규화의 사용은 이러한 부적절한 왜곡을 방지하면서도 적은 양의 고차원적 왜곡을 이용하여 상대적으로 뛰어난 변화를 만들 수 있다.

(2) 다중척도 최적화

다중척도 최적화(multiscale optimization) 방법은 시간 소모 대비 합리적인 방식으로 매우 큰 매개변수 값들의 집합을 조사하기 위한(국소 최저치를 피하기 위해) 필요에 따라 개발되었다. 기본적인 아이디어는 상대적으로 낮은 해상도에서 매개변수(이는 뇌의 가장 큰 구조들에 의존할 것이다)를 추정하는 것으로부터 시작하고, 그러한 큰 특성들이 일단 정렬되면 더 높은 해상도로 이동하는 것이다. 예를 들어, FSL에서는 먼저 8mm 해상도에서 정합이 수행된다. 회전 매개변수를 계산하는 일이 가장 어렵기 때문에, 모든 회전에 걸친 본격적인 탐색은 이 낮은 해상도에

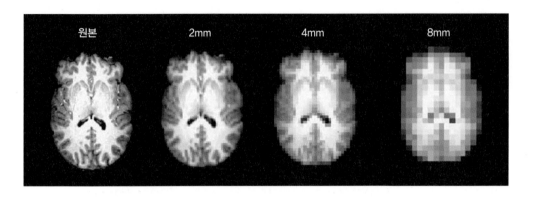

FSL에 포함된 다중척도 최적화에서 사용되는 것과 같이, 같은 영상을 여러 해당도 수준에서 추출한 예

서 수행된다. 일단 회전 매개변수들이 결정되면, 아핀 변환의 모든 12개의 매개변수들이 가장 미세한 수준(1mm)에서 추정될 때까지 더 많은 매개변수들을 계산하는 각 단계에서 점점 더 미세한 크기에 대한 최적화가 수행된다([그림 2-8] 참조). 이 방법은 단일 해상도에서 최적화가 수행될 때 발생할 수 있는 국소 최저치를 방지할 수 있는 것으로 나타났다(Jenkinson & Smith, 2001).

4) 재절편 및 보간법

변환을 위한 매개변수들이 일단 추정되면, 이 값들은 변환된 영상 혹은 재절편 영상(resliced image)을 만들어 내기 위해 원본 영상에 적용된다. 이 과정은 변환된 영상 좌표들을 이용하여 생성한 새로운 좌표공간의 각 복셀에 원본의 강도 값을 채워 넣는 것을 포함한다. 만약 변환이 제한적이어서 변환된 위치가 원본 영상의 위치와 정확히 겹친다면, 그 위치에 대응하는 변환된 복셀들의 값들을 그 복셀들에 간단히 넣을 수 있을 것이다. 그러나 일반적으로 변환의 결과는 복셀들의 적은 일부분만을 포함할 것이다. 예를 들어, 움직임 보정 시 보정되는 움직임은 흔히 복셀 크기의 1/10에 미치지 못한다. 이런 경우에 변환된 복셀은 원본 복셀과 완전히 겹쳐지지 않으므로 재절편된 이미지를 얻기 위해서는 원본 영상 강도 값들을 보간해야 할 필요가 있다.

(1) 최근접점 보간법

최근접점 보간법(nearest neighbor interpolation)에서는 새로운 복셀 값이 원본 영상에서 가장 가까운 복셀의 값으로 대체된다. 이러한 형태의 보간법은 거의 사용되지 않는데, 그 이유는 이러한 방법이 많은 문제점을 가지고 있기 때문이다. 첫째, 재절편 영상이 뭉툭해 보이게 되고, 일반적으로 해상도가 손실되는 결과를 낳게 된다. [그림 2-9]에서 보여 주듯이, 이러한 단점은 한 영상에 대해 보간이 여러 번 수행되었을 때 특히 명백히 드러난다. 둘째, 변환 매개변수의 연속적 변화는 최근접점 보간법을 사용하고 나면 비용함수에 비연속적 변화를 일으킨다. 이는 최적화 방법으로서의 적용을 부적절하게 한다(최적화 방법은 보통 비용함수가 연속적이라고 가정한다).

최근접점 보간법이 선호되는 한 가지 경우는 복셀 값들이 물리적 강

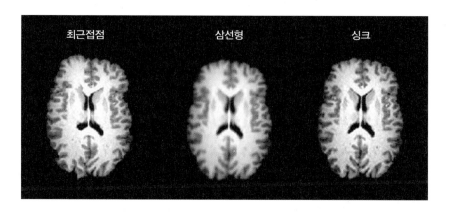

그림 2-9 반복된 보간의 영향을 보여 주는 극단적인 예. 개별 영상은 0.01라디안만큼 6번 회전되었고, 각각 최근접점 보간법, 삼선형 보간법, 싱크(sinc) 보간법을 이용해 각 단계에서 재절편되었다. 싱크 보간법과 비교하여, 최근접점 보간된 영상은 인위적이고, 삼선형 보간 영상은 흐림 정도가 증가되었음을 알 수 있다.

도가 아니라 라벨로 표현되는 영상을 변환할 때다. 예를 들어, 몇몇 소프트웨어 패키지에 포함된 해부학적 지도들은 지도 내 개별 구조에 대응하는 특정 임의 값들을 지닌 형태의 영상으로 저장된다(예: 해마의 복셀들은 12, 편도체 복셀들은 20으로 저장되어 있다). 이 값들을 평균하는 보간은 터무니없는 결과를 나타낼 것이다. 따라서 이 경우에는 변환된 영상의 라벨 값들을 원본 영상의 값들과 정확히 동일한 값들로 유지시키기 위해 최근접점 보간법이 사용될 수 있을 것이다.

(2) 선형 보간법

3차원상에서 보간을 다룰 때 흔히 삼선형 보간법(tri-linear interpolation)이라 일컫는다. 이 방법은 원본 영상의 최근접한 개별 값들의 가중된 평균을 구하는 것을 포함한다. [그림 2-10]에 선형 보간법의 예가 제시되

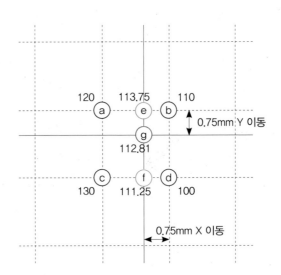

그림 2-10　선형 보간법의 예. 점 a, b, c, d는 2mm 간격의 격자상에 있는 원본 영상의 위치들이다. 점 g는 X축을 따라 좌측으로, Y축을 따라 아래쪽으로 각각 0.75mm만큼 이동한 이후의 점 b와 같다. 점 g의 영상의 강도를 결정히기 위해서는, 먼저 한 축으로 보간하면 되는데, 이 예에서는 X축을 따라 보간하여 점 e, f의 값을 먼저 찾는다. 그다음 다른 축을 따라 보간하여 점 g의 값을 결정할 수 있다.

어 있다. 이 방법은 고차 보간법과 비교했을 때 상대적으로 빠르다는 이점을 가지는데, 그 이유는 이 방법이 새로운 위치에 바로 가까이 인접해 있는 지점들만을 계산에 넣기 때문이다. 하지만 싱크 보간법과 같은 고차 보간법에 비해 영상을 다소 흐리게 하는 경향이 있다.

(3) 고차 보간법

최근접점 보간법(단 하나의 최근접 복셀만을 다룸)과 선형 보간법(3차원 상의 최근접점 복셀 8개를 합침)보다 더 광범위한 범위의 복셀 정보들을 통합할 수 있는 많은 보간법들이 개발되었다. 가장 일반적인 고차 보간법(higer-order interpolation)은 싱크 보간법(sinc interpolation)이다. [그림 2-11]에서 보여 주듯이, 이 방법은 싱크함수 $[\text{sinc}(x)=\sin(x)/x]$를 사용한다. 원칙적으로는 싱크함수가 무한대로 가기 때문에, 이 보간법은 영상 내의 모든 복셀 정보를 이용해야 한다. 하지만 이는 많은 양의 계산을 해야 한다는 문제가 있다.

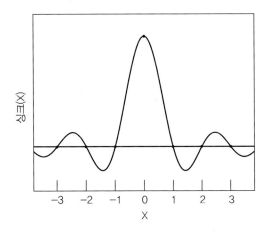

그림 2-11 싱크함수의 예. X축의 눈금은 보간되는 위치가 0인 원래 격자 위치를 나타낸다. 보간된 값을 얻기 위해, 싱크함수(영상 강도에 의해 조정된)는 원래의 격자의 모든 위치에 배치될 것이다. 보간된 값은 새 위치의 싱크함수 값들을 모두 합산하여 얻을 수 있다(이는 싱크함수에 의한 영상 컨볼루션과 동일하다).

싱크 보간법은 윈도우 싱크함수(windowed sinc function)를 이용함으로써 실행이 가능해지는데, 이를 위해 전체 영상을 포함하는 것이 아니라 보간한 지점으로부터 오직 한정된 거리까지만을 확장한다. 적용 가능한 윈도우들의 여러 형태가 있는데, 보편적인 옵션에는 해닝 윈도우(Hanning window)와 직사각형 윈도우(rectangular window)가 있다. 해닝 윈도우는 직사각형 윈도우보다 보간 오류가 적은 것으로 보이고(Ostuni et al., 1997), 따라서 사용할 수 있다면 최소 4복셀 반경(절반 길이)의 윈도우를 이용한 해닝 윈도우를 선택해야 한다.

앞의 '변환 모형'에서 설명한 것처럼, 고차 보간법의 다른 형태는 공간적 변환 모델을 위한 기저함수를 사용한다. B-스플라인(B-splines)과 같은 기저함수는 최근접점 보간법과 선형 보간법뿐만 아니라 고차 비선형 보간법(higher-order nonlinear interpolation)을 아우르는, 보간법에 대한 보다 일반화된 접근법을 제공한다. 이러한 방법에 대한 상세한 설명은 이 책의 범위를 넘어선다. 더 관심이 있는 독자는 Thevenaz 등(2000)과 Ostuni 등(1997)을 참조하기 바란다.

4. 필터링과 푸리에 분석

fMRI 데이터에 적용되는 작업의 대부분은 특정한 종류의 신호나 잡음(noise)을 영상에서 제거하기 위한 것이다. 이 작업들을 필터링(filtering)이라 일컫는다. 이는 마치 커피 필터가 액체는 통과시키고 고형물은 걸러 내는 것처럼, 특정한 종류의 정보에 대한 선택적 전송(selective transmission)을 포함하기 때문이다. 필터링 과정은 푸리에 분석의 개념에 근거하여, 일반적으로 시공간역보다는 주파대역으로 기술된다.

1) 푸리에 분석

　필터링을 이해하는 가장 일반적인 방식은 신호를 성분으로 분해하는 것을 포함하는 것이다. 푸리에 분석(Fourier analysis)을 사용하면, 그 어떤 신호도 사인, 코사인과 같은 주기함수의 집합을 이용하여 분해될 수 있다. 재미있으면서도 효과적인 푸리에 분석 입문은 *Who Is Fourier?*(Translational College of LEX, 1997)라는 책에서 찾을 수 있고, 좀 더 정식적인 입문은 Bracewell(2000)에서 찾을 수 있다. 푸리에 분석은 fMRI 데이터 분석에서도 중요할 뿐 아니라, MRI 영상 획득에 있어 근본적인 역할을 한다.

　푸리에 변환(Fourier transform)은 원본 신호(공간 혹은 시간 영역의)를 각 주파대역의 성분 신호들의 강도(또는 파워)로 표현할 수 있게 한다. 파워를 모든 주파수에 걸쳐 도표로 나타냈을 때, 이를 파워 스펙트럼(power spectrum)이라 부른다. 파워 스펙트럼은 일반적으로 fMRI 자료 분석에 사용된다. 예를 들어, 파워 스펙트럼은 독립성분 분석(3장 참조)을 이용하여 추정된 신호의 시계열을 특징짓는 데 매우 유용할 수 있다.

2) 필터링

　다양한 종류의 필터들이 데이터에 적용될 수 있으나, 영상에 사용되는 대부분의 필터들은 다른 주파수를 제거하는 동안 주파수 스펙트럼의 특정 부분(또는 대역)만이 통과하도록 설계된다. 고주파 통과 필터(high-pass filter)는 저주파 정보를 제거하고 고주파 신호만을 남긴다. 반면, 저주파 통과 필터(low-pass filter)는 그 반대의 작업을 수행한다. [그림 2-12]는 시간과 주파수 영역에서 시계열을 필터링한 예를, [그림 2-13]은 MRI 영상에서 필터링한 효과의 예를 보여 준다.

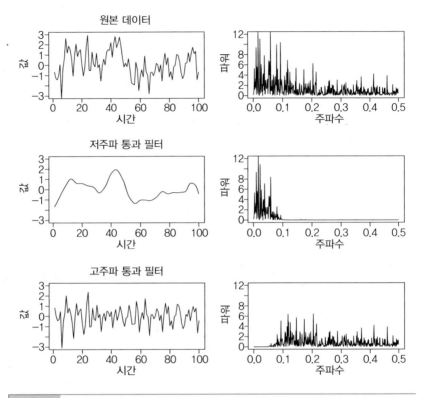

그림 2-12 푸리에 분석의 예. 왼쪽의 그래프는 시계열을, 오른쪽 그래프는 그 시계열에 대한 파워 스펙트럼이다. 맨 위 패널은 원본 데이터, 두 번째는 저주파 통과 필터 처리한 결과를, 그리고 세 번째는 고주파 통과 필터 처리한 결과를 보여 준다.

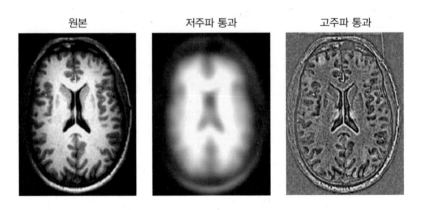

그림 2-13 T1-강조 MRI 영상에 필터를 적용한 예. 원본 영상은 왼쪽, 필터링된 버전은 오른쪽이다. 저주파 통과 필터는 영상을 흐리게 하는 반면, 고주파 통과 필터는 영상의 가장자리를 선명하게 한다.

3) 컨볼루션

필터링을 이해하는 또 다른 방법은 컨볼루션(convolution) 개념의 관점에서 볼 수 있다. 컨볼루션은 어떤 함수가 다른 신호 위로 통과되어, 함수와 신호가 겹치는 부분들이 모든 지점에서 더해졌을 때 발생하는 어떤 것으로 생각할 수 있다. 예를 들어, 가우시안 함수(Gaussian function)를 이용해 영상을 흐리게 하기를 원하여, 새로 만들어질 영상의 각 좌표 값이 가우시안에 의해 가중된 주변부 값들의 평균이 되도록 원한다고 하자. [그림 2-14]에서 보여 주듯이, 이는 영상을 가우시안 함수(흔히 가우시안 커널[Gaussian kernel]로 불림)로 컨볼루션함으로써 얻을 수 있다.

컨볼루션 개념은 5장에서 중점적으로 다룰 것이다. 그 이유는 컨볼루션 개념이 fMRI에서 신경 활동과 혈류의 관계를 이해하는 데 대단히 중요하기 때문인데, 예측된 fMRI 신호는 자극함수(stimulus function)와 혈류역학 반응함수(hemodynamic response function) 간을 컨볼루션한 결과다.

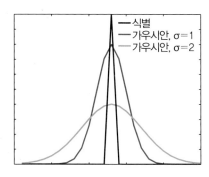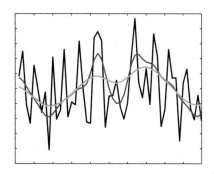

그림 2-14 컨볼루션의 예. 왼쪽 패널은 컨볼루션을 위해 적용된 세 가지 커널을 보여 준다. 식별 커널(identity kernel)은 중앙점에서는 양수값을, 그 외 지점에서는 0을 가지는 반면, 가우시안 커널은 중앙에서부터 점차 퍼져 나온다. 임의의 신호가 생성되어, 이 커널들 각각으로 컨볼루션된 결과가 오른쪽 패널이다. 식별 커널의 컨볼루션은 정확하게 원래의 데이터를 돌려주는 반면, 가우시안 커널의 컨볼루션은 매끄러운 데이터를 보여 준다. 여기서 가우시안 커널의 범위가 넓어질수록 더 매끄러운 결과를 얻을 수 있다.

Chapter 3

fMRI 데이터의 전처리

1. 서 론

2. fMRI 전처리에 대한 개관

3. 질적 통제 기법

4. 왜곡 보정

5. 절편 획득시간 보정

6. 움직임 보정

7. 공간적 편평화

fMRI 데이터의 전처리

1. 서론

　녹음실에서 녹음된 음악이 라디오에서 나오기 전에 믹싱과 편집을 필요로 하는 것처럼, 스캐너에서 얻은 MRI 데이터 역시 분석을 위한 데이터를 준비하는 데 많은 전처리(preprocessing) 작업을 필요로 한다. 이러한 작업의 일부는 MRI 스캐너 자체에 의해 또는 촬영되는 사람에 의해 유발될 수 있는 데이터에서의 잠재적인 인공결함들을 탐지하고 복구하기 위한 것이다. 그 밖의 작업들은 이후의 과정을 위해 데이터를 준비하기 위한 것이다. 예를 들어, 우리는 이후의 통계적 조작들이 잘못되지 않았다는 것을 확실히 하는 데 도움이 되도록 데이터를 공간적으로 흐릿하게 만들기를 원할 수 있다. 이 장은 이후의 장들에서 논의할 통계적 분석 이전에 fMRI 데이터에 적용되는 전처리 작업들에 대한 개관을 제공한다. 해부학적 데이터의 전처리는 제4장에서 다룰 것이다.

　이 장에서의 논의는 많은 부분들에서 MRI 데이터 획득에 관련된 역학에 대한 기본적인 이해를 가정하고 있다. MRI 물리학에 대한 배경지식이 없는 독자는 Buxton(2002)과 같은 MRI 영상 기법들에 대한 교재를 참조하기 바란다.

2. fMRI 전처리에 대한 개관

fMRI 데이터의 전처리는 서로 다른 소프트웨어 패키지와 연구실에 따라 매우 다양하지만, 선택해야 할 방법들의 기본 세트는 존재한다. [그림 3-1]은 전처리 과정의 다양한 작업들에 대한 개관과 그 작업들이 수행되는 일반적인 순서를 보여 준다. 비록 질적 통제 측정치들이 필수적이라 여겨지긴 하지만, 전처리 단계들 중 그 어떤 것도 모든 경우에 절대적으로 필요하다고 할 수는 없다는 것을 유의하라.

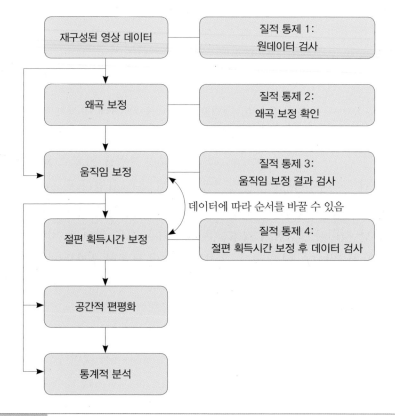

그림 3-1 표준적인 fMRI 전처리 흐름의 개관. 적절한 질적 통제 단계들이 각 지점에 표시되어 있다. 움직임 보정의 예외는 있지만, 나머지 전처리 단계들은 최적의 방식이라고 볼 수 있고, 그 단계들의 사용은 연구의 필요성과 가용한 데이터에 따라 다를 것이다.

3. 질적 통제 기법

포괄적인 fMRI 분석 패키지의 유용성은 fMRI 데이터 세트를 분석하는 것을 가능하게 해 주고, 원데이터를 면밀히 들여다보지 않고도 결과를 얻을 수 있도록 해 준다는 것이다. 그러나 fMRI 연구자가 데이터의 질을 보장하기 위해서는 원데이터와 각 단계에서 처리된 데이터를 꼼꼼히 살펴보는 것이 중요하다. 그렇지 않으면 스스로가 "쓰레기를 입력하면 쓰레기가 나온다."는 오랜 격언의 좋은 예가 되는 위험에 처할 수 있다. 여기서는 fMRI 데이터에서 인공결함의 존재를 탐색하고 시각화하는 데 사용할 수 있는 많은 방법들을 대략적으로 살펴본다.

1) 스캐너의 인공결함 탐지

수많은 인공결함들이 MRI 스캐너의 문제에 의해 발생할 수 있다.

스파이크(spike, 극파)는 스캐너의 전기적 불안정성(예: 정전기 방출)에 기인한 밝기에 있어서의 짧은 변화다. 일반적으로 영상을 가로지르는 규칙적인 줄무늬 양상으로 나타난다([그림 3-2] 참조). 스파이크는 최근의 MRI 스캐너에서는 비교적 드물게 나타나지만, 일단 나타나면 분석에 있어 상당한 악영향을 줄 수 있다.

고스팅(ghosting)은 에코평면(echoplanar) 획득에서 K-공간의 서로 다른 선들 간의 위상에서 작은 상쇄가 있을 때 발생하며, 심장 박동이나 호흡과 같은 주기적 움직임에 의해서도 나타날 수 있다. 이것은 MRI 영상이 위상부호화된 방향에서 양쪽에 흐릿한 뇌의 유령처럼 나타난다([그림 3-3] 참조). 영상의 전체 범위에 대해 밝기 창을 설정해 놓으면 영상을 들여다볼 때 고스팅을 보는 것이 어려울 수도 있는데, 영상 보기 프로그램의 밝기 강도 창의 최고값을 줄이면 쉽게 볼 수 있다([그림 3-3] 참조). fMRI에서 뇌의 어떤 영역이 다른 부분에 고스트를 갖는다면, 고스팅은 뇌 바깥 부분에서 나타나는 활성화의 결과를 가져올 수 있으며, 또한 뇌

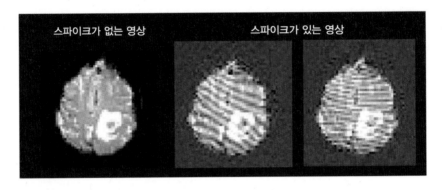

스파이크가 없는 영상   스파이크가 있는 영상

그림 3-2 fMRI 영상에 커다란 대각선 줄무늬의 형태로 반영된 스파이크의 예. 이 영상은 뇌종양이 있는 환자에게서 얻은 것인데, 뇌영상의 오른쪽 아래에 있는 커다란 흰색 얼룩으로 나타난 것이 종양이다(자료: UCLA의 Mark Cohen).

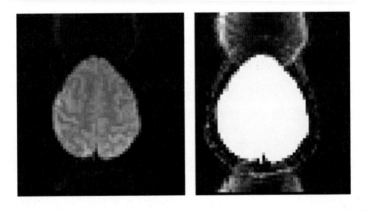

그림 3-3 fMRI 영상에 나타난 고스팅의 예. 고스팅은 오른쪽 그림에 보이는 것처럼 영상보기 프로그램의 밝기 조절 창의 최고값을 줄였을 때 더 뚜렷하게 나타난다(자료: UCLA의 Mark Cohen).

안쪽 활성화의 위치를 잘못 잡는 결과를 가져올 수도 있다. 최근의 MRI 시스템에서 고스팅은 fMRI에 대하여 좀처럼 심각한 문제를 일으키지는 않지만, 가끔이지만 여전히 상당한 고스팅 문제들이 발생한다. 일단 이러한 문제가 발견되면 MRI 기술자나 물리학자와 함께 살펴보아야 한다.

2) 시계열 동영상

사람의 눈은 fMRI 시계열이 동영상의 형태로 보일 때 변화를 찾는 데 능숙하다. 동영상화된 시계열을 볼 수 있도록 해 주는 몇 가지 도구들이 있다. 예를 들어, FSLView에서는 단순히 Movie Mode 버튼을 누르기만 하면 시계열을 동영상의 형태로 볼 수 있다. 그 다음에는 시간에 걸쳐 나타나는 어떤 두드러진 변화라도 그 출처를 더 잘 이해하기 위해 조사될 수 있다. 5장에서는 통계분석에 있어 좋지 않은 데이터 지점을 다루기 위한 방법들에 대해 논의할 것이다.

3) 독립성분 분석

이후의 장에서 살펴보겠지만, fMRI 분석은 일반적으로 통계적 모형(예: 과제의 효과에 관한 모형)을 만들고, 그 모형이 데이터를 잘 설명하는 영역들을 찾는 방식으로 이루어진다. 그러나 때때로 우리는 fMRI 데이터에서 인공결함을 탐지하는 것처럼 데이터에서 그 형태가 알려지지 않은 신호를 찾고자 할 때도 있다. 데이터에서 체계적인 패턴을 찾아냄으로써 이 작업을 수행하는 일련의 탐색적 데이터 분석 방법이 있다. 이 방법들은 연결성 모형화에 대해 설명한 8장에서 보다 자세히 다룰 것이지만, 여기서는 인공결함 탐지의 맥락에서 몇 가지 방법을 소개한다. 이 방법들은 관찰된 신호를 얻기 위해 4차원 데이터 세트를 서로 다른 비율로 섞여 있는 공간-시간적 성분들의 세트로 분해한다. 이러한 분해가 이루어지는 많은 방식들이 있는데, 일반적으로 성분들에 부과되는 제약의 종류에 따라 다르다. 예를 들어, 주성분 분석(principal components analysis: PCA)은 다차원 공간에서 서로 직교하는 일련의 성분들을 찾아내는 반면, 독립성분 분석(independent components analysis: ICA)은 서로 독립적인 일련의 성분들을 찾아낸다. ICA에 대한 보다 자세한 설명은 8장에서 다루고 있다.

ICA는 fMRI 데이터에서 인공결함을 확인하는 데 매우 유용한 것으로 밝혀졌다. [그림 3-4]는 FSL의 MELODIC ICA 도구를 사용해서 탐지한 ICA 성분의 예를 보여 준다. ICA는 머리 움직임에 의한 스캔 내 영향들이나 그 밖의 움직임에 의한 비고정적 영향들과 관련된 신호들을 찾아내는 데 특히 유용한데, 이 영향들은 표준적인 움직임 보정 기법들로는 제거될 수 없다.

일단 인공결함 성분들이 확인되면 그러한 성분들은 데이터에서 삭제

역치화된 성분 지도

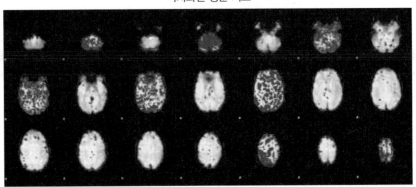

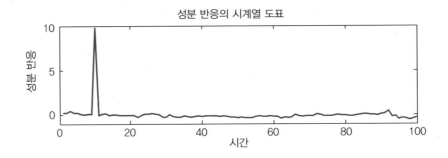

그림 3-4 FSL의 MELODIC ICA 도구를 사용하여 찾아낸 움직임-관련 성분의 예. 위 그림은 어떤 복셀이 그 성분에 유의미하게 정적으로(빨간색) 또는 부적으로(파란색) 적재되는지를 묘사하는 역치화된 지도(thresholded map)를 보여 준다. 확연히 드러나는 움직임의 표시들은 절편들 간에 번갈아 나타나는 반응(교차배치 획득에서 움직임을 반영하는), 일관성 있게 나타나는 뇌 가장자리 근처의 정적 혹은 부적 신호들, 그리고 성분의 시계열에서 보이는 커다란 단일 스파이크의 존재를 포함한다.

되어 '잡음이 제거된' 데이터 세트로 만들어질 수 있다. 이러한 성분들의 탐지는 편향을 방지하기 위한 명확한 기각 기준에 근거해야 하는 것이 중요하다. 이러한 기준은 일반적으로 성분들의 공간적 · 시간적 특징들 모두를 기반으로 할 것이다. 예를 들어, 하나의 기준은 어떤 성분들이 하나 이상의 시점에서 커다란 스파이크를 보이는 시계열과 함께 절편들 사이의 강한 교대를 보일 때(이는 fMRI 데이터가 일반적인 교차배치[interleaved] 방법을 사용하여 수집될 때 움직임과 관련한 영향의 좋은 증거다; [그림 3-7] 참조) 그 성분들을 기각하는 것일 수 있다([그림 3-4] 참조). ICA 성분들의 자동적 분류를 위한 방법들이 개발되어 왔는데, 이는 수동적 분류보다 인공결함과 관련된 성분들에 대한 탐지를 보다 더 신뢰성 있고 비편향되게 할 수 있기 때문이다(Tohka et al., 2008). 그러나 ICA 성분들을 직접 검증하는 것이 fMRI 데이터 세트에서 존재할 수 있는 신호들의 다양성을 보는 더 나은 관점을 제공하기 때문에 fMRI를 처음 다루어 보는 연구자에게는 유용한 연습이 될 수 있을 것이다.

4. 왜곡 보정

fMRI 획득의 가장 일반적인 방법은 경사에코(gradient-echo) 에코평면 영상(echoplanar imaging: EPI)인데, 이 방법은 부비강(sinus)이나 외이도와 같이 공기와 조직이 만나는 영역들 근처의 인공결함에 취약하다. 이는 B0로 알려진 공기와 조직의 접촉면으로 인해 발생한 주 자기장의 비균질성(inhomogeneity)에 기인하고, 누락(dropout)과 기하학적 왜곡(geometric distortion)의 두 가지 형태가 있다. 누락은 안와전두피질(orbitofrontal cortex)이나 외측 측두엽(lateral temporal lobe)과 같은 공기와 조직의 접촉면 근처의 뇌 영역에서 감소된 신호로 나타난다([그림 3-5] 참조). 일단 데이터가 얻어지면, 상당한 누락이 생긴 영역의 데이터를 복구할 방법은 없고, 따라서 최선의 방법은 누락을 최소화하는 MRI 획득

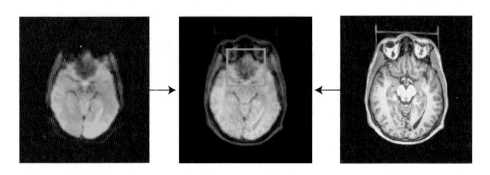

그림 3-5 경사에코 EPI 영상에서 나타나는 신호 누락의 예. T1-강조 영상에서는 뇌 조직이 있지만 EPI 영상에서는 신호가 없는 부분을 나타내기 위해서 FSLview의 투명 겹침(transparent overlay) 기능을 사용하여 왼쪽의 EPI 영상과 오른쪽의 T1-강조 영상이 가운데에서 결합되었다. 이 영상에서 실질적인 누락이 있는 안와전두 영역이 파란색 상자로 강조되었다.

방법을 사용하는 것이다. 모든 데이터 세트에서 나타나는 특정한 누락 패턴을 이해하는 것이 매우 중요하다. 예를 들어, 실제로는 누락으로 인하여 안와전두피질에 신호가 나타나지 않았음에도 불구하고, 그 영역이 특정 과제의 조작에 반응하지 않는다고 결론 내리기를 원하지는 않을 것이다. 이러한 누락 패턴을 제대로 평가하기 위한 한 가지 유용한 방법은, [그림 3-5]에서 보여 주듯이, 기능적 영상을 동일한 피험자로부터 나온 구조적 영상 위에 겹쳐서 보는 것이다.

 fMRI 영상들은 신호의 손실뿐 아니라 같은 영역에서 공간적으로도 왜곡될 수 있다. MRI 영상의 공간적 정보를 부호화하기 위해 경사(gradient)가 적용될 때, 자기장 내의 이러한 비균질성은 결과 영상에서 구조들의 위치에 있어서 오류의 결과로 나타난다. 가장 흔하게는 전측 전전두피질과 안와전두피질이 왜곡된다. 이러한 왜곡은 MRI 펄스 연쇄에 의해 사용된 위상 부호의 방향을 따라 나타나는데, 이는 보통 Y(전-후측)축이다. 이러한 왜곡들은 기능적 MRI 데이터를 구조적 영상과 정렬하기 어렵게 만든다.

 자기장의 비균질성의 영향에 대해 자기장 지도(field map)을 사용하여 어느 정도 보정하는 것이 가능한데, 자기장 지도는 B0 자기장의 특징을 묘사한다(Jezzard & Balaban, 1995). 자기장 지도화를 위한 펄스 연쇄들은 대부분의 MRI 스캐너에서 이용 가능하다. 이 연쇄들은 일반적으로 두 개의 다른 에코 시간에서 영상들을 획득함으로써 작동한다. 두 영상 간 위상 차는 국소적 자기장 비균질성을 계산하는 데 사용될 수 있는데, 이 값들은 각 복셀이 움직인 거리를 수치화한 지도를 만드는 데 사용될 수 있다. 이 지도를 가역(inverting)함으로써 각 복셀에 있는 데이터의 원래 위치를 결정할 수 있다. [그림 3-6]은 왜곡 보정의 예를 보여 준다.

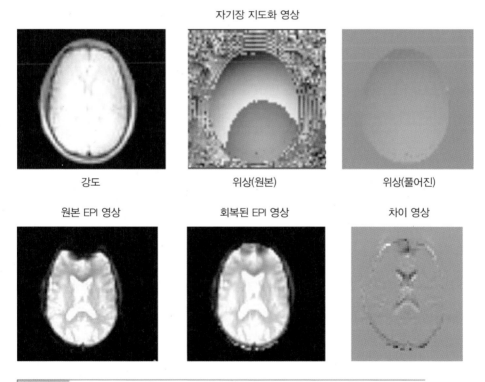

자기장 지도화 영상

| 강도 | 위상(원본) | 위상(풀어진) |

| 원본 EPI 영상 | 회복된 EPI 영상 | 차이 영상 |

그림 3-6 자기장 지도화를 이용한 왜곡 보정. 위 그림은 자기장 지도화 스캔의 원본 강도(magnitude), 위상(phase) 영상들, 풀어진(unwrapped) 위상지도(FSL의 PRELUDE를 사용)를 보여 준다. 아래 그림은 전두극에 상당한 왜곡이 있는 원본 EPI, 동일한 영상이 왜곡으로부터 회복된(unwarped) 영상(위 그림의 자기장 지도를 사용), 원본 영상으로부터 회복된 영상을 차감하여 얻은 차이 영상의 예를 보여 준다(자료: FSL FEEDS 데이터 세트).

EPI 영상들의 왜곡을 회복하기 위해 자기장 지도를 사용하는 데에는 많은 어려움들이 발생한다. 첫째, 만약 자기장 지도에 잡음이 있다면 이는 왜곡으로부터 회복된 영상에 잡음을 끼워 넣는 것이 된다. 이 문제를 처리하는 방법 중 하나는 저주파 통과 필터링(혹은 편평화)의 어떤 형태를 자기장 지도에 적용하는 것인데, 이는 회복된 영상에서의 오류를 감소시킨다(Hutton et al., 2002). 둘째, 만약 자기장 지도가 fMRI 시계열과 분리되어 얻어진다면 이 스캔들 간의 머리 움직임이 고려되어야 한다. fMRI 시계열 전체에 걸쳐 이중 에코 데이터를 얻는 것이 가능한데, 이렇게 하면 각 시점에서 고유의 자기장 지도를 추정할 수 있지만, 좀처럼 사용되지는 않는다. 또한 머리 움직임 보정과 왜곡 보정을 결합한 방식이 있기는 하지만(Andersson et al., 2001), 이러한 통합적 보정을 수행하기 위한 일반적으로 이용 가능한 도구들이 없고, 또한 더 복잡한 과정을 감수할 만한 장점이 있는지는 명백하지 않다.

만약 왜곡 보정이 적용되었다면, 보정 후 영상들을 면밀히 살펴보고 보정 전 영상들과 비교하여 왜곡 보정이 어떤 인공결함(이는 자기장 지도에 문제가 있다면 발생할 수 있다)을 가져오지는 않았는지를 확인해야 한다.

5. 절편 획득시간 보정

거의 모든 fMRI 데이터들이 2D MRI 획득을 통해 수집되며, 이 데이터들은 한 번에 한 절편(slice)씩 얻어진다. 어떤 경우에 절편들은 내림차순 또는 오름차순으로 획득된다. 교차배치 획득(interleaved acquisition)이라고 알려진 또 다른 방식([그림 3-7] 참조)에서는 매 두 번째 절편들이 연속적으로 얻어지는데, 그렇게 해서 절편의 절반(예: 홀수 절편들)이 획득된 후 나머지 절반(예: 짝수 절편들)이 획득된다. 2D 획득 방식을 사용한다는 것은 영상의 다른 부분들에 있는 데이터들이 체계적으로 다른 시간대에 획득된다는 것을 의미하는데, 이러한 차이들은 수초까지 이른다

(펄스 연쇄의 반복 시간[repetition time: TR]에 따라 다름)([그림 3-8] 참조).

서로 다른 복셀들 간 획득시간의 차이는 fMRI 데이터를 분석하는 데

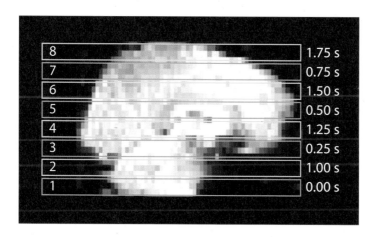

그림 3-7　교차배치 MRI 획득에서의 절편 획득시간에 대한 묘사. 절편들은 1-3-5-7-2-4-6-8의 순서로 얻어진다. 오른쪽의 시간들은 반복 시간을 2초로 가정할 때 해당 절편에서 데이터가 획득되기 시작하는 상대적인 시간을 나타낸다.

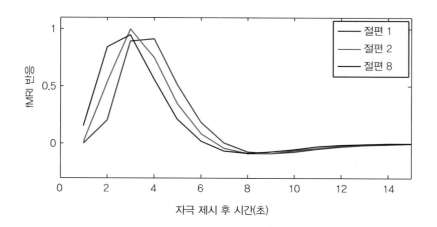

그림 3-8　획득된 데이터에 대한 절편획득 시간의 영향. 세 곡선은 [그림 3-7]의 절편들에 상응하는 시간들에서 동일한 혈류역학 반응의 표본을 나타낸다. 해당 볼륨에서 나중에 얻어진 절편들은 혈류역학 반응이 그 절편들이 획득된 시간 이전에 이미 시작되었기 때문에 각 시점에서 확연하게 더 빠른 반응을 보여 주고 있다.

문제가 될 수 있다. 사건의 시간들(예: 과제에서의 시행)이 통계적 모형을 만들기 위하여 사용되는데, 이 모형은 과제에 의해 유발될 것으로 기대되는 신호를 나타낸다. 그다음 이 모형은 각 시점에서의 데이터에 비교된다. 그러나 이 분석은 영상 내의 모든 데이터들이 동시에 얻어졌다는 것을 가정하는데, 그 결과로 모형과 뇌에 걸쳐 변화하는 데이터가 불일치하게 된다.

절편 획득시간 보정(slice timing correction)은 서로 다른 절편들의 획득시간 사이의 이러한 불일치를 수정하기 위해 개발되었다(Henson et al., 1999). 절편 획득시간 보정의 가장 흔한 접근법은 참조 절편을 선택하고 다른 모든 절편들에 있는 데이터를 참조 절편의 시간에 맞추기 위해 보간하는 것이다(그림 3-9 참조). 그 결과로, 각 절편이 동일한 시점에서 활성화가 나타나는 데이터 세트가 얻어진다. 절편 획득시간 보정을 적용하기 위해서는 정확한 획득 시간을 알 필요가 있는데, 이는 스캐너들과 펄스 연쇄들에 따라 다르다.

비록 이 방식이 설득력 있어 보이지만, 실행상에서는 절편 획득시간 보정의 사용을 기피하는 움직임이 있어 왔다. 한 가지 이유는 절편 획득

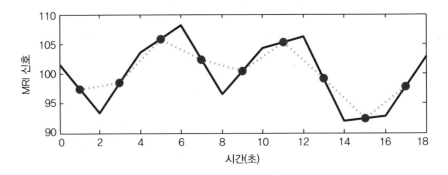

그림 3-9 절편 획득시간 보정에 대한 묘사. 파란 선은 각 볼륨 획득의 시작 시점에서 얻은 절편에 있는 하나의 복셀로부터 나온 원래의 시계열에 해당한다. 빨간 선은 이 절편을 중심 절편(볼륨의 중간, 즉 TR/2 시간에 얻은)에 맞도록 보정해서 얻은 보간이 된 시계열을 반영한다. 이 예에서, 선형 보간법이 간략하게 사용되었다. 실제 절편 획득시간 보정 방법은 싱크 보간을 사용하는데, 이는 신호를 덜 편평화하게 만들 것이다.

시간 보정이 사용될 때, 싱크 보간법을 사용함으로써 한 영상의 인공결함이 그 시계열 전체에 걸쳐 퍼질 수 있다는 것이다. 이는 절편 획득시간과 머리 움직임 간의 상호작용의 견지에서 볼 때 특히 문제가 되는데, 이에 대해서는 뒤에서 보다 자세히 다룰 것이다. 실질적 경험 또한 상대적으로 짧은 반복 시간($TR \leq 2$초)을 가지고, 교차배치 획득을 한 경우에는 사건 관련 분석이 비교적 절편 획득시간 문제에 강건하다고 제안한다. 이는 교차배치 획득을 사용한 후 공간 편평화를 수행했을 경우에 특히 그러한데, 인접한 절편들의 데이터들(서로 1/2 TR 떨어져서 수집된)이 함께 혼합되어 있어서 실질적인 절단 시간 오류가 단지 $TR/2$ 밖에 안 되기 때문이다. 마지막으로, 시간적 불명확화를 어느 정도 허용하는 시간도함수(temporal derivative)를 포함하는 통계적 모형의 사용이 절편 획득시간 차이의 영향을 줄일 수 있다(5장 참조).

6. 움직임 보정

훌륭한 피험자라도 침을 삼키는 것과 같은 이유로 머리를 움직일 수밖에 없는데, 이러한 움직임은 [그림 3-10]에서 보이는 것과 같이 fMRI 데이터에 강렬한 영향을 줄 수 있다. 머리 움직임의 두 가지 주요 영향이 있다. 첫째, 머리 움직임은 시계열에서 뒤이어 나오는 영상들의 위치상 불일치를 야기한다. 이는 총체적 움직임(bulk motion)이라고도 하는데, 그 이유는 이 움직임이 전체적인 머리 움직임을 포함하기 때문이다. 이것은 단일한 참조 영상에 시계열상의 영상들을 재정렬함으로써 보정하도록 고안된 표준 움직임 보정 기술로 바로잡을 수 있는 종류의 움직임이다. 집단적 움직임은 활성화 지도에 큰 영향을 주는데, 보통 영상의 가장자리에서 발생한다. 이는 뇌조직이 없는 어떤 지점의 복셀이 움직임으로써 갑자기 뇌조직이 있는 것으로 나타날 때 영상 강도의 큰 변화가 발생할 수 있다는 사실에 기인한다. [그림 3-10]에서 보여 주듯이,

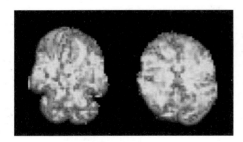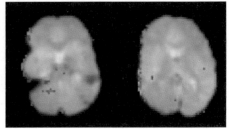

그림 3-10 통계적 지도에 나타난 머리 움직임의 영향을 보여 주는 예. 각각의 경우에서, 영상은 구획 설계된 운동 과제에 대한 활성화를 휴지 기저선에 비교하여 활성화를 보여 주고 있다. 왼쪽 그림은 움직임 관련 인공결함의 극단적인 예를 보여 준다(뚜렛 증후군 [Tourette syndrome]을 가진 개인의 데이터 세트로부터 나옴). 이는 종종 '불타는 뇌' 인공 결함으로 불린다. 오른쪽 그림은 보다 전형적인 예를 보여 주는데, 여기에서 움직임은 뇌의 한 측면을 따라 나타나는 활성화로 보인다. 이는 과제와 관련된 방향으로의 움직임을 반영한다.

이러한 인공결함은 움직임의 속성에 따라 몇 가지 다른 형태를 취할 수 있다. 예를 들어, 정적 혹은 부적 활성화를 보이는 반지 모양(상하 축을 따른 움직임을 반영), 머리의 한쪽 면에서의 정적 활성화와 다른 쪽 면에서의 부적 활성화(좌우 축을 따른 움직임을 반영), 혹은 안와전두피질에서 나타나는 정적 혹은 부적 활성화의 큰 영역(좌우 축을 따른 회전을 반영) 등이다. 이러한 인공결함이 흔히 나타나는 또 다른 위치는 뇌실의 가장 자리다.

둘째, 머리 움직임은 MRI 신호 자체를 붕괴시키는 결과를 가져올 수 있다. 머리가 움직일 때 이웃한 절편으로부터 현재의 복셀로 움직여 들어온 양성자들은 스캐너에 의해 예측된 것과는 다른 여기(excitation, 혹은 들뜸 양성자를 포함한 소립자들의 흥분 상태를 말함)를 가지고 있고, 따라서 재구성된 신호는 그 복셀에서의 조직을 정확하게 반영하지 않을 수 있다. 이는 스핀 이력 효과(spin history effect)라 알려져 있다(Friston et al., 1996b). 이러한 효과는 하나의 절편이나 일련의 절편들에서 강도의 큰 변화를 야기할 수 있는데, 만약 교차배치 획득 방법이 사용되었다면 밝고 어두운 절편들이 교차하여 나타나는 줄무늬의 형태로 나타날 수 있다. 이러한 형태의 움직임은 표준 움직임 보정 기술로는 보정될 수 없으나 ICA(8장 참조)나 스핀 이력 보정(spin-history correction)과 같은 탐색적 방법을 사용하면 잠재적으로 보정될 수도 있다(Friston et al., 1996b; Muresan et al., 2005).

1) 자극과 관련된 움직임

움직임에 관련하여 가장 어려운 문제 중 하나는 머리 움직임이 과제 패러다임과 상관이 있을 때 발생하는데, 이는 수많은 이유들로 발생할 수 있다. 예를 들어, 만약 과제가 명시적인 말하기나 많은 근육들의 움직임을 요구하는 경우라면 과제와 상관된 움직임이 예상된다. 그러나 이는 다른 경우에도 발생할 수 있다. 예를 들어, 참가자들은 쉬운 과제보다 어려운 인지 과제를 수행하는 동안 더 긴장할 수도 있고, 이것이 과제와 상관된 머리 움직임으로 나타날 수 있다. 자극과 상관된 움직임은 과제 패러다임의 타이밍과 매우 유사한 타이밍에서 활성화의 변화를 야기할 수 있고, 이에 따라 인공적 활성화가 나타날 수 있기 때문에 문제가 된다. 게다가 자극과 관련된 움직임은 과제와 밀접하게 상관되어 있기 때문에, 이러한 움직임과 관련된 신호들의 제거는 종종 과제 관련 신호 또한 제거할 것이고, 이는 통계적 분석의 민감도를 감소시킬 것이다. 명시적 발화를 사용한 연구에서처럼 움직임의 타이밍을 안다면, 이 문제를 다루기 위한 한 가지 방법은 BOLD 신호의 지연되는 속성을 이용하는 것이다. 즉, 움직임의 특징에 의존하여, 흩어진 사건 관련 설계를 사용하여 움직임과 BOLD 반응 사이의 상관을 감소시킬 수도 있다(예: Xue et al., 2008).

2) 움직임 보정 기법

움직임 보정(혹은 재정렬)의 목적은 머리 움직임 때문에 발생한 fMRI

시계열에서 영상들 간 오정렬을 줄이는 것이다. [그림 3-11]은 움직임 보정과정의 개관을 보여 준다. 간단히 말해, fMRI 시계열의 각 영상은 영상 정합 방법을 사용하여 공통의 참조 영상에 정렬되고, 그런 다음 원 데이터의 재정렬된 버전을 만들기 위해 새롭게 재절편화된다.

움직임 보정 방법들은 일반적으로 머리 움직임이 강체 변환(rigid body transformation)에 의해 설명될 수 있다고 가정하는데, 이는 머리의 위치는 변할 수 있지만(각 3개의 축을 따른 회전 혹은 이동) 머리의 형태는 변할 수 없다는 것을 의미한다. 따라서 이러한 기술들은 총체적 움직임에 대해서만 보정할 수 있다. 하지만 앞서 언급했듯이, 스캔을 획득하는 동안 움직임이 발생할 때에는 영상에서 머리의 단순한 움직임보다는 오히려 영상의 강도를 붕괴시키는 결과로 나타날 수 있다. 이런 영향들은 전체 뇌의 회전이나 이동으로 설명될 수 없기 때문에, 현재의 움직임 보정 방법들로는 보정될 수 없다.

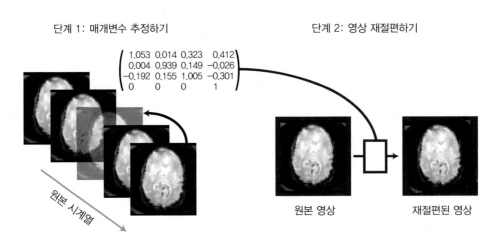

그림 3-11 움직임 보정과정의 개관. 첫 단계에서 각 영상과 참조 영상 사이의 움직임이 추정되는데, 이 예에서 참조 영상은 시계열의 가운데 영상이다. 두 번째 단계에서 각 영상에서 얻어진 매개변수들은 참조 영상에 가장 잘 맞는 원래 영상의 재절편된 버전을 만들기 위해 사용된다.

(1) 움직임의 추정

[그림 3-12]는 fMRI 시계열에 대한 머리 움직임 추정의 예를 보여 준다. 이 도표들은 참조 영상과 비교하여 각 시점에 대해 추정된 강체 변환의 매개변수들을 반영한다. 매개변수들은 참조 영상에서 0인데, 참조 영상은 그 자체에 정확하게 일치하기 때문이다. 움직임 보정 도구들은 일반적으로 이러한 매개변수의 도표를 제공하거나 매개변수들이 포함된 파일을 제공한다(또는 둘 다 제공하기도 한다). 이러한 측정치들을 변

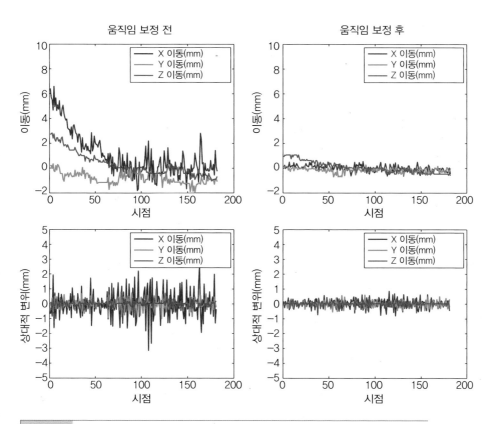

그림 3-12 추정된 머리 움직임의 도표. 위 그림들은 움직임 보정 전후에 대해 시점들 간의 변형을 보여 준다(즉, 뇌가 참조 영상으로부터 얼마나 떨어져 있는가). 아래 그림들은 위 그림들에 있는 데이터의 첫 번째 도함수를 보여 주는데, 이는 각 시점에서 상대적인 변위를 보여 준다(즉, 뇌가 이전 시점으로부터 얼마나 떨어져 있는가). 상대적 변위는 종종 절대적인 변형보다 움직임을 검사하기 위한 도구로 더 유용하다.

환하여 한 시점에서 다른 시점으로의 머리 변위(displacement)의 추정치를 얻는 것도 종종 유용할 수 있는데, 이 추정치는 움직임 매개변수들의 시간도함수와 동등하다([그림 3-12]의 아래 그림들 참조). 이는 각 시점에서 이전 시점의 매개변수를 뺌으로써 얻을 수 있다.

(2) 목표 대상 선택하기

움직임 보정을 위한 목표 대상은 하나의 특정 영상일 수도 있고, 시계열의 평균 영상일 수도 있다. 단일 영상보다 평균 영상을 사용하는 것에서 주목할 만한 이점이 있는 것 같지는 않고(Jenkinson et al., 2002), 또한 추가적인 계산 단계가 필요하기 때문에, 일반적으로 단일 영상을 참조로 사용하는 것이 추천된다. 목표 대상으로 단일 영상을 사용할 때 다음의 두 가지 이유에서 첫 번째 시점보다 시계열의 중앙에 있는 영상의 사용을 권한다. 첫째, 중앙에 있는 영상은 시계열 내의 다른 영상들과 평균적으로 가장 가깝다. 둘째, fMRI 시계열의 처음 몇 개의 영상들은 때때로 약간 다른 명암 대비를 가지는데(자기장이 안정적인 상태에 도달하지 않았다면), 이에 따라 시계열의 나머지 영상들과 덜 유사하게 된다.

(3) 비용함수 선택하기

대부분의 움직임 보정 알고리즘들은 목표 대상 영상과 참조 영상 사이의 값들의 상관에 민감한 양식 내(within-modality) 비용함수(cost function)를 사용하는데, SPM5의 최소 자승(least square)이나 FSL 4의 표준화 상관비(normalized correlation ratio)가 이에 해당한다. 영상 정합(registration)에 관한 비용함수의 기초 지식에 대해서는 2장을 보라. 하지만 많은 양의 활성화가 존재할 때, 이런 비용함수의 사용은 과제 관련 신호를 움직임으로 잘못 해석할 수 있으며(Freire & Mangin, 2001), 재정렬된 영상들에서 부정확한 움직임 추정과 오류들로 나타날 수 있다. 상호 정보량(mutual information)이나 강건 추정자(robust estimator)와 같은 다른 비용함수들은 이러한 영향에 덜 민감할 수 있다(Freire et al., 2002). 이러한 영향이 실제로 얼마나 중요한지는 분명하지 않다. Friere와 Mangin이 제시한 모의실험은 이러한 영향들이 상대적으로 많은 비율의 뇌 영역들이 강하게 활동하지 않는 한 나타나지 않는다고 제안한다. 이는 많은 양의 활성화를 일으키는 과제를 사용하는 연구자들은 활성화 신호에 의한 움직임 추정의 오염을 막기 위해 움직임 보정 시 상호 정보량과 같은 강건한 비용함수를 사용하는 것을 원할 수도 있다는 것을 의미한다.

(4) 재정렬된 영상 만들기

많은 가능한 보간법들이 재정렬된 시계열을 만들기 위해 사용될 수 있다(이러한 방법들의 기초 지식에 대해서는 2장 참조). 선형 보간은 고차 방법들보다 상대적으로 빠르지만 보간된 영상에서 많은 양의 편평화와 오류를 발생시키는 것으로 알려져 있다(Ostuni et al., 1997). 움직임 보정에서 보간에 사용되는 고차 방식들은 싱크(sinc), 스플라인(spline), 푸리에 기반(Fourier-based) 보간법을 포함한다. 이러한 방법들 사이의 실제적 차이는 작은 것으로 보이기 때문에(Oakes et al., 2005), 이 방법들 사이의 선택은 처리시간이나 특정 패키지 내에서의 이용 편의성과 같은 고려 사항에 의해 결정될 수 있을 것이다. 만약 처리시간이 고려 사항이 아니라면, 가능하다면 고차 방식이 사용되어야 한다. 물론 고차 보간법을 사용하여 얻은 정확성의 이득이 처리과정의 흐름에서 더 이후에 적용되는 공간적 편평화에 의해 가려지기가 쉽다.

3) 예측적 움직임 보정

fMRI 기법들 중에서 비교적 새로운 발전은 머리 움직임을 미리 보정하기 위해 모든 시점에서 데이터 획득 위치를 수정하는 펄스 연쇄의 이용 가능성이다. 이러한 접근은 그 어떤 보간 없이도 움직임이 보정된 데이터 세트를 만들어 낸다는 이점을 가지고 있다. 예측적 움직임 보정(prospective motion correction)을 사용하는 것은 상당히 유용할 수 있지만(Thesen et al., 2000), 사용자는 이러한 방법들의 구체적인 적용에 있어서 강건성을 고려하는 것이 중요하다. 실시간 방식들은 다음 시점에 대한 절편들의 위치를 추정하는 데 있어 빠른, 따라서 상대적으로 간단한 방법들을 사용해야만 하기 때문에, 예를 들어 특정 뇌 영역들에서의 데이터 손실이 발생하는 것과 같은 예측된 절편 위치에서 오류가 있을 가능성이 있다. 그러한 오류들은 커다란 스캔 내 움직임과 같은 경우에 발생할 가능성이 더 높으므로 이러한 방식들은 역설적으로 움직임이 상대적으로 적은 피험자 집단에 가장 적합하다.

4) 움직임 보정을 위한 질적 통제

다른 어떤 처리과정에서와 마찬가지로, 작업이 성공적으로 수행되었고 다른 추가적 인공결함이 발생하지는 않았는지를 확실히 하기 위해서는 결과를 확인하는 과정이 반드시 필요하다. 움직임 보정 결과를 확인하는 유용한 방법 중 하나는 움직임 보정이 된 영상을 동영상으로 보는 것이다. 동영상에 뚜렷한 움직임이 있다면 움직임 보정 작업이 성공적으로 완수되지 못했다는 것을 알려 주는 것이다.

움직임 보정을 한 번 적용한 후에도 움직임의 흔적이 보인다면, 동일한 데이터 세트에 움직임 보정을 여러 번 하고 싶을 수가 있다. 그러나 이러한 생각은 정말로 단념해야 한다. 왜냐하면 첫 단계가 제거할 수 있는 대부분의 움직임 영향을 제거했기 때문에 이후에 재차 시도했을 때는 이 알고리즘이 활성화 관련 신호와 같은 다른 신호들에 훨씬 더 민감해질 것이다. 또한 각 단계에서 생긴 보간 오류는 데이터를 질적으로 떨어뜨릴 것이다.

5) 움직임과 자화율 인공결함의 상호작용

움직임 보정 기술은 일반적으로 강체(6개의 매개변수) 공간 변형 모형을 사용하는데, 이 모형은 움직임의 영향으로 뇌의 형태가 변하지 않으며, 단지 뇌의 위치와 방향이 변한다는 가정을 하고 있다. 그러나 자화율 인공결함(susceptibility artifact)의 영역들에서 움직임의 영향은 강체모형을 따르지 않는다. 예를 들어, 침을 삼킬 때처럼 머리가 X축을 따라 움직이면, 안와전두피질을 통과하는 절편들의 각도가 바뀔 것이다. 이 영역에서의 누락과 왜곡은 그 절편의 뇌에 대한 방향에 의존하기 때문에, 뇌를 통과하는 실질적인 절편 각도의 변화에 따라 누락이나 왜곡은 달라질 것이며, 그 결과 단순히 뇌의 위치나 방향만의 차이가 아닌 영상에서 형태의 차이라는 결과로 나타날 것이다. 이러한 변화는 인공결함적 활성화로 나타나며(Wu et al., 1997), 특히 과제와 상관된 움직임일 경우 그러하다. 이러한 이유로 자화율 인공결함에 의해 영향을 받는 영역들과 매우 인접한 안와전두피질에서 넓은 영역들의 활성화가 나타난다면, 이는 주의 깊게 해석해야 한다. 이러한 문제들은 또한 데이터 획득이라는 점에서 자화율 인공결함을 줄이는 기술의 필요성에 대해 더 큰 동기를 제공한다.

6) 움직임 보정과 절편 획득시간 보정의 상호작용

절편 획득시간 보정과 움직임 보정은 서로 상호작용할 수 있으며, 이러한 상호작용의 특성은 이 둘이 적용되는 순서에 의해 결정된다. 움직임 보정이 먼저 수행된다면, 한 시점에서 실제로 얻은 데이터가 다른 절편으로 옮겨질 수 있다. 따라서 절편 획득시간 보정 알고리즘에 명시된 명목상의 획득시간은 그 데이터의 실제 획득시간과 일치하지 않을 수 있다. 또한 만약 상당한 크기의 평면을 가로지르는 움직임이나 회전이 있다면, 움직임 보정 이후에 보간된 복셀들은 다른 시점들에서 획득된 데이터가 혼합되어 있을 것인데, 마찬가지로 이는 절편 획득시간 보정에서 비롯된 잠재적 오류로 나타날 것이다.

만약 절편 획득시간 보정이 먼저 수행된다면 시간에 걸쳐 퍼져 나가는 움직임 관련 강도 차이들이 있을 수 있는데, 이는 매우 클 수도 있다. 또한 평면을 가로지르는 움직임이나 회전은 앞서 논의한 데이터 획득의 명목상 시간과 실제 시간 사이의 불일치와 정확히 같은 종류의 불일치를 가져올 것이다. 이 문제는 앞서 살펴본 예측적 움직임 보정을 사용하여 어느 정도 줄일 수 있는데, 이 방법은 보간을 쓰지 않고 움직임의 영향을 줄일 수 있다. 따라서 서로 다른 시간에 수집된 데이터가 서로 섞이지 않을 것이다.

만약 절편 획득시간 보정을 사용하고자 한다면, 우리는 일반적으로 움직임 보정 이후에 적용하기를 제안한다. 왜냐하면 복셀 강도에 미치는 움직임의 영향이 매우 클 수도 있기 때문이다. 그러나 앞의 '절편 획득시간 보정'에서 언급했듯이, 만약 데이터가 2초 이하의 비교적 짧은 *TR*을 사용하여 얻은 것이라면 절편 획득시간 보정을 하지 않아도 될 좋은 이유가 된다.

7) 너무 많은 움직임은 어느 정도인가

fMRI 데이터 분석에 관해 가장 자주 하는 질문 중 하나는 모든 스캔들을 못 쓰게 될 정도로 너무 많은 움직임이란 어느 정도인가라는 것이다. 불행하게도, 이 질문에 대한 간단한 답은 없다. 큰 관점에서 말하면, 이것은 강체 모형에 의해 움직임의 영향이 얼마나 잘 설명되느냐에 달려 있다. 즉, 모든 움직임이 동일하게는 만들어지지 않는다는 것이다. 만약 움직임이 점진적이거나 회기들 사이에서 발생했다면 많은 양의 변위가 보정될 수 있는 반면 스캔 중에 갑작스러운 움직임이 일어났다면 영상의 강도에 영향이 있었을 수 있으며, 이는 강체 변환을 사용해서는 보정될 수 없다.

일반적인 경험 법칙으로서, 복셀 차원에서 1/2 이상의 그 어떤 이동변위(예: 두 인접한 시점 사이의 이동)라도 데이터의 질에 관한 심각한 고려 사항이 되어야 한다. 그러나 이것은 반드시 지켜야 할 규칙은 아니다.

즉, 훨씬 더 작은 양의 움직임도 심각한 문제를 일으킬 수 있으며, 특히 움직임 보정이 앞서 설명한 ICA 잡음 제거 접근법과 결합된다면 훨씬 많은 양의 움직임도 성공적으로 보정될 수 있다. 또한 움직임의 영향은 그것이 과제 혹은 자극과 얼마나 상관되는가에 따라서도 달라질 수 있다.

우리의 의견으로는, 모든 스캔을 내다 버리는 것은 최후의 선택이 되어야 한다. 만약 전체 스캔이 많은 양의 갑작스러운 움직임 때문에 알아볼 수 없을 정도라면 선택의 여지는 없을 것이다. 그러나 움직임의 영향을 처리하기 위해 사용될 수 있는 많은 전략들이 있다. 첫째, 앞서 설명했듯이, ICA와 같은 탐색적 방법을 사용하여 일관적인 움직임 신호를 제거하는 방법이 있다. 둘째, 통계적 모형에 움직임 관련 매개변수들을 포함할 수 있다(5장 참조). 셋째, 관심이 되는 특정 시점에 대한 통계적 모형에 설명변수를 포함함으로써 몇몇 시점을 완벽하게 배제할 수 있다. 비록 회기 전체나 피험자 전체 데이터를 다 버려야만 하는 경우들이 항상 있을 수 있겠지만, 우리는 일반적으로 이러한 전략들이 최소한 정상적인 참가자들에 대한 대부분의 스캔들을 구해 낸다는 것을 발견하였다. 병리 집단이나 아동의 경우에는 지나치게 많은 움직임 때문에 상당 비율의 데이터를 사용할 수 없을 것이라 예상된다.

8) 생리학적 움직임

참가자 머리의 총체적 움직임으로 유발된 움직임 외에도 심장 박동이나 호흡에 관련된 생리학적 진동에 의해 유발되는 뇌의 상당한 움직임이 있다. 심장 박동 주기는 대부분의 fMRI 획득의 반복 시간보다 더 빠른데, 이는 저주파에 대한 심장 박동 주기의 에일리어싱(aliasing, 컴퓨터로 처리되는 영상에서 적절하지 않은 샘플링 때문에 발생하는 신호 왜곡 현상)으로 나타난다(에일리어싱의 설명은 [그림 3-13] 참조). 심장 박동에 의한 진동성 움직임 이외에도, 호흡에 의한 영상의 변화가 있을 수도 있다. 즉, 호흡 순환 주기에 따라 가슴 내의 자화율에서의 변화는 머리에서 작

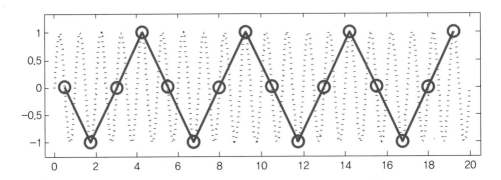

그림 3-13 에일리어싱(aliasing)은 데이터 세트가 나이퀴스트 주파수(Nyquist frequency)보다 더 높은 주파수에서 주기적 신호를 포함할 때 발생하는데, 나이퀴스트 주파수란 표본 주파수의 반에 해당하는 주파수를 말한다. 예를 들어, 만약 심장 박동의 주파수가 초당한 번이라면 저주파에 대한 심장 박동의 에일리어싱을 막기 위해서는 최소한 초당 두 번의 샘플링을 해야 할 것이다. 이 그림에서 파란색으로 표시된 1.0Hz(매 초당 한 번)의 심장박동 신호는 붉은 신호로 표시된 매 1.25초(0.8Hz)의 비율로 샘플링되었을 때 0.2Hz의 저주파로 에일리어싱된다.

은 자기장 변화를 일으킨다.

　생리학적 움직임을 다루는 한 가지 접근법은 스캐닝 동안 심장 박동과 호흡의 타이밍을 모니터하고 기록한 다음, 이후에 이러한 영향을 데이터로부터 제거하는 것이다(Glover et al., 2000). 이러한 방식들은 효과적이지만, 스캐닝 동안 생리학적 모니터링이라는 추가적인 복잡성을 요구한다. 두 번째 접근 방식은 심장동기(cardiac gating)를 사용하는 것인데, 이 방법에서는 개별 영상 볼륨의 획득 시간이 참가자 자신의 심장박동에 의해 결정된다. 이 방식은 박동 때문에 생기는 움직임이 가장 크게 나타나는 상구와 같은 깊은 뇌 구조들로부터 영상을 얻을 때 특히 유용하다(Guimaraes et al., 1998). 하지만 데이터 분석을 어렵게 하는 많은 제한들(예: 비안정적인 *TR*)이 있으며, 또한 fMRI 스캐닝을 위해 실행되기에는 기술적으로 어려울 수 있다. 또 다른 보다 일반적인 접근법은 fMRI 시계열에서의 인공결함 성분들을 찾아내기 위해 앞서 언급한 ICA를 사용하는 것이다. 이 방법은 생리학적 모니터링을 사용하는 방법들만큼은 아니지만 생리학적 움직임의 영향을 일부 찾아낼 수 있다. 또한 이 방식은 표준 fMRI 획득을 넘어서는 어떤 추가적인 데이터 수집을 요구하지 않는다는 이점이 있다.

7. 공간적 편평화

공간적 편평화는 영상의 고주파 정보를 제거하는 필터를 적용하는 것을 포함한다(필터링에 대한 기초 지식에 대해서는 2장 참조). 가능한 최고 해상도의 fMRI 데이터를 얻는 데 그렇게 많은 노력을 기울이고는 그 후에 그 영상을 흐릿하게 만들어서 고해상도 정보를 내다 버리는 형국이 된다는 것을 직관적으로는 이해하기 어렵다. 그러나 연구자들이 fMRI 데이터에 공간적 편평화를 적용하는 것을 선택하는 데는 많은 이유가 있다. 첫째, 고주파수 정보(즉, 영상에서 소규모의 변화들)를 제거함으로써, 편평화는 보다 큰 공간 규모에서 신호에 대한 신호 대 잡음비를 높여 준다. fMRI 연구에서 대부분의 활성화는 많은 복셀들로 확장되어 나타나기 때문에, 더 큰 부분에서 신호를 얻는 것이 더 작은 부분에서의 신호를 잃는 대가를 치르는 것 이상의 이점을 가진다. 또한 더 작은 복셀들의 획득은 자화율 인공결함에 민감한 영역의 누락을 줄이는 데 도움을 줄 수 있으며, 편평화는 더 작은 복셀들이 사용될 때 발생하는 잡음의 증가를 극복하는 데 도움이 될 수 있다. 둘째, 개인들에 걸쳐 데이터가 결합될 때, 공간적 표준화에 의해 보정되지 않은 기능적 영역들의 공간적 위치에 대한 변산성이 존재한다는 것은 잘 알려져 있다(보다 자세한 내용은 4장 참조). 공간 전체에 걸쳐 데이터를 흐릿하게 함으로써, 공간적 편평화는 공간적 해상도의 손실을 감수함으로써 개인들 간의 불일치를 감소시키는 데 도움이 될 수 있다. 셋째, 몇 가지 분석 방법들(특히 가우시안 무선 장[Gaussian random fields] 이론에 대해서는 7장 참조)은 특정 수준의 공간적 편평함을 요구한다. 공간적 편평화가 거의 항상 표준 집단 fMRI 연구에 적용되는 반면에 편평화되지 않은 데이터들이 분석되는 몇 가지 경우가 있는데, 9장에서 설명하는 패턴 분류(pattern classification) 분석이 그런 경우다.

공간 편평화의 가장 흔한 수단은 3차원 가우시안 필터(Gaussian filter, 혹은 커널[kernel] 컨볼루션에 관한 자세한 설명은 2장 참조)로 3차원 영상을 컨볼루션하는 것이다. 가우시안 커널에 의해 부과되는 편평화의 정도는 그 분포의 폭에 의해 결정된다. 통계에서는 이것을 표준편차의 견지에서 설명하는 반면, 영상 처리에서는 반치전폭(full width at half-maximum: FWHM)으로 설명한다. 이것은 최댓값의 절반 지점에서 분포의 폭을 측정한다. 이것은 방정식 $FWHM = 2\sigma\sqrt{2\ln(2)}$ 에 의한 표준편차, 혹은 대략 $2.55*\sigma$와 관련이 있다. [그림 2-14]에서 보여 주듯이, FWHM이 더 커질수록 편평화도 더 커진다.

중요한 점은 영상의 편평도는 영상에 적용된 편평화와 반드시 동일할 필요는 없다는 것이다. 편평도는 이웃하는 복셀들 간의 상관을 기술한다. 무선적 잡음을 가진 영상은 매우 낮은 편평도를 가지지만 MRI 영상들은 일반적으로 더 높은 편평도를 가지고 있는데, 이는 영상 재구성 동안 적용된 필터링뿐만 아니라 영상의 고유한 상관들의 존재 때문이다. 편평화가 영상에 적용될 때 결과 영상의 편평도는 다음과 같다.

$$FWHM = \sqrt{FWHM_{고유}^2 + FWHM_{적용}^2}$$

이는 영상의 편평도를 추정하는 데 필요한 통계적 방법을 사용할 때 특히 유념하는 것이 중요하다. 이에 대해서는 7장에서 보다 자세히 논의한다.

1) 얼마나 편평화해야 하는가

편평화를 어느 정도로 적용해야 하는지에 대한 해답은 없다. 부분적으로는 편평화를 하는 데 많은 이유들이 있으며, 각각은 질문에 대해 서로 다른 답을 제안할지도 모른다.

- 만약 영상의 잡음을 줄이기 위하여 편평화를 한다면, 찾아내고 싶은 활성화 신호보다 크지 않은 필터를 적용해야 한다. [그림 3-14]는 활성화 영상 결과에 서로 다른 필터 폭의 영향들을 보여 준다. 그러나 여기에서의 효과는 특정 과제와 영상을 얻은 특정 시스템에 국한된 것이라는 점을 유념해야 한다. 즉, 만약 과제가 더 작은 구조들의 활성화를 불러일으킨다면, 여기서 탐지된 결과에 적용된 것과 동일한 필터 폭을 사용하면 신호가 유실될 수 있을 것이다.
- 만약 해부학적 변산성의 영향을 줄이기 위하여 편평화를 하는 것이라면, 최적의 편평화 폭은 영상을 얻는 사람들의 변산성의 양에 따라 다를 것이다. 이 변산성의 정도는 공간적 표준화 방식에 의해 줄어들 수 있다(이 주제에 관한 자세한 내용은 4장 참조).
- 만약 통계적 분석을 위한 가우시안 무선장 이론의 타당성을 확인하기 위해 편평화를 하는 것이라면, 복셀 차원의 두 배의 FWHM이 적절하다.

일반적으로 우리는 너무 많은 편평화보다 적은 편평화를 권장하며, 따라서 적절한 시작점으로 복셀 차원의 2배를 권장한다.

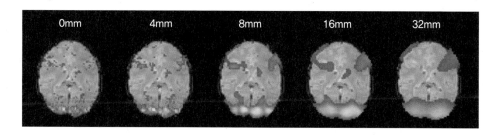

그림 3-14 활성화에서 공간적 편평화의 영향들에 대한 예. 숫자들은 분석 이전의 데이터에 적용된 편평화 커널의 FWHM에 해당한다. 편평화의 증가는 더 큰 클러스터들에서 더 큰 탐지를 할 수 있도록 하지만, 더 작은 클러스터들에서는 탐지가 감소된다.

Chapter 4

공간적 표준화

1. 서 론

2. 해부학적 다양성

3. 뇌영상을 위한 좌표 공간

4. 지도와 형판

5. 해부학 영상의 전처리

6. fMRI 표준화를 위한 처리의 흐름

7. 공간적 표준화의 방법

8. 표면 기반 방식

9. 공간적 표준화 방법 선택하기

10. 공간적 표준화의 질적 통제

11. 표준화 문제에 대한 해결

12. 특수 모집단으로부터의 데이터 표준화

공간적 표준화

1. 서론

어떤 경우에는 한 사람을 이해하기 위한 목적으로 그 개인으로부터 fMRI 자료를 수집하기도 한다. 예를 들어, fMRI가 종양을 제거하기 위한 수술을 계획하기 위해 사용되는 경우가 바로 그렇다. 그러나 대부분의 경우, 우리는 인간 전체에 보다 넓게 적용할 수 있는 뇌기능에 관한 주장을 하기 위하여 여러 개인들에 걸쳐 일반화하기를 원한다. 이를 위해서는 자료가 여러 개인들에 걸쳐 통합되어야만 한다. 그러나 개인의 뇌는 크기나 모양에 있어 매우 다양하다. 이는 서로 다른 뇌들이 우선 변환되어서 서로 정렬될 필요가 있음을 말한다. 분석을 위해 자료를 하나의 공통 공간으로 공간적으로 변환하는 처리과정은 피험자 간 정합(intersubject registration) 혹은 공간적 표준화(spatial normalization)라고 알려져 있다.

이 장에서 우리는 독자가 신경해부학에 조금은 친숙하다고 가정할 것이다. 이 부분에 대한 경험이 부족한 독자를 위해 10장에서 수많은 유용한 뇌지도(atlas)들에 대해 언급할 것이다. 이 장의 일부분은 Devlin과 Poldrack(2007)의 논문을 수정한 것이다.

2. 해부학적 다양성

인간의 뇌는 그 크기와 형태에 있어서 폭넓은 다양성을 나타냄에도 불구하고, 전체적인 수준에서 개인의 전반적인 뇌 구조는 놀라운 일관성을 보여 준다. 뇌 발달의 유전적 장애를 겪고 있는 사람을 제외하면, 모든 사람은 개인 간 차이가 비교적 적은 뇌량에 의해서 두 반구가 연결되어 있는 뇌를 가지고 있다. 일련의 주요 고랑 경계표들(예: 중심고랑, 실비안열, 대상고랑)은 기저핵 같은 매우 일관성 있게 나타나는 깊은 뇌구조들과 마찬가지로 사실상 모든 개인에게 존재한다. 그러나 좀 더 자세히 들여다보면 뇌 구조의 미세한 세부 사항들은 상당한 다양성을 가지고 있음을 알 수 있다. 예를 들어, 모든 사람은 헤슬회(Heschl's gyrus)라고 불리는 상측두엽에 일차청각피질과 관련된 가로로 놓인 이랑을 가지고 있으나, 이 가로축 이랑의 수와 크기는 개인별로 상당히 다양하게 나타난다(Penhune et al., 1996; Randemacher et al., 2001). 심지어 일란성 쌍생아들에서도 이러한 구조 간의 상당한 차이가 있을 수 있다(Toga & Tompson, 2005). 공간적 표준화의 목적은 개인 간의 변산성을 줄이고 유의미한 집단분석을 성공적으로 수행하기 위해 각 개인의 뇌 영상을 변형시키는 것이다.

3. 뇌영상을 위한 좌표 공간

개별 영상들을 정렬시키기 위해서는 먼저 서로 다른 영상들을 배치할 참조 틀이 필요하다. 서로 다른 뇌에 대한 공통 공간으로 삼차원 데카르트식 좌표를 사용할 것을 처음으로 제안한 사람은 뇌신경외과의사인 Jean Talairach다. 그는 '삼차원 비례 눈금'([그림 4-1] 참조)을 제안하였는데, 이는 전교련(AC)과, 후교련(PC), 중앙 시상면(saggital plane), 그리고 각 가장자리의 외부 뇌 경계선을 포함한 일련의 해부학적 경계표

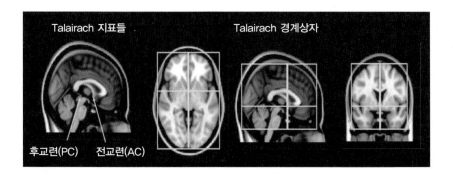

그림 4-1　Talairach 공간은 많은 지표들에 의해 정의된다. 왼쪽 그림은 경계상자의 X축 각도를 결정하는 두 지표인 전교련(AC)과 후교련(PC)의 위치를 가리키고 있다. 오른쪽 그림은 Talairach 공간에 대한 경계상자를 보여 주는데, 이 공간은 AC와 PC, (Z축의 각도를 결정하는) 중앙 시상면, (Y축의 각도를 결정하는 측두엽상의 하부 경계인) 피질의 상부와 하부 경계에 의해 정해진다.

들에 근거하고 있다. 이러한 경계표들을 토대로 삼차원 공간의 원점(영점)은 전교련이 중앙 시상면을 가로지르는 지점으로 정의된다. 횡단면(axial plane)은 중앙 시상면에 직각으로 AC/PC 선을 따르는 면으로 정의되고, 관상면(coronal plane)은 시상면과 횡단면에 직각인 면으로 정의된다. 또한 이 공간에는 각 차원 속의 공간의 크기를 명시하는 경계상자(bounding box)가 있는데, 이는 [그림 4-1]에서 보여 주듯이 각 방향에서 뇌의 가장 끝에 위치한 부분으로 정의된다.

4. 지도와 형판

지도(atlas)는 좌표 공간에서 해부학적 생김새의 위치에 대한 지침을 제공한다. 형판(template)은 지도를 대표하는 영상이며, 이 형판에 개별 영상들이 정렬될 수 있다. 형판은 한 개인의 영상이 될 수도 있고, 수많은 개별 영상들의 평균이 될 수도 있다. 지도가 활성화의 국지화(localization)와 결과 해석에 유용한 반면, 형판은 MRI 자료의 공간적 표준화에 있어 핵심 역할을 한다. 여기서는 먼저 형판에 대해 초점을 두고자 한다. 지도에 대해서는 10장에서 자세히 논의한다.

1) Talairach 지도

가장 잘 알려진 뇌지도는 Talairach(1967)가 만들고 이후 Talairach와 Tournoux(1988)가 개정한 것이다. 이 지도는 해부학적 구조와 브로드만(Brodmann) 영역으로 이름 붙여진 시상면, 관상면, 수평면상의 뇌지도를 제공한다. Talairach는 또한 이렇게 설명된 해부학적 경계지표들을 이용하여 모든 뇌를 이 지도에 표준화할 수 있는 절차를 제공하였다(이 방법에 대한 더 많은 내용은 뒤의 '경제지표 기반 방식' 참조). 일단 자료가 Talairach의 절차에 의해 표준화되면, 지도는 어떤 특정 영역에서라도 그 해부학적 위치를 결정할 수 있는 상대적으로 간단한 방법을 제공한다.

Talairach 지도는 뇌영상의 발달에 중대한 영향력을 제공하였지만, 이 지도와 이에 기반한 좌표 공간은 문제가 있다(Devlin & Poldrack, 2007). 우리는 이 지도의 문제점에 대해서 10장에서 보다 자세히 논의할 것이다. 공간적 표준화에 관하여 주된 문제점은 뇌지도가 있는 가용한 개인 MRI 영상이 없기 때문에 정확한 MRI 형판이 만들어질 수 없다는 것이다. 이는 형판에 대한 표준화를 위해서는 해부학적 경계지표들에 대한 확인이 필요하다는 것을 의미한다. 이후에 논의하겠지만, 이러한 경계지표들에 근거한 표준화는 영상 기반 형판에 대한 자동화된 정합에서 일반적으로 거부되어 왔다.

2) MNI 형판

fMRI에 관한 문헌들에서 공간적 표준화에 사용되는 가장 흔한 형판은 몬트리올 신경연구소(Montreal Neurological Institute)에서 개발한 깃으로, MNI 형판(MNI template)으로 알려져 있다. 이 형판은 경계지표 기반 정합보다는 자동화된 정합이 가능한 MRI 기반 형판을 제공하기 위하여 개발되었다. 처음으로 널리 사용된 MNI305라고 불리는 형판은 경계지표 기반 정합을 이용하여 Talairach 지도에 305개의 영상들을 정렬하고, 그 영상들의 평균을 산출한 다음, 9개의 매개변수를 지닌 아핀 정합을 이용하여 그 평균 영상에 각 영상을 재정렬함으로써 만들어졌다(Evans et al., 1993). 이후 ICBM−152라고 불리는 또 다른 형판이 MNI305 형판에 고해상도 영상을 정합하는 방식을 사용하여 개발되었다. ICBM−152 형판은 주요 소프트웨어 패키지들에 포함되어 있다. MNI305와 ICBM−152 형판들 사이에 약간의 차이가 있음을 아는 것이 중요한데, 이는 어느 형판을 사용하였느냐에 따라 결과 영상들의 크기와 위치가 다를 수도 있기 때문이다(Lancaster et al., 2007).

5. 해부학 영상의 전처리

공간적 표준화를 위한 대부분의 방법들은 표준화 이전에 해부학적 영상들을 어느 정도 전처리(preprocessing) 하는 것을 필요로 한다. 이러한 조작은 편향 자기장(bias field)이라고 알려진 저주파 왜곡의 수정, 뇌조직이 아닌 부분의 제거, 회백질이나, 백질, 뇌척수액(CSF)과 같은 서로 다른 조직 유형으로 뇌를 분할하는 것(segmentation)을 포함한다. 이러한 방법들의 사용은 소프트웨어 패키지들마다 상당히 다르다.

1) 편향 자기장 보정

3T 이상의 고자기장에서 수집된 영상들은 수많은 요인들에 의해 발생하는, 머리의 여기(勵起, excitation: 물리학에서 원자나 분자가 에너지를 얻어 들뜬 상태가 되는 것)에 있어서의 비균질성(inhomogeneity)에 의해 종종 그 강도에서 폭넓은 변산을 보인다(Sled & Pike, 1998). 이러한 효과는

fMRI 자료에서는 거의 눈치 채지 못할 정도이지만(적어도 3T에서 수집한 영상에서는 그렇다), fMRI 자료와 함께 수집되는 고해상도 T1-강조 해부학적 영상들에서는 확연하게 관찰된다. 이는 영상 전체를 가로질러 그 강도에 있어 매우 넓은(즉, 저주파) 변화로 나타나는데, 주로 뇌의 가운데는 더 밝고 가장자리로 갈수록 어두워진다. 이러한 왜곡은 이후의 영상 처리과정(예: 정합, 뇌 추출, 조직 분할)에 문제를 일으킬 수 있기 때문에 이러한 비균질성을 교정하는 것이 바람직하다.

수많은 편향 자기장 보정(bias field correction) 방법들이 제시되었는데, 이들은 크게 두 개의 접근 방식으로 나눌 수 있다. 보다 간단한 접근 방법은 영상으로부터 저주파 신호를 제거하기 위하여 고주파 통과 필터를 적용하는 것이다(Cohen et al., 2000). 좀 더 복잡한 접근 방식은 편향 자기장 교정을 조직 분할과 결합하는 것이다. 여기서 서로 다른 계층의 조직들(회백질, 백질, 뇌척수액)이 모델링되고, 이 알고리즘은 서로 다른 뇌 부위들에 걸쳐 조직 계층에서의 강도의 분포를 일치시키려는 시도를 한다(Sled et al., 1998; Shattuck et al., 2001). [그림 4-2]는 편향 자기장 교정의 예를 보여 준다. 이렇게 서로 다른 방식들 간의 체계적인 비교(Arnold et al., 2001)에 따르면, 국지적 정보를 고려한 후자의 접근이 전반적 필터링을 사용한 방법보다 더 우수한 것으로 나타났다.

2) 뇌 추출

모든 경우가 다 그렇지는 않지만, 어떤 경우에 전처리 과정은 두개골 벗겨 내기(skull-stripping)라고 알려져 있는 뇌 추출의 단계를 포함한다. 두개골과 비뇌(뇌가 아닌) 조직의 제거는 수작업으로도 수행될 수 있으나 매우 많은 시간이 소요된다. 다행히도, 다양한 자동화된 방법들이 뇌 추출을 위해 개발되어 왔다. 이 중 일부는(예: SPM) 보다 전반적인 조직 분할과정의 일부로서 추출된 뇌를 얻는 반면, 대부분은 뇌조직과 비뇌 조직 사이의 경계를 결정하기 위한 목적으로 특수하게 개발된 방법들

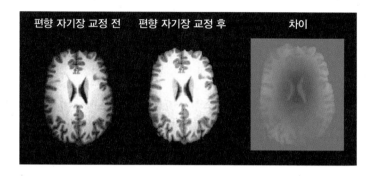

그림 4-2 편향 자기장 교정의 예. 왼쪽 그림은 3T에서 수집한 T1-강조 MRI를 보여 준다. 편향 자기장은 뇌 가운데 있는 백질이 뇌 가장자리의 백질보다 더 밝게 나온다는 것에서 알 수 있다. 가운데 그림은 동일 영상에 대해 BFC 소프트웨어를 사용하여 편향 자기장 교정을 한 이후의 모습이다. 오른쪽 그림은 이러한 두 영상의 차이를 보여 준다. 뇌의 가운데 쪽을 향한 부위는 더 어두워진 반면 가장자리를 향한 쪽은 더 밝아졌다.

이다. 뇌 추출의 문제는 기능적 MRI 데이터보다 해부학적 영상들에 있어 훨씬 중요하고 어려운데, 이는 해부학적 영상에서 두개골과 뇌 이외의 조직들이 매우 밝은 신호를 보이는 반면, 기능적 MRI 영상에서 뇌 이외의 조직들은 밝은 신호를 거의 보이지 않기 때문이다. 수많은 다른 뇌 추출 알고리즘들(BSE, BET, SPM, McStrip)을 비교한 많은 연구들은 모든 알고리즘들이 T1-강조 해부학적 영상에서 적절히 수행되지만 데이터들 사이에 의미 있는 변산성이 있다고 제안한다(Boesen et al., 2004). 따라서 어떤 알고리즘이 하나의 데이터에서 잘 작동한다는 사실이 다른 데이터에서도 잘 작동할 것을 보장하지는 않는다. 이러한 알고리즘들 대부분은 처리되는 특정 데이터에 대해 잘 작동하기 위해 조정될 필요가 있는 매개변수들을 포함하고 있다. 추출이 적절하게 이루어졌는지를 확실히 하기 위해서는 뇌 추출 도구를 적용한 다음에 질적 통제 점검을 하는 것이 중요하다. 뇌 추출에서 일어나는 그 어떤 오류도 이후의 공간적 표준화에서 문제를 야기할 수 있다.

3) 조직 분할

일부 전처리 과정에서 해부학적 영상에 적용되는 또 다른 작업은 뇌
조직을 각각의 조직 구획으로 분할하는 것이다(회백질, 백질, 뇌척수액).
T1-강조 MRI 영상에서 서로 다른 조직들이 지니는 전반적인 강도의 차
이를 고려할 때, 각 성분을 확인하기 위해서 단순히 값들을 선택하고 임
계값을 적용할 수 있을 것이라 생각할 수 있다. 그러나 정확한 뇌 분할
은 MRI 영상의 처리에 있어서 더 어려운 문제들 중 하나다. 첫째, MRI
영상에는 잡음이 있다. 따라서 회백질 복셀들의 평균 강도가 백질 복셀
들의 평균 강도와 매우 다르다 하더라도, 이 값들의 분포는 겹칠 수 있
다. 둘째, 다양한 부분들에서 서로 다른 조직 유형이 혼재하는 많은 복
셀들이 있다. 이는 부분 볼륨 효과(partial volume effect)로 알려져 있으
며, 복셀들의 위치에 따라 다양한 범위의 강도를 나타내는 결과를 가져
온다. 셋째, 앞서 언급하였듯이, 영상의 관측시야에 걸쳐 불일치성이 있
을 수 있는데, 그러한 이유로 한 영역의 백질 강도가 다른 영역의 백질
강도보다 또 다른 영역의 회백질 강도와 더 유사할 수 있다. 이러한 요
인들 모두가 오직 복셀들의 강도에 근거하여 조직층을 결정하는 것을
어렵게 만든다.

MRI 영상의 조직 분할에 대한 방대한 분량의 문헌들이 있다. 그러나
여기서는 더 다루지 않을 것이다. 그러한 방법들을 위한 개관은 Clarke
등(1995)을 참조하라. SPM 소프트웨어의 인기로 인하여 fMRI 연구자
들이 특별히 관심을 갖고 있는 최근의 한 방식은 SPM에 포함되어 있는
Ashburner와 Friston(2005)이 개발한 통합 분할(unified segmentation) 접
근법이다. 이 방법은 공간적 표준화와 편향 자기장 교정을 조직 분할과
결합한 것으로, 어떤 복셀이 회백질 혹은 백질을 포함하고 있는가에 대
한 사전 확률이 조직 유형에 관한 확률적 지도를 이용하여 결정될 수 있
도록 하고 있다. 이 접근법을 사용하여 동일한 강도를 가진 두 복셀들이
다른 조직 유형으로 구분될 수 있는데, 예를 들어 어떤 위치에 있는 복

셀은 회백질로 강하게 추정되는 위치에 있고, 또 어떤 복셀은 백질로 유력하게 예측되는 위치에 있는 경우다.

6. fMRI 표준화를 위한 처리의 흐름

fMRI 자료의 공간적 표준화를 위한 처리과정에는 보통 두 가지 방법이 있다([그림 4-3] 참조). 이러한 논의를 하기 위해 우리는 형판에 기반한 표준화 방법에만 집중할 것인 것인데, 그 이유는 이 방법이 최근 방법들의 대부분을 포함하기 때문이다. 먼저 통계 전 표준화(prestatistics normalization) 방법에서는 자료들이 통계분석 이전에 전처리되고 공간적으로 표준화된다(SPM에서 사용됨). 통계 후 표준화(poststatistics normalization) 방법에서는 자료들이 전처리되고 그 자료에 대한 통계분석이 표준화되기 전 원공간에서 수행된다(FSL에서 사용됨). 표준화는 분석 이후의 통계 결과 영상에 적용된다. 각각의 처리 과정이 타당한데, 어떤 방법을 선택하는가는 일반적으로 분석에 사용되는 소프트웨어 패키지에 달려 있다. 통계후 표준화 접근법은 디스크 공간의 관점에서 더 경제적이다. 이는 원공간 자료의 해상도가 일반적으로 3~4mm³인 데 비해 표준 공간의 해상도는 일반적으로 2mm³이기 때문에, 원영상보다 표준화 영상을 저장하는 것이 훨씬 더 많은 공간을 필요로 한다. 통계 후 접근법의 가능한 위험성은 SPM의 이전 버전에서처럼 뇌 바깥에 NaN(not a number) 복셀들이 있을 때 발생할 수 있다. NaN 값을 가지는 복셀들에 대해서 보간을 하는 것은 불가능하기 때문에, 이러한 영상들에 대한 표준화를 수행하려는 그 어떤 시도도 뇌의 가장자리 근처에 있는 복셀들 또한 NaN으로 정의되는 결과로 이어질 수 있다(이는 가장자리에 대한 보간이 반드시 뇌 바깥에 있는 복셀들을 포함하기 때문이다). 이러한 문제는 SPM의 imcalc 도구나 FSL의 fslmaths 프로그램을 이용하여 영상의 NaN 값들을 0으로 대체하면 해결할 수 있다.

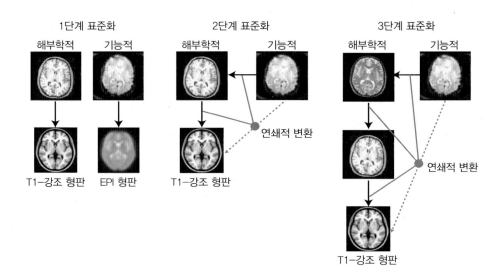

1단계 표준화
해부학적   기능적

T1-강조 형판   EPI 형판

2단계 표준화
해부학적   기능적

연쇄적 변환

T1-강조 형판

3단계 표준화
해부학적   기능적

연쇄적 변환

T1-강조 형판

그림 4-3 fMRI 자료의 공간적 표준화를 위한 세 가지 일반적인 처리과정. 검정색 화살표들은 직접적인 공간 정합을 표시하고, 회색 실선은 연쇄적 변환에서 표준화 매개변수들이 포함되어 있음을 표현하며, 회색 점선은 개별 변환 매개변수들을 연쇄시킴으로써 획득된 암묵적 표준화를 나타낸다.

두 번째 의문은 표준화를 위해서 어느 영상을 사용할지 결정하는 데에서 발생한다([그림 4-3] 참조). 가장 단순한 형태의 정합은 fMRI 자료를 같은 종류의 영상으로부터 만들어진 적합한 좌표 공간을 가지고 있는 형판에 직접 표준화하는 것이 될 것이다. 이러한 접근법은 MNI 공간에 정렬된 EPI 형판을 포함하고 있는 SPM 사용자에게는 일반적이다. 그러나 이러한 접근 방식은 fMRI 영상의 해부학적 세부 사항이 부족하기 때문에 최선의 방법이라고 할 수는 없는데, 그 이유는 정합이 대부분 뇌 가장자리의 선명한 명암 대비 특징에 의해 이루어지기 때문이다. 따라서 뇌의 전반적인 외곽선은 정확할지 모르지만 뇌 내부의 구조들은 정확하게 정렬되지 않을 수 있다.

하나의 대안은 fMRI 영상과 더불어 해부학적 영상을 활용하는 다단계 방식을 사용하는 것이다. 대부분의 fMRI 데이터 세트는 fMRI 자료 이외에도 fMRI에서 획득된 것과 정확히 같은 절편들을 포함하는 해부학적 영상(공면[coplanar] 영상이라고 부름)뿐만 아니라 고해상도 해부학적 영상(고해상도[high-res; high-resolution] 영상이라고 부름)을 포함하고 있다. 다단계 방법에서 fMRI 자료는 우선 대상의 해부학적 영상에 정합되는데, 이는 종종 상호정합(coregistration)이라고 불린다. 이는 일반적으로 일곱 개의 매개변수들($X/Y/Z$ 축에 대한 이동과 회전, 그리고 하나의 전역 비례 요인) 혹은 아홉 개의 매개변수들($X/Y/Z$ 이동/회전/비례)을 가지는 아핀 변환을 이용하여 수행된다. 만약 공면 영상과 고해상도 영상 둘 다 이용 가능하다면, 최선의 접근 방법은 먼저 fMRI 자료와 공면 영상을 정렬한 다음 공면 영상을 고해상도 영상에 정렬한 후, 고해상도 영상을 표준 공간에 표준화하는 것이다. 이러한 변환들(fMRI 공면 영상, 공면 영상 고해상도 영상, 고해상도 영상 표준 공간)은 fMRI 원공간으로부터 표준 공간으로의 단일 변환을 만들어 내기 위해 연결 지어 일어날 수 있다(예: FSL의 ConcatXFM_gui 프로그램을 사용할 수 있다). 각 단계에서 fMRI 영상을 변환하고 재절편하는 것보다 연쇄 변형에 의한 단일 변환을 생성하는 것이 각각의 보간으로 축적되어 발생하는 오류와 흐려짐을 감소시킬 수 있다. 만약 같은 영상에 대해서 연속해서 여러 번 보간을 하는 것이 필요하다면 오류와 흐려짐을 최소화하기 위해 반드시 싱크 보간법과 같은 고차 보간법을 사용하도록 주의를 기울여야 한다.

7. 공간적 표준화의 방법

1) 경계지표 기반 방식

공간적 표준화를 위해 개발된 첫 번째 방법은 개별 뇌를 정렬시키기 위해 경계지표들을 사용하였다. 그 방법들 중 가장 잘 알려진 것은 Talairach가 개발한 것인데, 전교련과 후교련, 중앙 시상면, 각 방향에서 뇌의 외부 경계들을 포함하는 해부학적 경계지표들의 집합에 기초

하고 있다([그림 4-1] 참조). (fMRI 초기 시절에는 공간적 표준화는 종종 속칭 으로 'Talairach-ing'이라고 불렸다.) 비록 경계지표 기반 방식(landmark-based methods)이 여전히 AFNI와 같은 몇몇 소프트웨어 패키지에서는 이용 가능하지만, 일반적으로 볼륨 기반 방식과 표면 기반 방식에 의해 대체되었다.

2) 볼륨 기반 정합

오늘날 fMRI에서 사용되는 가장 흔한 형태의 공간 정합은 형판 영상에 대한 볼륨 기반 정합(volume-based registration)이다. 이 정합에 대한 방 법은 2장에 설명되어 있으며, 다양한 형태의 비선형 정합뿐만 아니라 아 핀 선형 정합을 포함한다. 가장 일반적인 형판은 MNI305나 MNI152인 데, 이들은 공통 공간에 정합된 수많은 개별 영상들의 평균이다.

3) 계산 해부학

계산 해부학(computational anatomy)으로 알려진 분야로부터 나온 일 련의 접근법은 해부학적 제약 사항들을 손상시키지 않으면서도 개별 영 상에 걸쳐 뇌 구조를 효과적으로 정렬시킬 수 있는 능력 때문에 상당한 관심을 받았다(Miller, 2004; Toga & Thompson, 2001). 지금까지 설명한 방법들이 휘어지는 물질의 속성에 관계없이 뇌를 서로 맞추기 위하여 뇌의 형태를 변형시키는 수학적 기저함수를 사용하는 반면, 계산 해부 학 방식들은 일반적으로 유연한 물질 혹은 점성유체의 변형과 같은 물 리학적 현상에 기초한 모형을 사용한다(Christensen et al., 1994; Holden, 2008). 이러한 접근법의 한 가지 특정한 방식은 미분동형사상('구분 가능 한 유사형')으로 알려져 있는 특수한 종류의 변환을 사용한다. 이러한 방 법들에 사용되는 수학은 꽤 복잡하므로 이에 대한 간략한 개관만을 제 공하고자 한다. 이에 흥미 있는 독자는 Miller(2004)와 Holden(2008)을

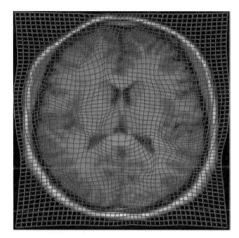

그림 4-4 FSL의 FNIRT 비선형 정합 도구를 사용하여 표준화된 뇌에서 보이는 왜곡장의 예. 왼쪽 그림은 왜곡 벡터장을 보여 주고 있다. 각 복셀에 나타난 화살표는 원본 영상으로부터 변형된 영상으로의 움직임을 나타낸다. 오른쪽 그림은 표준화된 영상에 왜곡된 원본 영상의 격자 형태를 올려놓은 영상을 보여 준다.

참조하라. 한 영상으로부터 다른 영상으로의 미분동형사상적 변환은 벡터장(vector field)으로 재현되는데, 여기에서 각 지점의 벡터는 원본에서 변환된 영상으로부터의 그 복셀의 움직임을 설명한다([그림 4-4] 참조). 이러한 변환은 수많은 매개변수들을 가지고 있지만, 그 변형들을 부드럽도록 하면서도 변환되는 구조들의 국소 해부학(topology)에 위배되지 않도록 하기 위하여 조직화된다.

　계산 해부학 방법들은 SPM의 DARTEL 도구(Ashburner, 2007)와 FSL의 FNIRT 도구를 통해 널리 이용 가능하게 만들어졌다. [그림 4-5]는 DARTEL을 통해 표준화한 결과를 보여 준다. 아핀함수 혹은 기저함수를 이용한 정합 이후의 여덟 영상들의 평균은 개인 간의 미세한 구조의 오정합 때문에 분명히 흐릿한 데 비해, DARTEL을 사용한 정합 이후의 같은 개인들의 평균 영상은 훨씬 명료하며, 이는 더 나은 정렬을 반영한다. 우리는 이 방식이 fMRI 연구에서 훨씬 더 활용되기를 기대한다.

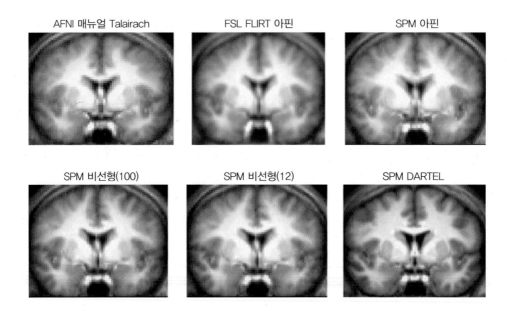

AFNI 매뉴얼 Talairach   FSL FLIRT 아핀   SPM 아핀

SPM 비선형(100)   SPM 비선형(12)   SPM DARTEL

그림 4-5 다양한 정합 도구를 사용한 8명의 피험자의 평균 구조 영상들의 예. SPM 비선형 정합에 쓰인 숫자는 비선형 주파수 차단점을 말한다. 더 높은 숫자는 더 적은 정도의 비선형 왜곡을 반영한다. 특히 다른 영상에 비해 DARTEL 영상의 상대적 명료함에 주목하라. 이는 서로 다른 뇌들을 정합하는 데 DARTEL 방법을 사용하는 것이 더 우수하다는 것을 반영한다.

8. 표면 기반 방식

　표면 기반 표준화 방식(serface-based normalization methods)은 대뇌피질이 하나의 연결된 면이라는 사실을 이용한다. 이 방식은 대뇌피질의 이랑과 고랑 같은 표면 특징에 기초한 대뇌피질의 추출과 표준화를 포함한다. 수많은 방식들이 제안되어 왔는데, FreeSurfer와 CARET(이 패키지들에 대한 링크들은 이 책의 웹사이트 참조)를 포함하는 무료로 이용 가능한 소프트웨어 패키지들에 장착되어 있다.

　표면 기반 표준화의 첫 번째 단계는 해부학적 영상으로부터 피질 표면을 추출하는 것이다([그림 4-6] 참조). 이 과정은 FreeSurfer 소프트웨

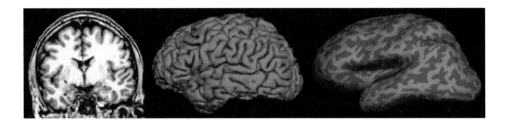

그림 4-6 FreeSurfer를 이용한 피질 표면 추출의 예. 왼쪽 그림은 표면을 추출하기 위해 사용된 해부학적 영상 위에 추출된 피질 표면을 빨간색으로 겹쳐 보여 준다. 가운데 그림은 재구조화된 표면의 렌더링(rendering)이고, 오른쪽 그림은 같은 표면에 대한 평평한 버전이다. 밝은 회색 영역은 고랑(회, gyrus)이고, 어두운 부분은 이랑(구, sulcus)이다(자료: Akram Bakkour[University of Texas]).

어 패키지에서 광범위하게 자동화되어 있다. 물론 일반적으로는 추출된 표면이 손잡이(handle, 두 개로 분리된 표면의 부분들이 터널로 연결된) 형태나 반점조각(patch, 표면상의 구멍)과 같은 국소 해부학적 결함을 포함하고 있지 않다는 것을 확실히 할 필요가 있다. 일단 정확한 피질 표면이 추출되고 나면 이것은 표면 지도에 정합될 수 있고, 그 표면을 만들어 내는 데 사용된 해부학적 영상에 fMRI 자료가 상호정합된 이후에는 그 지도 표면에 지도화될 수 있다.

표면 기반 정합은 저차원 볼륨 기반 정합보다 더 정확하게 피질 특징들을 정합하는 것으로 보이고(Fischl et al., 1990; Dasai et al., 2005), 피질에 국한된 신경과학적 질문들에 사용하기 매우 좋은 방법이다. 피질 표면에 제한된다는 결점을 가지고 있고, 따라서 뇌의 깊은 부위들은 이 방법으로는 분석될 수 없다. 그러나 최근에는 표면 기반 정합과 볼륨 기반 정합을 결합한 방식이 개발되었으며(Postelnicu et al., 2009), 이들 중 한 가지 방법은 FreeSurfer 소프트웨어 패키지에서 사용 가능하다.

표면 기반 방식은 DARTEL이나 FNIRT와 같은 고차원 볼륨 기반 방식에 직접적으로 비교된 적은 없는데, 그러한 방식들은 표면 기반 혹은 혼합 표면/볼륨 기반 방식의 정확성에 근접할 것이다.

9. 공간적 표준화 방법 선택하기

이 모든 것들 중에서 공간적 표준화를 위해 한 가지 방법을 어떻게 선택해야 할까? 대부분의 연구자들은 분석을 위해 하나의 소프트웨어 패키지를 사용하기 때문에, 일반적으로 최우선적인 요인은 자신이 사용하는 프로그램에서의 가용성이 될 것이다. NIfTi 파일 형식(부록 A 참조)의 광범위한 적용에 따라 분석과정에의 서로 다른 부분에 서로 다른 패키지들을 사용하는 것이 쉬워지긴 했지만, 여전히 서로 다른 패키지들을 섞어서 짝지어 사용하는 많은 경우들은 어려운 일이다. SPM과 FSL 모두 선형 정합과 비선형 정합을 포함하고 있다. AFNI는 현재로서는 오직 아핀 선형 정합만을 지원한다. 또한 비선형 정합의 다른 형태를 장착한 무료로 이용 가능한 수많은 다른 도구들도 존재한다. 기능적 영상 결과에 대한 표준화 방식의 영향은 아직 대규모로 연구되지는 않았다. 한 연구(Ardekani et al., 2004)는 복잡성의 정도를 변화시키면서 정합 방식의 영향을 살펴보았는데, 그 결과 고차원 비선형 왜곡(ART 패키지로)을 사용하는 것이 더 높은 민감도와 재현성의 결과로 나타나는 것을 발견하였다. [그림 4-7]은 아핀 정합 또는 고차원 비선형 정합을 사용하여 표준화된 자료에 대한 집단분석을 비교한 결과를 보여 준다. 이 분석을 통하여 확실히 알 수 있는 것은 아핀 정합을 사용했을 때 발견되지 않았지만 고차원 정합을 사용했을 때 발견된 작은 클러스터의 활성화가 있는 일부 영역들이 있다는 것이다. 동시에 비선형 정합에서는 많은 영역들에서 유의미한 클러스터들이 더 작은데, 이는 더 나은 정렬이 종종 더 정밀한 국지화라는 결과를 가져온다는 것을 나타낸다. 이러한 결과는 비선형 정합이 일반적으로 선형 정합보다 더 선호되는 방식임을 알려 준다.

많은 비선형 정합 방식들이 Klein 등(2009)에 의해 비교되었는데, 이들은 수작업으로 명명된 뇌를 이용하여 해부학적 부위의 정렬 결과를 측정함으로써 정합 방식들의 정확도를 비교하였다. 그들은 비선형 알고리즘이 일반적으로 선형 정합보다 더 훌륭하지만 그들의 수행에 있어서는

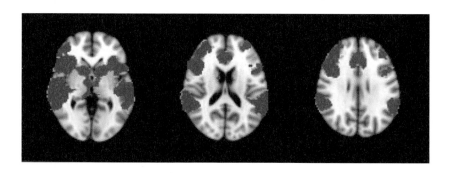

그림 4-7　선형 정합(FSL의 FLIRT)과 고차원 비선형 정합(FSL FNIRT)을 사용한 집단분석의 활성화 지도의 비교(중지-신호 과제[stop-signal task]에 대한 활성화의 집단분석에서 나옴). 빨간색 복셀들은 두 분석 모두에서 활성화되었고, 초록색 부분은 선형에서는 활성화되나 비선형에서는 활성화되지 않는 복셀들, 파란색 부분은 비선형에서는 활성화되나 선형에서는 활성화되지 않는 복셀들을 나타낸다. 비선형 정합을 사용한 후에만 발견된 외측 전전두피질의 많은 영역들이 있다(자료: UCLA의 Eliza Congdon).

서로 다른 패키지들 간에 상당한 변산성이 있으며, ART, SYN, IRTK 그리고 DARTEL이 다양한 검증에 걸쳐 가장 뛰어난 수행을 보인다는 것을 발견했다. 이 연구의 주목할 만한 특징 하나는 분석을 실행하는 데 사용된 자료와 코드들이 공개되어 있어(http://www.mindboggle.info/papers/evaluation_NeuroImage2009.php), 추가적인 방식의 정확도가 여기에 제시된 결과와 비교될 수 있다는 점이다.

10. 공간적 표준화의 질적 통제

　상호정합과 공간적 표준화를 포함하여 그 어떤 정합 작업이라도 그 양질에 대한 점검은 반드시 필요하다.
　한 가지 유용한 단계는 정합된 영상 위에 겹쳐 놓은 형판(또는 상호정합의 경우, 참조 영상)의 윤곽선으로 표준화된 영상을 조사하는 것이다. 이것은 SPM과 FSL에서 나오는 정합 보고서([그림 4-8] 참조)에 제공되고,

영상들 간 겹침에 대한 가장 명확한 관점을 제공하기 때문에 아마도 가장 유용한 도구일 것이다.

공간적 표준화를 위한 또 다른 유용한 질적 통제 단계는 표준화된 뇌들의 평균을 살펴보는 것이다. 만약 표준화 작업이 성공적이라면 평균의 뇌는 실제 뇌의 흐릿한 모습으로 보여야 하며, 흐릿함의 정도는 왜곡의 차원성에 달려 있다. 만약 개별 뇌의 외곽선이 평균에서 눈에 띈다면, 이는 어떤 개인의 표준화에서 문제가 있었음을 나타내는 것이며 표준화가 보다 자세히 검토되어야 함을 뜻한다.

마지막으로, 또 하나의 유용한 작업은 일련의 각 개인에 대한 표준화된 영상들을 동영상처럼 보는 것이다(예: FSLview에서 movie 기능을 이용). 적절하게 표준화되지 않은 영상은 그 동영상에서 현저하게 뛰어오르는 것처럼 튀어나올 것이다.

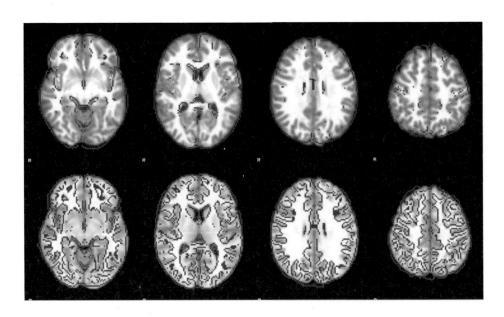

그림 4-8 FSL로 생성한 외곽선 겹침의 예. 위 그림은 피험자의 해부학적 영상에 겹쳐 놓은 MNI 형판의 윤곽선을 나타내고, 아래 그림은 형판 위에 겹쳐 놓은 피험자의 해부학적 외곽선을 보여 준다. 이 예의 경우 비교적 정합이 잘되었으며, 두 영상 간에는 단지 작은 어긋남이 있을 뿐이다.

11. 표준화 문제에 대한 해결

질적 통제 단계에서 문제가 발생하면 그 원인을 밝히고 수정하는 것(debug)이 중요하다. 만약 정합과정에서 개인들에 걸친 큰 다양성이 문제라면, 사용된 형판이 정합되는 뇌 영상에 맞추어지는지를 확인해야만 한다. 예를 들어, 정합되는 영상이 뇌 추출을 하기 위한 것이었다면 그 형판도 뇌 추출된 것이어야 한다. 그렇지 않으면 영상 속 피질 표면이 형판의 두피 표면에 정렬될 수 있다. 체계적 문제의 또 다른 원인은 영상의 방향 맞추기에 있어서의 체계적인 차이에서 발생할 수 있는데, 이는 스캐너 형식의 영상을 표준 영상 형식으로 변환하는 데서 생겨날 수 있다. 따라서 체계적인 오정합 문제를 수정하는 첫 번째 단계들 중 하나는 표준화되는 영상이 형판과 모든 면에서 같은 방향을 가지고 있는지를 확인하는 것이다. 이를 위해서는 영상을 세 개의 직교 방향(시상면, 수평면, 관상면) 모두에서 보고, 두 영상 모두에서 이 면들이 뷰어의 같은 절단면에 보여지고 있는가를 확인해야 한다(즉, 두 영상 모두에서 관상면이 같은 절단면에 나타나는가를 확인하는 것). 그렇지 않으면 그 둘을 맞추기 위해 영상의 차원을 바꾸어야 할 필요가 있다. 그러나 차원을 전환하는 것은 왼쪽/오른쪽 방향이 실수로 바뀌지 않도록 매우 신중하게 행해야 한다.

만약 문제가 단일 개별 영상의 잘못된 정합에 있다면, 첫 번째 단계는 뇌 추출과 같은 전처리 작업이 성공적으로 수행되었는지를 확인하는 것이다. 예를 들어, 뇌 추출 방법은 가끔 목 주위에 큰 덩이의 조직을 남겨두기도 하는데, 이는 정합의 실패라는 결과를 가져온다. 다른 경우에 잘못된 정합은 뇌 추출이 되지 않은 영상을 뇌 추출된 형판에 정합하는 것과 같은 오류 때문에 생겨날 수 있다([그림 4-9] 참조). 이런 경우 다른 옵션을 사용해서 뇌 추출을 다시 수행하거나 어긋나는 조직을 직접 편집해서 제거하는 것이 필요할 수 있다. 만약 이러한 경우가 아니라면 정합은 표적 영상에 더 가깝도록 직접 손으로 영상의 위치를 수정함으로써 향상될 수 있다. 예를 들어, 영상을 직접 옮기거나 회전시켜서 정합 이

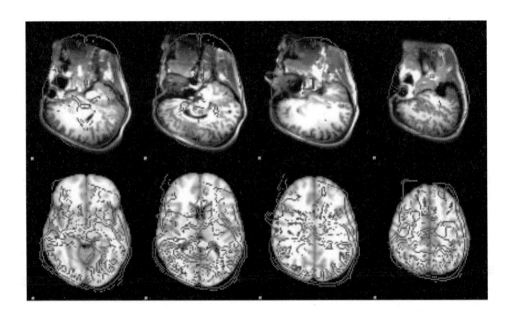

그림 4-9 실패한 정합의 예. 이 경우는 추출되지 않은 뇌를 뇌 추출 형판에 정합한 것 때문이다.

전에 형판 영상에 더 잘 정렬되도록 하는 것이다.

12. 특수 모집단으로부터의 데이터 표준화

뇌 발달, 노화 혹은 뇌의 장애로 발생하는 뇌 기능에 있어서의 변화를 이해하기 위해 fMRI를 사용하는 것에 대한 관심이 높아지고 있다. 그러나 또한 노화와 발달 모두 뇌의 구조적 변화와 관련되어서, 서로 다른 연령의 개인 뇌들을 정렬하기 어렵게 만들 수 있다. [그림 4-10]은 뇌의 구조가 얼마나 다를 수 있는지를 강조하기 위하여 일생 동안의 개인의 뇌의 예를 보여 주고 있다. 이러한 문제들은 뇌병변(예: 뇌졸중이나 뇌종양으로 인한 뇌손상)을 가진 환자들을 연구할 때 더욱 커진다. 다행히도, 이러한 문제들 각각에 대처하기 위한 방법들이 있다.

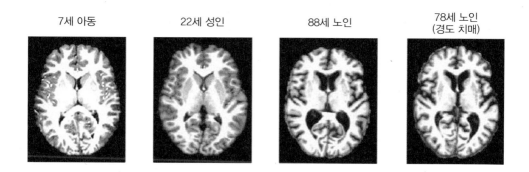

7세 아동   22세 성인   88세 노인   78세 노인
                                                        (경도 치매)

그림 4-10   네 명의 개인에게서 얻은 공간적 표준화된 영상의 절편들의 예. 7세 아동, 22세 성인, 건강한 88세 노인과 경도 치매의 78세 노인. 성인 및 노인 영상은 OASIS 횡단 자료(Marcus et al., 2007)에서 얻은 것이다.

1) 아동 자료 표준화하기

아동의 뇌는 삶의 첫 10년에 걸쳐 큰 변화를 보여 준다. 뇌의 크기와 형태가 변화할 뿐만 아니라 이와 더불어 백질에서 수초화(myelination)가 진행 중인데, 이에 따라 백질과 회백질의 상대적 MRI 대비를 변화시킨다. 7세경에 인간의 뇌는 성인 뇌 크기의 95%에 이르지만(Caviness et al., 1996), 피질 두께나 수초화와 같은 뇌 구조의 성숙 변화는 초기 성인기까지 지속된다. 아동과 성인 간 fMRI 자료를 비교하기 위해서는 이러한 변화를 분명히 설명하거나 이러한 변화에 강건한 공간적 표준화 방식을 사용하는 것이 필수적이다.

연령과 관련된 변화를 뚜렷이 보여 주는 한 가지 방법은 소아 형판(Wilke et al., 2002)에 표준화하거나 더 나아가서 연령에 특정적인 형판을 사용하는 것이다. 연령에 특정적인 형판의 사용은 피험자 집단 내의 정합을 향상시킬 수 있을 것이다. 그러나 연령대 간 비교를 하고자 하는 연구에서 연령에 특정적인 형판을 사용해서는 안 되는데, 왜냐하면 서로 다른 집단에 대해 서로 다른 형판들을 사용하는 것은 집단 간의 체계적인 오정합의 결과를 가져올 수 있기 때문이다.

다행히도, 일반적인 표준화 방식들은 최소 7세 이상의 아동에 대해서는 뇌 구조에서의 연령 관련 차이에 있어 상대적으로 강건한 것으로 나타나 왔다. Burgund 등(2002)은 아동과 성인의 뇌가 아핀 정합을 사용하여 성인의 형판에 표준화될 때 발생하는 공간적 오류를 조사하였다. 이들은 성인과 아동 사이에 대략 5mm 정도의 작지만 체계적인 정합 오류가 있음을 발견하였다. 그러나 모의실험을 통한 자료에서 이러한 정도의 오류는 집단 간 fMRI 활성화의 차이를 무의미하게 하는 정도는 아닌 것으로 나타났다. 따라서 서로 다른 연령의 개인들 간의 활성화를 비교하는 발달 연구에서 일반 형판으로 표준화하는 것이 합리적인 접근 방식으로 보인다.

2) 노인 자료 표준화하기

노인에게서 얻은 자료를 표준화하는 것은 또 다른 어려운 문제다(Samanez-Larkin & D'Esposito, 2008). 노화는 회백질의 부피 감소와 뇌척수액의 부피 증가와 관련될 뿐 아니라 개인 간 변산성의 증가와도 관련된다. 게다가 무시할 수 없는 비율의 노인 인구가 뇌의 위축을 가져오는 알츠하이머 혹은 뇌혈관 장애와 같은 뇌의 퇴화를 겪고 있다. 이러한 이슈들로 인하여 생길 수 있는 표준화에 대한 잠재적인 문제는 노인에게서 얻은 자료를 다룰 때 질적 통제가 더욱 중요하다는 것을 보여 준다. 지금까지 제시된 한 가지 방법은 연구하고 있는 집단의 연령에 맞는 맞춤형 형판을 사용하는 것이다(Buckner et al., 2004). OASIS 데이터베이스와 같은 광범위한 영상 자료의 이용 가능성이 이를 가능하게 하였지만, 여기에는 몇 가지 위험부담이 있다. 첫째, 맞춤형 형판은 연구하고 있는 자료와 같은 MRI 펄스 시퀀스를 사용한 자료로부터 만들어져야 한다. 둘째, 집단에 특수적으로 맞춘 형판을 사용하면 집단 결과는 더 나을 수 있으나 표준 공간과는 잘 맞지 않을 수 있다. 이러한 문제에 대한 한 가지 가능한 방법은, Lancaster 등(2007)이 설명한 것처럼, 맞춤형 지도를 MNI 지도와 직접 비교하는 것이다.

3) 병변이 있는 자료의 표준화

　뇌병변은 해부학적 영상에서의 넓은 영역의 신호 유실을 유발할 수 있는데, 이는 공간적 표준화에 있어 심각한 오류의 결과로 나타날 수 있다 ([그림 4-11] 참조). 이 문제를 다루기 위한 표준화 방법은 비용함수 차폐화(cost function masking)를 사용하는 것인데, 영상의 어떤 부분(보

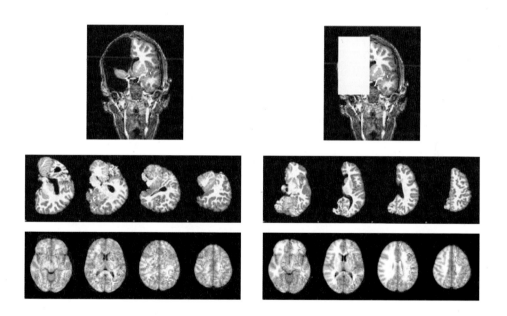

그림 4-11 병변이 있을 때 정합을 향상시키기 위해 비용함수 차폐화를 사용하는 것의 예. 여기서 사용된 자료는 오른쪽 대뇌반구 절제를 받은 개인으로부터 얻은 것으로, 우뇌의 거의 모든 조직이 보이지 않는다. 맨 위 왼쪽 영상은 이 피험자의 MRI인데, 우반구 부분의 넓은 영역에서 신호가 나타나지 않는다. 왼쪽 아래 영상은 이 원본 영상을 사용하여 공간적 표준화를 한 결과를 보여 준다. 정합에 실패했는데, 정합되는 뇌(둘째 줄)와 형판(셋째 줄에 정합되는 영상의 윤곽선이 그려져 있는)이 서로 심각하게 맞지 않기 때문이다. 오른쪽 맨 위는 결손된 부위를 가리기 위해 만들어진 비용함수 차폐(흰색)를 보여 준다. 오른쪽 맨 아래는 이 부위를 제외하는 비용함수 차폐를 사용하여 성공적으로 정합한 결과를 보여 준다.

통 병변 위치에 해당하는 부분)이 정합을 하는 동안 비용함수 계산으로부터 배제되는 것이다(Brett et al., 2001). 따라서 표준화의 해결책은 영상의 좋은 부분에 대해서만 이루어질 수 있다. 그러나 병변의 영향이 그 주변 부위를 밀어내는 등의 방식으로 종종 병변 그 자체를 넘어서 확장될 수도 있다는 것을 기억해야 한다. 이런 식으로 다른 부위의 왜곡이 충분히 심각하다면 영상을 정확하게 표준화하는 것은 불가능할 것이다. 이러한 경우에는 관심 부위에 기초한 해부학적 접근이 피험자들을 합치는 최고의 방법일 것이다.

통계적 모형화:
단일 피험자 분석

1. BOLD 신호

2. BOLD 잡음

3. 연구 설계 및 모형화 전략

Chapter 5

통계적 모형화: 단일 피험자 분석

MRI 자료 분석의 목표는 BOLD 신호가 어떤 조작에 반응하여 변화하는지를 알아내기 위해 개별 복셀의 시계열을 분석하는 데 있다. 예를 들어, 만일 어떤 자극이 피험자에게 구획화된 방식으로 반복하여 제시되었다면, [그림 5-1]에서 보이는 붉은 선으로 나타나는 패턴을 따라서 나타나는, 파란색으로 표시된 BOLD 신호와 같은 이러한 반복적 구획의 패턴에 들어맞는 복셀의 시계열을 찾을 수 있다. 이 변화를 맞추고 탐지하는 데 사용되는 도구는 일반선형모형(general linear model: GLM)인데, 이 GLM 모형에서 BOLD 시계열은 종속변인의 역할을, 이 모형에서 독립변인은 예상된 BOLD 자극 시계열을 나타낸다. 하지만 느린 생리학적 반응으로 인하여 붉은색으로 표시된 사각 파형 예측변수는 BOLD 데이터와 잘 들어맞지는 않는 점을 관찰해 보라. 바로 이것이 이 장에서 다룰 하나의 주요 주제다. 즉, BOLD 신호를 최대한 가장 정확하게 모형화하는 GLM 예측변수들을 만드는 데 BOLD 반응에 대한 우리의 지식을 활용하는 것이다. 또 다른 주제는 fMRI 시계열에서 BOLD 잡음과 다른 변산의 출처들을 모형화하고 설명하는 것이다.

이 장 전체에 걸쳐 계속해서 언급될 모형들은 뇌의 단일 복셀에 대한 BOLD 신호를 모형화하는 것을 일컫는다. 이러한 복셀-대-복셀 접

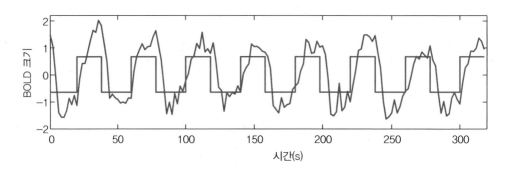

그림 5-1 활성 복셀의 BOLD fMRI 시계열과 BOLD 신호를 모형화하기 위해 사용되는 컨볼루션되지 않은 신호의 예. 활성 복셀의 BOLD 신호가 파란색으로, 자극 시계열이 붉은색으로 나타나 있다.

근은 다변량적 접근(multivariate approach)과 대비하여(다변량 모형들의 사용에 대해서는 8, 9장 참조) 대규모 일변량 데이터 분석(mass univariate data analysis)으로 알려져 있다. 우리는 이 책의 독자가 일반선형모형에 대한 기본적 이해를 지니고 있다고 가정한다(개관은 부록 A 참조). 일단 모든 복셀들의 자료가 각각 분석되면, 이 결과들은 집단분석을 위하여 참가자들에 걸쳐 결합되고(6장 참조), 이후 추론의 한 부분으로서 통계 자료가 이미지로서 평가된다(7장 참조).

1. BOLD 신호

1장에서 설명하였듯이, BOLD 신호는 신경 활동의 변화들에 반응하여 일어나는 혈류, 혈량, 산소포화도의 복합작용에 의해 발생한다. 간단히 말하면, 활동 상태에서는 산화 헤모글로빈의 국소 농도가 높아지고, 이는 자화율(magnetic susceptibility)의 동질성을 높이게 되어 그 결과 T2-강조 MRI 신호를 증가시킨다. [그림 5-1]에서 보여 주듯이, BOLD 신호(파란색)는 즉각적으로 증가하지 않고, 자극(빨간색)이 끝난 후에 즉시 기저선으로 되돌아오지도 않는다. 혈류에서의 이러한 변화는 상대적으로 느리기 때문에(몇 초 이상 점진적으로 변화함), BOLD 신호가 본래의 신경 신호에 대한 희미하고 지연된 형태로 나타난다.

　혈류역학 반응(hemodynamic response)은 극도로 짧은 자극 하나에 대한 이상적인, 잡음을 지니지 않은 반응이라고 묘사될 수 있다. 혈류역학 반응은 수많은 중요한 특징들을 가지고 있는데, 이는 [그림 5-2]에서 보여 준다.

• 최고점 높이(peak height): 이는 조직 내 신경 활동의 크기와 가장 직접적으로 연관되어 있기 때문에(Logothetis et al., 2001) 관심을 가지

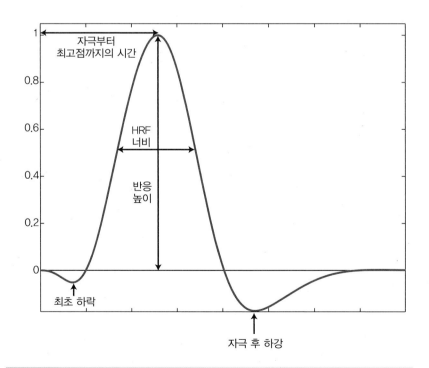

그림 5-2　혈류역학 반응의 특성. HRF 함수의 형태는 자극부터 최고점까지의 시간, 반응의 높이, 중간 지점의 높이에서의 HRF의 너비, 자극 후 하강, 그리고 때때로 최초 하락을 포함하는 다양한 특성으로 묘사될 수 있다.

는 가장 일반적인 특징이다. BOLD fMRI에서, 일차 감각자극에 대한 최고의 관찰된 진폭은 약 5%인 반면, 인지 연구들에서 관심을 가지는 신호들은 보통 0.1~0.5%의 범위에 있다.

- 최고점에 이르는 시간(time to peak): HRF의 최고점은 일반적으로 자극 제시 시점(onset)에서 4~6초 이내에 있다.

- 너비(width): HRF는 1~2초 이내에 상승하며 자극 제시 시점에서 12~20초 이후로 기저선으로 되돌아온다.

- 최초 하락(initial dip): 몇몇 연구들은 첫 1~2초 이내에 발생하는 BOLD 신호의 초기 하강을 확인하였는데, 이는 혈류와 혈량에 변화가 일어나기 이전에 발생하는 산소 소모를 반영하는 것으로 생각된다(Buxton, 2001). 많은 연구들에서 최초 하강이 발견되지 않았으며, 나타나더라도 대부분 정적 BOLD 반응의 최고점과 비교하면 매우 작은 신호다. 최초 하강은 대부분의 fMRI 자료 모형에서 무시된다.

- 자극 후 하강(poststimulus undershoot): HRF는 일반적으로 늦은 하강을 보여 주는데, 이는 정적 반응과 비교해서 진폭에 있어 상대적으로 작고, 자극 이후 20초 혹은 그 이상으로 지속된다.

중요한 점은 개인과 뇌 영역에 걸쳐 이러한 HRF의 특성이 매우 다양하다는 것이다. 예를 들어, Kruggel과 von Cramon(1999)의 연구에서 단일 피험자의 복셀들이 최고점에 도달하는 시간은 6~11초로 다양하게 관찰되었다. HRF의 형태에 관한 Handwerker 등(2004)의 연구에서는, 최고점에 도달하는 시간과 HRF의 너비가 모두 뇌의 다양한 영역에 걸친 피험자 내 수준에서 달라졌고, 이는 피험자 간 수준에서도 달라졌으며, 이러한 변산성은 피험자 내에서보다 피험자 간에서 더 큰 것으로 나타났다. 또한 D'Esposito 등(2003)은 정상적인 청년 집단과 노년 집단의 BOLD 반응을 비교한 많은 연구들을 검토한 결과, 두 집단의 HRF 형태는 비슷한 반면 노년 집단은 반응 크기에 있어 감소된 신호 대 잡음 비율(signal to noise)을 보이고 있음을 보고하였다.

1) 컨볼루션

BOLD 신호의 한 가지 중요한 특징은 신경적 반응과 BOLD 신호 간의 관계가 선형적 시불변(linear time invariant: LTI) 특성을 지닌다는 점이다. 여기서 선형성(linearity)의 의미는 만일 신경적 반응이 a요인에 의해 척도화된다면, BOLD 반응 또한 같은 a요인에 의해 척도화된다는 것이다. [그림 5-3]의 A에 나타나 있듯이, 신경적 반응(빨간색)의 강도가 두 배가 될 때, 예측되는 BOLD 반응(파란색) 또한 강도가 두 배로 증가할 것이다. 선형성은 또한 가산성(additivity)을 내포하고 있다. 즉, 만일 두 독립된 사건들에 대한 반응들이 무엇인지 알고 있고, 이 두 사건이 시간적으로 근접하게 일어났다면, 결과적으로 나타나는 신호는 두 독립된 신호의 합이 될 것이다. 이는 [그림 5-3]의 B에 나타나 있는데, 여기에서 각각의 사건들(초록색)에 대한 신경적 반응들은 예측되는 BOLD 반응을 만들어 내기 위해 선형적으로 더해진다. 시불변(time invariant)이란 만일 자극이 t초만큼 옮겨진다면 BOLD 반응 또한 같은 양만큼 옮겨질 것이라는 것을 의미한다.

BOLD 신호의 LTI 속성은 상세하게 연구되어 왔으며(〈글상자 5-1〉 참조), 신경세포 활동으로부터 BOLD 신호로 변형하는 과정이 선형적 시불변이라는 것에 대한 일반적 합의가 도출되었다. 따라서 주어진 신경 입력으로부터 예측되는 BOLD 신호를 생성하는 자연스러운 방법은 컨볼루션(convolution) 연산을 사용하는 것이다. 컨볼루션은 LTI 방식으로 두 함수를 함께 혼합하는 방법이다. 구체적으로, 자극 개시 시계열 f([그림 5-1]의 빨간색 경향)는 HRF(h)와 혼합되어 BOLD 반응의 형태를 더 근접하게 표현하는 형태를 만들어 낸다. 그 연산은 다음과 같다.

$$(h * f)(t) = \int h(\tau) f(t - \tau) d\tau \qquad \text{(식 5.1)}$$

3장에서 컨볼루션은 데이터가 가우시안 커널(Gaussian kernel)을 사용

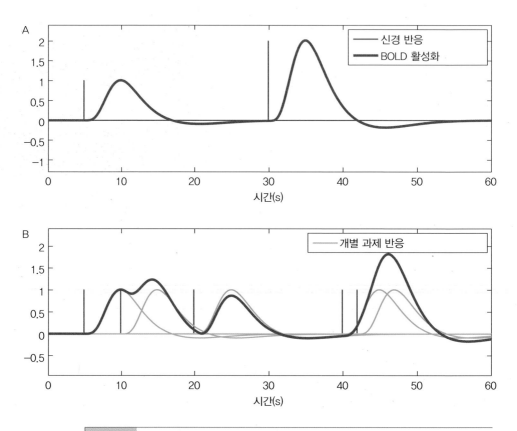

그림 5-3 선형 시불변의 예. 그림 A는 하나의 신경신호가 다른 신경신호의 두 배라면, 이러한 신경신호의 결과로 나타나는 BOLD 활성화 또한 두 배만큼 클 것임을 보여 준다. 그림 B는 분리된 시행들의 신호들(초록색)이 BOLD 활성을 얻기 위해 어떠한 방식으로 선형적으로 더해지는지를 보여 준다.

하여 컨볼루션함으로써 데이터가 공간적으로 편평화되었을 때 약간 다른 맥락에서 사용되었음을 기억하라.

적절한 HRF 함수를 선택하는 것은 최대한 가장 좋은 형태를 얻는 데 있어 매우 중요하고, 신호가 제시되었을 때 BOLD 시계열에 GLM 회귀자가 잘 들어맞도록 확실하게 해 줄 것이다.

〈글상자 5-1〉 혈류역학 반응에서 무엇이 선형적인 것인가

fMRI 분석을 위한 GLM 접근은 결정적으로 혈류역학 반응이 근원적인 신경세포 신호의 선형적 변환이라는 가정에 기반하고 있으며, 선형성에 관한 질문은 fMRI 연구 문헌들에서 면밀히 연구되어 왔다.

우선 신경흥분과 BOLD 반응 사이에 비선형성의 두 가지 가능한 출처가 있다는 점을 지적하는 것이 중요하다. BOLD 반응과 신경세포 신호 간에는 비선형성이 존재할 수 있는데, 이것이 여기서 우리가 다루고자 하는 주요 핵심이다. 그러나 자극과 신경세포 반응 사이에도 역시 비선형성이 존재할 수 있다는 것은 널리 알려져 있는 사실이다. 이에 대한 두드러진 하나의 예는 청각 시스템에서 일어나는데, 예를 들어 특정 주파수를 초과하는 소리가 지속적으로 연이어 제시되는 것은 지속적인 신경세포 활동과 관련된 것이 아니라 연이은 자극의 시작점과 끝점에서 발생하는 위상적인 활동과 관련된다(Harms & Melcher, 2002). 다른 경우들에서, 이러한 비선형성은 신경세포의 적응에 의해 일어날 수 있는데, 동일 자극에 대한 신경세포의 반응은 그 자극이 반복됨에 따라 점점 감소하게 된다. 따라서 fMRI 연구를 위한 모형을 고안할 때에는 이미 알려져 있는 신경생리학적 자료를 감안하는 것이 매우 중요하다.

Dale과 Buckner의 초기 연구(1997)에서는 자극을 빠르게 연달아 제시하여 여러 자극에 대한 추정된 반응이 단일 자극에 대한 반응에 맞아 떨어지는지를 조사함으로써 선형성에 대한 가정을 검증해 보았다. 그 결과, 반응은 실제로 대부분 선형적이었으며, 연속적 시행들에 대해 추정된 혈류역학 반응은 단일 시행에 대한 반응과 굉장히 유사하였다. 그러나 이러한 일치가 정확하지는 않았는데, 특히 이후에 제시되는 시행들에 대한 추정치들은 첫 시행과 비교하여 다소 축소되었다. 이후의 연구는 이러한 비선형성을 재확인하였으며, 특히 2초 이내의 간격으로 자극이 제시되었을 때 더욱 그러하였다(예: Wager et al., 2005). 또 다른 비선형성은 자극의 지속시간에 관한 것인데, 매우 짧은 시간 동안 제시된 자극은 더 긴 자극을 바탕으로 예측되는 것보다 훨씬 더 큰 BOLD 반응을 나타낸다. 예를 들어, Yesilyurt 등(2008)은 5msec 동안 제시되는 시각 자극에 대한 BOLD 반응이 1,000msec 동안 제시되는 자극에 대한 반응의 절반 정도의 크기임을 밝혔다. 이러한 비선형성은 분명히 중요하지만, 다행히 도 대부분의 인지적 fMRI 연구들에서 일어날 수 있는 범위 내에서는 이 러한 비선형성의 효과가 상대적으로 적다.

(1) 혈류역학 반응 함수 특징짓기

컨볼루션을 사용하여 예측된 BOLD 신호를 얻기 위해서는 HRF의 추 정치가 필요하다. 그 반응의 형태를 추정하기 위한 한 가지 방법은 시 간적으로 폭넓게 자극들을 제시하고(예: 매 30초마다) 그 자극에 대하여 각 시간상 지점에서 유발된 반응들을 단순히 평균하는 것이다(이는 자 극주변 시간 평균화[peristimulus time averaging], 선택적 평균화, 디컨볼루션 [deconvolution] 등과 같이 다양하게 불린다). [그림 5-4]는 이러한 과정의 한 예를 보여 준다. 그림 A는 원래의 시계열을 보여 주는데, 각 자극 주 변의 22초의 창(자극 2초 전에 시작하여 이후 20초까지 지속됨)들이 서로 다 른 색으로 칠해져 있다. 이렇게 구획된 11개의 조각들이 그림 B에 겹쳐 져 있고, 이 시계열들을 평균화한 이후(그림 C)에는 반응함수에 관한 덜 복잡한 이미지가 얻어진다.

Friston 등(1994a), Lange와 Zeger(1997)는 HRF의 특성을 밝혀 내기 위 해 디컨볼루션 모형을 BOLD 데이터에 적용하였고, 그 결과 일반적으 로 감마함수에 의해 대략적으로 묘사됨을 확인하였다. 단일 감마함수 (single gamma function)를 사용하는 '표준(canonical)' HRF는 자극 후 하 강(poststimulus undershoot)을 고려하고 있지 않았는데, 자극 후 하강을 고려함으로써 더욱 향상될 수 있음을 깨닫기 전까지는 매우 흔하게 사 용되었다. 이러한 이유로, 이중 감마(double-gamma) HRF라고 알려진 두 감마함수들의 합성에 근거한 표준 HRF가 채택되었다(Friston et al., 1998; Glover, 1999). 첫 번째 감마함수는 초기의 자극에 대한 반응의 형 태를 모형화하고, 두 번째 감마함수는 하강(undershoot)을 모형화한다. 각 분석 소프트웨어 패키지는 표준 HRF를 생성하는 기본 매개변수 설

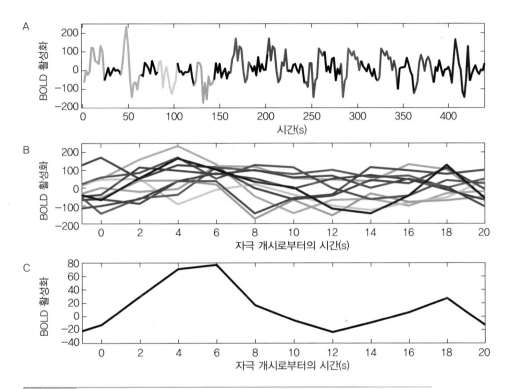

그림 5-4　선택적 평균화의 예. 그림 A는 원래의 시계열을 보여 주는데, 각 자극 제시 주변의 22초 창을 강조하고 있다. 그림 B에는 분할된 BOLD 시계열이 겹쳐서 그려져 있고, 그림 C는 분할된 시계열들에 대한 평균을 보여 준다.

정을 가지고 있다. 예를 들어, SPM의 기본 이중 감마 HRF는 다섯 개의 매개변수들 중에서 6초까지의 반응 지연과 16초의 하강 지연(자극 개시로부터)을 가지도록 설정되어 있다. 이러한 기본 값은 사용자에 의해 특별히 다르게 지정되지 않는 한 모든 분석에 사용된다. 자유롭게 변화되는, 실제로는 선형 모형에서 추정되는, 단 하나의 매개변수는 반응의 높이다. [그림 5-5]는 실제 데이터(검정색)에 대해 네모 모양(boxcar)의 회귀자(빨간색), 감마 HRF로 컨볼루션된 결과(파란색), 이중 감마 HRF로 컨볼루션된 결과(초록색) 각각이 적합한 정도를 보여 준다. 이중 감마가 자극 후 하강을 모형화했기 때문에 실제 모형에 더 잘 들어맞는다. 만일 자극 후 하강이 강한 경우 이중 감마 대신 단일 감마가 사용된다면, 하

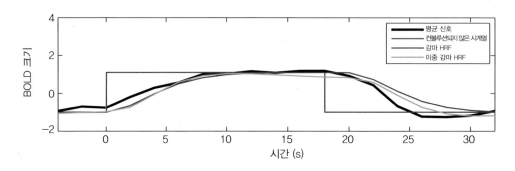

그림 5-5 서로 다른 표준 혈류역학 반응함수들에 대한 묘사. 검정색 선은 자극들의 블록을 여러 번 반복하여 제시했을 때의 평균 BOLD 반응이다. 빨간색 선은 컨볼루션되지 않은 시계열이고, 파란색은 감마 HRF를 사용한 반면 초록색 선은 이중 감마를 나타내는데, 이중 감마의 경우 자극 후 하강을 설명하기 때문에 주어진 자료에 가장 잘 들어맞는다.

강은 아마도 모형의 기저선을 끌어내릴 것이고, 그 결과 반응의 높이는 과소 추정될 것이다.

2) 표준 HRF를 넘어서

지금까지 설명한 방법은 HRF가 단일 표준 반응함수를 이용하여 정확하게 묘사될 수 있음을 가정하였다. 그러나 [그림 1-2]에서 보여 주듯이, 혈류역학 반응은 그 형태, 최고점에 이르는 시간 그리고 그 외의 다양한 측면들에서 개인들 간에 상당한 차이를 지닐 수 있다. 이에 더하여, 많은 연구들은 한 개인의 다른 뇌 영역들에 걸쳐 혈류역학 반응의 형태 또한 다르다는 것을 보여 주었다. 만일 표준 HRF를 사용한다면, 우리는 오직 이 함수와 유사한 반응만을 찾도록 편향될 것이다. 반면, 만일 더 많은 매개변수를 혼합함으로써 HRF의 형태에 더 많은 유연성을 허용하는 더 복잡한 모형을 사용한다면, 우리는 추정값들에 있어 더 많은 변산성을 가지게 될 것이다. 이는 종종 편향–변산성 교환(bias-variance tradeoff)이라고 불린다. HRF의 변산성이 알려져 있기 때문에, fMRI 분석에서 더 복잡하고 유연한 모형을 사용하는 것이 보편적이다.

만일 더욱 유연한 HRF 모형이 필요하다면, 반응 프로파일에 대한 더 광범위한 특성을 잡아내기 위해 사용할 수 있는 많은 방법들이 있다. 널리 사용되는 한 가지 방법은 일련의 HRF 기저함수들을 사용하는 것인데, 이 함수들이 선형적으로 결합될 때 혈류역학 반응에 대한 예측된 형태의 범위를 제공해 준다. 단일 표준 반응함수를 사용하는 것은 단지 하나의 기저함수를 사용하는 특별한 경우에 해당된다. 두 가지 기저함수를 사용하는 예는 단일 표준 반응함수뿐만 아니라 도함수도 함께 사용하는 것인데, 이는 약간의 시간적 이동을 가능하게 한다. fMRI 데이터를 모형화한 초기의 몇몇 방식들은 혈류역학 반응을 모형화하기 위해 푸리에 세트(혹은 사인 함수와 코사인 함수의 세트)를 사용하였다(Josephs et al., 1997). 다른 기저 세트들은 유한 파동 반응 모형(finite impulse response model: FIR) 세트 또는 제약(constrained) 기저 세트를 포함한다. 여기서는 이러한 방식들을 차례로 살펴본다.

(1) 도함수 모형화하기

아마도 fMRI 분석을 위해 가장 흔하게 사용되는 기저 세트는 Friston 등(1998)이 개발한 '표준 HRF 더하기 도함수' 방식일 것이다. 시간 도함수를 포함하는 이유는 이 기저함수가 반응이 최고점에 도달하는 시간에서 작은 상쇄를 잡아낼 수 있기 때문이다. 예상되는 신호를 $Y(t) = \beta X(t)$라고 할 때, 혈류역학 반응함수의 시간-이동(time-shifted)을 한 결과는 $Y(t) = \beta X(t + \delta)$로 나타낼 수 있다. 그러나 이동한 δ은 선형적이지 않으므로 GLM을 이용하여 추정할 수 없다. 그러나 δ에 관한 $X(t + \delta)$의 Taylor 급수 전개는 $Y(t) \approx \beta_1 X(t) + \beta_2 X'(t)$의 GLM을 내포하는 선형적인 근사치, $Y(t) = \beta(X(t) + \delta X'(t) + \cdots)$를 제공한다. 여기서 β_2 부분은 지연 매개변수로 직접 해석될 수는 없으나, $X(t)$와 $X'(t)$의 선형 조합은 HRF의 작은 시간 이동을 모형화할 수 있다. [그림 5-6]은 자극 개시와 표준 HRF의 컨볼루션으로 이루어진 표준 매개변수와, 첫 번째 도함수, 그리고 이 둘의 합을 보여 주고 있는데, 어

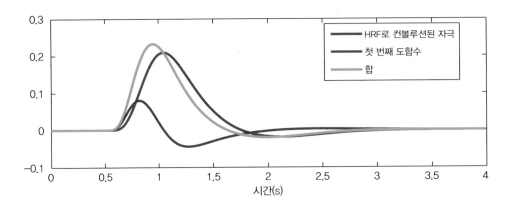

그림 5-6   HRF(파란색), 그 도함수(빨간색), 그리고 이 둘의 합(초록색)으로 컨볼루션된
자극. 이는 선형 모형에 도함수를 포함하는 것이 자극 시점에서의 작은 이동을 반영하는
모형을 만들어 낼 수 있다는 것을 보여 주고 있다.

떻게 이 둘을 합한 것이 왼쪽으로 약간 이동되는 결과로 나타나는지를
보여 주고 있다.

　같은 Taylor 급수 접근이 표준 HRF를 설명하는 다른 매개변수들에 대
해서도 행해질 수 있다. 예를 들어, SPM 소프트웨어는 '시간과 산포(Time
& dispersion)'를 포함하도록 제안하고 있다. 이러한 경우에 반응의 너비
에 대한 $X(t)$의 도함수가 세 번째 HRF의 기저함수로 사용된다([그림 5-
2]의 W 매개변수). 시간적 이동을 모형화하는 시간도함수와 유사하게, 이
는 고정된 HRF의 너비를 표준 HRF에 비해 약간 달라지도록 한다.

(2) 유한 충격 반응 모형(finite impulse response model)

　하나의 반응에 대한 HRF 형태를 잡아내는 데 가장 유연한 모형은 FIR
기저 세트다. 이 접근에서는 자극이 제시된 시간 근처의 창이 선택되고,
이 창 내의 각 시점에서 반응을 모형화하는 데 GLM이 사용된다. [그림
5-7]은 하나의 시행 유형이 제시된 연구의 예를 보여 주는데, 여기서 그
림의 왼쪽은 모형을 보여 주고, 오른쪽은 어떻게 이 모형을 통해 매개
변수 추정치들이 HRF 형태를 나타내는지를 보여 준다. 각 회귀자는 시

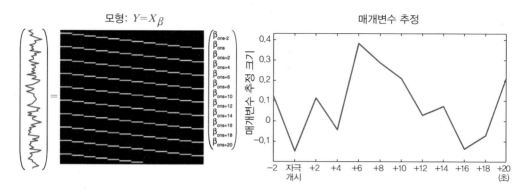

그림 5-7 FIR 모형에 대한 모형과 추정치들. 왼쪽은 FIR 매개변수들을 추정하는 데 사용된 모형으로, 여기서 BOLD 시계열은 그 결과다. 디자인 행렬은 0(검정색)과 1(흰색)로 이루어지며, 자극 주변의 창에 각 시점에 대해 추정된 분리된 매개변수가 있다. 예를 들어, 첫 번째 회귀자와 매개변수(β_{ons-2})는 자극 개시 이전 2초에 해당하는 시점에 상응하고, 두 번째 회귀자는 자극 개시 동안과 대응하는 식으로 계속된다. 이 경우에 TR은 2초이며, 따라서 회귀자들은 2초씩 증가함에 따라 달라진다. 오른쪽은 어떻게 FIR 모형으로부터 추정된 매개변수들이 HRF의 형태를 잡아내는지를 보여 준다.

행 제시 근처의 창에서 특정 시점(종종 자극 주변 시간[peristimulus time]이라 불림)을 모형화한다. 이 경우에, 첫 번째 회귀자는 자극 제시 2초 전에 상응하며, 두 번째 회귀자는 자극이 제시되는 동안에 상응하는 식으로 시행 개시 이후 20초가 지날 때까지 계속된다. 시행들이 시간적으로 충분히 가까울 때, 어떤 경우에는 하나의 시점(디자인 행렬의 열)이 서로 다른 두 개의 매개변수에 의해 모형화될 수 있다는 것을 알아 둘 필요가 있다. 예를 들어, 여기서 제시한 디자인의 경우 시행 창의 첫 두 개의 시점들은 이전 시행 창의 마지막 두 개의 시점들과 겹친다. GLM은 BOLD 반응의 가산성(additivity)이라는 장점을 이용하여 이러한 겹침을 적절히 설명할 것이다.

HRF의 형태를 잡아내기 위한 FIR 모형의 유연성은 추정치 변산성의 증가(예: 편향–변산성 교환)라는 대가로 얻어진다. HRF의 형태를 추정에 관한 편향을 감소시킬 수 있는 반면에 추정치들의 변산성은 증가하게 되는데, 이는 더 적은 자료점들이 각 매개변수의 추정에 기여하기 때문이다. 게다가 자극들이 겹치면서 생겨나는 회귀자들 사이의 공선성 (collinearity)은 추정치의 변산성을 더욱 증가시킬 수 있다.

FIR 모형을 사용할 때에 고려해야 할 한 가지는 어떻게 모형 적합 (model fit)의 결과가 그다음 분석 단계에서 사용될 수 있는가에 관한 것이다. 연구자들은 흔히 "나는 혈류역학 반응의 형태를 가정하고 싶지는 않다."와 같은 이유로 자신들의 데이터에 FIR 모형을 적용한다. 이는 맞는 말이지만, 더 높은 분석 단계에서 FIR 적합 전체를 실제로 사용할 때에 한하여 그러하다. 6장에서 언급하고 있듯이, 표준화된 집단 모형화 방식은 데이터가 참가자당 하나의 BOLD 측정치로 추출되어 나왔음을 가정한다(예: 표준 HRF로 모형화된 하나의 사건에 대한 매개변수). 그러나 FIR 적합은 많은 측정치들(예: [그림 5-7]의 예에서는 12개)로 구성되어 있고, 이는 집단 수준에서 이러한 모든 반응들에 맞추기 위해 다변량(multivariate) 모형을 필요로 한다. 어떤 연구자들은 집단분석을 위해 단순히 하나의 FIR 칸으로부터 매개변수를 선택하지만, 이는 그 자체로 BOLD 반응 최고점이 그 시점에 떨어질 것이라는 가정을 전제한다. 일반적으로 FIR 모형은 혈류역학 반응의 형태를 특성화하는 데 초점을 둔 연구들에 가장 적합하지만, 뇌 활동을 탐지하는 데 주요 초점을 둔 연구들에는 적합하지 않다.

(3) 제약 기저 세트

스펙트럼의 한쪽 끝에 편향은 적고 변산성은 높은 FIR 기저 세트가 있다면, 다른 쪽의 끝에는 편향은 크나 변산성이 적은 표준 HRF 기저함수가 있다. 이 편향-변산성 스펙트럼의 중간 지점에 위치한 한 가지 방법은 제약(constrained) 기저 세트를 사용하는 것인데, 이는 혈류역학 반응의 알려져 있는 특징들(예: 완만함, 0에서 시작, 느린 경사, 0으로 되돌아옴 등의 사실)을 고려하지만 가능한 반응들의 범위에 적합하기 위해 유연성을 허용한다. 단일 표준 HRF로 자극 개시 시계열을 컨볼루션하는 대신 HRF 형태의 다른 측면들을 잡아내는 함수들의 세트를 사용한다. 기저

함수 세트를 구성하는 한가지 방법은, [그림 5-2]에서 보여 주듯이, 몇
몇 매개변수들을 변경함으로써 먼저 적당한 HRF 형태의 세트를 생성한
다음, 이 세트를 잘 나타낼 수 있는 기저함수들의 세트를 추출하기 위
해 주성분 분석(principal components analysis)을 사용하는 것이다. 이는
FMIRB의 선형 최적 기저 세트(Linear Optimal Basis Set: FLOBS) 알고리즘
에서 Woolrich와 동료들(2004a)이 사용한 방법이다. [그림 5-8]은 이러
한 방법을 사용하여 개발된 네 함수 기저 세트의 예(그림 A)와 이 함수들
의 선형 결합을 이용하여 만들어질 수 있는 HRF 형태의 예들(그림 B)을
보여 주고 있다. 비록 어떤 형태는 강제적이긴 하지만 이 형태들의 서로
다른 선형적 결합은 단일 표준 기저함수를 사용했을 때보다 훨씬 더 다
양한 HRF 형태를 가능하게 한다.

　이러한 기저 세트의 장점은, 예를 들어 FIR 모형에서 반드시 추정되어
야 하는 12개의 매개변수들 대신에 이 기저 세트에서는 단지 4개의 매
개변수들만이 추정되어야 한다는 것인데, 이는 추정치들의 변산성을

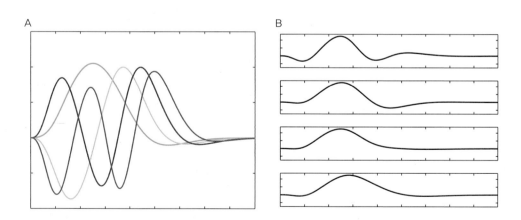

A   B

그림 5-8　제약 기저 세트의 예(그림 A)와 기저함수들의 선형 조합(그림 B). 그림 A의 네
가지 기저함수들은 FMRIB의 선형 최적 기저 세트 알고리즘을 사용하여 만들어졌다. 이러
한 함수들은 전반적인 HRF 형태를 모형화하기 위한 네 개의 매개변수들을 생성하기 위하
여 자극 개시로 컨볼루션되는데, [그림 5-7]의 FIR 모형에서 보이는 10개의 회귀자들과 비
교된다. 오른쪽 그림은 기저함수들의 네 가지의 서로 다른 선형 조합들을 보여 주는데, 기
저함수들이 모형화될 수 있는 HRF 형태의 변산을 보여 준다.

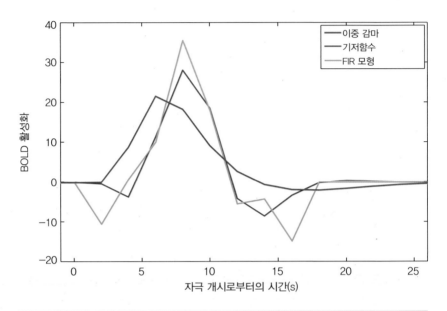

그림 5-9   표준 HRF(파란색), 세 개의 기저함수들의 세트(빨간색), 그리고 10개의 시점을 지닌 FIR 모형(초록색)으로 적합된 데이터의 예. 여기서 이중 감마의 최고점은 더 유연한 기저 함수와 FIR 모형의 적합과 비교할 때 너무 이른 것 같이 보인다. 이중 감마 적합이 가장 부드러운 반면, FIR 모형 적합이 가장 잡음이 많다.

줄이는 데 도움이 된다. [그림 5-9]는 세 가지 방법의 적합, 즉 이중 감마 표준 HRF(파란색), 네 개의 기저함수를 지닌 기저 세트(빨간색) 그리고 FIR 모형(초록색)을 보여 준다. 표준 HRF 모형은 단일 매개변수에 적합되고 가장 부드러운 적합도를 보이는 반면, 열 개의 매개변수를 가진 FIR 적합은 가장 잡음이 많다. FIR 모형과 네 개의 기저함수 모형은 모두 이중 감마 함수의 최고점 도달 시간이 너무 이르며, 이에 따라 최고점 높이가 과소 추정될 수 있음을 보여 준다.

　종합하면, 비록 우리가 항상 비편향된 추정치들을 원하는 것처럼 보이지만, 때때로 조금의 편향을 수용하는 것이 변산을 크게 줄일 수 있다. 이는 특히 그 편향이 자료에 내재되어 있는 우리의 사전 지식과 잘 맞아 떨어질 때 더욱 그러하다. 큰 기저함수 세트를 지니는 모형을 사용할 때, 우리는 모형의 유연성 때문에, 예를 들어 두 개의 분리된 정적 봉 우리들을 가지는 형태와 같은 터무니없는 HRF들에 맞아떨어질 수도 있음을 경계해야 한다. fMRI 연구에서 이는 매개변수 추정치에서 더 높은 정확성과 해석 가능성에 대한 교환으로 완벽하지 않은 표준 HRF의 적합을 대체로 받아들인다는 것을 의미한다.

3) 모형화에서 다른 고려 사항

모형의 시간 해상도　표준 HRF는 보통, [그림 5-2]에서 보여 주듯이 매우 미세한 시간 해상도와 함께 완만한 곡선으로 그려진다. 실제로 BOLD 시계열은 2~3초의 시간 해상도를 갖고 있지만(즉, 반복 시간[repetition time: TR]), 사건들은 대체로 영상 획득 시작점에 정확히 떨어지지 않을 뿐만 아니라 전체 TR 동안 지속되지도 않는다. 시간 해상도가 낮은 경우, 하나의 TR 시간 틀 안에서 일어나는 어떤 사건이나 사건들의 결합에 대한 자극의 시간추이(time course)는 TR 초들의 시간 해상도뿐 아니라, 컨볼루션된 신호와도 똑같아 보일 것이다. 예를 들어, 만일 $TR=3$초라면, 다음 네 유형의 자극들은 3초의 시간해상도에서 동일한 결과를 나타낼 것이다. 즉, 0초에 시작해서 1초간 지속되는 자극, 0초에 시작해서 2초간 지속되는 자극, 0초에 시작해서 3초간 지속되는 자극, 그리고 2초에 시작해서 1초간 지속되는 자극이다. 구체적으로, 3초의 단일 단위 시간 해상도의 공간에서 이러한 네 개의 과제들에 대해 컨볼루션된 신호는 [그림 5-10]의 오른쪽에 보이는 검정색 점선으로 나타날 것이다.

　예측된 HRF를 더 정확하게 모형화하기 위해 대부분의 소프트웨어 패키지들은 자극 제시 시간을 더 높은 시간해상도에 맞추어 올리는 올림 샘플링(up-sampling)을 하고, 이들을 HRF로 컨볼루션한 후, 컨볼루션된 함수들을 기존의 시간 해상도에 맞추어 낮추는 낮춤 샘플링(down-sampling)을 한다. 이렇게 함으로써 자극들의 시작점은 더욱 정확하게 표현되고, 더 높은 해상도의 HRF가 사용되기 때문에 반응의 형태 또한 더욱 정확해진다. [그림 5-10]의 왼쪽은 이전에 설명했던 0.1초의 높은

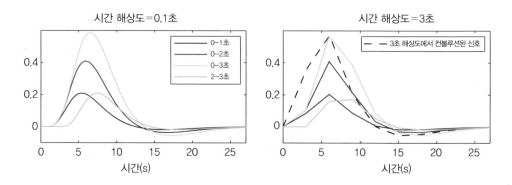

그림 5-10 컨볼루션이 TR보다 더 고해상도의 시간 영역에서 수행되는지를 보여 주는 예. 왼쪽 그림은 고해상도의 시간 영역에서 이중 감마 HRF로 컨볼루션된 서로 다른 자극들을 보여 준다(범례에 자극 제시 시간이 제시되어 있음). 오른쪽 그림은 3초의 낮은 시간 해상도에서 컨볼루션되었을 때 네 가지 모든 자극들에 대해 얻어질 수 있는 결과(검은 점선)와 왼쪽에 있는 고해상도 신호들을 낮춤 샘플링함으로써 얻어지는 신호들(색이 있는 실선들)을 비교하여 나타내고 있다.

시간 해상도 공간에서 컨볼루션된 네 개의 시간추이들을 보여 준다. 그림의 오른쪽은 시계열의 낮춤 샘플링된 형태(실선)뿐만 아니라, 컨볼루션이 3초의 시간 해상도 공간에서 이루어졌을 때 나타날 수 있는 신호(점선)를 보여 준다. 검은 점선이 3초간의 사건(노란 실선)과 일치하지 않는 이유는 두 시간 영역에서 HRF 형태의 정확도의 차이가 있기 때문이다.

모수적 조절 모형화하기 많은 경우들에서 자극 또는 과제의 몇몇 특징들은 모수적으로 변화할 수 있는데, 이는 신경 반응의 강도에 반영될 것으로 예측되기 때문이다. 예를 들어, Boynton 등(1996)은 시각 자극의 대비를 모수적으로 조절하여, V1 영역의 신경 반응들이 이 조절에 대해 선형적으로 반응하는 것을 보여 주었다. 이러한 디자인에서 모수적 조절(parametric modulation)은 모수적 회귀자(parametric regressor)라고 알려진 설계 행렬에서의 추가적인 회귀자를 사용하여 모형화될 수 있다. 자극 개시 시계열은 보통 동일한 높이의 막대함수(stick function)들로 구성된다. 모수적 회귀자를 만들기 위해서는 각각의 개시점의 막대함수는 해당 시행의 자극 강도를 반영하는 높이를 가지고 있어야 한다. [그림 5-11]은 모수적으로 조절되는 회귀자가 어떻게 만들어지는가에 관한 예를 보여 준다. 맨 위 그림은 자극 시점을 보여 주는데, 여기서 자극 위

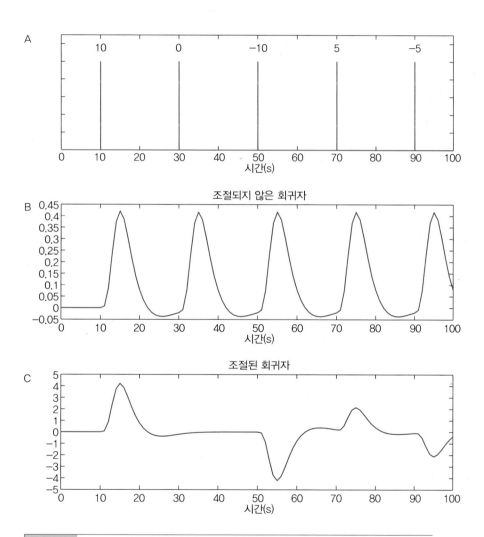

그림 5-11   모수적으로 조절된 회귀자의 구조. 그림 A는 자극들의 타이밍을 보여 주는데, 자극 위의 숫자들은 그 자극에 대한 조절값에 해당한다. 그림 B는 조절되지 않은 회귀자를 보여 주고, 그림 C는 조절된 회귀자를 보여 준다. 조절된 회귀자들과 조절되지 않은 회귀자들 모두 선형 회귀 모형에 포함될 수 있음을 유의하라.

의 숫자들은 조절 값(modulation value)을 나타낸다. 조절되지 않은 회귀자는 그림 B에 나타나 있으며, 그림 C는 조절된 회귀자를 보여 주고 있다. 여기서 회귀자를 만들기 전에 높이 값들을 평가절하하는 것이 중요한데, 이는 모수적 회귀자가 조절되지 않는 회귀자와 상관을 지니지 않도록 하기 위함이다. GLM은 모수적으로 조절된 회귀자와 더불어 조절되지 않은 회귀자를 항상 포함한다는 것 또한 중요하다. 이는 선형 회귀모형에서 기울기 항과 더불어 절편 항을 포함하는 것과 유사한데, 그 이유는 절편 없이는 적합 선이 원점을 통과하여 지나갈 것임이 가정되기 때문이다.

　　행동 반응 시간을 모형화하기　역사적으로 대부분의 fMRI 연구자들은 fMRI 데이터를 모형화하는 데 있어 피험자의 행동 반응들에 대한 반응 시간을 포함하지 않았다. 대신 모든 시행들에 대해 상수화된 지속 시간을 사용해 왔다. 그러나 좋은 통계적 모형화 습관을 위한 일반적인 격언들 중 하나는, 만약 데이터에 영향을 줄 수도 있는 요인을 알고 있다면, 반드시 이것을 모형에 포함해야만 한다는 것이다. BOLD 반응의 선형성으로 인하여, 우리는 2배의 신경 반응이 2배의 크기를 가지는 BOLD 신호의 결과로 나타난다는 것을 알고 있다. 그러나 [그림 5-10]에서 보여주듯이, 2배로 긴 자극 또한 대략 2배 높이의 BOLD 반응을 보인다(빨간선과 파란 선 비교). 따라서 더 긴 처리 시간을 지닌 시행은 신경 처리의 속성에서 어떠한 질적인 차이를 반영해서라기보다는 단순히 과제에 소요되는 시간의 양에 기인하여 더 많은 활성화를 보일 수 있다. 실제로, 기능적 뇌영상 연구들에서 관찰되는 조건들 간 나타나는 활성화 차이들은 단순히 한 조건이 다른 조건보다 더 긴 시간이 걸리는 것 때문인 것처럼 보인다.

　　Grinband 등(2008)이 제안한 하나의 대안은 여러 시행들에 걸쳐 고정된 지속 기간을 사용하기보다는 각 시행의 실제 지속 기간을 사용하여 모형에 첫 번째 회귀자들을 만드는 것이다. 이는 반응 시간에 따라 변하는 효과들에 대한 민감도를 높여 주는 반면, 시행들에 걸쳐 일관적으로 나타나는 효과들에 대한 민감도는 감소시킬 것이다. 두 번째 대안(우리는 이 방식을 더 선호한다)은 일관된 지속 시간을 사용하여 일차 회귀자를 만들고, 반응 시간에 따라 변하는 모수적 회귀자를 부가적으로 포함하는 방법이다. 이는 모형으로부터 반응 시간의 효과를 제거함과 동시에 일관적인 효과와 반응 시간에 따라 변하는 효과의 각각에 대한 질문을 가능하게 한다.

　움직임 매개변수를 모형화하기　3장에서 설명하였듯이, 촬영 동안의 머리 움직임은 영상 정합 방법들을 적용한 후에도 여전히 데이터에 인공결함들을 일으킬 수 있다. 따라서 인공결함과 움직임 관련 변량을 설명하기 위해 모형에 움직임 회귀자들을 포함시키는 것은 매우 좋은 생각이다. 이는 변환과 회전에 관한 여섯 개 매개변수들의 시계열을 모형에 잡음 회귀자(nuisance regressor)의 형태로 포함시킴으로써 수행된다. 이 잡음(nuisance)이라는 용어는 대응하는 매개변수들에 대한 추론을 이끌어 내는 것에는 관심이 없을 때, 데이터에서 가외의 변산성을 잡아내기 위해 포함되는 회귀자들을 기술하는 데 사용된다. 이에 더하여, 움직임 매개변수들의 도함수를 포함하는 것이 종종 이점을 가지는데, 이는 데이터의 움직임 관련 잡음과 스파이크를 모형화하는 데 도움을 주기 때문이다.

　우리는 일반적으로 움직임 매개변수의 포함이 오차 변량을 줄이고 탐지력(detection power)을 향상시킬 것이라 기대한다. 그러나 움직임이 과제와 관련되어 있는 경우에는 움직임 매개변수들을 포함하는 것이 그렇지 않았을 때 나타날 수 있는 유의미한 영역들을 제거하게 될 수도 있다. 이는 GLM이 실험 효과의 유의성을 실험적 출처들에 고유하게 기인할 수 있는 변산성에만 근거하기 때문이다. 이러한 변산성이 움직임과 실험적 출처 사이에서 구분하기 어렵다면, 결과의 유의성은 감소될 것이고, 이는 움직임에 의해 야기되는 제1종 오류(false positive)를 방지한다.

직교화(orthogonalization) fMRI 연구에서는 어느 정도 상관되는 회귀자들을 포함하는 설계를 하는 일이 흔히 일어난다. 예를 들어, 만일 자극의 제시뿐만 아니라 피험자의 반응을 모형화한다면, 이 두 사건은 매우 근접하게 일어날 것이며, 따라서 이에 상응하는 GLM의 회귀자들은 서로 상당히 상관될 것이다. [그림 5-12]의 두 번째 그림은 상관된 회귀자들의 예($r=0.59$)를 보여 주는데, 여기서 초록색 시계열은 자극 제시를, 빨간색 시계열은 2초 후의 피험자의 반응을 모형화하고 있다. 방금 언급하였듯이, GLM은 어느 한 특정 회귀자에만 고유하게 관련된 변산성이 그 회귀자에 대한 매개변수 추정을 이끌어 낸다는 관점에서 핵심 특징을 지니고 있다. X_1과 X_2의 두 회귀자들에 의해 설명되는 변산성은 X_1에 고유한 부분, X_2에 고유한 부분, 그리고 이 두 회귀자들이 공유하는 변산성의 세 부분을 지녔다고 볼 수 있다. 두 회귀자가 직교할 때(상관되지 않을 때), 공유되는 변산성 성분은 없는 반면, 높은 상관을 가질 때에는 각 회귀자에 대해 고유한 부분은 작다. 이 경우는 불안정하고 매우 가변적인 매개변수 추정치들의 결과로서 나타나게 되고, 이는 통계적 검증력을 약화시키게 한다.

[그림 5-12]의 맨 위의 데이터는 자극 관련 효과와 반응 관련 효과를 포함한다. 두 번째 그림은 변형되지 않은 자극과 반응 변수들에 대한 모형과 이 모형의 t-통계치들 보여 준다. 회귀자들 간의 상관으로 인하여, 비록 신호가 존재하더라도 유의한 t-통계치는 하나뿐이다. 세 번째 그림은 자극 회귀자를 반응 회귀자에 관하여 직교화한 후의 모형을 보여 준다(본질적으로는 단지 빨간 회귀자를 초록 회귀자에 회귀한 잔차임). 이제 반응에 관한 t-통계치는 매우 커졌는데, 이는 우리가 가능한 모든 변산들을 취하도록 했기 때문이다. 여기서 자극에 관한 t-통계치는 동일한데, 이는 그 해석은 변하지 않았기 때문이다. 즉, 자극에 관한 t-통계치는 여전히 자극에 기인할 것이라 여겨지는 고유 변량을 측정하고 있기 때문이다. 맨 아래 그림은 정반대의 상황을 보여 주는데, 즉 반응 회귀자를 자극 회귀자에 관해 직교화한 결과를 보여 준다. 이제 자극 t-통계

량은 매우 커졌으며, 반응 회귀자의 t-통계량은 그 기존 값과 일치한다.

일반적으로는 직교화를 사용하는 것을 권하지 않는데, 이는 앞서 보여 주었듯이 직교화를 시키는 경우 생겨나는 변산성과 유의성의 비율이 임의적이기 때문이다. 직교화는 변인들이 분명히 보조적인 역할로 작용

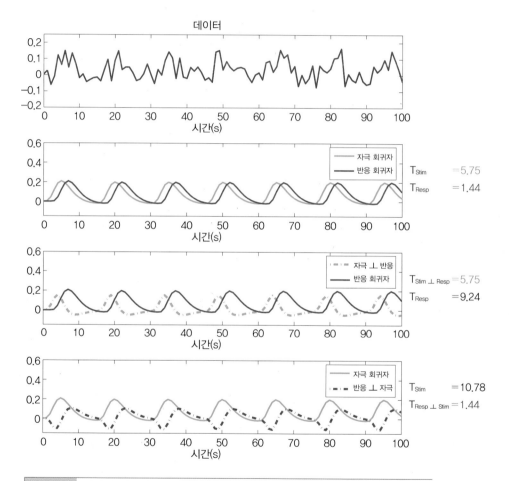

그림 5-12 회귀자 직교화의 예. 맨 위 그림은 자극과 반응 모두에 대한 정적 반응에 해당하는 모의 데이터를 보여 준다. 두 번째 그림은 자극(초록색)과 반응(빨간색)을 모형화하는 데 사용될 높게 상관된 회귀자들을 보여 준다. 아래의 두 그림은 회귀자들 각각이 다른 회귀자에 관해 직교화되었을 때 어떠한 모습으로 나타날지를 보여 준다(오른쪽 열은 각각에 대한 t-통계치들을 보여 준다). 비직교된 회귀자에 대한 t-통계치가 각각의 상황에서 어떻게 달라지는지에 유의하라.

하는 경우에만 사용되어야 한다. 예를 들어, 표준 HRF와 시간도함수의 기저 세트가 사용될 때, 시간도함수 회귀자는 표준 회귀자에 관해 직교화된다. 이 경우는 직교화가 적절한데, 시간도함수는 오차 변량을 줄이기 위해서만 제시되며, 이 두 회귀자들 사이의 어떠한 공유되는 실험적 변량들도 안전하게 첫 번째 회귀자에 기인될 수 있기 때문이다.

2. BOLD 잡음

지금까지 어떻게 BOLD 신호를 모형화할 것인지에 관하여 다루었다면, 여기서는 데이터 내의 다른 유형의 변산성인 잡음에 대해 초점을 두고자 한다. 일반적으로 '잡음(noise)'이라는 용어는 실험설계와는 관계없는 데이터에서의 어떠한 변산성이라도 기술하기 위해 사용된다. 잡음은 두 가지로 분류될 수 있다. 한 가지 유형은 백색 잡음(white noise)으로, 특정 주파수에 한정되지 않고 광대역으로 나타난다. 다른 하나는 구조화된 잡음(structured noise)이라고 불리며, 생리적 파동과 같은 특정 주파수에서 일어나는 변산의 일관적인 출처를 반영하며, 따라서 유색 잡음(colored noise)이라고도 한다. 구조화된 잡음은 그 특징을 잡아냄으로써 이를 GLM으로 포함시킬 수 있으며, 그 결과 해당 모형의 적합도가 향상된다. 구조화된 잡음은 관찰치들이 상관되어 있지 않다는 GLM의 가정을 위배하는 결과를 가져올 수 있으며, 만일 이것이 간과된다면 제1종 오류율(false positive rates)이 증가할 수 있다.

1) 잡음 특징화하기

BOLD fMRI 데이터에 있는 잡음의 가장 분명한 특징은 저주파 추세(drift)의 존재다. [그림 5-13]은 fMRI 시계열에 있는 추세의 예를 시간 영역(왼쪽)과 푸리에 영역의 파워 스펙트럼(오른쪽) 모두에서 보여 준다.

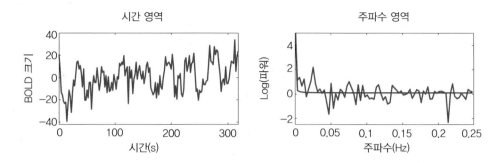

그림 5-13　fMRI 데이터의 잡음 구조. 왼쪽 그림은 신호(구획된 패턴이 보이는)뿐만 아니라 느리게 올라가는 경향의 형태로 저주파 추세를 보이는 한 복셀의 BOLD 시계열을 보여 준다. 오른쪽 그림은 동일한 데이터를 주파수 영역에서 보여 준다. 빨간 선은 적합된 $1/f$ 함수의 형태에 대응하는데, 이는 파워 스펙트럼의 형태와 잘 부합한다. 또한 0.025Hz에서의 파워 스펙트럼의 스파이크는 이 실험의 과제의 빈도(40초에 한 번)에 대응한다.

파워 스펙트럼은 시계열에 대해 푸리에 변환을 함으로써 얻어지는데, 그래프의 X축은 서로 다른 주파수를 나타내는 반면, Y축은 이 주파수의 강도 또는 크기를 나타낸다. 예를 들어, 이 복셀이 활성화하였고 자극의 주파수가 매 40초마다 하나의 주기를 이루므로, 파워 스펙트럼의 1/40초＝0.025Hz 지점에 스파이크가 존재한다. 이 시계열은 또한 시간 영역에서 천천히 증가하는 경향을 보이는데, 이는 저주파이기 때문에 파워 스펙트럼의 낮은 저주파들에서의 강도에 기여한다. 파워 스펙트럼의 형태는 종종 $1/f$ 또는 역 주파수(inverse frequency) 함수로 언급된다 (Zarahn et al., 1997).

　초기에는 fMRI 데이터의 $1/f$ 잡음 구조의 출처는 명확하지 않았다. 이 잡음 구조는 Aguirre 등(1997)과 Zarahn 등(1997)이 상세히 연구하였는데, 이들은 $1/f$ 잡음이 생리적 현상 때문인지 스캐너에 기인하는 것인지를 판단하기 위하여 인체와 물 모형(water phantom)을 사용하였다. 더불어, $1/f$ 잡음이 방사성 주파수 오염(radiofrequency contamination)에 의해 나타나는지를 판단하기 위하여 다양한 컴퓨터와 장비들을 통하여 확인하였으나, 모든 경우에서 $1/f$ 구조는 우세하였다. 몇몇 잡음들은 움직임 보정 이후에도 남아 있는 피험자의 움직임이나, 심박과 호흡에 의해 나타나는 것으로 보인다. 그러나 모형과 해부용 시체를 촬영할 때조차도 저주파 잡음이 존재하였는데(Smith et al., 1999), 이는 스캐너 자체가 구조화된 잡음의 추가적 원인이 될 수 있음을 의미한다.

저주파 잡음이 fMRI 데이터에서 항상 나타나므로 연구를 계획할 때 과제의 주파수가 0과 0.015Hz 사이, 즉 저주파 잡음이 전형적으로 발견되는 범위로 떨어지지 않게 하는 것이 중요하다. 이는 과제 제시의 주파수가 매 65~70초보다는 빨라야 한다는 것을 의미한다(즉, 온-오프 구획 설계[blocked design]에서 구획의 길이가 35초보다 더 길게 지속되면 안 된다). 만약 자극들이 긴 구획으로 묶인다면, 그 신호는 저주파의 범위에서 손실될 것인데, 이는 과제의 신호가 잡음으로부터 분리될 수 없는 범위이기 때문이다. 만약 더 천천히 변하는 효과를 조사하는 것이 필요하다면, 하나의 대안은 동맥 스핀 라벨링(arterial spin labeling: ASL)이라는 fMRI 기법을 사용하는 것인데, 이 기법은 그러한 저주파 변동을 나타내지 않는다(예: Detre & Wang, 2002).

저주파 추세를 제거하는 것은 두 가지 방법의 조합을 사용함으로써 이루어진다. 첫째, 데이터의 저주파 추세를 제거하기 위해 고주파 통과 필터(high-pass filter)를 사용한다. 그러나 고주파 통과 필터를 한 이후에도 fMRI 시계열은 여전히 시간에 걸쳐 상관되어 있다. 부록 A에서 논의할 것인데, GLM의 한 가지 가정은 데이터가 시간적 자기상관이 없고, 데이터의 변량이 관찰치들에 걸쳐 일정하다는 것이다. 이 가정이 위배되면 GLM에 기반한 추론은 편향되고 제1종 오류율이 높아지는 결과로 나타날 수 있다. 따라서 두 번째 단계는 데이터의 상관 구조를 추정하고 이를 없애기 위한 시도를 한다. 최근의 표준 방법은 시간적 자기상관을 제거하기 위한 데이터의 '사전백색화(prewhitening)'다. 그러나 초창기에 고려된 또 다른 접근법인 '사전유색화(precoloring)' 또한 논의할 것이다.

2) 고주파 통과 필터링

저주파 추세를 제거하기 위한 가장 흔한 접근법은 고주파 통과 필터를 사용하는 것이다. 고주파 통과 필터링(high-pass filtering)의 한 방법은 [그림 5-14]에서 보여 주듯이, 이산 코사인 변환(discrete cosine transform: DCT) 기저 세트를 설계 행렬에 추가하는 것이다. [그림 5-15]는 원본 시계열(위)과 데이터에 대한 DCT 기저함수의 적합(초록색)를 나타낸다. 가운데 그림은 원본 시계열(파란색)과 DCT 기저 세트를 이용하여 고주파 통과 필터링된 시계열(초록색)을 보여 주며, 아래쪽 그림은 동일한 시계열을 푸리에 영역에서 나타내고 있다. 고주파 통과 필터링을 한 후, 시계열의 시작점과 끝점에서의 추세가 제거된다. DCT 기저 집합을 사용할 때, 필수적으로 포함되는 가장 높은 고주파 코사인 함수는 데이터로부터 제거하고 싶은 가장 높은 주파수에 대응할 것인데, 이는 모형화되는 실험 과제의 주파수를 피하여 선택된다. 경험적으로 말하자면, 추세 DCT 기저함수의 가장 긴 간격은 적어도 온-오프 구획 설계의 간격의 2배가 되어야 한다.

저주파 추세를 제거하는 또 다른 접근법은 국소 가중 산포도 편평화(locally weighted scatterplot smoothing: LOWESS) 모형을 시계열에 맞추

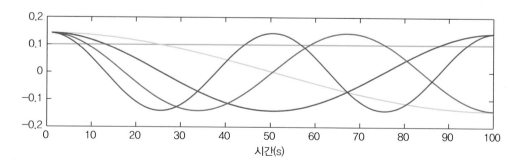

그림 5-14 이산 코사인 변환 기저 세트. 다섯 개의 선들은 첫 번째 다섯 개의 이산 코사인 변환 기저함수에 대응하는데, 상수항에서 시작하여 그다음 각각의 추가된 곡선 주기의 반만큼 코사인 주파수가 증가된 것이다.

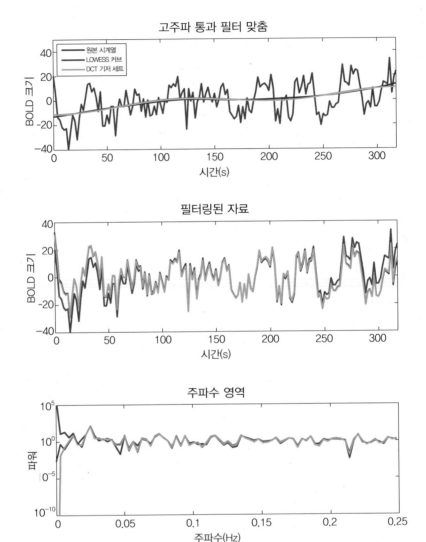

그림 5-15 고주파 통과 필터링의 예. 맨 위의 그림은 원본 시계열(파란색)과 LOWESS 커브를 사용한 고주파 통과 적합(빨간색), DCT 기저 세트를 이용한 적합(초록색)을 나타낸다. 두 경우 모두 적합은 매우 유사하다. 중간 그림은 원본 데이터(파란색)와 이 두 방법을 사용하여 걸러진 데이터를 보여 준다. 맨 아래쪽 그림은 원본 데이터(파란색)와 함께 걸러진 데이터의 파워 스펙트럼을 보여 주고 있는데, 원본 시계열은 저주파 잡음을 보이고 있고, 이 잡음이 고주파 통과 필터에 의해서 제거되었음을 나타내고 있다. DCT 기저 세트는 가장 낮은 주파수에서 굉장히 낮게 떨어지는 경향이 있는 반면, LOWESS 필터는 끝부분에서 훨씬 부드러운 감소를 보인다.

고 데이터로부터 추정된 추세를 제거하는 것으로, 이는 FSL 소프트웨어 패키지에서 사용된다. LOWESS 모형은 창의 가장자리 주변이 아닌 중심에 있는 데이터 가중점(weighting point)의 창에 대하여 국소 선형 회귀분석(local linear regression)을 적합시키는데, 예를 들어 가중치로 가우시안 함수를 사용하는 것을 말한다. LOWESS 모형에 대한 자세한 내용은 Cleveland(1979)의 연구를 참조하기 바란다. 이 과정의 결과, 데이터의 저주파 추세가 LOWESS 적합에 의해 걸러져 나오게 되는데, 이는 [그림 5-15]의 맨 위 그림(빨간색)에 제시되었다. 이 추세가 데이터에 맞추어진 후에 이를 빼게 되면 그 결과로 [그림 5-15]의 가운데 그림에서 보여 주는 고주파 통과 필터링된 데이터 세트가 얻어진다. 창이 더 클수록 더 높은 주파수가 데이터로부터 걸러져 나가게 되는데, 따라서 창은 과제의 주파수에서 멀리 떨어져서 스펙트럼의 낮은 쪽 끝에 있는 주파수를 제거하기 위해서만 선택되어야 한다. [그림 5-15]는 시간 영역에서 DCT 기저함수와 LOWESS 방식이 굉장히 유사한 결과를 도출한다는 것을 보여 준다. 그러나 스펙트럼 영역에서는 DCT 기저 집합을 사용하여 걸러진 데이터의 강도는 주파수가 감소함에 따라 0으로 떨어지는 반면, LOWESS 적합은 주파수가 감소함에 따라 좀 더 부드러운 하락을 보인다.

3) 사전백색화

고주파 통과 필터링 이후에도, fMRI 시계열은 여전히 시간적으로 자기상관되어 있으며, 두 데이터 지점이 시간적으로 가까울수록 이러한 상관은 증가한다. 부록 A에 논의하였듯이, 일반선형모형의 추정치들이 편향되지 않고 모든 비편향된 추정자(estimator)들 간에 최소의 변량을 갖도록 하기 위해서, 즉 추정치의 좋은 질을 위해서는 모형에 투입되는 데이터는 상관을 가질 수 없고 각 시점에서의 변량은 동일해야만 한다. 데이터들이 시간적 자기상관을 갖고 있을 때, 사전백색화(prewhitening)는 추정 이전에 GLM으로부터 이 상관을 제거한다. 이 사전백색화 과정은 일반적으로 두 단계로 진행된다. 첫 번째 단계에서는 모형 잔차 (residuals)를 얻기 위해 시간적 자기상관을 무시하고 GLM을 적합하는 데, 이는 모든 모형화된 변산성이 제거된 원본 데이터다. 그다음 이 잔차들은 자기상관의 구조를 추정하기 위해서 사용되고, 다음에는 데이터와 설계 행렬 모두를 사전백색화한 후 모형 추정이 수행된다. 일반적으로 원본 데이터에 관한 GLM은 다음의 형태를 보인다.

$$Y = X\beta + \epsilon \qquad (\text{식 } 5.2)$$

여기서 Y는 BOLD 시계열이고, X는 설계 행렬이며, β는 매개변수 추정치의 벡터, ϵ는 오차변량인데, 이 오차변량은 평균이 0이고, 공변량이 $\sigma^2 V$로 정규분포된다고 가정된다. β를 위한 GLM 추정치들은 V가 단위 행렬일 때에만 최적화되지만, BOLD 데이터가 자기상관되어 있기 때문에 V는 단위 원소가 아니다. 이는 교차 상관을 나타내는 비대각 요소(off-diagonal elements)가 0이 아니거나, 시간에 걸친 변량에서의 차이를 나타내는 대각선(diagonal)에 따라 변화하는 값을 가질 수 있다는 것이다. 사전백색화는 $WVW' = I_T$를 만족하는 행렬 W를 구하는 것을 포함하는데, 여기서 I_T는 시계열과 동일한 수의 행과 열을 갖고 있는 단위 행렬을 말한다. 사전백색화는 다음과 같이 GLM의 양 변에 미리 W를 곱하는 과정을 포함한다.

$$WY = WX\beta + W\epsilon \qquad (\text{식 } 5.3)$$

이제 $W\epsilon$의 공변량은 $\mathrm{Cov}(W\epsilon) = \sigma^2 WVW' = \sigma^2 I_T$가 된다. 따라서 이 백색화된 모형은 독립적인 오차항을 갖게 되고, 이 모형에서 얻어진 GLM 추정치들은 최적화된다. 더 자세한 내용은 부록 A를 참조하기 바란다.

잔차를 사용하는 이유는 사전백색화 과정이 우리가 관심을 두고 있는 과제와 관계없이 데이터에서 시간적 자기상관을 보이는 부분만을 제거할 수 있기 때문이다. 즉, 신호의 일부분이라기보다는 잡음의 일부분인 자기상관을 제거한다. 이 과정은 간단해 보일지라도 정확하게 들어맞는 시간적 자기상관의 모형에 의존한다. 만약 상관성이 완벽하게 제거되지 않는다면, GLM의 가정인 데이터가 각 시점에서 모두 동일한 변량을 가지며 상관되지 않았다는 가정이 위배될 것이고, 따라서 추론은 편향될 것이다.

　상관을 잘 설명하기 위해서 발견된 BOLD 잡음에 관한 여러 가지 다른 모형들이 있다. 가장 간단한 것은 $AR(1)$ 모형으로 알려져 있는데, 이 모형에서는 단순히 각 시점에서의 변량이 1이고, 데이터 지점들 간의 상관은 그 점들이 서로 멀어질수록 기하학적으로 감소한다($cor(y_i, y_{i+a}) = \rho^a$)고 가정한다. 조금 더 복잡한 상관 모형은 추가적인 변량 매개변수를 더하는데, 이는 $AR(1)$+백색 잡음, 즉 $AR(1)$+WN으로 알려져 있다. 여기서 추가된 변량은 백색 잡음이다. 이 모형은 자기회귀(autoregressive), 이동 평균(moving average) 또는 ARMA 모형 등으로 알려져 있는 더 일반적인 상관 모형의 특수한 경우다(Box et al., 2008). 특히 ARMA(1, 1)는 하나의 이동 평균 매개변수를 가지고 있는 $AR(1)$과 같이 하나의 자기회귀 매개변수를 가지고 있다. 이 세 가지의 상관 모형 모두 fMRI 시계열의 파워 스펙트럼에서 발견되는 $1/f$ 추세에 잘 들어맞는다. 또 다른 방법은 구조화되지 않은 공변량 추정치를 사용하는 것으로, 시계열에서 개별 시간차에 대한 상관이 따로 분리되어 추정된다. 이는 세 개의 매개변수를 가진 $AR(1)$+WN보다 더 많은 매개변수를 가지도록 하여 편향을 줄이도록 만들지만, 이 상관 추정치는 덜 안정적이다(즉, 더 많이 변하기 쉽다).

　fMRI에서 사용되는 상관 모형은 상관 구조를 정확하게 묘사하기 위해 충분한 매개변수들을 가지는 것과, 하지만 자유도가 불충하지 못함으로써 추정치들이 많은 변산을 가지도록 야기할 수 있기 때문에 너무 많은 매개변수들을 가지는 것과의 균형을 맞추는 것이 중요하다. 만일 어떤 모형화 접근법이 너무 많은 변산을 가진 추정치를 산출한다면, 전형적인 해결책은 자유도를 높이는 것이다. 자유도는 데이터 포인트들의 수에서 추정되는 매개변수들의 수를 뺀 값과 대략적으로 일치하기 때문에, 데이터 양을 증가시키거나(예: 여러 복셀들에 걸쳐 자료를 통합), 또는 더 간단한 상관 모형을 사용함으로써 추정되는 매개변수들의 수를 감소시키면 자유도는 증가될 수 있다.

　여러 복셀에 걸쳐 통합하는 방식으로 시간적 자기상관 모형을 추정하는 것의 한 가지 약점은 시간적 자기상관의 구조가 뇌의 모든 영역에서 정확하게 동일하지 않다는 것이다(Worsley et al., 2002; Zarahn et al., 1997). 마찬가지로, 자기상관 모형에서 단 몇 개만의 매개변수를 사용한다면 전체적인 추세를 잡아내지 못할 수 있다. 모든 소프트웨어 패키지는 이 두 방법의 조합을 사용한다. 예를 들어, SPM의 단순 $AR(1)+WN$ 모형은 전역에 대해 잘 맞는데, 예비 적합(preliminary fit)에서 유의미하게 발견된 모든 복셀들로부터의 정보를 통합하는 방식이다. 이 모형은 상관 구조를 잘 잡아내고, 전역적인 접근을 사용함으로써 추정치의 변산이 크지 않다. 다른 한편으로, FSL은 구조화되지 않은 자기상관 추정을 하는 약간 다른 접근을 사용하는데, 이는 시계열의 각 시간 차이의 상관을 추정하는 데 비모수적 방식이 사용됨을 의미한다. FSL은 상관에 대한 전역 추정치를 갖는 대신 상관 추정치를 공간적으로 편평하게 한다. 부가적으로, 시간 차이가 큰 상관은 매우 적은 시간 포인트들을 갖기 때문에, 이 추정치들은 상당히 변산이 크다. 이 문제를 해결하기 위해서 FSL은 Tukey Taper를 사용하는데, 이는 스펙트럼의 영역 안에서 큰 시간차에 대한 상관을 0으로 만들어 상관성 추정치를 편평하게 한다. 전형적으로 대략 6~12개의 매개변수들이 이 복셀 기반 상관 추정에 사용된다.

4) 사전유색화

fMRI 시계열이 백색화되어야 하는지, 또는 반대로 시간적 편평화되어야 하는지는 fMRI 분석에 관한 연구 문헌에서 논쟁이 되는 주제다. 사전 백색화는 이론적으로는 최적의 선택이지만, 초기에는 널리 사용되지 않았다. 부분적으로 그 이유는 편향된 변량 추정치를 제공하고 제1종 오류의 위험을 부풀릴 수 있는 부정확한 상관 모형 때문이었다(Friston et al., 2000). 시간적 편평화 또는 저주파 통과 필터링과 같은 속칭 사전유색화(precoloring)는 사전백색화가 가졌던 편향과 같은 문제를 가지지 않았기 때문에(앞에서 논의한 조절 전략을 도입하기 전에는) 시간적 자기상관을 모형화하는 더 나은 접근법으로 여겨졌다.

사전유색화의 기본적인 아이디어는 시간적 자기상관의 실제 구조를 알 수 없기 때문에 저주파 통과 필터로 더 많은 자기상관성을 부과하는 것이다. 엄밀히 말하면, 데이터의 자기상관이 알려지지 않은 내재적 자기상관성 편평화로 유도된 자기상관의 조합인 반면, 후자가 전자를 잠기게 한다면 우리는 자기상관성이 알려져 있으며, 저주파 통과 필터링으로 발생한 자기상관과 같다고 가정할 수 있다. 이제 알려진 자기상관을 가지고, 편향을 제거하고 타당한 추론을 이끌어 내기 위해 표준오차와 자유도가 적용될 수 있다. [그림 5-16]과 [그림 5-17]은 구획 자극들과 무선적 자극들에 대한 모든 형태의 필터링을 각각 보여 준다. 가장 위의 그림은 시간 영역에서(왼쪽), 그리고 스펙트럼 영역에서(오른쪽) 원본 데이터를 보여 주고, 두 번째와 세 번째 그림은 고주파 통과와 저주파 통과 필터링을, 그리고 가장 아래쪽은 대역통과 필터링(bandpass filtering), 즉 고주파 통과와 저주파 통과 필터링을 모두 한 것을 보여 준다. 대역통과 필터링은 앞서 fMRI 데이터의 공간적 필터링 측면에서 소개되었다(2장 참조). 고주파 통과 필터링이 데이터의 저주파 추세를 제거하는 것과 마찬가지로, 저주파 통과 필터링은 데이터의 고주파 추세를 제거한다.

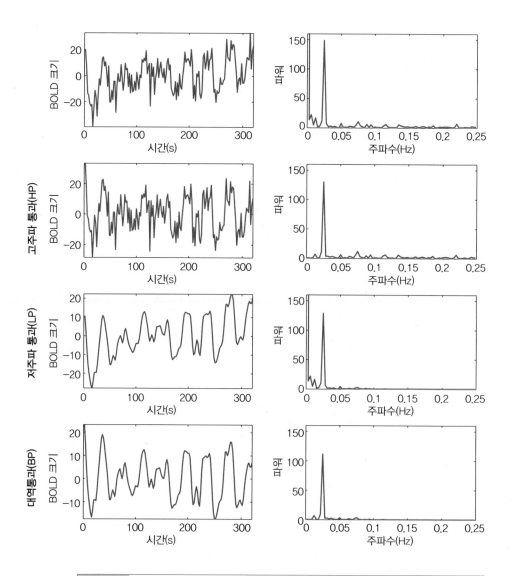

그림 5-16 구획화된 시행들을 가진 데이터에 대한 서로 다른 필터링 접근법의 예. 왼쪽 열은 시간 차원에서의 결과를 보여 주고, 오른쪽 열은 푸리에 차원에서의 결과를 보여 주고 있다. 첫 번째 행은 원본 데이터이며, 다음 행에는 고주파 통과(HP), 저주파 통과(LP) 그리고 대역통과(BP) 필터링된 결과를 각각 보여 주고 있다. 시행들이 구획화되어 있을 때, 대부분의 과제 관련 주파수는 한 점(이 경우 0.25Hz)에 집중되어 있는 반면, 나머지는 다른 주파수들로 중첩되어 나타나 있다. 앞서 보았듯이, HP 필터는 저주파 추세를 제거하는 반면, LP 필터는 고주파 경향을 제거한다. BP 필터에서 두 가지를 모두 적용하는 경우는 저주파와 고주파 모두에서의 변산성을 제거하지만 0.25Hz에서 많은 신호를 보존한다.

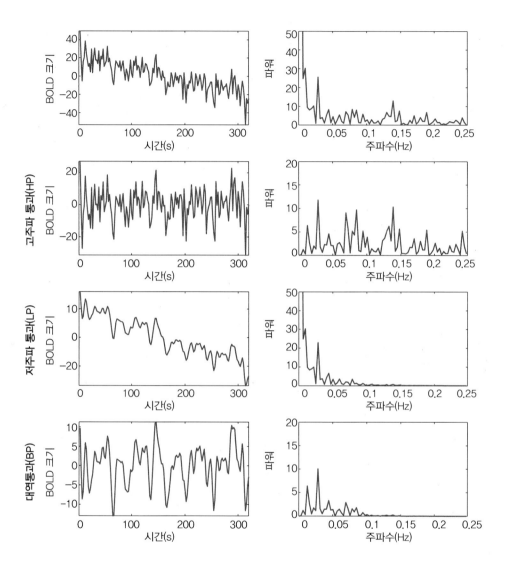

그림 5-17 무선적으로 배치된 시행들을 가진 데이터에 대한 서로 다른 필터링 접근법의 예. 왼쪽 열은 시간 차원에서의 결과를 보여 주고, 오른쪽 열은 푸리에 차원에서의 결과를 보여 주고 있다. 첫 번째 행은 원본 데이터이며, 다음 행에는 고주파 통과(HP), 저주파 통과(LP) 그리고 대역통과(BP) 필터링된 결과를 각각 보여 주고 있다. 시행들이 시간상 무선적으로 배치되어 있기 때문에, 과제 에너지가 더 높은 주파수에까지 넓은 범위에 걸쳐서 흩어져 있다. HP 필터링된 경우 저주파 잡음만이 제거되지만, LP 필터링과 BP 필터링된 경우들에서는 더 높은 주파수 신호의 많은 양이 필터에 의해 제거되는데, 이는 탐지할 신호를 조금밖에 남기지 않기 때문에 GLM 추론에 부정적인 영향을 미칠 것이다.

데이터에서 저주파 통과 필터링을 하는 데 있어 중요한 문제점은 많은 fMRI 실험에서 자극들이 무선적으로 제시된다는 것인데, 이는 신호가 일부 고주파를 포함한 넓은 영역의 주파수에서 나타남을 의미한다. 데이터가 저주파 통과 필터링될 때, 고주파 성분들이 데이터로부터 제거되고, 이는 데이터로부터 신호가 제거된다는 것을 의미한다. [그림 5-16]의 구획 설계가 보여 주는 것과 같이, 과제에 관한 대부분의 강도가 저주파에 초점이 맞춰져 있기 때문에, 고주파 통과 필터는 데이터로부터 과제와 관련된 추세를 제거하지 않는다. 이와 반대로 [그림 5-17]에 나타난 사건 관련(event-related) 연구에서는, 과제에 관한 강도가 넓은 영역의 주파수대에 걸쳐서 흩어져 있고 따라서 저주파 통과 필터는 결국 과제 신호의 일부를 제거하게 된다. 이러한 이유와 함께 사전백색화에 관한 더 나은 조절 접근법의 발전에 따라 사전유색화는 시간적 자기상관을 다루는 해결책으로 추천되지 않는다.

3. 연구 설계 및 모형화 전략

연구자가 무엇을 측정하는 것에 관심이 있는지에 따라 서로 다른 연구 설계와 모형화 전략이 필요하다. 스펙트럼의 한쪽 끝에서 연구자는 단지 활성화의 크기를 탐지하고 추정하는 것(탐지[detection]라 부름)에만 관심이 있을 수 있다. 다른 한편으로, 연구자는 과제와 관련된 혈류역학 반응의 세밀한 형태를 추정하는 것(추정[estimation]이라 부름)에 관심이 있을 수 있다. 이러한 가설들 각각을 검증하기 위해 요구되는 모형들이 서로 다를 뿐 아니라, 이들 각각의 검증에 적절한 연구 설계 또한 다르다. 사실, 앞으로 살펴보게 되겠지만, 이들 중 하나를 검증하기 위해 최적화된 설계는 일반적으로 다른 것을 검증하는 것에는 상대적으로 형편없을 수 있다. 게다가, 한 연구에서 여러 가지 유형의 과제들이 제시될 때, 어떤 연구 설계들은 다른 연구 설계들보다 더 적합하다. 여기서는 이 주제에 대해 논의한다.

1) 연구 설계: 추정과 탐지

당신의 부엌 바닥에 작은 더미(한 줌 정도)의 모래가 쌓여 있다고 상상해 보라. 먼 거리에서 바닥에 실제로 모래 더미가 있다는 것을 추론하기는 쉽다. 만약 당신이 무릎을 꿇고 모래를 만지지 않고 아주 가까이에서 본다면, 당신은 더미의 겉면에 있는 몇 개의 알갱이 모양을 볼 수 있을 테지만, 한 가운데 있는 알갱이의 형태를 연구할 수는 없다. 이 경우 모래의 존재를 탐지(detection)하는 우리의 능력은 상당히 우수하지만, 모래 알갱이 모양을 추정(estimation)하는 능력은 그다지 좋지 않다. 이제 손으로 그 모래 더미를 바닥에 흩어 놓는 것을 상상해 보라. 일단 퍼뜨려 놓으면, 당신은 가까이 들여다볼 수 있고, 알갱이의 거의 모든 면들을 살펴볼 수 있으며, 각각의 알갱이 형태에 대해서 더 많은 정보를 수집할 수 있다. 반대로 만약 당신이 일어서서 뒤로 물러난다면 바닥 위에 있는 모래가 있는지, 특히 모래가 어디에 있는지를 탐지하는 것이 쉽지 않을 것이다. 따라서 이 경우에 형태를 추정하는 우리의 능력은 뛰어나지만, 탐지하는 능력은 그렇지 않다.

이 비유는 fMRI 실험의 시행들에 적용될 수 있다. 연구자가 반응의 존재를 탐지하는 것에 주로 관심을 갖는다면, 확실한 최선의 방법은 시행들을 구획화하는 것이다. 이 방법을 수행할 때, HRF의 형태에 대해서는 매우 적은 양의 정보만을 얻을 수밖에 없다는 것을 기억하라. HRF의 형태에 대한 정보는 구획의 시작과 끝의 소수의 시행에서 얻어지는 반면, 중간의 시행들은 반응을 탐지하는 능력에 기여할 뿐 HRF의 형태에 대한 어떠한 정보도 제공하지 않는다. 반대로, 만약 시행들을 약간의 시간을 두어 서로 떼어 놓는다면, 데이터로부터 HRF의 구체적인 형태를 잡아내는 것이 훨씬 수월해질 것이다. 이 방법을 적용할 때 만약 시행들 간 시간이 너무 길고 일정한 간격을 갖는다면 HRF의 형태를 잘 추정할 수 있는 충분한 시행 수가 안 될 수 있고, 피험자에게 그 실험이 매우 지겨워져서 데이터의 질이 떨어질 수도 있다는 점에 유의해야 한다. 이에 대한 해결책은 무선적으로 배치된 시행들을 사용하는 것이다. GLM 모형은 FIR 모형 또는 앞에서 설명한 다른 모형들을 통해서 HRF 형태를 잡아낼 수 있고, 따라서 더 많은 시행들이 포함될 수 있기 때문에 추정의 변산이 줄어들 것이다.

추정과 탐지 사이의 균형을 맞추기 위한 하나의 제안은 준-무선 설계(semi-random design)를 사용하는 것이다. 이 설계는 구획화된 시행들로 시작하여 구획된 형태를 깨기 위해 무선적으로 이동하는 시행들로 구성된다(Liu et al., 2001). 만약 한 설계가 구획되기도 하고 또한 무선 배치된 시행들로 구성되어 있다면, 구획화된 시행은 무선 배치된 시행들로부터 따로 분리되어 모형화되어야 함을 유의해야 한다. 이는 분리되어 제시되는 자극들에 대한 정신과정은 자극들이 빠르게 제시될 때와는 다를 수 있기 때문이며, 따라서 이러한 서로 다른 두 유형의 자극 제시에 대한 해석은 다르다.

2) 연구 설계: 여러 자극 유형

앞에서는 한 가지 유형의 자극이 제시되는 경우에 대해 주로 살펴보았지만, 대부분의 경우 둘 혹은 그 이상의 자극 또는 시행의 유형들이 포함된다. 이때 자극들이 어떠한 순서로 제시될지, 각 자극 사이에 시간 간격이 얼마나 될지를 결정해야 한다. 경우에 따라 자극의 순서가 고정되어 있기도 한데, 예를 들어 단서가 주어진 다음 피험자가 반응하는 자극이 뒤이어 나오고, 피험자가 그 자극에 대해 반응한다면, 사건은 항상 단서, 자극 그리고 반응의 순서로 발생한다. GLM의 회귀자들이 높게 상관되어 있을 때 매개변수 추정치들은 매우 불안정하고, 따라서 상당히 가변적이게 된다. 추정치가 변산성이 높다는 것은 다시 말하면 효율성(efficiency)이 낮은 것이다. 효율성은 매개변수 추정치의 변량의 역으로 계산된다. 일반적으로, 설계 행렬이 X이고, β가 GLM에서 추정되는 매개변수의 벡터라면, 매개변수 추정치들의 공변량은 다음 식으로 얻어진다.

$$\text{Cov}(\hat{\beta}) = (X'X)^{-1}\sigma^2 \qquad \text{(식 5.4)}$$

여기서 σ^2은 오차 변량이다(여기서 우리는 백색화는 무시하지만, X를 WX로 치환하면 여전히 등식이 작용된다). 설계 효율성은 전형적으로 오직 설계에 기인한 분산, 또는 $(X'X)^{-1}$만을 나타내는데, 매개변수들의 주어진 대비 c에 대해서, 이 대비의 효율성은 다음과 같이 정의된다.

$$\text{eff}(c\hat{\beta}) = \frac{1}{c(X'X)^{-1}c'} \qquad \text{(식 5.5)}$$

가장 간단한 경우, 즉 만약에 모형에 두 개의 매개변수만 있고 첫 번째 매개변수 β_1($H_0: \beta_1 = 0$에 대응하는)의 효율성만 관심이 있다면, 이 경우 대비는 c=[1 0]이 될 것이다. 효율성을 받아들일 수 있는 정도에 대한 의미 있는 절단점은 없으나, 대신 모형의 다양성에 대한 효율은 추정될 수 있으며, 그러면 가장 효율적인 모형이 선택될 수 있을 것이다. 더 의미 있는 절단점을 가진 효율성에 관련된 측정치는 통계 검증에 관한 검증력(power)이다. 이 계산을 수행하기 위해서는 σ^2을 알아야 하기 때문에, 이는 추정하기가 더욱 복잡할 뿐만 아니라, 단순히 가장 효율적인 모형을 선택하기 위해 설계들의 순위를 매기고자 한다면 반드시 필요하지는 않는데, 이는 가장 효율적인 설계가 기본적으로 가장 높은 검증력을 가지기 때문이다. fMRI 연구를 위한 통계적 검증력에 관한 더 자세한 설명은 6장에 나와 있다.

[그림 5-18]의 위 그림은 상관되어 있는 두 회귀자의 예를 보여 주는데, 한 자극에 대한 타이밍(파란색)은 두 번째 자극(초록색)이 나타나기 6초 전에 항상 발생한다. 이 경우, 두 회귀자들 간의 상관은 매우 높으며(corr=−0.61),

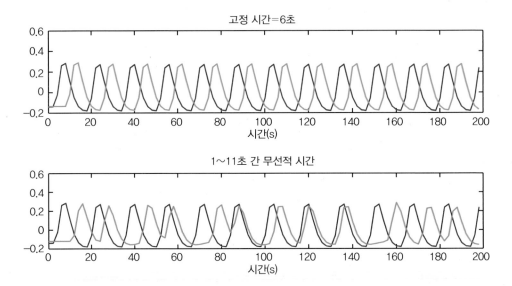

그림 5-18   흩뜨림이 어떻게 모형 적합성을 향상시키는가. 위 그림에서 첫 번째 자극(파란색)과 두 번째 자극(초록색) 사이의 시간은 항상 6초로 고정되어 있는 반면, 아래쪽 그림에서는 자극들간 시간이 1초와 11초 사이에서 무선적으로 선택된다(결국 평균은 6초가 된다). 위 그림의 회귀자들은 매우 높은 상관을 보이는 반면(corr=-0.61), 아래 그림에서 회귀자들 사이의 상관은 훨씬 작은 크기를 보인다(corr=-0.15). 결과적으로, 아래 그림의 설계가 각 자극의 크기를 추정하는 데 더욱 효율적이다.

이는 각 시행의 유형에 대응하는 매개변수들의 추정치가 변산성이 높다는 것을 의미한다. 이 고정된 ISI 설계(X_F)를 위한 $(X'X)^{-1}$ 값은 다음을 통해 주어진다.

$$(X'_F X_F)^{-1} = \begin{pmatrix} 0.5632 & 0.3465 \\ 0.3465 & 0.5703 \end{pmatrix} \qquad \text{(식 5.6)}$$

따라서 β_1을 추정하는 것의 효율성(파란색 자극에 대응하는)은 $\dfrac{1}{0.5632}$ = 1.76이며, β_2를 추정하는 것에 관한 효율성(초록색 자극에 대응하는)은 $\dfrac{1}{0.5703}$ = 1.75다. [그림 5-18]의 아래쪽 그림에서, 첫 번째 자극과 두 번째 자극 사이의 시간 간격은 무선적으로 흩뜨려져(jittered) 있는데, 여기서 시간 간격은 1초와 11초 사이의 균등 분포로부터 표집된 것이다.

첫 번째와 두 번째 시행 유형들 간의 시간 간격 평균은 위 그림에 나온 시간 간격(6초)과 같음을 유의하라. 이 경우, 회귀자들 간의 상관은 −0.15로 더 적은 값을 가지고, 따라서 각 시행 유형에 대한 매개변수 추정치들은 훨씬 더 적은 변산성을 지닌다. 이 경우 흩뜨려진 설계(X_J)에 대응하는 모형의 분산은 다음과 같다.

$$(X'_J X_J)^{-1} = \begin{pmatrix} 0.3606 & 0.0602 \\ 0.0602 & 0.4640 \end{pmatrix} \qquad \text{(식 5.7)}$$

이 경우, 공변량에 해당하는 비대각 성분들이 훨씬 더 작아졌고, 회귀자들 사이의 공선성이 줄어들면서 변량에 대응하는 대각 요소들도 훨씬 작아졌음에 주목하라. β_1 추정에서의 효율성은 $\frac{1}{0.3606} = 2.77$이고, β_2 추정에서의 효율성은 $\frac{1}{0.4640} = 2.16$이다. 고정된 ISI 설계의 효율성과 비교하면, 이 무선적 ISI 설계는 β_1을 추정하는 데 있어 57%, β_2를 추정하는 데 있어 23% 정도 더 효율적이다. 이는 앞에서 논의했던 직교화와 관련이 있는데, 고정된 ISI 설계의 회귀자들은 상관되어 있기 때문에, 각 회귀자를 위해 매우 적은 양의 고유 변량이 각 매개변수를 추정하는 데 사용되고, 그 결과 효율성이 감소하게 된다.

3) fMRI 설계의 최적화

새로운 연구 설계를 개발할 때에는 다양한 설계들을 고려해야 하고, 그러한 설계들의 추정과 탐지 능력 모두를 살펴봐야 하며, 연구의 목적에 가장 적절한 설계를 선택해야 한다. 이에 더하여, 실험의 심리적 요인들을 고려하는 것이 중요하다. 만약 자극의 순서가 예측하기 쉽다면 과제에 대한 피험자의 습관화에 의해 문제들이 발생할 것이다. 더 많은 시행 유형들이 연구에 추가될수록, 자극의 순서와 자극 간 시간 간격을 다르게 하는 것을 포함한, 가능한 설계들의 수가 매우 커지는데, 그러한 모든 설계들을 탐색하고 각각의 추정과 탐지 능력을 확인하는 것은 실현 가능한 작업이 아니다. 그 대신, 방법론적으로 설계를 선택하는 탐색 알고리즘을 개발하는 것이 유용하다. 탐색 알고리즘의 가장 간단한 예는 치환 구획 설계(permuted block design)다(Liu, 2004). 앞서 설명하였듯이, 시행들이 구획화되어 있을 때, 구획화된 자극들에 대응하는 활성화를 탐지하는 능력은 뛰어나지만 HRF의 형태를 추정하는 능력은 뛰어나지 않다. 게다가, 구획화된 자극들은 연구자들이 연구하기에는 심리학적으로 흥미롭지 않을 수 있다. 치환 구획 설계는 과제 유형에 따라 구획화된 자극에서 출발하여 TR이 무선적으로 선택되고, TR들 내의 자극들이 교체됨으로써 설계의 구획화를 깨뜨린다. 이 과정이 되풀이되고, 많이 반복된 후에는 자극들이 무선적으로 정렬되는데, 원래의 구획 설계에 비하여 탐지 능력은 감소되고 HRF 추정 능력은 증가된 설계가 된다. 이러한 연속선상에서 연구를 위한 설계가 선택되는데, 이는 그 연구를 피험자에게 흥미롭도록 유지하면서도 연구자가 원하는 탐지와 추정을 적절하게 하는 수준이 무엇이냐에 따라 달라진다.

실험에서 자극의 순서를 선택하는 또 다른 접근법은 극대 길이 수열(maximal length sequences) 또는 M-수열(M-sequences)을 사용하는 것이다(Liu & Frank, 2004; Liu, 2004). M-수열은 0과 1의 계열로, 이는 그 계열의 변형된 형태와 최대한으로 비상관되어 있다. FIR 모형은 시간적으로 이동된 자극 막대 함수들을 여러 번 복사한 것에 불과하므로, 이는 M-수열은 공변량들 간에 되도록 최소의 상관을 갖도록 하는 공변량들을 지닌 FIR 모형들을 만들어 낸다는 것을 의미하며, 이는 FIR 모형에서 각 시간 차이에 관한 매우 효율적인 추정치들을 이끌어 낼 것이다. 이는 또한 M-수열이 HRF 형태를 추정하는 데에는 이상적이지만, 가정된 표준 HRF를 위한 높은 탐지 강도를 지닌 설계를 만드는 데에는 반드시 좋은 것은 아니라는 것을 의미한다.

지금까지 최적의 설계에 대한 논의는 예측 가능성과 역균형화와 같은 설계의 심리학적 요인들, 그리고 서로 다른 시행 유형들에 대해 동일한 수의 시행이 제시되었는지를 확실히 하는 것과 같은 기타 임의적인 제한 사항들에 대해서는 언급하지 않았다. 단지 통계적 성질들을 최적화하는 것 대신에 서로 다른 설계들의 '적합성' 성질들을 조합한 비용함수를 극대화함으로써, 좋은 효율성 및 심리적 특성들을 포함하고 있는 설계를 찾아낼 수 있다. 그러나 비용함수는 매우 복잡해질 것이며, 전통적인 최적화 방법들을 도전적으로 만들 것이다. 바로 이러한 점이 임의적인 적합성 기준을 극대화하는, 사건 관련 fMRI 설계를 발견하기 위한 진화적 혹은 '유전적 알고리즘'의 사용을 촉발하였다(Wager & Nichols, 2003). 최근의 연구들은 우수한 초기 설계를 찾기 위해 M-계열을 사용함으로써 이 접근법을 향상시켜 왔다(Kao et al., 2009).

Chapter **6**

통계적 모형화: 집단분석

1. 혼합효과 모형
2. 연속 공변인의 평균 중심화

Chapter **6**

통계적 모형화: 집단분석

    지금까지 단일 피험자의 단일 회기로부터 얻은 자료를 분석하는 데 집중하였다면, 이 장에서는 집단분석 결과를 얻고 집단 가설을 검증하기 위하여 어떠한 방법으로 단일 참가자 결과들을 결합하는지에 초점을 두고자 한다. 집단 fMRI 모형에서 가장 중요한 고려 사항은 이 모형이 소위 반복 측정이라 불리는 측면에서 자료를 설명한다는 것으로, 이는 참가자들이 거대한 모집단으로부터 무선적으로 표집되었으며, 각각의 참가자들에 대해 여러 번의 fMRI 측정이 이루어졌음을 의미한다. 만일 적절한 모형이 사용되지 않는다면, 통계적 추론은 그 참가자들이 표집된 모집단이 아닌 연구에 참가한 특정 참가자들에게만 적용될 것이다. 일반적으로 모형에서 참가자들을 무선효과로서 다루는 것이 매우 중요하며, 이를 혼합효과 모형(mixed effect model)이라 한다. 참가자를 무선 요인, 혹은 고정 요인으로 다루는 방법의 차이점에 대하여 다음에서 논의할 것이다.

1. 혼합효과 모형

1) 동 기

혼합효과 분석의 필요성에 대한 동기를 유발하기 위하여, 우리는 뇌 영상 영역의 바깥으로부터 간단한 하나의 예를 사용하고자 한다. 피험 자의 뇌 활동을 측정하는 것 대신 머리카락 길이를 측정한다고 상상해 보라. 여기서의 목적은 남성과 여성 간의 머리카락 길이의 차이가 존재 하는지 확인하는 것이며, 우리가 모든 사람의 머리카락 길이를 잴 수 없 기 때문에, 우리는 모집단으로부터 표본을 무선적으로 표집한다. 일단 남성과 여성의 머리카락 길이 분포를 알게 되면, 이 분포들은 차이가 있 는지 확인하기 위하여 통계적으로 비교될 수 있다.

이 실험은 각각 4명의 남성과 여성을 무선적으로 선택하면서 시작한 다. 각 집단 내 머리카락 길이는 두 가지 변산성 출처들을 가지는데, 하 나는 한 사람으로부터 나온 서로 다른 머리카락들에 걸쳐 나타나는 길 이의 변산성이며, 또 다른 하나는 사람들 간의 서로 다른 머리카락 길이 에 의한 변산성이다. 지금부터 σ_W^2를 피험자 내 변량으로, σ_B^2는 피험자 간 변량으로 두자.

[그림 6-1]의 상단 8개의 분포들은 남성 4명과 여성 4명의 머리카락 길이의 분포를 보여 준다. 정확히 말하면, 이 분포들은 개개인으로부터 무선적으로 선택된 머리카락 길이의 상대적 빈도를 보여 준다. 일단 이 개개인의 머리카락 길이의 변량을 1인치라고 가정하자($\sigma_W^2 = 1$).

만약 관심 모집단이 정확히 이들 8명의 남성과 여성이라면, 피험자 간 변량을 무시할 수 있으며, 고정효과(fixed effect) 분석을 사용할 수 있 다. 정확하게 말해, 해야 할 질문은 다음과 같다. '특정한' 4명의 남성 의 머리카락 길이를 '특정한' 4명의 여성의 머리카락 길이와 어떻게 비 교할 것인가. 묘사를 하자면, 각 성별 집단마다 네 올의 머리카락을 얻 기 위해 각 피험자로부터 오직 한 올의 머리카락을 표집했다고 가정

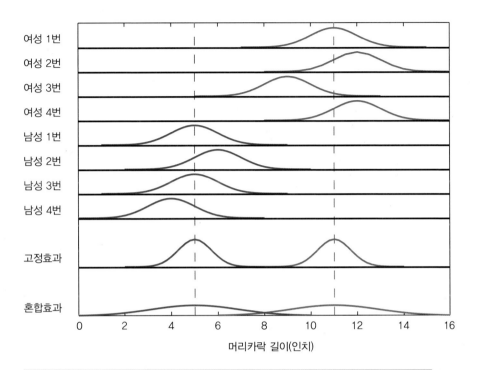

그림 6-1 고정 및 혼합 효과 분석의 비교. 파란색 분포는 남성, 분홍색 분포는 여성에 해당한다. 위쪽 8개 분포는 피험자-특수적 분포이며, 그 아래에 고정효과와 혼합효과 분석으로부터 나온 집단 분포가 제시되어 있다. 수직선은 각 집단의 표본 평균을 나타낸다.

하자. 그러면 각 성별 집단 내 머리카락 길이 평균의 고정효과 변량은 $\sigma^2_{FFX} = \frac{1}{4}\sigma^2_W = 0.25$제곱인치가 된다. 변량 σ^2_{FFX}를 가진 고정효과 분포들은 [그림 6-1]의 개인별 분포 아래쪽에서 볼 수 있다.

우리의 최초 목적이 앞 문단에서 언급한 표본들만이 아닌 모든 남성과 모든 여성 간의 머리카락 길이의 차이를 연구하는 것이라는 것을 떠올려 보라. 모든 사람에 관한 모집단에 대해 추론하기 위해서는, 모든 사람에 걸쳐 머리카락 길이 분포를 묘사하는 무언가가 있어야 한다. 이는 사람들에 걸친 머리카락 길이의 변산성을 묘사하는 피험자 간 변량, σ^2_B을 추가적으로 포함함으로써 이루어질 수 있다. 피험자 간 변량이 피험자 내 변량과 분리되어 모형화될 때, 이는 전형적으로 피험자들을 모집단으로부터 무선적으로 표집된 것으로 다루거나, 또는 무선효과 (random effect)로 다룬다고 표현된다. 이런 유형의 모델링 전략은 혼합 모형(mixed model)으로 더 잘 알려져 있다.

머리카락 길이의 피험자 간 변산성을 $\sigma_B^2 = 49$제곱인치로 가정하면, 각 피험자의 전체 혼합효과 변량은 두 변산성의 합 $\sigma_W^2 + \sigma_B^2$이 된다. 그러면 각 집단 내 평균 머리카락 길이에 대한 전체 혼합효과 변량은 $\sigma_{\text{MFX}}^2 = \sigma_W^2/4 + \sigma_B^2/4 = 1/4 + 49/4 = 12.5$다(다시 말하면, 각 피험자로 부터 하나의 머리카락만이 표집되었음을 가정한다). 이에 대응하는 혼합효 과 분포는 [그림 6-1]의 맨 아래에서 볼 수 있다. 모든 남성과 여성에 대 한 결론을 내리기 위해 고정효과 분포를 잘못 사용하면, 분포들이 겹치 는 부분이 매우 적기 때문에, 그 분포들은 남성이 여성보다 더 짧은 머 리카락을 가지고 있다는 것을 보일 수도 있음을 명심해야 한다. 실제로 는, 혼합효과 분포들은 상당히 많은 부분에서 겹치는 것으로 보이고 있 고, 따라서 우리는 이렇게 작은 표본에 기반하여 남성과 여성이 서로 다 른 머리카락 길이를 가지고 있다고 결론을 내릴 수 없다.

여기서는 간소화하기 위해 피험자당 한 올의 머리카락 길이만 측정하 였다. 더 좋은 방법은 여러 가닥의 머리카락을 무선적으로 선택하고, 각 각의 길이를 측정하여 평균을 얻는 것이다. 만일 각 피험자마다 25올의 머리카락 길이를 측정한다면, 각 피험자 평균의 분포는 $\sigma_W^2/25$의 변량을 갖게 된다. 고정효과 분포에서의 변량은 $\sigma_{FFX}^2 = \frac{1}{4}\sigma_W^2/25 = 0.01$, 혼합 효과 분포의 변량은 $\sigma_{MFX}^2 = \frac{1}{4}\sigma_W^2/25 + \frac{1}{4}\sigma_B^2 = 12.26$이 된다. σ_B^2 값이 σ_W^2 값보다 훨씬 더 크기 때문에, 각 개인으로부터 더 많은 머리카락을 표집함으로써 증가된 피험자 내 정밀성이 혼합효과 변량에 미치는 영향 은 미미하다는 것을 볼 수 있다.

fMRI로 돌아와서도, 이러한 기본 문제들은 본질적으로 같다. 여러 올 의 머리카락을 측정하는 대신, 특정 뇌 영역에서 뇌 활성화를 여러 번 측정한다. 집단 fMRI 연구에서, 대부분의 경우 특정한 피험자들이 아니 라 모집단에 대한 결론을 이끌어 내는 데 관심이 있다. 따라서 혼합효과 방법이 집단 fMRI 자료로부터 타당한 추론을 얻는 데 필수적이다.

2) fMRI에서 사용하는 혼합효과 모형 접근법

　fMRI에 대한 혼합 효과 모형은 여러 단계로 진행된다. 우리는 이에 대한 설명을 각 피험자마다 단일 회기의 fMRI 자료가 있고, 여러 명의 피험자들이 있음을 가정함으로써 시작하려 한다. 피험자들은 두 집단 중 하나의 집단에 속해 있으며, 연구의 목적은 얼굴 혹은 집을 볼 때 활성화의 차이가 서로 다른 두 집단(환자 집단과 통제 집단) 간에 서로 다르게 나타나는지를 알아보고자 하는 것이다. 이 경우, 모형에는 두 개의 수준이 존재한다. 첫 번째 수준은 각 피험자에 대한 데이터를 개별적으로 모형화하는 것을 포함하는데, 이 모형의 결과물은 얼굴-집 대비의 피험자-특수적 추정치와, 이 대비의 피험자 내 변량 추정치다. [그림 6-2]의 왼쪽 그림은 얼굴-집 실험에 대한 제1수준 모형과 이에 대응하는 대비가 어떻게 나타나는지를 보여 준다. 이 그림에서, 제1수준 설계에서 데이터와 회귀자들의 평균은 0이고, 따라서 절편 항(1들로 구성된 열)이 필요하지 않은 것으로 간주된다. 제2수준 모형은 제1수준 모형으로부터 피험자-특수적 매개변수 추정치와 변량 추정치를 입력 값으로 가져온다. [그림 6-2]의 오른쪽 그림의 예에서, 집단 모형은 두 집단에 각각 6명씩 배정된 총 12명의 피험자들을 포함하고 있다. 이 모형은 각 집단의 평균을 추정하고, 대비는 얼굴-집 활성화가 첫 번째 집단에서 두 번째 집단보다 더 강하게 나타나는지 검증하는데, 이는 2표본 t-검증의 예다. 어떻게 GLM을 사용하여 선형 회귀, 단일표본 t-검증, 2표본 t-검증, 대응 표본 t-검증, 변량분석(ANOVA), 공변량분석(ANCOVA), 반복측정 변량분석(repeated measures ANOVA)을 포함하는 다양한 모형을 설계하는지에 대해 개관하기 위해서는 부록 A의 마지막 부분을 참조하라.

　제1수준 모형 추정은 앞 장에서 설명했던 방식으로 수행된다. 앞에서 언급한 적절한 혼합효과 모형은 변산성에 관한 피험자 내와 피험자 간

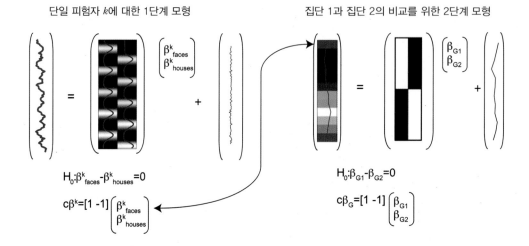

단일 피험자 k에 대한 1단계 모형

집단 1과 집단 2의 비교를 위한 2단계 모형

$H_0:\beta^k_{faces}-\beta^k_{houses}=0$

$H_0:\beta_{G1}-\beta_{G2}=0$

$c\beta^k=[1\ -1]\begin{pmatrix}\beta^k_{faces}\\\beta^k_{houses}\end{pmatrix}$

$c\beta_G=[1\ -1]\begin{pmatrix}\beta_{G1}\\\beta_{G2}\end{pmatrix}$

그림 6-2   fMRI 데이터에 사용된 2단계 혼합 모형의 예. 1단계(왼쪽)는 단일 피험자의 데이터를 모형화하고, 2단계(오른쪽)는 2표본 t-검증을 위해 단일 피험자의 추정치들(이 경우, 두 집단 각각에서 6명의 피험자들)을 결합한다. 관심 가설은 얼굴 자극 대 집 자극에 대한 활성화가 첫 번째 집단에서 두 번째 집단보다 강하게 나타나는가다. 제1수준 모형은 각 피험자의 얼굴-집($\beta^k_{faces}-\beta^k_{houses}$) 대비 값을 추정하고, 그다음 12명의 피험자들에 대한 각각의 이 대비가 집단 모형의 종속변인이 된다. 집단 모형 설계 행렬은 첫 번째와 두 번째 열 각각에서 집단 1과 집단 2의 평균을 위한 하나의 회귀자를 가진다. 따라서 β_{G1}과 β_{G2}는 각 집단의 평균을 의미한다.

출처들을 모두 설명한다는 것을 상기해 보라. 제1수준 모형은 집단 내 변량 추정치를 제공하고, 집단 간 변량은 제2수준 분석에서 추정된다. fMRI 소프트웨어에서 피험자 간 변량을 추정하는 데 사용되는 서로 다른 두 개의 접근법이 있다. 가장 인기 있는 방법은 피험자들 간의 변량을 추정하면서 동시에 피험자 간 변량을 설명하는 것이다. 이는 전형적으로 집단 평균과 피험자 간 변량이 번갈아 추정되는, 교차 반복되는 방식으로 수행된다(이에 관한 더 자세한 사항은 Worsley 등(2002)과 Woolrich 등(2004b) 참조). 결국, 단일 피험자 j의 전체 변량은 $\hat{\sigma}^2_{W_j} + \hat{\sigma}^2_B$으로 정의되는데, 이때 $\hat{\sigma}^2_{W_j}$은 피험자 j에 대한 제1수준 분석의 피험자 내 변량이고, $\hat{\sigma}^2_B$은 모든 피험자에 대해 동일한 피험자 간 변량이다. 피험자 내 변량

$\hat{\sigma}_{W_j}^2$은 제1수준 모형에서 얻은 비교적 정확한 추정치로 알려진 반면, $\hat{\sigma}_{B}^2$은 일반적으로 훨씬 적은 관찰치를 기초로 하여 제2수준 모형에서 계산되어야만 한다.

각 피험자의 혼합효과 변량이 서로 다를 것이기 때문에, 부록 A에 기술한 가중 선형 회귀(weighted linear regression) 방법이 사용되는데, 여기서 $(\hat{\sigma}_{W_j}^2 + \hat{\sigma}_{B}^2)^{-1/2}$이 피험자 j 데이터에 대한 가중치로서 사용된다. 이 방법의 근본적인 특징은 상대적으로 높은 $\hat{\sigma}_{W_j}^2$을 가지는 '나쁜' 피험자들이 '좋은' 피험자에 비해 상대적으로 낮게 가중된다.

혼합 모형을 추정하는 다른 방법은 단순화된 전제를 충족할 필요가 있는데, 이는 피험자 내 변량이 모든 피험자들에 걸쳐 동일하다는 것이다. 이 접근에서는 보통 최소 자승(ordinary least square: OLS) 모형이 사용될 수 있다. OLS 모형은 혼합효과 변량이 굉장히 단순화되었을 때, 모든 $\hat{\sigma}_{W_j}^2$의 값들이 같다고 가정한다. σ_W^2을 모든 피험자에 걸친 공통의 피험자 내 변량으로 두면, 혼합효과 변량은 $\sigma_W^2 + \sigma_B^2$이 된다. 이 값은 모든 피험자에 걸쳐 같기 때문에, 이를 하나의 변량 매개변수인 σ_{MFX}^2로 나타낼 수 있고, OLS는 이 양을 잔차 변량(residual variance)으로서 추정할 것이다. 얼굴-집 대비의 평균에서 차이를 계산한 앞의 사례에서, 이는 우리의 집단 모형에서 우리가 σ_{MFX}^2의 변량을 가진 정상 분포로부터 일련의 관찰치들을 가지고 있다고 가정하고 있는 것을 의미하는데, 여기서 σ_{MFX}^2는 피험자들에 걸친 제1수준의 대비 추정치들에 대해 표준 2표본 t-검증을 수행하는 데 있어 단순하게 요약된 변량이다. 다시 말하면, 이 모형의 평균과 변량은 2표본 t-검증을 수행하는 것과 마찬가지로 계산된다. 이는 모형 추정을 위한 계산 시간을 상당히 줄여 주는데, 이는 더 이상 교차 반복하는 방법을 사용할 필요가 없기 때문이다.

이 모형의 유일한 단점은, 실제로는 $\hat{\sigma}_{W_j}^2$이 피험자들에 걸쳐 정확하게 일치할 수 없다는 점이다. 어떤 피험자는 주의를 기울이고 있지 않았거나 스캐너 안에서 많이 움직였을 수 있는데, 이는 다른 피험자들에 비해 데이터의 변산성을 증가시킨다. 또한 많은 실험들에서 시행 수는 피험자 반응에 따라 달라져서, 어떤 피험자는 매우 적은 수의 정답 시행을 가지고 있는 반면, 또 다른 피험자는 거의 모든 정답 시행을 가지고 있을 수도 있다. 다행히도 단일 집단 비교에서는 제2수준 분석에서 OLS를 사용하든, GLS를 사용하든 별다른 큰 차이는 없다(Mumford & Nichols, 2009). 하지만 두 집단 또는 그 이상 많은 집단을 비교하거나, 공변인이 포함된 2수준 회귀 분석을 사용한다면, OLS와 GLS는 다른 결과값을 내놓게 될 것인데, 이때에는 GLS를 사용하는 것이 더 선호되는 방법이다. 어떻게 서로 다른 소프트웨어 패키지들이 제2수준 모형을 적합시키는지에 관한 상세한 설명은 〈글상자 6-1〉을 참조하라.

〈글상자 6-1〉SPM, FSL, AFNI에서 집단 모형화

SPM, FSL, AFNI 모두 집단 모형화를 수행할 수 있으나, 각각 다른 가정과 한계점을 가진다. SPM에서는 1수준 모형의 변량 정보를 2수준 모형에서 쓰지 않으며, 따라서 단순한 집단 모형을 위해 OLS만을 이용한다. 그럼에도 불구하고, SPM은 집단 수준에서 반복 측정을 수행할 수 있는데, 예를 들어, 모형화하길 원하는 세 개 혹은 그 이상의 피험자별 대비들을 가지고 있을 때 사용할 수 있다. 그러나 1수준 fMRI 분석과 마찬가지로 이 상관은 전역적으로 모형화된다(즉, 뇌의 모든 복셀들이 동일하다고 가정됨).

FSL과 AFNI는 2수준 모형에서 1수준 변량 추정치들을 사용하며, 따라서 완전 혼합효과 모형을 사용한 추정치들을 제공한다. 이 패키지들은 각 복셀에서 무선효과 변량 σ_B^2을 추정하는데, 따라서 피험자 내 변량 σ_W^2에 이질성이 존재할 때 더욱 정교한 추정치들을 제공한다. 하지만 FSL은 집단 수준에서 반복 측정을 모형화할 수 없으며, 따라서 모든 분석은 피험자당 하나의 대비 형태(혹은 기껏해야 대응 표본 t-검증 설계에서 피험자당 한 쌍의 대비)를 취해야 한다. AFNI의 3dMEMA 프로그램에서도 마찬가지로 집단-수준 반복 측정을 할 수 없지만, 3dANOVA 프로그램을 사용하여 균형화된 반복 측정 설계를 분석할 수 있다.

3) 고정효과 모형

고정효과 모형은 이 장의 앞에서 언급하였는데, 피험자 내 변량인 σ_W^2 만을 사용한다. 고정효과 모형을 가장 일반적으로 활용하게 되는 상황은 각 피험자들이 여러 번의 회기를 수행한 자료가 있고, 그 회기들을 결합해야 할 때다. 이 경우, 모형의 추정은 단일 회기, 단일 피험자 그리고 집단이라는 총 세 가지 수준에서 이루어진다. 단일 회기 분석(첫 번째 수준)은 앞 장에서 기술한 대로 진행되고, 단일 피험자 분석(두 번째 수준)은 제1수준 효과의 가중된 평균이 되며, 집단분석(세 번째 수준)은 앞에서 논의한 것처럼 추정된다. 조금 더 자세히 말하면, 제2수준 분석은 고정효과 모형을 사용하여 회기당 추정치들을 결합하는데, 이 모형은 각각의 회기 (n_i)에 대해 제1수준 분석에서 추정된 회기 내 표준 편차의 역인 $\frac{1}{\sigma_{W_i}}$에 의해 간단히 주어진 가중치를 이용하여 가중된 선형 회귀에 해당한다. 고정효과 분석에서는 새로운 변량 항이 추정되지 않고 오직 회기 내 변량만을 사용하게 되며, 따라서 해당 피험자로부터 나온 회기들에 대해서만 적용 가능한 추론을 한다는 것을 주의해야 한다. 여러 피험자들에 걸친 회기들을 결합하기 위해 완전 혼합효과 모형이 사용될 수 없는 이유는 피험자당 회기 수가 많지 않고(전형적으로 2~4개), 이는 매우 적은 관찰치들이 변량 추정에 사용될 때 추정치 자체가 매우 가변적이고 불안정하게 되므로, 변량을 안정적으로 추정하는 것이 어려워지기 때문이다.

2. 연속 공변인의 평균 중심화

GLM이 단일 표본 $t-$검증에서 공변량분석(ANCOVA) 모형에 이르기까지 넓은 범위의 다양한 모형들에 대한 추정을 가능하게 하지만, 이 모형들을 설정하는 일이 간단하지는 않다. 연속 공변인을 사용하여 이용하는 모형을 설계할 때 종종 나타나는 한 가지 문제는, 공변인 회귀자에 대한 평균 중심화다. 예를 들어, 집단분석에서 피험자의 연령에 대해 조정하고자 한다면, 연령으로 구성된 변인을 포함하거나, 집단의 평균 연령에서 해당 피험자의 연령을 뺀 값을 변인으로 포함시킬 수 있다. 평균 중심화(mean centering, 때때로 평균빼기[de-meaning]라고도 함)는 실제로 직교화(orthogonalization)의 한 예이며(5장 참조), 사실, 받아들여지는 몇 안 되는 직교화 방법들 중 하나다. 평균 중심화가 모형 적합의 질을 바꾸지는 못하지만, 몇몇 모수 추정치의 해석을 바꾸기도 하며, 이러한 영향을 이해하는 것은 매우 중요하다. 이를 위해, 먼저 단일 집단만으로 구성된 피험자들을 포함하는 모형을 설명한 다음 중다 집단의 문제에 대해 논의한다.

1) 단일 집단

공변인에 대한 평균 중심화의 영향을 이해하기에 가장 쉬운 예는 단순 선형 회귀다. 예를 들어, 절편(1들로 구성된 열)과 연령 공변인을 가진 모형($BOLD = \beta_0 + \beta_1 * Age + \epsilon$)을 가정하자. 연령을 평균 중심화하지 않으면, $\hat{\beta}_0$의 해석은 0세에서의 평균 BOLD 활성화가 되는데([그림 6-3]의 왼쪽), 이는 분명히 유용한 해석이 아니다. 대신, 개별 피험자 연령 값을 각 연령 값에서 전체 피험자의 평균값을 뺀 값으로 대체함으로써 연령을 평균 중심화하면, 해석이 더 유용하다. [그림 6-3]의 우측은 평균 중심화한 연령을 적용했을 때의 데이터와 모형 적합을 보여 주는데, 데이터가 왼쪽으로 이동하였기 때문에, 이제 $\hat{\beta}_0$은 분석에서 피험자들의 BOLD 활성화의 평균이 된다. 비록 평균 중심화한 연령이 β_0의 추정치에 영향을 주었지만, β_1의 추정치는 아무런 변화가 없다는 사실에 주목하라([그림 6-3]의 좌우에 있는 적합된 회귀식의 기울기들은 같다). 이는 한 변인(여기에서는 연령 변인)이 다른 변인(여기에서는 BOLD 활성화의 평균)에 대하여 직교화될 때, 직교화된 변인에 대한 모수 추정치는 변하지 않

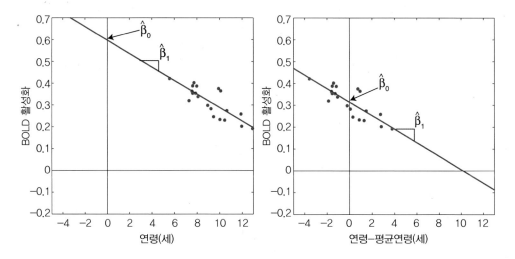

그림 6-3　단순 선형 회귀에서 연속 공변인(연령)을 평균 중심화하기 전(좌측)과 후(우측)의 모형 적합. 두 경우 모두에서 직선의 기울기 β_1은 같지만, 연령이 평균빼기 된 후에는 자료들이 이동하여, 선형 적합의 Y절편이 종속변인 변량(BOLD 활성화)의 전체 평균이 되었다.

는 반면, 직교화 대상이 되는 변인에 대한 모수 추정치는 변한다는 일반적인 사실을 보여 주는 하나의 예다.

2) 중다 집단

단일 집단의 경우에는 평균 중심화의 사용이 왜 적절한지, 그리고 평균 중심화가 어떻게 수행되어야 하는지를 꽤 쉽게 이해할 수 있지만, 두 집단의 경우에는 더 복잡하다.

간단한 예로, 두 집단(남성 집단과 여성 집단)이 있고, 각 피험자가 얼굴 표정 과제를 수행할 때의 BOLD 신호 측정치가 있다고 하자. 당신은 여성이 남성보다 정서적인 얼굴에 대해 더 강한 활성화를 보일 것인지에 관심이 있다. 출발점은 2표본 t-검증이고, 당신은 여성이 남성보다 더 많은 활성화를 보였다는 사실을 반영하는 실제로 유의한 집단 간 차이를 발견한다($p<.0001$).

당신이 2표본 t-검증으로 성별에 따른 BOLD 활성화의 차이를 발견하였음에도 불구하고, 우울 수준이나 당신이 모든 피험자들에게서 수집한 또 다른 측정치들이 성별보다 BOLD 활성화의 차이를 더 잘 설명할 수도 있다. 다시 말해서, 이는 단순히 남성이 여성보다 덜 우울하기 때문에, 성별의 차이가 아닌 우울 수준의 차이가 정서적 얼굴에 대응하는 BOLD 활성화에서의 변산을 설명하는 경우일 수 있다. 실제로 이런 경우인지를 검증하기 위해서는 [그림 6-4]의 왼쪽 그림에서 볼 수 있는 것

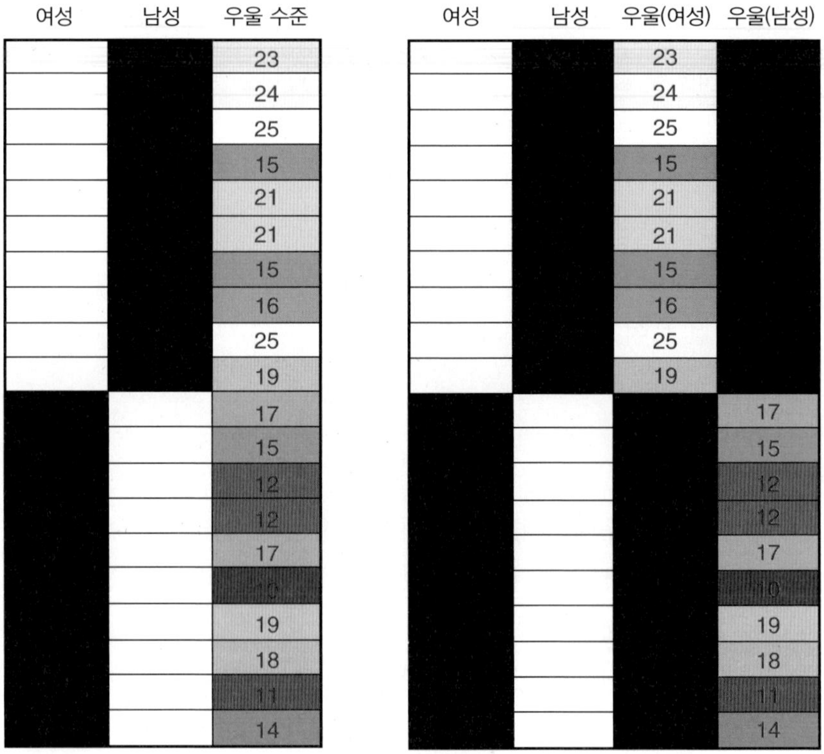

여성	남성	우울 수준
		23
		24
		25
		15
		21
		21
		15
		16
		25
		19
		17
		15
		12
		12
		17
		9
		19
		18
		11
		14

여성	남성	우울(여성)	우울(남성)
		23	
		24	
		25	
		15	
		21	
		21	
		15	
		16	
		25	
		19	
			17
			15
			12
			12
			17
			10
			19
			18
			11
			14

그림 6-4   우울 수준을 2표본 t-검증에 추가한 설계 행렬. 왼쪽 그림은 우울의 주 효과만을 지닌 모형을 나타내고, 오른쪽 그림은 성별/우울의 상호작용을 지닌 모형을 보여 준다. 빨간 숫자는 각 피험자의 우울 점수에 해당한다(평균 중심화를 하지 않은 상태).

처럼 2표본 t-검증 모형에, 하나의 회귀자로서 우울 수준을 추가하면 된다. 당신의 일차적 관심은 집단 효과에 있으며, 이 효과가 모형에 우울 수준을 추가했을 때에도 여전히 존재할 것인지 알아보는 것이다. 따라서 당신은 이 대비 $c_1 = [1 \ -1 \ 0]$을 검증하여 피험자들에 걸쳐 우울 수준을 조정한 후에는 정서적 얼굴에 대한 BOLD 반응의 성차가 유의하지 않다는 것을 발견할 수 있다($p = .56$). 이에 더하여, 우울 효과의 대비 ($c_2 = [0 \ 0 \ 1]$)는 $p < .0001$ 수준에서 유의하다. 다시 말하면, BOLD 활성화에서의 차이는 성차에 의한 것이 아니라, 피험자의 우울 수준에 의해서 가장 잘 설명된다. 이 경우, 평균 중심화가 집단 간 차이 (c_1) 검증과정에 영향을 주지 않았는데, 이는 모형이 서로 다른 절편과 기울기를 지닌 각 성별에 해당하는 두 선들에 적합하기 때문이다. 두 선들은 서로 평행하며, 따라서 모든 우울 수준에 대한 BOLD 활성화의 차이는 변하지 않는다.

이 단계를 마친 후의 일반적인 절차는 남성과 여성이 BOLD 활성화와 우울 수준 간 서로 다른 관계를 나타내는지 검증하기 위해 성별/우울 상호작용을 검증하는 것이다. 예를 들어, 우울 수준이 증가함에 따라 BOLD 활성화의 증가가 남성에 비해 여성에서 더 빠르게 일어날 수도 있다. 이를 검증하기 위한 평균 중심화를 하지 않은 모형이 [그림 6-4]의 오른쪽에 제시되어 있다. 이 모형의 평균 중심화는 훨씬 복잡한데, 이는 각 집단이 각각의 우울 회귀자를 가지고 있어서, 원래의 우울 점수에서 전체 우울 평균을 뺄 수도 있고, 혹은 각 집단 내의 우울 평균을 뺄 수도 있기 때문이다. 상호작용 효과를 포함하는 모형에서, 우리는 일반적으로 주 효과를 무시하고, 상호작용 자체($c = [0 \ 0 \ 1 \ -1]$)가 유의한지 아닌지에 먼저 초점을 둔다(〈글상자 6-2〉 참조). 그러나 때때로 특정한 우울 수준에서 성차를 확인하고자 할 때가 있는데, 이에 대응하는 대비는 $c_3 = [1 \ -1 \ 0 \ 0]$으로, 이 경우에는 평균 중심화가 매우 중요하다. 전체 피험자에 걸친 우울 점수 평균을 이용해 중심화를 했다면, 대비 c_3는 평균 우울 수준에 대한 성별에 따른 BOLD의 차이에 해당한다. 이와 반

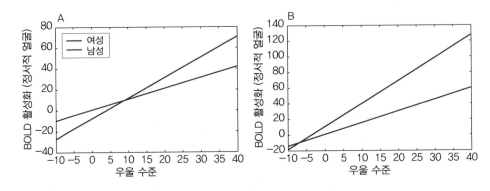

유의미한 성별/우울 상호작용의 두 가지 예. 그림 A는 우울 수준 10 정도에서 교차되는 모형 적합을 나타내는 반면, 그림 B는 우울의 가능한 값(이 측정치의 범위는 0에서 40까지) 밖에서 교차하는 예를 보여 준다. 두 경우 모두에서, 우울이 증가함에 따라 나타나는 BOLD 활성화의 변화량은 남성보다 여성에서 더 크다(여성 집단의 기울기가 더 크다). 그림 B에서 두 선은 범위 밖에서 교차되므로, 우리는 합리적인 한계 내에서 BOLD 활성화가 남성보다는 여성에게서 더 강하게 나타난다고 결론 내릴 수 있다. 그림 A에서는, BOLD 활성화는 우울 수준이 10을 넘는 여성에게서 더 강하게 나타나는 데 비해 남성은 우울 수준이 10 미만일 때 더 강한 BOLD 활성화를 보인다.

대로, 우울 점수가 각 성별 집단 내에서 평균 중심화된다면, c_3는 우울의 성별-특수적인 차이에 대한 조정을 하지 않은 우울 평균 수준에 대한 성차로 해석된다. 이런 경우, c_3는 종종 유의하게 나타나게 되고, 우울 수준이 조절된 성차로 잘못 해석되기도 하는데, 사실 이러한 평균 중심화가 우울 수준에 따른 성별 간의 어떠한 조정도 막아 버리기 때문이다. 이러한 이유로, 집단 내 평균 중심화는 절대로 사용하면 안 된다. 이는 대비 c_3뿐만 아니라 모형의 해석을 전반적으로 혼란스럽게 한다.

〈글상자 6-2〉 유의미한 상호작용으로 모형 이해하기

[그림 6-4]의 오른쪽 그림에 나타난 것처럼, 범주형 공변인과 연속형 공변인 사이의 상호작용을 모형화할 때, 기본적으로 우울과 관련된 절편들과 선형적 경향 모두를 성별 집단에 따라 변화하도록 하기 위해, 남성 집단과 여성 집단 각각에 대한 단순 선형 회귀를 적합할 것이다. 상호작용이 유의미하다면, 이러한 회귀선들의 기울기가 서로 다르며 이 선들이 우울 점수의 어떤 값에서 교차하게 될 것임을 의미한다. [그림 6-5]는 모형에서 성별/우울의 유의미한 상호작용이 존재할 때의 모형 적합의 두 가지 예를 보여 준다. 이 적합된 모형들을 살펴보면, 가장 흥미로운 사항들인 선들이 교차하는 지점과, 이 교차점 전후로 이 선들이 어떻게 나타나는지를 쉽게 확인할 수 있다. 그림 A와 같이, 선들이 의미 있는 우울 수준에서 교차한다면, 이는 그 우울 수준보다 낮은 경우에는 여성이 남성보다 낮은 BOLD 활성화를 보이며, 그 우울 수준보다 높을 때는 여성이 남성보다 높은 BOLD 활성화를 보인다는 것을 말해 준다. 우리는 종종 이를 일컬어 교차 상호작용이라 부르는데, 이는 반응이 그 변인의 의미 있는 값들에서 교차하기 때문이다. 반면에 그림 B에서는, 선들이 우울 수준의 음수 값에서 교차하게 될 것인데, 이는 데이터에서 실제로 일어나지는 않는다. 이 경우 여성이 남성보다 언제나 강한 활성화를 보이며, 우울 수준의 증가에 따른 BOLD 활성화의 변화량 또한 여성이 남성에 비해 훨씬 크다. 이러한 교차점을 찾기 위해서는 모형으로부터 4개의 매개변수 추정치 모두를 사용할 필요가 있는데(우울이 $(\beta_1 - \beta_2/\beta_3 - \beta_4)$일 때 발생함), 단일한 관심영역에 집중하는 경우가 아니라면 보통 영상 분석에서 이를 수행하는 것은 매우 어렵다. 전형적으로, 전체 뇌 분석에서 주 관심사는 남성 집단의 기울기가 여성 집단의 기울기보다 큰지 혹은 작은지(즉, $c = [0 \ \ 0 \ \ 1 \ \ -1]$ 또는 $c = [0 \ \ 0 \ \ -1 \ \ 1]$)에 관한 것이다.

가장 주의해야 할 점은 집단의 주 효과는 피험자들에 걸쳐 평균 우울 수준에서 활성화의 차이를 반영할 뿐, 어디에서 선들이 교차하는지에 대한 정보를 제공하지는 않는다. 이와 같은 이유로 결과들이 잘못 해석될 수 있기 때문에, 주 효과가 상호작용의 맥락에서 일어난 경우, 일반적으로 이 주 효과를 해석하지 않는다.

Chapter **7**

영상에 대한
통계적 추론

1. 통계적 추론의 기초

2. 영상의 관심 특징

3. 다중검증 문제와 해결책

4. 추론들을 연합하기: 차폐화와 결합

5. 관심 영역 차폐의 사용

6. 통계적 검증력 계산하기

영상에 대한 통계적 추론

통계적 추론의 목적은 우리의 데이터에 근거하여 의사결정을 하면서, 동시에 데이터에 존재하는 잡음에 의한 불확실성을 설명하는 것이다. 넓은 관점에서 보면, fMRI 데이터에 대한 통계적 추론은 반응 시간 데이터 세트에 관한 전통적인 데이터 분석과 다를 바가 없다. 그러나 fMRI 데이터로부터의 추론은 광대한 데이터 세트, 그리고 그들의 공간적 형태라는 속성 때문에 도전적이다. 따라서 우리가 추론을 이끌어 내고자 원하는 영상들의 특성이 무엇인지 상세하게 정의해야 하고, 또한 하나의 효과에 관하여 뇌 전체에 걸쳐 탐색을 할 때, 그 다양성에 대해 설명해야만 한다.

이 장에서는 먼저 전통적인 일변량 통계적 추론에 대해 짧게 개관하고, 우리가 추론을 이끌어 낼 수 있는 영상에 관한 다양한 특성들에 대해 논의하며, 마지막으로 다중검증이라는 매우 중요한 문제에 대해 논의한다.

1. 통계적 추론의 기초

먼저 fMRI 분석에서 통계적 추론에 사용되는 주 접근법인 고전적 가설 검증의 개념에 대해 간단히 개관하고자 한다. 영가설(null hypothesis: H_0)은 우리가 표집한 표본으로부터 모수치, 즉 모집단의 어떤 특성에 관한 주장이다. 영가설은 전형적으로 효과 없음에 관한 기본 진술이고, 대립가설(alternative hypothesis: H_1)은 관심을 갖는 과학적 가설에 해당한다. 검증 통계치인 T는 영가설에 반하는 증거를 요약한 데이터의 함수다. 우리는 T를 아직 관찰되지 않은(즉, 무선적 값을 가지고 있는) 검증 통계치를 위해 사용할 것이며, t를 T의 특정한 관찰치를 위해 사용할 것이다(여기서 T는 일반적인 '검증 통계치'를 의미하는 것으로, t-검증이 아님을 유의하라). 서로 다른 단위들과 해석들을 지닌 많은 가능한 유형의 검증 통계치들이 존재하지만(예: t-검증, F-검증, χ^2-검증), P-값은 모든 종류의 T를 위해 영가설에 반하는 증거를 표현한다. 즉, P-값은 확률 $P(T \geq t \mid H_0)$로, 영가설의 가정하에 검증 통계치가 실제로 관찰된 값만큼 혹은 그보다 더 크게 나타날 기회를 말한다(T에서 감소에 대한 검증, 또는 양방향[정적으로든 부적으로든]에서의 변화에 대한 검증 모두 T를 재정의함으로써 가능하다).

P-값에 대한 두 가지 흔한 오해들을 먼저 없애는 것이 유용하다. 첫째, 가장 중요한 것으로, P-값은 주어진 데이터에서 영가설이 참일 가능성 $P(H_0 \mid T)$을 뜻하지 않는다. 이 양을 결정하기 위해서는 우리는 고전적 가설 검증법의 일부분이 아닌 베이시안 계산법(Bayesian computations)을 반드시 사용해야 한다(〈글상자 7-1〉 참조). 대략적으로 말하면, P-값은 만일 영가설이 실제로 참일 때 관찰한 데이터의 의외성을 표현한다. 둘째, P-값은 영가설을 반박하는 데 사용될 수 있을 뿐, 영가설이 참인지에 대한 증거를 제공하지 않는다. 그 이유는 P-값 계산은 영가설이 참이라는 가정에서 시작하고, 따라서 P-값은 영가설이 참이라는 연역을 하는 데 사용될 수는 없기 때문이다.

 P-값이 영가설을 기각할 것인지 아닌지를 결정하는 데 사용될 때 두 가지 유형의 오류가 발생할 수 있으며, 우리는 각각의 가능성을 특정 지을 수 있다. 아무런 효과가 없을 때 영가설을 기각하는 것을 제1종 오류, 또는 거짓 양성 오류(false positive error)라 한다. 거짓 양성의 기회에 대한 요구된 허용한계를 제1종 오류 수준이라 하며, 이는 α로 표기한다. 실제로 효과가 있을 때 영가설을 기각하는 것을 실패하는 것은 제2종 오류, 또는 거짓 음성 오류(false negative error)라 한다. 실제 효과가 있을 때 검증 절차가 정확하게 영가설을 기각할 기회를 그 절차의 검증력(power)이라 한다(이는 1에서 제2종 오류율을 뺀 값이다). 검증력은 실제 효과 크기, 통계적 절차의 효율성, 그리고 표본 크기의 함수로서 변한다. 이는 하나의 연구(민감한 통계적 검증을 사용하여 상대적으로 큰 효과 크기를 얻은)에서 효과를 탐지하는 데 충분한 표본 크기가 실제 효과가 더 적거나 혹은 검증이 덜 예민한 다른 연구들에서는 효과를 찾아내기에 부족할 수 있음을 의미한다. 뒤에서 검증력 계산에 대해 조금 더 자세히 다룰 것이다.

 T 또는 P에 근거하여 '기각/기각하지 않음'의 결정을 내리는 데 사용되는 모든 검증 절차에서는, 이러한 검증의 수행을 설명하기 위한 몇 가지 방법들이 존재한다. 하나의 검증에서 제1종 오류의 기회가 α 이하라면 타당하다고 말할 수 있으며, 만일 제1종 오류의 기회가 α를 초과한다면 우리는 이 검증이 타당하지 않거나 반보수적(anticonservative)이라 할 수 있다. 제1종 오류의 기회가 정확히 α라면 이 검증은 정확하다고 표현하고, 이 가능성이 엄밀히 α보다 낮을 때, 우리는 이 검증이 보수적이라 말한다. 이 용어에서 우리는 항상 타당한 검증을 사용하고자 하고, 또한 이러한 유의한 검증들 중에서 가장 큰 검증력을 지닌 것들을 찾고자 한다.

〈글상자 7-1〉 베이시안 통계와 추론

베이시안 방식은 우리가 데이터를 들여다보기 전에 사전 지식을 표현할 수 있는 도구를 제공하기 때문에 높은 인기와 함께 성장하고 있다. Thomas Bayes(1702~1761)는 다음의 수학적 정리로 알려져 있다.

$$P(A \mid B) = \frac{P(B \mid A)\,P(A)}{P(B)}$$

이는 B가 일어날 것을 가정하거나 B가 주어졌을 때 임의 사건 A가 나타날 가능성을 말하며, 역의 진술(즉, A를 가정하였을 때의 B의 발생 가능성)을 포함하는 하나의 식으로부터 계산될 수 있다. 이 식은 사전 정보와 데이터의 정보를 결합하는 형식적 메커니즘을 제공한다. 데이터 y와 매개변수 β를 지닌 GLM의 맥락에서, 이는 $f(\beta \mid y) \propto f(y \mid \beta) f(\beta)$라는 식을 쓸 수 있도록 해 준다. 여기서 $f(\beta)$는 사전 밀도(prior density)인데, 이는 우리가 데이터를 보기 이전에 그 매개변수들에 대해 가지는 믿음(예: BOLD 퍼센트 변화는 대체로 -5%에서 $+5\%$일 것이다)에 해당한다. 또한 $f(y \mid \beta)$는 주어진 매개변수들로부터 데이터의 고전적 가능성(traditional likelihood)을 말하며, $f(\beta \mid y)$는 사후의, 즉 우리가 데이터를 살펴본 이후의 매개변수들의 분포를 일컫는다. 중요한 점은, 고전적(또는 빈도주의) 통계학이 β가 고정되고 무선적 변산을 가지고 있지 않다고 가정하는 반면, 베이시안 정리는 알려지지 않은 매개변수 β에 관한 확률적 진술을 할 수 있게 해 준다는 것이다. 베이시안 추론은 전적으로 사후 데이터에 근거하는데, 사후 평균은 점 추정치를 제공하고, 사후 표준편차는 표준오차의 동치를 제공한다.

고전적 접근과 베이시안 접근 간에 근본적인 차이가 존재한다. 고전적 방법은 당신의 실험에 관한 무한한 이론적 반복에 관하여 추론을 이끌어 낸다. 즉, 95%의 신뢰구간은 만일 당신이 당신의 연구를 계속해서 반복한다면, 20번 중에 19번(평균적으로)은 생성된 그 구간이 고정되고, 참이지만 관찰할 수 없는 매개변수를 포함할 것이라는 것을 의미한다. 가설적인 실험 반복에 의한 데이터의 임의성이 빈도주의적 추론을 이끌어 내게 한다. 베이시안 방식은 임의적인 관찰 불가능한 매개변수들에 대한 믿음에 근거하여 추론을 던진다. 여기서 '사전(prior)'은 데이터를 보기 전의 매개변수에 대한 믿음을 나타내며, '사후(posterior)'는 데이터를 보고 난 후의 매개변수에 대한 믿음을 나타낸다. 데이터가 임의적이지 않고 고정되기 때문에, 당신의 실험에 관한 무한 반복에 대한 참조는 하지 않는다.

　진실한 베이시안 통계학자는 고전적 통계학자가 전혀 수행되지 않는 상상에서의 실험들에 대해 참조하는 것이 터무니없다고 생각한다. 진실한 고전적 통계학자는 베이시안 통계학자가 불합리하다고 생각하는데, 왜냐하면 서로 다른 사전 값들을 지닌 서로 다른 과학자들은 동일한 데이터를 분석하여 서로 다른 결론에 도달할 수 있기 때문이다. 다행히도 데이터가 많으면 많을수록 사전 값들의 영향은 감소하고, 사후 값들은 고전적 가능성 함수와 유사해지기 때문에, 많은 경우에 베이시안과 고전적 방법은 유사한 결과를 제공한다.

2. 영상의 관심 특징

　V 복셀들로 구성된 하나의 영상에 대해 신호가 존재하는 위치를 결정하는 유일한 방법은 각각의 모든 복셀들을 개별적으로 검증하는 것밖에 없는 것으로 보인다. 이러한 접근은 복셀-수준(voxel-level) 추론이라고 불린다. 또 다른 방법으로, 우리는 활성화된 복셀들이 연결된 클러스터들을 찾아내고, 각 클러스터의 유의도를 검증함으로써 영상에서 이용 가능한 공간적 정보를 계산할 수 있는데, 이는 클러스터-수준(cluster-level) 추론이라 한다([그림 7-1] 참조). 마지막으로, 우리는 종종 단순히 유의미한 활성화가 어느 곳이라도 존재하는가에 대해 알려고 할 수 있는데, 이는 세트-수준(set-level) 추론이라 부른다. 여기서는 먼저 유의미한 복셀-수준 혹은 클러스터-수준의 결과를 갖는다는 것이 어떤 의미인지에 관하여 논의한 후, 전체 뇌에 걸친 탐색을 설명하는 유의도

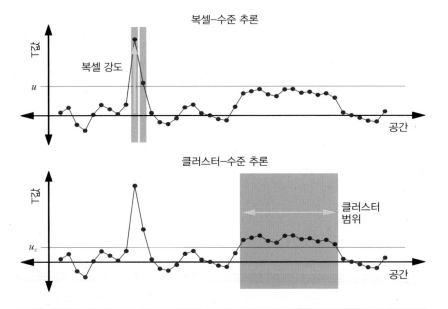

그림 7-1 복셀-수준 대 클러스터-수준 추론의 예. 두 그래프들은 하나의 통계치 영상에서 동일한 한 차원의 절단면을 보여 준다. 위 그림의 경우, 복셀-수준 추론은 유의도 수준을 넘는 두 복셀들을 찾아내며, 따라서 두 복셀들은 개별적으로 유의하다고 표시된다. 아래쪽 그림의 경우, 클러스터-형성 임계치가 클러스터를 정의하고, 클러스터-단위의 추론이 12개 복셀이 포함된 한 클러스터가 유의미한 것을 찾아낸다. 즉, 12개 복셀들은 개별적으로는 유의미하지 않지만, 이들이 합쳐져서 유의미한 클러스터를 구성한다.

(P-값)을 실제로 어떻게 계산하는지에 관하여 알아본다.

1) 복셀-수준 추론

검증 통계량의 영상에서 각 복셀 값은 해당 위치에서 영가설에 반하는 증거를 측정한다. 우리가 이끌어 낼 수 있는 가장 공간적으로 구체적인 추론은 각 개별 복셀에서 유의한 효과가 있는지를 결정하는 것이다. 우리는 각 복셀이 지니는 통계치가 임계치 u를 초과하는지를 조사함으로써 이를 수행하는데, 만일 그 복셀의 통계치가 임계치를 초과하면 해당 복셀이 '유의하다'고 한다(즉, 해당 복셀에서 영가설을 기각한다). 이러한 복셀별 추론은 만일 임계치가 적절히 선택되었다면 매우 구체적인 추론을 이끌어 낼 수 있도록 해 준다. 뒤에서 어떻게 임계치를 결정하는지에 대해 논의할 것이다.

2) 클러스터-수준 추론

복셀-수준 추론은, 예를 들어 활성화된 복셀들이 공간상에서 이어져서 클러스터를 이룰 수 있다는 것과 같이, 영상에 있는 공간적 정보를 전혀 이용하지 않는다. 그러나 우리는 일반적으로 fMRI 신호들이 공간적으로 확장되어 있을 것이라고 기대한다. 그 한 가지 이유는 fMRI에서 활성화된 뇌 영역은 대체로 단일 복셀의 크기보다 훨씬 더 크기 때문이다. 두 번째 이유는 fMRI 데이터가 종종 공간적으로 편평화된 후 공간적 표준화 과정에서 작은(예: 2 mm²) 복셀들로 과표집되는데, 이는 영상에서 신호가 많은 복셀들을 가로질러 펼쳐지는 결과로 나타나게 된다.

fMRI 신호의 공간적 구조에 대한 이러한 지식을 이용하기 위해서 개별 복셀들이 아니라 활성화된 복셀들의 클러스터에 관해 추론하는 것이 가장 보편적으로 사용되는데, 이를 클러스터-수준 추론이라 한다. 클러스터-수준 추론의 가장 보편적인 접근은 두 단계의 절차를 포함한다. 첫째, 일차 임계치(클러스터-형성 임계치[cluster-forming threshold]로 알려져 있음) u_c가 통계치 영상에 적용되며, u_c를 초과하는 인접한 복셀들의 집단이 클러스터로 정의된다. 여기서 말하는 '인접한 복셀들'이 어떻게 구성되는가는 이웃의 정의에 따라 달라진다. 예를 들어, 2차원에서, 두 개의 임계치를 초과하는 복셀들이 하나의 가장자리를 공유하고 있다면(4개의 연결), 우리는 이들이 연결되어 있다고 생각할 것이며, 혹은 그 복셀들이 하나의 모서리를 공유하고 있다면(8개의 연결), 우리는 또한 이들이 연결되어 있다고 여길 것이다. 3차원에서는 연결되는 경우가 6개 연결(복셀 면 기준), 18개 연결(가장자리 연결) 그리고 26개 연결(모서리 연결)이다(SPM 소프트웨어는 18개 연결을 사용하는 반면, FSL은 26개 연결을 사용한다. 실제로는 데이터가 매우 낮은 수준으로 편평화되지 않는 한 두 경우의 연결성으로 매우 유사한 결과를 산출한다). 둘째, 각 클러스터의 유의도는 그의 크기를 측정하고(복셀 단위로) 이를 기각 클러스터 크기 임계치 k와 비교함으로써 결정된다. 이 기준치 k를 선택하는 방법들은 뒤에 제시되어 있다.

클러스터 크기 추론은 표준 MRI 데이터에 대한 복셀–수준 추론보다 일반적으로 더욱 민감하다(Friston et al., 1996a). 대략적인 관점에서 말하면, 클러스터 크기 추론은 신호가 잡음의 편평한 정도보다 길이 차원에서 더 클 때 신호를 탐지하는 데 더 뛰어나야만 한다. 이를 확인하기 위해, fMRI 잡음이 10mm FWHM의 편평도를 지니고 있고, 실제 효과 또한 길이 차원에서 10mm인 예를 생각해 보자. 이 예에서, 실제 신호 클러스터는 잡음으로만 이루어진 클러스터와 비슷한 크기를 지닐 것이며, 따라서 클러스터–수준 추론은 신호를 감지해 내는 것이 어려울 것이다. 반대로, 효과의 크기가 10mm보다 크다면, 클러스터–수준 추론은 복셀–수준 추론보다 효과를 더 자주 탐지해 낼 것이다. 클러스터의 유의도를 그것의 넓이에 기반하여 정하는 것은 클러스터 내의 통계치들을 무시한다. 이러한 강도 정보를 사용하는 것은 클러스터 추론의 민감도를 향상시키는 것처럼 보이며, 실제로 몇몇 연구자들은 이 결과를 발견하였다. Poline과 Mazoyer(1993)는 클러스터 크기 P–값의 최소값과 클러스터의 최고점 P–값을 이용하는 추론 방식을 주장하였으며, Bullmore 등(1999)은 클러스터 내의 모든 복셀–수준 통계치들의 합에 기반한 클러스터 무게(cluster mass) 추론 방식을 제안하였다. 특히 이 무게 통계치에 관하여, Hayasaka와 Nichols(2004)는 이러한 방식이 크기 통계치(size statistic)보다 같거나 혹은 그 이상의 검증력을 지니고 있음을 발견하였다.

클러스터–수준 추론은 두 가지 단점을 지니는데, 이는 임의적 클러스터–형성 임계치와 공간적 특정성의 결여다. 클러스터–형성 임계치 u_c는 기본적으로 어느 값이든 될 수 있는데, 만일 이 기준치가 너무 낮게

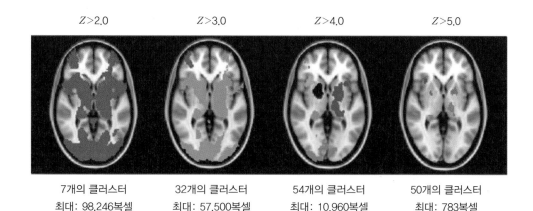

<table>
<tr><td>$Z > 2.0$</td><td>$Z > 3.0$</td><td>$Z > 4.0$</td><td>$Z > 5.0$</td></tr>
</table>

7개의 클러스터	32개의 클러스터	54개의 클러스터	50개의 클러스터
최대: 98,246복셀	최대: 57,500복셀	최대: 10,960복셀	최대: 783복셀

그림 7-2 클러스터 크기에 대한 클러스터-형성 임계치의 영향. 동일한 데이터가 증가하는 클러스터-크기 임계치를 사용하여 역치화되었다. 즉, 결과 클러스터들은 각 클러스터에 속한 복셀들을 보여 주기 위해 임의로 색상이 부여되었다. 가장 낮은 임계치 수준에서는 뇌의 대부분을 포함하는 하나의 큰 클러스터가 나타나는 반면, 더 높은 임계치에서는 해당 임계치에서 살아남지 못하는 많은 영역들을 제외하면서, 하나의 클러스터를 해체한다.

설정되면 형성된 거대한 클러스터들 속에서 초점 신호를 찾지 못할 수 있으며, 반대로 너무 높게 설정되면 약한 신호 강도를 지닌 복셀들이 제거될 수 있다([그림 7-2] 참조). 또한 무선 장 이론(random field theory)에 의한 결과는 임계치가 $\alpha = 0.01$보다 더 허용적인 경우에 신뢰할 수 없게 된다(뒤의 '가족단위 오류율' 참조). 가장 심각한 문제점은 u_c를 조금만 올리거나 낮추더라도 몇몇 클러스터들이 합쳐지거나 쪼개질 수 있으며, 중요한 클러스터들이 사라질 수 있다는 것이다. 실제로, 대부분의 사용자들은 u_c를 $\alpha = 0.01$ 혹은 $\alpha = 0.001$에 맞추어 설정한다(FSL 사용자들은 $P-$값보다는 통계적 임계치를 설정해야만 하며, 이는 보통 $z = 2.3$ 혹은 3.1이다).

클러스터 추론의 큰 검증력은 공간적 특정성, 혹은 상세함의 대가로 얻어진다. 1,000개의 복셀을 포함하는 한 클러스터가 통계적으로 유의하다고 해도, 우리는 이 클러스터에 있는 하나의 복셀을 가리키면서 "여기에 신호가 있다."라고 말할 수는 없다. 우리가 결론 내릴 수 있는 것은 이 클러스터 안에 속해 있는 하나 이상의 복셀들이 영가설에 반하는 증거를 지닌다는 것이다. 이는 클러스터의 크기가 작을 경우에는 별다른 문제가 되지 않는다. 그러나 만일 당신이 전체 뇌의 반에 달하는 하나의 클러스터를 얻는다면, 이는 상당히 만족스럽지 못할 것이다. 유일한 구제 방법은 더 작은 클러스터들을 얻기 위해 u_c를 높이는 데 의지하는 것이다. 하지만 이는 다수의 임계치들에 걸쳐 탐색을 하기 때문에 더 나아가 다중검증 문제를 일으킨다.

최근에 개발된 한 가지 방법은 이러한 두 가지 문제점들을 다루려는 시도를 한다. 이는 Threshold Free Cluster Enhancement(TFCE; Smith & Nichols, 2009)라는 방법으로, 이 방법은 모든 가능한 u_c를 사용한 다음 클러스터-수준의 유의도를 나타내는 복셀-수준 지도를 제공하기 위해 전체 u_c를 통합한다. 하나의 매개변수를 제거함으로써 두 개의 새로운 매개변수들, 구체적으로 어떻게 u_c와 클러스터 크기에 가중치를 줄 것인가에 관한 매개변수들을 생성하지만, 이들은 이론과 실증적 모의실험에 영감을 받은 고정된 값들에 설정된다. 비록 이것이 확립된 방식은 아니지만, 이러한 접근은 클러스터-형성 임계치에 대한 의존성을 제거하는 클러스터-수준 추론에 관한 민감한 방식의 가능성을 보여 주었다.

3) 세트-수준 추론

비록 드물지만, 활성화가 어디에 나타나는지에 관계없이 단순히 특정 대비에 대한 어떠한 유의미한 활성화라도 존재하는지를 알고 싶을 경우가 있을 수도 있다. SPM에는 세트-수준 추론(set-level inference)이라고 알려져 있는 추론 방법이 있는데, 이는 뇌의 어느 영역이든 어떠한 유의한 신호라도 존재하는지를 검증하는 전반적 검증이다. 검증 통계치는 임의의 클러스터 크기 임계치인 k보다 더 큰 임계치 u_c를 정의하는 하나의 임의의 클러스터에 대한 클러스터들의 개수다. 유의한 세트-수준 P-값은 굉장히 많은 수의 클러스터들이 나타난다는 것을 가리키지만,

이는 어느 클러스터들이 유의한지를 가리키지는 않는다. 이러한 이유로, 이 방법은 전반적 검증(omnibus test)이라 하며, 국소화에 관한 검증력을 전혀 갖고 있지 않다.

〈글상자 7-2〉 위치에 대한 추론 대 효과 크기에 대한 추론

우리가 통계적 영상에 어떠한 임계치를 적용하고 뇌의 활성화를 탐색할 때, 최종 결과는 위치에 대한 추론이다. 우리는 다음 질문에 답할 수 있다. "내 실험에 대해 반응하는 뇌의 영역은 어디인가?" 하나의 유의미한 영역이 활동한다고 확인되고 나면, 어떤 사람은 특히 그 효과의 크기와 같은 효과의 원천을 특성화하고 싶어질지도 모른다. 그러나 순환성(circularity, 10장에서 더 자세히 다루고 있다. 〈글상자 10-1〉 참조) 문제로 인하여, 우리는 이후에 이 확인된 효과가 얼마나 큰가에 대한 답을 할 수 없다. 이는 우리가 탐지할 모든 가능한 진양성(true positive) 복셀들 중에서, 우리는 실제 효과보다 무선적으로 더 높은 효과를 보이는 복셀들을 발견할 가능성이 더 크며, 따라서 무선적으로 실제 효과보다 더 적게 나온 복셀들을 잃어버릴 것이기 때문이다. 유전학에서 이는 '승자의 저주(winner's curse)'로 알려져 있는데, 그 이유는 어떤 유전자를 찾기 위한 첫 번째 집단에서 이후의 어떠한 반복에서 발견되는 것보다 종종 더 큰 효과 크기를 보고하기 때문이다.

현재, 활성화를 찾기 위해 뇌를 탐색함으로써 발견된 효과 크기에서 편향을 수정할 수 있는 방법은 존재하지 않는다. 우리는 효과 크기 편향이 존재한다면, 이를 결과를 논의할 때 언급해야 한다는 것을 반드시 알고 있어야 한다. 만일 비편향된 효과 크기 추정이 요구된다면, 우리는 위치에 대한 추론을 희생해야만 하며, 대신에 그 효과에 대한 고정되고 잘 알려진 위치를 가정해야 한다. 구체적으로, 우리는 반드시 미리 특정한 관심 영역(regions of interest: ROI)을 사용해야만 하며, 이 영역들 내의 데이터를 평균 내야 한다. 순환성에 대한 더 많은 설명을 위해서는 Kriegeskorte 등(2009)의 연구를 참조하라.

3. 다중검증 문제와 해결책

앞서 살펴보았듯이, 고전적 통계 방법들은 α 수준의 적절한 선택을 통하여 거짓 양성(즉, 제1종 오류)의 위험 수준을 통제하는 직접적인 도구를 제공하였다. 그러나 이는 하나의 검증에서만 보장받을 수 있다. 만일 통계적 영상이 100,000복셀들을 지니고 있고, 우리가 $p<0.05$인 모든 복셀들이 '유의미'하다고 말한다면, 평균적으로 100,000개의 복셀들 중 5%의 복셀들, 즉 5,000복셀은 거짓 양성이 될 것이다! 이 문제는 다중검증 문제(multiple testing problem)라고 불리며, fMRI 분석에서 매우 중요한 이슈다.

표준 가설 검증은 '비교당 오류율(per comparison rate)'만을 통제하기 위해 고안되었으며, 관련된 일련의 검증들을 위해 반복적으로 사용될 수 있다는 의미는 아니다. 이 다중성을 설명하기 위하여 전체의 영상에 걸친 거짓 양성 위험을 측정해야만 한다. 그런 다음, 거짓 양성 위험의 두 측정치들, 즉 가족단위 오류율과 거짓 발견율을 정의한다.

1) 가족단위 오류율

다중검증에서 제1종 오류에 관한 가장 흔한 측정치는 '가족단위 오류(familywise error rate)'이며, 줄여서 FWER 혹은 FWE라고 한다. FWE는 영상의 어느 곳에나 하나 혹은 그 이상의 거짓 양성이 나타날 기회를 의미한다. 우리가 $\alpha_{FWE} = 0.05$로 타당한 절차를 사용할 때, 그 지도의 어느 곳에서나 어떠한 거짓 양성이라도 나타날 기회는 최대 5%다. 동등하게, 타당한 $\alpha_{FWE} = 0.05$ 임계치를 가지고 역치화한 후에는, 역치화된 지도에 거짓 양성 복셀들(혹은 클러스터들)이 존재하지 않는 것에 대한 95% 확신을 가질 수 있다. 특정한 복셀(혹은 클러스터)에 관해서 이를 '보정된 FWE P-값' 혹은 '보정된 P-값'이라고 부를 수 있는데, 이는 해당 복셀(혹은 클러스터)의 탐지를 허용하는 최저의 α_{FWE}다.

fMRI 데이터에 대한 타당한 보정된 P-값을 제공할 수 있는 몇몇 절차들이 사용 가능하다.

(1) 본페로니 보정

FWE를 통제하기 위해 가장 널리 알려진 방법은 아마도 '본페로니 보정(Bonferroni correction)'일 것이다. $\alpha = \alpha_{\mathrm{FWE}} / V$의 임계치(여기서 V는 검증의 수)를 사용함으로써, 어떠한 유형의 데이터에 대해서도 타당한 FWE 절차를 가지게 될 것이다. 그러나 이 방식이 어느 종류의 데이터 세트에서나 FWE를 통제하더라도, 본페로니 절차는 검증 간의 강한 상관이 존재할 때에는 매우 보수적이게 된다. fMRI 데이터의 편평화에 의해 본페로니 보정은 보통 매우 강하게 보수적이다. 대신, 복셀들 사이의 공간적 의존성을 설명하는 방법이 필요하다. 이를 위한 두 가지 주요 방법들은 무선 장 이론과 치환 방법이다.

(2) 무선 장 이론

무선 장 이론(random field theory: RFT)은 임계치를 적용한 영상들의 위상학에 고상한 수학적 이론을 사용한다. 이 방식에 대한 더 자세한 내용들은 이 책의 범주를 넘어서는 수학을 필요로 하지만, 접근 가능한 개관적 설명은 Nichols과 Hayasaka(2003)에서 찾아볼 수 있다. 더 많은 수학적 세부 사항은 Cao와 Worsley(2001), Adler와 Taylor(2007)를 참조하라.

RFT의 중요한 면은 어떻게 이 방식이 데이터의 편평함의 정도를 설명하는가에 있다. 편평함은 $\mathrm{FWHM} = [\mathrm{FWHM}_x, \mathrm{FWHM}_y, \mathrm{FWHM}_z]$에 의해 측정된다. 이 편평함은 데이터에 적용된 가우시안 편평화 커널(Gaussian smoothing kernel)의 크기가 아니라, 데이터가 가진 고유한 편평함을 말한다. 즉, 어떠한 편평화가 수행되기 전에도 모든 영상 데이터에 어느 정도의 공간적 상관이 존재하고 있고, RFT 편평화 매개변수는 고유의 편평함과 적용된 편평함의 조합과 관련이 있다.

RFT의 FWHM의 정의는 다소 난해하다. 이는 공간적으로 독립적인 '백색 잡음' 데이터에 적용될 때 사용되는 가우시안 커널의 크기인데, 데이터의 잡음 가까이에 편평함의 정도를 나타나도록 만든다.

이와 관련된 개념은 'RESEL' 혹은 RESolution Element(해상도 요소)로, $\text{FWHM}_x \times \text{FWHM}_y \times \text{FWHM}_z$의 크기를 지닌 가상의 복셀이다. RESEL의 단위에서 표현되는 분석 볼륨은 R(RESEL 계수)로 표시된다.

우리는 어떻게 RFT 결과들이 작동하는지에 대한 직관을 얻기 위해 하나의 공식을 제시하는데, 다음의 식은 삼차원 가우시안 통계치 영상의 단일 복셀 t값에 대한 보정된 P-값이다.

$$P^{\text{VOX}}_{\text{FWE}}(t) \approx R \times \frac{(4\ln(2))^{3/2}}{(2\pi)^2} e^{-t^2/2} (t^2 - 1) \qquad \text{(식 7.1)}$$

여기서 $R = V/(\text{FWHM}_x \times \text{FWHM}_y \times \text{FWHM}_z)$은 영상에 대한 RESEL 계수다. 이 공식은 RESEL 계수의 본질직인 역할을 설명해 주며, 또한 주어진 통계치 t와 탐색 용적 V에 대하여, FWHM들의 산출물이 증가할수록 RESEL 계수는 감소하고, 보정된 P-값 또한 증가된 유의도를 생성하면서 감소한다는 것을 보여 준다. 직관적으로 보면, 편평함의 정도가 클수록 다중검증 문제가 덜 심각해지며, 엄격한 보정이 보다 덜 필수적이다. 반대로, RESEL의 탐색 용적이 증가할수록, 보정된 P-값 또한 동일한 통계치에 대한 감소된 유의도를 생성하면서 증가하게 된다. 이는 매우 이치에 맞는데, 탐색 용적이 점점 커질수록 더욱 심각한 다중검증 문제가 생기기 때문이다.

이는 어떻게 RFT 추론을 데이터의 편평함에 적용하는지, 그리고 어떻게 RESEL 계수가 영상의 '독립적 관찰들'의 수와 관련되어 있는지를 보여 준다. 그러나 이러한 느슨한 해석은 그만큼의 한계를 지니고 있으며, RFT를 'RESEL 기반 본페로니 보정'에 상응하는 것으로 오해해서는 안 된다. 이는 그러한 경우가 아니며, RFT 추론에 맞추어지도록 본페로니 보정에 반영할 수 있는 동등한 복셀 계수는 존재하지 않는다(Nichols & Hayasaka, 2003).

　RFT는 또한 클러스터-크기에 기반하여 클러스터들에 대한 P-값들을 얻는 데 사용될 수 있다(Friston et al., 1994b). 더 자세한 사항들은 수학적으로 관여되어 있지만, 가우시안 무선 장 이론은 기대되는 클러스터들의 크기와 수에 대한 결과를 제공하며, 이러한 결과들은 탐색 용적의 편평함에 적용된다. RFT P-값은 또한 이전에 언급하였던 것과 같이, 클러스터 크기와 최고점 높이(Poline & Mazoyer, 1993), 그리고 클러스터 집단(Zhang et al., 2009)이 결합된 형태의 대안적인 클러스터 통계 방식을 위해 개발되었다.

　RFT의 한계　비록 RFT 방법들이 fMRI 추론의 핵심을 이루고 있다 하더라도, 이 방식들은 여러 단점들을 가지고 있다. 먼저, 이 방법들은 다수의 분포상의 가정과 근사치들을 필요로 한다. 특히 무선 장이 충분히 편평할 것을 요구하는데, 이는 실제적으로 연구자가 FWHM이 복셀의 차원들보다 적어도 2배가 되는 가우시안 필터로 데이터를 편평화해야 하는 것을 의미한다. 사실, RFT 방법들은 전반적으로 3복셀 혹은 4복셀 크기의 FWHM보다 더 작은 편평화에 대해 지나치게 보수적이다(Nichols & Hayasaka, 2003; Hayasaka & Nichols, 2003). 이에 더하여, RFT 방식들은 20 이하의 표집 크기에 대해서도 지나치게 보수적이다(Nichols & Hayasaka, 2003; Hayasaka & Nichols, 2003).

(3) 모수적 모의실험

　복셀-수준과 클러스터-수준 추론에 대한 또 다른 접근은 몬테 카를로 모의실험(Monte Carlo simulation)이며, 이 방법을 통하여 우리는 FWE를 통제하는 임계치를 찾을 수 있다. 예를 들어, Forman 등(1995)은 몬테 카를로 클러스터-수준 추론 방식을 제안하였다. 가우시안 데이터는 영가설의 가정하에 대용의 통계적 영상들을 생성하면서 실제 데이터의 추정된 편평함에 근거하여 모의실험되고 편평화된다. 이러한 대용의 영상들은 역치화되고, 모의실험에 의한 클러스터 크기의 분포가 산출된다. 이러한 방법들은 RFT의 모형과 유사한 근본적인 모형을 갖지만(즉, 가우시안 데이터에 대한 편평화), 이들은 점근적 혹은 근사적 결과들에 의존하지는 않는다. 그러나 이 방법들은 RFT보다 계산적으로 훨씬 더 철저하다.

이 방식은 AFNI의 alphasim 프로그램에서 구현될 수 있다. 이 방식의 사용자들은, RFT에서 그러하듯이, 편평화 매개변수가 적용된 편평화 커널의 크기가 아니라 데이터의 추정된 고유의 편평함이라는 점에 각별히 주의해야 한다. 이에 더해, 모의실험을 위해 사용되는 분석 차폐는 반드시 실제 데이터의 분석을 위해 사용되는 차폐와 정확히 일치해야만 한다.

(4) 비모수적 접근들

데이터에 관한 모수적 가정들을 근사적 $P-$값에 적용하는 대신, 또 다른 대안적 접근은 관심 검증 통계량의 실증적인 영가설 분포를 얻기 위해 데이터 자체를 사용하는 것이다. 재표집 방식에 사용되는 가장 흔한 두 방식은 치환검증(permutation test)과 부트스트랩(bootstrap)이다. 부트스트랩이 아마도 더 잘 알려져 있겠지만, 이는 점근적 방법(즉, 오직 거대 표집 한계에서만 정확함)이며, 특히 FWE−보정(FWE-corrected) $P-$값을 추정하는 데 저조한 수행을 보이는 것으로 나타났다(Troendle et al., 2004). 반면, 거짓 양성 위험의 정확한 통제를 하는 치환검증은 작은 표본들을 위한 RFT 방법의 대안으로서 유용하다.

치환검증은 두 집단을 비교할 때 이해하기가 쉽다. 단일 복셀에 대해, 고−수행(H) 집단 10명과 저−수행(L) 집단 10명씩 두 집단이 있고, 각 집단의 BOLD 반응 데이터를 서로 비교하기를 원한다고 가정하자. 집단 간 차이가 없다는 영가설하에서는, 집단 표식은 임의적이고, 우리는 무선적으로 10명의 피험자를 선택하여 H 집단이 되도록 하여 데이터를 재분석하면 비슷한 결과가 나타날 것으로 기대한다. 이것이 치환검증의 원리다. 즉, 데이터에 실험 표식의 할당을 반복적으로 뒤섞고, 영가설하에서 관찰될 것으로 기대되는 통계치들의 분포를 생성하기 위해 각각의 뒤섞인 데이터를 분석하는 것이다. 실제 관찰된 데이터보다 더 극단적인 영가설 분포의 꼬리들을 통합함으로써 모수적 P-값을 구하는 것과 같이, 비모수적 치환 P-값은 실제로 관찰된 값보다 같거나 혹은 더 극단적인 치환 통계량의 비율이다. [그림 7-3]은 집단별 세 명의 피험자를 가지고 있는 이러한 예를 보여 준다.

치환검증은 한 명의 fMRI 데이터에 대해서는 적용하기 어렵다. 추세(drift)와 시간적 자기상관(temporal autocorrelation)은 시계열이 자기상관을 갖도록 만들고, 따라서 영가설하에서 교환이 가능하지 않다. 이는 무선적으로 데이터 시점들을 재배치하는 것이 시간적 자기상관을 망가뜨리기 때문이다. 비록 치환 절차의 한 부분으로서 데이터를 비상관시키는 방법들이 있지만, 이러한 반-모수적(semiparametric) 방법들은 매우 계산적인 부하를 요구하고, 상관에 관한 정확한 모형화에 의존한다.

반면, 집단 수준에서 치환 접근법은 적용하기 쉽다(이 상관은 FSL의 randomize, SPM의 SnPM 도구에 포함되어 있다). 각 피험자는 표준 GLM 모형로 분석되며, 각 관심 대비에 대해 하나의 효과 영상(FSL에서 Contrast of Parameter Estimates 혹은 COPE image, SPM에서 con image)이 생성된다. 만일 단일 집단만이 있다면, 치환할 집단 표식이 없기 때문에 치환검증이 불가능한 것처럼 보일 수도 있다. 그러나 만일 COPE image(혹은 con image)들이 대칭적 분포(H_0의 가정하의 0에 대해)를 지니고 있다고 가정한다면, 치환검증은 각 참가자의 COPE에 1 혹은 -1을 무선적으로 곱함으로써 수행될 수 있다. 이 대칭의 가정은 가우시안 가정에 비해 훨씬 약하지만, 대칭적 분포를 지닌 제1수준 오류에 의해 정당화될 수 있다.

지금까지 각 복셀에서 영가설 분포를 얻기 위한 치환검증의 사용을 논의하였으나, 이것이 다중검증 문제를 해결하지는 않는다. 중요한 것은 치환이 FWE-보정 P-값을 얻기 위해서도 사용될 수 있다는 것이다. FWE-보정 P-값은 전체 뇌영상에 걸친 최대 통계량의 분포와 하나의

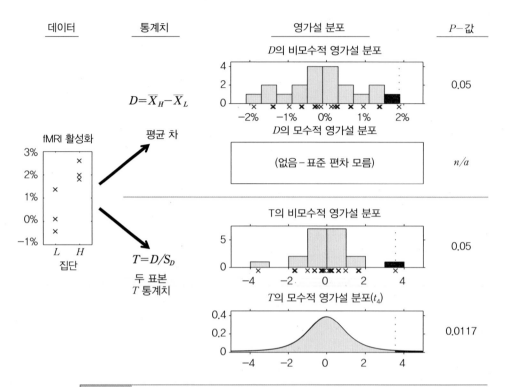

그림 7-3 집단 수준에서 세 피험자로 이루어진 두 집단을 비교하는 모수적·비모수적 추론의 예. 모수적 방법들은 검증 통계량의 영가설 분포를 찾기 위해 데이터에 대한 가정들을 사용한다. 비모수적 방법들은 비표준적인 검증 통계치를 고려하도록 하기 위해 영가설 분포를 찾는 데 데이터 자체를 사용한다. 영가설하에 집단 표식은 관련이 없고, 따라서 서로 다른 표식들의 치환을 사용하여 데이터를 계속하여 재분석할 수 있다. 여기서, 세 피험자들을 저-수행 집단으로(다른 세 명은 반드시 고-수행자 집단이어야 함) 할당하는 20가지의 가능한 방법들이 있으며, 따라서 이 치환 분포는 20개의 검증 통계치들로 구성된다. 모수적 방법이든 비모수적 방법이든, P-값은 실제로 관찰된 통계치만큼 크거나 혹은 더 큰 부분에 대한 영가설 분포의 비율이다. 그러나 표준편차(S_D)가 알려져 있지 않기 때문에 그 차이에 대한 모수적 검증은 존재하지 않는다.

특정 통계치를 비교함으로써 발견된다. 이를 앞서 제시한 고-수행과 저-수행의 예에 적용하면, H와 L로 각각 무선적으로 표식된 데이터에 대해 전체 뇌 볼륨이 분석되고, 전체 뇌에 걸쳐 최대 통계치가 기록된다는 것을 의미한다. 복셀-수준 추론의 경우, 이는 통계적 영상에서 가장 큰 강도인 반면, 클러스터-수준 추론의 경우, 이는 영상의 가장 큰 클러스터의 크기다. 반복적 치환으로 최대 통계치의 분포가 구성되고, FWE-보정 P-값은 관찰된 통계치만큼 크거나 혹은 더 큰 부분에 대한 치환 분포에서의 최대치의 비율이다.

치환 방식의 일차적인 단점은 이들이 계산적으로 강도가 높다는 것이다. 대부분 RFT 계산은 최대 몇 초가 걸리지만, 전형적인 치환 분석은 현대의 컴퓨팅 하드웨어에서 10분 내지 한 시간 정도 걸릴 수 있다. 그러나 fMRI 처리과정의 다른 측면들을 수행하는 데 걸리는 많은 시간을 고려하면, 이는 치환검증을 사용하는 것으로부터 얻는 정확성에 대해 상대적으로 적은 비용을 지불하는 것과 같다. 일반적으로, FWE-보정 결과가 필요할 때, 우리는 집단 fMRI 데이터에 대한 모든 추론을 위해 치환검증의 사용을 추천한다.

2) 거짓 발견율

FWE 보정 복셀-수준 검증이 뇌영상에 대해 이용 가능했던 첫 번째 방법이지만, 연구자들은 종종 이러한 방식이 매우 둔감하여 보정을 거친 후에 아무런 결과를 남기지 않는 것을 발견한다. 때때로 부정확한 RFT 방식으로 인하여 FWE 추론이 매우 보수적인 경우가 있지만, 정확한 치환 FWE를 사용해도 많은 연구자들이 전혀 정적인 결과를 얻지 못할 수가 있다(특히 작은 표본 크기를 지닐 때). FWE 보정보다 더 관대한 다른 대안은 거짓 발견율(false discovery rate)이다(Benjamini & Hochberg, 1995; Genevese et al., 2002). 거짓 발견 비율(false discovery proportion: FDP)은 거짓 양성(만일 어떠한 복셀도 탐지되지 않는다면 0으로 정의됨)에 의해 탐지된 복셀들 혹은 클러스터들의 일부분이다. FDP는 관찰 가능하지 않지만, FDR 절차는 평균 FDP가 통제되는 것을 보장한다. 다른 방식으로 말하면, FWE 절차의 0.05 수준은 95%의 반복에서 정확하다. 5% 이하의 실험들은 어떠한 거짓 양성도 지닐 수 없다. 0.05 수준의 FDR

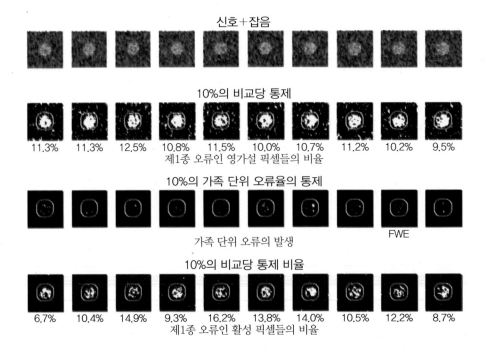

그림 7-4 세 가지 서로 다른 다중 비교 절차들의 예. 각각의 열은 첫 번째 행의 모의 데이터에 보이듯이 신호에 더한 잡음의 서로 다른 실제 예에 상응하는데, 당신이 앞으로 수행할 열 번의 실험으로 여길 수 있다. 첫 번째 행은 어떠한 역치화가 적용되지 않은 통계적 영상을 보여 준다. 두 번째 행은 10%의 비교당 통제 비율을 보여 주는데, 즉 다중성에 관한 특별한 설명을 수반하지 않는 경우다. 세 번째 행은 10%의 가족단위 오류율(RFT 혹은 본페로니를 이용)의 통제를 보여 준다. 맨 아래 행은 거짓 발견율의 통제를 보여 준다. 다중검증을 위한 어떠한 통제가 없다면(두 번째 행) 뛰어난 민감성을 지니지만, 동시에 매우 부족한 특정성을 지닌다(모든 곳에 거짓 양성이 존재함). FWE 통제(세 번째 행)는 10개의 실험들 중 오직 하나의 실험에서 거짓 양성을 지니는 매우 뛰어난 특정성을 지니지만 저조한 민감성을 갖고 있다. FDR 통제(마지막 행)는 무보정과 FWE 보정의 절충안으로, 비록 여전히 탐지된 모든 복셀들의 하나의 단편으로서 통제되기는 하지만 어느 정도의 거짓 양성을 대가로 뛰어난 민감성을 지닌다. 각각의 실험을 위한 경험적 비교당 오류율이 절대로 정확히 10%가 아닌 것과 같이, 경험적인 거짓 발견 비율 또한 절대로 정확히 10%가 되지 않는다. 두 가지의 경우에서, 우리는 결국 평균 비율이 10%를 넘지 않을 것이라는 점만을 보증할 수 있다. 각 영상에서 노란 원은 신호가 있는 영역을 표시하고 있다. 첫 번째 행에서, 각 영상 아래의 숫자들은 거짓 탐지된 잡음(신호가 아닌) 복셀의 비율을 나타낸다. 가운데 행에서, 'FWE' 라벨은 하나 이상의 거짓 양성이 나타남을 의미한다. 그리고 마지막 행에서 숫자들은 거짓 양성인 탐지된 복셀의 비율, 즉 거짓 발견 비율을 나타낸다.

절차는 95% 정확한 결과를 생성한다. 따라서 결국 평균 FDP는 5% 이상이 될 수 없다([그림 7-4] 참조).

FDR의 뛰어난 민감성은 높은 거짓 양성 위험의 대가로 얻어진다. 이 위험은 데이터 특징을 설명하는 객관적인 방법으로 측정된다. 이는 편평함과 탐색 영역의 크기에 따라 거짓 양성 위험이 변하게 되는, 이를테면 보정 전(uncorrected) $\alpha = 0.001$ 임계치와 대조된다. 복셀-수준에 적용되는 표준 FDR은 클러스터 추론과 비슷하게 공간적 특정성이 결여된다. FDR에서 유의미한 복셀 지도에서, 하나의 복셀을 가리켜 그것이 유의하다고 결론 내릴 수 없다. 단지 평균적으로, 드러난 복셀들 중 5% 이하(혹은 사용된 FDR 수준)의 복셀들이 거짓 양성임을 주장할 수 있다. 만일 몇몇 유의한 복셀들이 하나의 커다란 클러스터를 형성하고 나머지 것들이 작은 클러스터로서 흩뿌려져 있더라도, 복셀-수준 FDR은 어떠한 공간적 측면도 지니고 있지 않으며, 클러스터 크기를 유의도에 포함하지 않는다.

몇몇 이들은 이러한 공간적 상세함의 결여로 인해 FDR을 비판하였는데, 심지어 Chumbley와 Friston(2009)은 복셀-수준 FDR은 절대 사용되지 말아야 한다고 제안하였다. 그들은 대신에 FDR이 클러스터-수준 방식에서 적용되어야 한다고 주장하였다. 여러 의견을 반영하면, 복셀-수준과 클러스터-수준 FDR 모두 합리적인 절차들로 여겨지며, 각각은 유의한 복셀들 혹은 클러스터들의 지도에 존재하는 거짓 양성을 설명하면서 조심스럽게 해석될 필요가 있다.

3) 추론의 예

앞서 논의한 추론 방법들을 설명하기 위하여 도박 과제(gambling task)로부터 얻어진 데이터(Tom et al., 2007)를 생각해 보자. 이 데이터는 이 책의 웹사이트로부터 얻을 수 있다. 이 실험에서 16명의 참가자들은 잠정적 획득과 손실의 크기가 매 시행마다 모수적으로 변하는 50/50 도박을 수행한다. 여기서는 BOLD 반응에서 잠정적 손실의 부적인 모수적 효과(잠정적 손실의 크기가 증가할 때 활동이 감소하는 것으로 확인된 영역들)만을 고려한다. $Z=2.3$인 클러스터-형성 임계치를 사용하여 154클러스터가 발견되었다([그림 7-5a] 참조). 탐색 용적과 추정된 편평함에 근거하여, RFT에 의하면 5% 수준의 FWE 클러스터 크기 임계치가 570복셀이고, 오직 네 개의 클러스터들만이 이 임계치보다 더 큰 것으로 나타났다([그림 7-5b]와 〈표 7-1〉 참조).

(a) $Z=2.3$인 클러스터-형성 임계치로 만들어진 모든 클러스터들

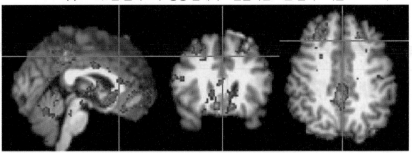

(b) 5% FWE 임계치에서 살아남은 클러스터들

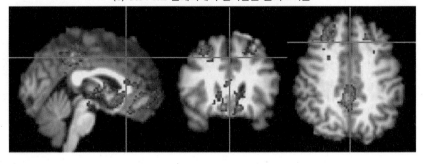

그림 7-5 도박 실험으로부터 얻어진 역치화된 지도들로, BOLD 반응에서 잠재적 손실의 크기에 대한 모수적 효과. 위쪽 그림 (a)는 $Z=2.3$인 클러스터-크기 임계치를 가지고 있지 않은, 클러스터-형성 임계치로 만들어진 클러스터들을 보여 주는 반면, 아래쪽 그림 (b)는 570복셀의 클러스터 크기 임계치에서 살아남은 세 개의 클러스터들을 보여 준다.

〈표 7-1〉 도박 실험으로부터 나온 유의미한 클러스터

영역	클러스터 크기 (복셀)	보정된 P-값 P_{FWE}^{clus}	X	Y	Z
선조체, 복내측 전전두 피질, 복측 전대상피질, 내측 안와전두피질	6,041	<0.0001	0	4	-4
우측 상전두회	1,102	0.0010	22	42	38
후측 대상회	901	0.0040	4	-38	40
좌측 상전두회	738	0.0133	-30	24	54

주의: 탐색 볼륨: 236,516개의 $2 \times 2 \times 2$ mm³복셀, 1.89리터, 1,719.1RESELs, FWHM 5.1mm 클러스터 형성 임계치 $Z=2.3$, 0.05 FWE 클러스터 크기 임계치 $k=570$.
[a]$Z=2.3$의 클러스터 형성 임계치에서 154개의 클러스터가 발견되었다([그림 7-5] 참조). 여기에 나열된 4개만이 FWE 절차의 0.05 수준에서 유의미한 값이다. 목록의 X, Y, Z 좌표는 각 클러스터에서 최고 Z 값의 위치다.

　직교하는 절편들을 가지고 있는 3D 클러스터들을 시각화하는 데에는 어려움이 있다. [그림 7-5b]에서, 수평(중앙) 절편에서 마치 여섯 개 이상의 분리된 클러스터들이 있는 것처럼 보이나, 사실 그 그림에는 클러스터들이 세 개가 존재한다. 클러스터들의 인접은 3차원에서 측정되며, 2-D 절편들로부터 시각적으로 측정하는 것은 매우 어렵다.
　또 다른 어려움은 〈표 7-1〉의 첫 번째 클러스터의 경우나 시상과 관상(왼쪽과 중앙) 절편들의 낮은 부분에서 보이는 바와 같이 커다란 클러스터들에 의해 나타난다. 이 클러스터는 수많은 해부학적 영역들에 걸쳐 있으나, 이 클러스터를 유의미하다고 하는 것은 단지 우리에게 이 6,041개의 복셀들 내 어딘가에 어떤 신호가 존재한다는 것을 알려 줄 뿐이다. 만일 이 점이 문제가 될 것임을 미리 알고 있었다면, 공간적 특정성을 향상시키기 위해 복셀-수준 추론을 대신하여 사용했을 것이다. 그러나 이 데이터의 경우, 어떠한 복셀도 FWE를 사용하든

FDR을 사용하든 유의미한 것으로 발견되지 않았다(최대 복셀 $Z=4.00$은 $P_{FWE}^{VOX} = 1.0$과 $P_{FWE}^{VOX} = 0.1251$을 보인다). 이것이 바로 클러스터 추론이 복셀-수준 추론보다 더 민감한 전형적인 예다.

4. 추론들을 연합하기: 차폐화와 결합

하나의 fMRI 실험은 보통 서로 다른 여러 개의 대비들을 생성해 낼 것이고, 그 연구의 산출물에 대한 온전한 이해는 서로 다른 방식으로 통계적 영상을 연합하는 작업을 필요로 할 수 있다. 이러한 상황을 구체적으로 만들기 위해, 각각 두 수준을 지닌 두 변인들을 가진 2×2 요인설계를 생각해 보자. Henson 등(2002)은 이러한 설계를 얼굴 재인과 암묵적 기억을 위해 사용하였다. 이 연구는 두 가지의 요인들을 가지는데, '명성'은 제시된 얼굴이 유명한지 유명하지 않은지를 나타내며, '반복'은 제시된 자극이 처음 혹은 두 번 제시되었는지를 나타낸다(각 얼굴은 정확히 두 번 제시됨). 여러 대비들 중 관심 대비는 다음과 같다. $C_{유명>비유명}$: 두 가지 제시 조건 모두에 걸쳐 평균화된 명성의 정적 효과, $C_{유명:반복1>비유명:반복1}$: 첫 번째 제시 조건에서 명성 효과, $C_{유명:반복2>비유명:반복2}$: 두 번째 제시 조건에서 명성 효과, $C_{명성 \times 반복 = C유명:반복1>비유명:반복1} - C_{유명:반복2>비유명:반복2}$: 명성의 반복-의존 효과인 일방향 상호작용의 검증 등이다.

상호작용 대비인 $C_{명성 \times 반복}$이 아마도 가장 흥미로운 효과일 것이지만, 이 대비는 $C_{유명:반복1>비유명:반복1}$ 효과가 정적이면서 $C_{유명:반복2>비유명:반복2}$ 효과보다 더 큰 복셀뿐만 아니라, $C_{유명:반복1>비유명:반복1}$ 효과의 감소가 $C_{유명:반복2>비유명:반복2}$의 감소보다 덜 부적인 복셀들을 탐지한다. 우리가 오직 명성의 효과가 정적일 때의 상호작용에 대해서만 관심을 가지고 있다고 가정해 보자. 우리는 먼저 $C_{유명:반복1>비유명:반복1}$의 통계적 영상을 생성하고, $C_{유명:반복1>비유명:반복1}$이 정적인 복셀들을 나타내는 이진 차폐(binary mask)를 생성하기 위해 0에서 역치화를 수행하는 것으로 시작할 수 있다. 그다음 $C_{명성 \times 반복}$

에 대한 통계적 영상을 생성하고, 통상적인 방법으로 유의미 역치화를 적용한 후, 마지막으로 이진 차폐를 적용한다. 이를 통해 결과적으로 얻어진 지도는 명성의 정적 효과에 대해 차폐된 $C_{명성×반복}$의 유의미한 효과를 보여 줄 것이다. 여기서 우리가 사용한 차폐화(masking)는 추가적인 대비에 대해 임의적 조건을 만족시키는 복셀들을 제거하기 위한 영상 처리 조작의 형태로 사용되었음에 주의하라. 즉, 차폐의 성질에 관한 통계적 역치에 대한 정보는 알려져 있지 않으며, 일반적으로 거짓 양성 비율은 이러한 차폐를 적용한 이후에 낮아질 것이다. 탐색 영역을 변경하여 다중검증 효과에 영향을 주기 위한 관심 영역(regions of interest)의 사용에 대해서는 다음 절을 참고하라.

상호작용은 효과들에 있어서 차이점들을 찾고자 하는 것인 반면, 결합(conjunction)은 유사성을 찾고자 하는 것이다(Nichols et al., 2005). 예를 들어, 우리는 얼굴의 첫 제시와 두 번째 제시 모두에 대해 명성의 효과가 있는 영역들을 찾아내길 원할 수 있다. $C_{유명:반복1>비유명:반복1}$ 대비와 $C_{유명:반복2>비유명:반복2}$ 대비에 의해 특정화되는 이 검증들의 결합은 이에 관한 추론을 제공할 것이다. 여기서 말하는 결합은 첫 번째 혹은 두 번째 제시에서 정적인 명성 효과가 존재하면 유의할 수도 있는 명성의 주 효과($C_{유명>비유명}$)와 같지 않음을 명심해야 한다.

타당한 결합 추론은 각각의 통계적 영상을 따로 역치화한 후, 역치 이상의 복셀들에 대한 복셀-수준의 교점을 취함으로써 얻어진다. 검증된 각각의 대비 사이의 독립성에 대한 어떠한 가정도 존재하지 않으며, 결합에 대한 복셀-수준의 유의 수준은 결합된 검증들 각각의 유의 수준이 된다. 예를 들어, 만일 5% FWE 복셀-수준 임계치가 각각의 통계적 영상에 적용된다면, 결합 추론은 5% FWE 수준을 갖는다. 대안으로는, 복셀 단위로 최솟값이 계산될 수 있는데, 이 최소 영상은 마치 이들이 하나의 통계적 영상인 것처럼 역치화될 수 있다. 결합 추론의 자세한 정의는 하나 이상의 효과들이 무효하다는 결합 영가설(conjunction null hypothesis)에 반하는 증거를 측정하는 것이다.

결합을 탐지하는 것은 종종 낮은 검증력을 지니는데, 단순히 이는 각각의 모든 검증이 반드시 유의한 효과를 보여야만 하는 엄격한 기준이 요구되기 때문이다. Friston 등(2005)은 K 효과의 최소 통계치를 사용하는 결합 추론의 약화된 형태를 제안하였다. 이 방식은 모든 K 효과가 참이라는 대립가설을 지닌 결합 영가설에서 추론을 이끌어 내는 대신, 적어도 효과들의 $k < K$가 참이라는 대립가설을 지닌 조정된 영가설에서 추론을 이끌어 낸다. 그러나 이 대안적 접근은, 앞서 언급했듯이, 검증된 효과들 사이의 독립성의 가정을 요구하며, 모든 효과가 참이라는 추론을 제공할 수는 없다.

5. 관심 영역 차폐의 사용

만일 어떤 연구가 뇌의 특정 영역에 집중적으로 관심을 기울인다면, 활성화에 대한 탐색을 관심 영역(region of interest: ROI)으로 제한시킬 수 있는데, 이는 다중검증 보정의 엄격함을 줄여 준다. 10장에서 ROI 분석에 대해 더욱 자세히 논의하고 있다. 여기서는 활성화 탐지를 위해 탐색되는 뇌의 볼륨을 줄이기 위해 ROI를 복셀-수준, 혹은 클러스터-수준 추론과 함께 사용하는 것에 집중할 것이며, 이는 '작은 볼륨 보정(small volume correction)'이라고 불린다. 이 전략의 장점은 ROI 정의가 너무 자세할 필요가 없다는 점인데, 이 방식에서 ROI는 뇌 영역들을 관심 영역이거나, 혹은 그렇지 않은 영역으로 정의하기 위해서만 사용되기 때문이다. 앞서 언급했듯이, ROI는 통계분석의 관심으로부터 독립적으로 정의되는 것이 매우 중요하다.

실제로 주의해야 할 점은 모든 다중검증 절차들이 매우 작은 ROI에 대해 동일하게 작용하지는 않는다는 점이다. 예를 들어, RFT에 기반한 클러스터-수준 추론은 탐색 영역이 잡음의 편평함에 비해 더 크다는 것을 가정한다. 탐색의 가장자리에 닿아 있는 클러스터는 RFT를 사용하든 치환을 사용하든 과소추정된 유의도를 가질 수 있는데, 따라서 대략 25RESEL보다 더 작은 ROI를 사용할 때 클러스터-수준 추론은 이상적이지 않다. 예를 들어, 만일 복셀 단위에서 FWHM이 [3, 3, 3] voxels^{3}이라면, 1,000복셀로 이루어져 있는 ROI는 1,000/(3×3×3)=37.0의 RESEL 계수를 가질 것이며, 따라서 충분히 크다고 할 수 있다. 유사하게, FDR 보정을 사용한 복셀-수준 추론은 ROI가 매우 작을 때 저조한 수행을 보일 수 있다. 기본적으로, FDR은 대립가설 P-값들의 분포를 영가설 P-값들의 배경으로부터 구별하기 위하여 그 분포를 학습해야 한다.

6. 통계적 검증력 계산하기

통계학자들에게 물어보는 가장 흔한 질문 중의 하나는 "내 연구에서 가설의 효과를 탐지하기 위해 얼마나 많은 피험자들이 필요한가?"다. 이 질문에 답하기 위해서는 검증에 대한 통계적 검증력을 계산할 필요가 있다. 이 장의 첫 부분에서 언급하였듯이, 검증력이란 영가설이 거짓일 때(즉, 실제로 신호가 존재할 때), 정확하게 그 영가설을 기각할 가능성이다. [그림 7-6]은 단순한 단일변량 검증에 대해 어떻게 검증력이 계산되는지를 보여 준다. 빨간색 분포는 Z 검증 통계량의 영가설 분포이고, 파란색 분포는 대립가설 분포다. 대립가설 분포의 평균은 당신의 연구에서 당신이 가질 것으로 기대하는 활성화의 크기, 그 변량 그리고 표본 크기의 함수다. α 수준이 주어졌을 때(예: 하나의 검증을 위한 α=0.05), 당신은 이에 상응하는 영가설 분포 임계치를 발견할 수 있는데, 그러면 영가설 분포하에서 그 임계치의 오른쪽 영역이 α(제1종 오류율)이고, 그 다음 대립가설 분포하에서 이 임계치의 오른쪽 영역은 검증력이 된다. 만일 당신의 검증이 80%의 검증력을 갖는다면, 이는 많은 반복된 실험에서 당신이 그 특징적인 신호를 탐지할 80%의 기회를 가질 것임을 의미한다.

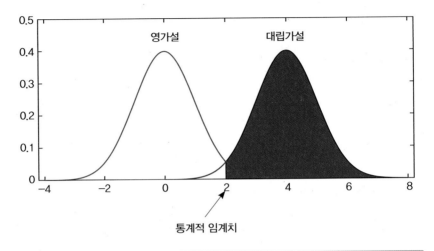

그림 7-6 어떻게 검증력이 계산되는지를 보여 주는 예. 빨간색 분포는 영가설 분포로, 0 주위에 집중되어 있다. 파란색 분포는 대립가설 분포로, 활성화의 기대되는 평균과 변량에 의해 결정된 하나의 값 주위에 집중되어 있다. 통계적 임계치는 어떤 통계치가 유의한지 아닌지를 평가하기 위해 사용되는 기준치를 가리킨다. 영가설 분포하에서 이 임계치의 오른쪽 영역은 제1종 오류율(α)이고, 대립가설 분포하에서 이 임계치의 오른편(파란색으로 칠해진 부분)이 검증력이다.

검증력 분석은 해당 연구를 위해 얼마나 많은 피험자들이 필요한지를 계획하기 위하여, 데이터가 수집되기 이전에 수행되어야만 한다. 검증력 계산 자체는 연구에 참여한 피험자 수의 함수다. 여기서 제1종 오류는 α, 탐지할 수 있기를 원하는 효과의 크기는 δ, 효과의 변량은 σ^2이다. 검증력은 또한 수집될 데이터의 회기들의 수와 회기의 길이에 영향을 받는데, 이는 이러한 요소들이 효과의 변량에 영향을 미치기 때문이다(더 자세한 정보는 Mumford & Nichols, 2008 참조). 이 계산을 사용하며 우리는 합리적인 검증력을 위해 일반적으로 수용되는 임계치인 80%의 검증력을 가진 원하는 효과를 발견하기 위해 필수적인 피험자의 수를 계산할 수 있다. 효과의 크기와 변량은 종종 사전 실험 데이터나 이전에 수행된 유사한 실험 데이터에 근거한다. 6장에서 언급하였듯이, 효과의 변량은 피험자 내와 피험자 간 요소들을 포함하는 복잡한 형태를 취하며, 따라서 이러한 구조를 반영하기 위해서는 신중하게 추정되어야만 한다.

　fMRI에서 수천 번의 검증과 마주치게 되고, 따라서 전반적인 검증력 분석은 모든 복셀의 효과 크기를 일일이 나열해야 할 것이다. 게다가, 확률 계산은 반드시 공간적 상관과 다중검증 문제를 설명할 수 있어야만 한다. 실제로 이는 제대로 수행되지 않으며(그러나 Hayasaka et al., 2007 참조), 검증력 분석을 단순화하기 위해서는 사전 ROI(a priori ROI)만을 고려하고, 단순한 단일 집단 최소 자승(ordinary least squares: OLS) 모형에 근거하여 그 ROI의 평균 퍼센트 BOLD 변화에 대한 검증력을 예측한다. 우리의 목표가 매우 단순하기는 하지만, 만일 이러한 설정에 대해서도 충분한 검증력을 지니지 못한다면, 다른 분석에서는 분명히 부족한 검증력을 지닐 것이다. 이 경우, 검증력 분석은 단순히 단일 표본 t-검증에 관한 분석이다. 사전 실험 데이터에서, 만일 $\hat{\mu}$이 피험자들에 걸친 ROI 평균이고, $\hat{\sigma}$는 그 ROI 평균에 대한 피험자에 걸친 표준편차라면, 표본 크기 N과 제1종 오류율 α에 대한 검증력은 다음과 같다.

$$\text{Power} = P(T_{NCP,N-1} > t_{1-\alpha,N-1}) \tag{식 7.2}$$

　여기서 $T_{NCP,N-1}$는 비중심 T 임의 변수에 해당하는데, NCP는 비중심성 매개변수이며, $NCP = \frac{\sqrt{N}\hat{\mu}}{\hat{\sigma}}$로 설정된다. 또한 $t_{1-\alpha,N-1}$는 $N-1$ 자유도를 지닌 중심 t 분포의 $1-\alpha$ 분위수다. 두 표본 t-검증(two sample t-test)이나 ANOVA와 같은 다른 집단 모형의 경우, OLS 예시를 사용하여 추정된 모형들은 Cohen(1988)의 연구에서 찾아볼 수 있으며, 전체 혼합 효과 모형을 위한 추정 기법은 Mumford와 Nichols(2008)의 연구에서 찾아볼 수 있다. 또한 이전의 연구들에 근거하여 검증력 추정치들을 계산하기 위한 도구는 http://www.fmripower.org에서 사용 가능하다.

　하나의 예로, 당신이 정지 신호 과제(stop signal task)를 사용하는 새로운 연구를 계획하고 있고, 피각(putamen)에서 성공적인 정지와 비성공적인 정지를 구별하기 위한 충분한 피험자들을 모집했는지를 확실히 하고 싶다고 가정하자. 당신은 이전에 16명의 참가자에 대해 이와 유사한 실험과 대비를 지닌 연구 데이터를 가지고 있다. 이 데이터를 사용함으로써 앞으로의 연구들이 비슷한 스캐너와 획득 매개변수들, 전처리 옵션, 회기당 시행 수, 참가자당 회기 수를 지닐 것으로 가정할 수 있다. 피각에 대한 차폐를 만들기 위해 해부학적 지도를 사용함으로써, 우리는 각 참가자들에 대한 평균 BOLD 신호 변화를 측정할 수 있다(퍼센트 신호 변화 단위로 전환하는 방법에 대해서는 10장 참조). 우리는 전체 참가자에 대한 BOLD 신호 변화의 평균이 0.8%이며, 참가자에 걸친 표준편차는 2% BOLD인 것을 발견한다. 이 두 숫자들과 식 7.2에 의한 표본 크기의 범위를 사용한 0.05 α-수준에 근거하여, [그림 7-7]의 검증력 곡선이 만들어진다. 이 곡선은 피험자 수 40과 41 사이에서 80% 지점을 통과하고, 따라서 만일 주어진 효과가 0.8%이고 표준편차가 2%라면 최소한 41명의 피험자가 있어야 최소한 80%의 검증력을 생성할 것이다.

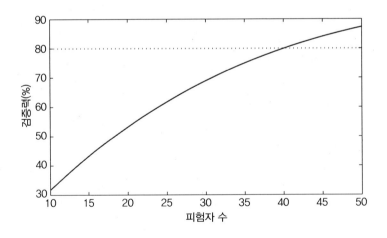

그림 7-7 검증력 곡선. 이 곡선은 2%의 신호 변화 표준편차를 가진 0.8%의 추정된 신호 변화 평균 효과와 식 7.2를 사용한 0.05의 제1종 오류율을 사용하여 생성되었다. 그래프가 40과 41의 피험자 수 사이에서 80%를 통과하기 때문에, 41명의 표본 크기가 최소한 80%의 검증력을 생성할 것이다.

만일 당신이 과제 신청을 진행하고 있는 중이라면, 검증력 계산은 종종 당신이 기대했던 만큼이 아닐 수 있고, 따라서 당신은 당신의 예산을 재구성할 필요가 있다. 이러한 이유로, 과제 신청 마감 기한에 앞서 검증력 분석을 수행하는 것을 적극적으로 추천한다.

검증력 분석의 몇 가지 제한들을 생각해 볼 필요가 있다. 첫째, 가장 중요한 것으로, 검증력 계산은 상당히 투기적인 기획임을 알아야 한다. 실험을 계획하는 데 전체적인 핵심은 효과를 연구하는 것이나, 검증력 분석은 당신이 실제의 효과 크기와 표준편차를 알고 있음을 가정한다. 따라서 '만약의' 시나리오의 범위를 고려하는 것이 좋다. 즉, '만일 실제 효과가 10% 더 작다면 어떻게 할 것인가? 20% 작다면 어떻게 할 것인가? 만일 표준편차가 10% 벗어나 있다면 어떻게 할 것인가?' 등의 시나리오를 고려해야 할 것이다. 만일 이러한 대안적인 시나리오 범위에 걸쳐서 여전히 좋은 검증력을 지닌 것으로 보인다면, 올바른 방향으로 나아가고 있는 것이다.

둘째, 절대로 연구의 검증력을 사후 검증 형식으로 계산하지 말아야 한다. 즉, 이미 수행된 연구의 검증력을 평가하는 것은 무의미한 것이다. 만일 효과가 있고, 당신이 이를 탐지했다면 당신은 100%의 검증력을 가진 것이다. 만일 효과가 있지만 당신이 이를 탐지하지 못했다면, 당신은 0%의 검증력을 지니고 있는 것이다. 이를 알아보기 위한 또 다른 방법은 영가설이 항상 참인 실패한 실험들을 생각해 보는 것이다. $\alpha = 0.05$가 사용되었다면, 우리는 이러한 검증들의 5%에 대해 영가설을 기각하고 유의한 결과가 있음을 선언할 것이다. 이에 더하여, 관찰된 검증 통계량 t가 단지 통계적 임계치와 동일하고, 효과 크기와 검증력을 계산하기 위해 t를 사용한다고 가정하자(t가 더 높을 수 있지만, 그렇지 않은 것으로 가정하자). 이러한 경우, 검증력이 50%가 되도록 계산할 것이다([그림 7-6]에서 추론이 가능하듯이, 만일 당신이 대립가설 분포의 평균을 동일한 통계적 임계치 방향인 왼편으로 이동한다면 그러하다). 따라서 실제로는 당신이 0%의 검증력을 가질 때에도 일련의 실패한 실험들은 이들이 무언가를 탐지할 때마다 당신이 최소한 50%의 검증력을 지닌다고 말할 것이다.

마지막으로, 가장 좋은 습관은 당신이 계획한 실험과 가능한 한 가장 유사한 연구들에 근거하여 검증력 분석을 수행하는 것이다. 그러한 연구들로부터, 관련된 효과에 대한 전형적인 평균과 표준편차를 계산하고, 효과 크기의 순환적 추정을 피하기 위해 독립적으로 결정된 ROI를 사용하라(〈글상자 10-1〉 참조). 검증력 분석의 제한들에 대한 더욱 상세한 정보를 위해서는 Hoenig과 Heisey(2001)를 참조하기 바란다.

뇌 연결성 모형화

1. 소 개
2. 기능적 연결성
3. 인과적 연결성
4. 연결망 분석 및 그래프 이론

뇌 연결성 모형화

1. 소개

뇌의 기능적 국지화(localization of function)는 신경과학 역사에서 가장 오래된 쟁점 중 하나로, 특정 정신기능이 특정 뇌 영역에 국지화되는지 아니면 전체 뇌 영역에 흩어져 있는지를 다룬다(Finger, 1994). 국지화 개념은 Franz Gall과 골상학자들에 의해 처음 등장하였으며, 이들은 두개골 형태를 기반으로 정신기능을 특정 뇌 영역에 국지화하려는 시도를 하였다. Gall은 뛰어난 신경과학자였으나(Zola-Morgan, 1995), 어떻게 두개골이 뇌에 관련되는가에 관한 그의 가정은 틀렸으며, 골상학자들은 결국 사기꾼으로 전락하고 말았다. 20세기 초, Karl Lashley와 같은 연구자들은 쥐의 피질 손상이 상대적으로 행동에 전반적인 영향을 주는 것을 보여 주는 연구들을 바탕으로 기능적 국지화에 반론을 제기했다. 그러나 20세기를 지나면서 흐름은 국지화주의자들의 관점으로 이동하였고, 현재 대부분의 신경과학자들은 정신기능이 적어도 어느 정도는 국지화되어 있다는 것에 동의하고 있다. 동시에 이러한 뇌 영역 각각의 기능은 일관적인 정신기능과 행동을 하기 위해 통합되어야 한다. 이러한 개념들은 각각 기능적 특수화(functional specialization)와 기능적 통합

(functional integration)이라 불려 왔다(Friston, 1994).

오늘날, 거의 모든 뇌영상 연구들은 기능적 국지화에 집중하고 있다. 그러나 뇌기능을 완전히 이해하기 위해서는 뇌영상 연구가 기능적 통합에 관한 입장을 취해야 한다는 인식이 늘어나고 있다(Friston, 2005; McIntosh, 2000). 이 장에서는 공간적으로 떨어져 있는 뇌 영역들이 정신기능을 만들어 내기 위해 어떻게 상호작용하고 함께 작동하는지를 이해하는 수단을 제공해 주는, fMRI 데이터에서 뇌 연결성을 분석하는 방법들을 개괄적으로 알아본다. 앞선 장들의 방법들은 fMRI 데이터가 어떻게 분석되어야만 하는지에 관한 일반적인 합의 사항들을 반영하고 있는 반면, 뇌 연결성은 어떻게 분석되어야 하는지에 관해서는 합의가 훨씬 적은 편이며, 이러한 방법들은 지금도 개발되고 있고 다듬어지고 있다. 여기서는 fMRI 데이터에서 구현 가능한 방법들에 초점을 두어 현존하는 방법들의 전반적인 개관을 제공하고자 한다.

2. 기능적 연결성

기능적 연결성은 공간적으로 떨어진 뇌 영역들 간 활동의 상관을 나타내는데, 이는 여러 이유에 의해 나타날 수 있다([그림 8-1] 참조). 첫

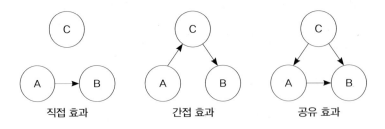

그림 8-1 두 영역 A, B 간 상관적 활동이 발생할 수 있는 여러 가지 방법에 대한 기술. 직접 효과(왼쪽 그림), 다른 영역을 거치는 간접 효과(가운데 그림), 또는 공통의 입력 영역으로부터의 공유 효과(오른쪽 그림)

째, 한 영역의 다른 영역에 대한 직접 효과를 반영할 수 있으며, 이를 인과적 연결성(effective connectivity)이라 한다. 예를 들어, 한 영역이 다른 영역에 원심성 연결을 보낸다면, 이 연결을 따르는 신호는 이 두 영역의 상관적 활동의 결과로 나타날 수 있다. 둘째, 제3의 영역에 의해 중재되는 또 다른 영역의 영향을 반영하는 것일 수 있다. 셋째, 두 영역 모두에 공통의 입력을 반영하는 것일 수도 있다. 예를 들어, 두 개의 다른 영역 모두 시각피질로부터 입력을 받는다면, 이들이 서로에게 직접적인 영향을 주지는 못하더라도 시각 자극의 제시가 그 영역들 간에 상관이 있는 활동을 야기할 것이다. 이는 자극-유발 과도현상(stimulus-driven transient)의 문제라 불린다. 여기서 가장 중요한 점은 첫 번째 경우만이 기능적 연결성이 영역들 간 직접적인 인과적 효과를 반영한다는 것이다. 이러한 이유로, 기능적 연결성 분석으로부터 나온 결과는 세심한 주의를 기울이면서 해석되어야 한다.

1) 시드 복셀 상관: 피험자 간

아마도 연결성을 검사하기 위해 종종 사용되는 가장 단순한 접근은 피험자에 걸쳐 활성화(예: 대비 값 또는 모수 추정치)의 상관을 측정하는 것일 것이다. 이 접근법에서는, 활성화에 관한 몇 개의 추정치(예: 특정 조건에 대한 베타 가중치)가 특정 영역으로부터 추출되고, 이 값들은 피험자에 걸친 전체 뇌 회귀 분석에 입력된다. 이 방법의 숨겨진 직관적 통찰은 두 영역이 기능적으로 연결되어 있다면 피험자들에 걸쳐 유사하게 변화하는 활동 수준을 보일 것이라는 데 있다. 그러나 이 방법은 영역들에 걸친 피험자 간 상관이 어떤 종류의 기능적 연결성도 반영하지 않는다는 사실 때문에 심각하게 제한적이다. 하나의 예로, 서로 다른 두 영역이 시각피질로부터 입력을 받지만 그 영역들의 활동은 각 피험자 내에서 서로 독립적이며 상관되지 않는 경우를 상상해 보라. 하지만 피험자들은 활성화의 전체량에 있어서는 서로 다르다(예: 스캔 전에 커피를 마셨는지의 여부에 따라). 이 사례에서는 피험자 내에서는 상관이 관찰되지 않더라도, 피험자에 걸쳐서는 그 영역들 간에 유의미한 상관을 나타낼 것이다. 이처럼 일부 피험자들이 잡음(예: 많이 움직인 피험자들은 더 작은 활성화 신호가 나타날 수 있다)이나 생리적 요인(예: 최근의 카페인 섭취 혹은 흡연)에 기인하여 다른 사람들보다 더 큰 BOLD 반응을 보인다면, 가짜 상관이 발생할 수 있다. 이 가능성이 시사하는 점은 피험자들에 걸친 뇌 영역 활성화 간 정적 상관은 주의 깊게 해석해야 한다는 것이다. 부적 상관은 해석이 더 용이한 경우일 수 있는데, 이는 앞서 소개한 전역 요인(global factor)의 유형을 반영하지 않을 것이기 때문이다. 피험자 간 상관은 연결성 분석을 다른 방식으로 보완하는 흥미로운 정보를 제공할 수 있을 것이지만(McIntosh, 1999 참조), 이 방법 자체만으로 연결성을 단정 짓기에는 불충분하다.

2) 시드 복셀 상관: 피험자 내

기능적 연결성을 추정하는 또 다른 단순한 방법은 서로 다른 영역들의 시계열 자료들 간의 상관을 계산하는 것이다. 이는 미리 정해진 가설을 바탕으로 결정된 시드 복셀(seed voxels) 또는 시드 영역(seed region)으로부터 시계열 자료를 추출하는 것으로 시작하여 뇌 전체에 걸쳐 모든 복셀과의 상관을 계산함으로써 수행된다. 뇌 영역의 신호를 추출할 때, 시계열의 각 시점에 해당하는 복셀의 평균을 취하거나 혹은 그 영역의 첫 번째 고유변량(first eigenvariate)을 추출할 수 있다(SPM에서 수행됨). 첫 번째 고유변량은 신호의 최대변량을 설명하고, 다른 모든 성분들에 직교하는 변량 성분을 반영한다(자세한 사항은 뒤의 '주성분 분석'에 대한 내용 참조). 평균이 아닌 첫 번째 고유변량을 이용하는 이 방법의 논리는 만일 그 영역 내에 신호의 출처가 여러 개 있을 때, 평균은 여러 출처들의 조합을 의미하는 반면 첫 번째 고유변량은 가장 강한 하나의 출처를 반영할 것이라는 것이다. 실제로는 이 방법들 간에는 거의 차이가 없는 것으로 보인다.

〈글상자 8-1〉 연결성 분석을 위한 데이터 세트의 예

이 장에서 소개하는 모든 방법들에 대하여, 우리는 동일한 데이터 세트를 사용할 것이다(이 데이터 세트는 예제 분석들을 완성하기 위한 지시문과 함께 이 책의 웹사이트에서 다운로드할 수 있다).

이 데이터는 별개의 블록들에 걸쳐 단어 또는 비단어의 각운 판단 실험을 수행한 단일 피험자(하나의 큰 집단으로부터 무선적으로 선택됨)로부터 나온 것이다. 각 시행마다 피험자는 두 반응 키 중 하나를 눌러 시각적으로 제시된 한 쌍의 자극이 각운이 맞추어져 있는지 아닌지를 판단하였다. 20초 길이의 각 블록에서 8쌍의 단어가 각각 2.5초 동안 제시되었다. 블록들은 20초 길이의 시각 고정점으로 구분되었다. 네 블록의 단어들이 제시된 후에 비단어 네 블록이 제시되었다.

이 데이터는 Siemens Allegra 3T MRI 스캐너에서, 다음과 같은 촬영 매개변수를 사용해 얻었다. $TR=2,000\text{ms}$, $TE=30\text{ms}$, field of view=200mm, matrix size=64×64, 33slices, slice thickness=4mm(0 skip), 160 time points.

(1) 활성화-유발 상관을 피하기

만일 상관이 뇌 전체 분석 방법으로 전체 시계열에 걸쳐 계산되면, 과제에 의해 활성화된 대부분의 영역들은 공유된 활성화 효과에 기인하여 상관(즉, 활성화-유발 상관[activation-induced correlation])을 보이게 될 것인데, 이는 그 영역들 사이의 기능적 연결성이 존재하지 않을 때조차 그러하다. 이 문제를 다루기 위한 두 가지 방법이 있다.

블록 설계 fMRI 연구에 적합한 첫 번째 방법은, 각 조건에 대해 블록 내에서 시점을 추출한 다음 그 시점들을 연결함으로써 각 단일 조건을 반영하는 시계열을 얻는 것이다. fMRI 반응에서의 지연을 설명하기 위해서는, 각 블록으로부터 최초 몇 개의 시점(약 6초 정도)을 삭제할 필요가 있다. 이 방법은 조건들에 걸쳐 연결성의 차이를 검증하는 데 성공적으로 사용되어 왔다(예: Bokde, 2001).

모든 fMRI 설계에 적합한 두 번째 방법은, 일반적으로 1단계 분석을 하듯이, 과제뿐만 아니라 데이터에서 체계적인 변량을 설명할 수 있는 다른 모수들(예: 움직임 매개변수)을 포함한 모형을 먼저 적합하는 것을 포함한다. 이 모형은 연결성 분석을 하는 데 있어 관심이 없는 변량들을 제거한 것을 의미하기 때문에 이 맥락에서는 잡음 모형(nuisance model)이라고 한다. 모형이 추정된 후 이 모형으로부터 잔차를 얻을 수 있는데, 그러면 이 잔차들은 시드 영역의 잔차를 모형의 회귀자로 입력함으로써 시드 영역과의 상관을 구하는 데 분석된다. 모형의 잘못된 명세화는 상관 분석의 활성화 효과를 야기할 수 있는 구조화된 변량으로 나타날 수 있으므로, 잡음 모형은 모든 가능한 변량의 출처를 포함해야 하는 것이 중요할 뿐만 아니라, 잘못 명세화된 시점을 설명하기 위해 시간도 함수 또한 포함하는 것이 중요하다.

3) 베타-계열 상관

활성화-유발 상관의 문제를 다루기 위한 또 다른 방법은 각 복셀에서 각 시행의 유발된 반응 크기를 추정하고, 전체 시계열에서 상관을 구하는 것이 아니라 유발된 반응의 추정치에 대한 상관을 검사하는 것이다. [그림 8-2]는 베타-계열 상관(Beta-series correlation; Rissman et al., 2004)이라 알려진 기법의 예를 보여 주는데, 이 방법에서는 각각의 시행에 대해 분리된 회귀자를 포함한 모형을 적합함으로써 각 사건에 대한 반응이 추정(혹은 디컨볼루션)된다. 영역들 간 회귀자들(즉, 베타-계열)에 대한 모수 추정치들의 상관은, 그 영역들이 기능적으로 연결되어 있는 경우 예상되는, 시행에 따라 나타나는 파동이 유사한 정도를 검사하는 수단을 제공한다.

베타-계열 모형은 시행 간 간격이 상대적으로 긴(8~10초 이상) 사건 관련 fMRI 연구에 유용하게 적용될 수 있다. 시간 간격이 더 빠른 설계에서는, 연속적으로 제시되는 시행들 사이의 혈류역학 반응의 중첩이, 변

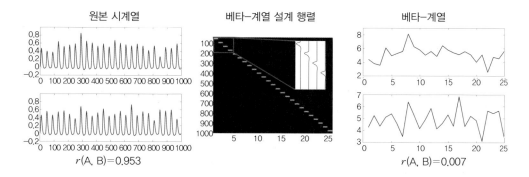

원본 시계열　　　　베타-계열 설계 행렬　　　　베타-계열

r(A, B)=0.953　　　　　　　　　　　　　　　r(A, B)=0.007

그림 8-2 　그림 중앙의 설계 행렬에서 보이듯이, 베타-계열 상관은 개별적인 회귀계수를 이용하여 각 시행에 대한 반응을 추정한다. 두 영역에 대한 원래의 시계열 자료는 신호의 활성화 관련 과도현상(activation-related transients)으로 인하여 높은 상관이 있다(r=0.953). 그림 중앙의 설계 행렬을 가지고 일반선형모형을 이용하여 베타-계열 상관계수를 추정하면, 결과로 나오는 추정치는 두 영역의 시행에 따른 반응은 실제로 상관이 없는 것으로 나타난다(r=0.007). 따라서 베타 계열 상관은 활성화-유발 효과에 민감하지 않게 기능적 연결성을 밝힐 수 있다.

산성이 높은 매개변수 추정치가 나타날 수 있는 설계 행렬에서 상관의 원인이 될 수 있다. 이러한 모형을 추정하기 위해 능형 회귀(ridge regression)와 같은 정규화 방법을 사용하는 것이 이론적으로 가능하지만(Rizk-Jackson et al., 2008), 검증력에 상당한 손실이 있을 가능성이 있다. 따라서 이 방법은 비교적 느린 사건 관련 설계에 가장 적합하다.

4) 생리심리학적 상호작용

앞서 소개한 방법은 전체 촬영 회기(즉, 과제에 변화가 없는)에 걸쳐 확장한 상관을 추정할 수 있도록 한다. 그러나 대개 관심을 갖는 질문은 과제에 의해 기능적 연결성이 어떻게 조절되는가에 관한 것이다. 앞서 언급한 첫 번째 방법, 즉 시계열 자료의 전체를 과제-특수적인 블록으로 할당하는 방법에서 이런 질문을 제기할 수 있는데, 이는 회기에 걸친 상관들 간의 비교를 필요로 하기 때문에 문제가 될 수 있다.

시드 영역과의 연결성이 과제와 같은 다른 요인에 의해 어떻게 조절되는지에 대한 질문을 제기하는 좀 더 세련된 방법은 심리생리학적 상호작용(psychophysiological interaction: PPI) 접근이다(Friston et al., 1997). PPI에서는, 1단계 분석의 과제에 대한 표준 GLM이 시드 복셀의 과제와 시계열 사이의 상호작용을 모형화하는 부가적인 회귀자와 함께 사용된다. 예를 들어, 단일 과제 회귀자(X)를 가지고 있는 모형에 대하여, 표준적인 GLM은 다음과 같다.

$$Y = \beta_0 + \beta_1 X + \epsilon$$

PPI 분석을 위해서, 이 모형은 다음과 같이 시드 영역(R)의 신호와 시드 영역과 과제 간의 상호작용을 모형화하는 회귀자를 또한 포함한다.

$$Y = \beta_0 + \beta_1 X + \beta_2 R + \beta_3 R * X + \epsilon$$

상호작용 회귀자 β_3에 대한 정적 효과는 상호작용을 만드는 데 사용된 변수에 따라 시드 영역과의 선형 관계에 대한 기울기가 조절되는 것을 반영한다. 예를 들어, [그림 8-3]에서, 피험자가 비언어로 각운 판단 과제를 수행할 때보다 단어로 각운 판단 과제를 수행할 때, 좌측 하전두 피질과 좌측 하측두 피질 간 기울기가 더 높아지는 것을 볼 수 있다.

(1) PPI 회귀자 생성

앞서 언급한 방법에서, PPI 회귀자는 관심 영역의 BOLD 시계열을 과제 회귀자에 곱하여 생성된다. 그러나 분석의 목적은 각 시점에서 신경 신호를 반영하는 회귀자를 생성하는 것인데, 이는 fMRI 원자료에서는 흐려져서 없는 것이다. 이는 사건 관련 fMRI 연구에서 특별한 관심사로, 서로 다른 조건의 시행들이 시간적으로 중첩함으로써 각 시점에 서로 다른 조건들이 fMRI 신호에 기여하게 된다. 이 문제에 대한 한 가지 해결책은 Gitelman 등(2003)이 제시하였는데, 이는 디컨볼루션을 이

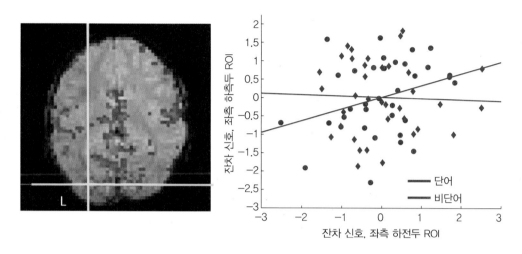

그림 8-3 PPI와 시드 복셀 상관 결과의 비교. 왼쪽 그림은 예제 데이터 세트에 대한 PPI 분석 결과다. 색칠된 영역은 단어 대 비단어 처리과정 동안 좌측 전전두 피질에서 시드 복셀과의 강한 연결성을 반영하는 유의미한 PPI를 보여 준다. 오른쪽 그림은 잡음모형을 적용한 분리된 시드 복셀 상관 분석의 결과다. 단어 블록의 시점들은 파란색 점으로, 비단어 조건 블록은 빨간색 점으로, 각각의 회귀선은 같은 색의 직선으로 나타나 있다. X축은 좌측 전전두 시드 복셀의 신호이고, Y축은 좌측 하측두 영역의 신호다(왼쪽 영상에서 노란 교차점으로 표시되어 있음). 단어 블록 동안에 이들 영역의 활동 간 작지만 유의미한 선형 관계가 있었지만, 비단어 블록에서는 이러한 관계가 나타나지 않았다.

용해 관찰된 fMRI 신호로부터 기저 신경 신호를 추정하는 것을 포함한다. 본질적으로 디컨볼루션은 혈류역학 반응의 본질을 고려하여, 관찰된 fMRI 신호에 나타날 수 있는 가장 가능성이 높은 신경 신호를 결정한다(Glover, 1999).

Gitelman 등(2003)의 방법은 신경 신호를 기저함수의 큰 세트를 이용하여 모형화함으로써 설계행렬이 가지고 있는 시점만큼 많은 회귀자들을 가지게 된다. 특히 y를 얻고자 하는 신경 신호에 대한 시드 복셀 BOLD 신호의 시계열이라 하고, H를 HRF 행렬이라 하면, 이 모형은 $y = HB\beta + \epsilon$가 될 것이다. 여기서 B는 시점 수만큼 많은 기저함수로 구성된 정방 설계 행렬이다. 이렇게 회귀자가 사용되는 이유는 신경 반응의 형태를 포착하기 위해 되도록 많은 유연성을 가지기 위함이다. $\hat{\beta}$를 구하면, 신경 신호 추정치는 간단히 B$\hat{\beta}$가 된다. 이러한 기저함수의 큰 세트를 사용하는 것이 신경 신호에 가장 유연하게 적합할 수는 있지만, 정방 설계 행렬을 지닌 선형 모형에 대한 추정치는 매우 불안정하다. 전형적으로 이 문제는 설계에서 불필요한 회귀자를 제거함으로써 간단히 해결할 수 있다. 예를 들어, 신경 신호가 비교적 편평할 것으로 기대된다면, 고주파 기저함수를 제거하는 것을 고려할 수 있으나, 동시에 적합도의 희생이 발생할 수 있다. 해결책은 정규화된 모형 추정 기법을 사용하는 것으로, 이는 반응의 형태에 대한 사전 가정을 적용한다. 이런 경우에, 예를 들어 베이지안 추정 절차에서 선행 작업을 통해 더 높은 주파대역의 기저함수의 가중치를 낮게 설정할 수 있다. 이는 단순히 고주파 경향을 제거하는 것보다 더 매력적인데, 그 이유는 고주파 경향을 완전히 제거할 수는 없기 때문이다. 일단 신호가 디컨볼루션되면, PPI 회귀자는 컨볼루션하지 않은 과제 회귀자에 디컨볼루션된 신호 변수(B$\hat{\beta}$)가 곱해져서 생성된 다음, 혈류역학 영역으로 되돌려 놓기 위해 다시 컨볼루션된다.

(2) PPI의 잠재적 문제

특히 사건 관련 설계와 관련하여, PPI를 이용할 때 생길 수 있는 문제점은 PPI 회귀자가 과제 회귀자와 높은 상관을 가질 수 있다는 것이다. 만일 과제 회귀자가 포함되지 않은 경우, PPI에 대해 관찰된 어떠한 활성화도 유일하게 상호작용에 의한 것일 수는 없는데, 이는 과제에 대한 전체 효과를 반영하는 것일 수도 있기 때문이다. 이러한 이유로, 과제 회귀자와 시드 회귀자는 PPI 분석을 위한 통계학적 모형에 항상 PPI 회귀자와 함께 포함되어야 한다. 그러나 과제 및 PPI 회귀자들이 둘 다 모형에 포함되면, 상관된 회귀자들에 의해 발생하는 변산성 팽창에 따라 효율성이 부족한 결과를 야기할 수 있다. 따라서 PPI 및 과제 회귀자들 간의 상관을 항상 검사해야 하며, 만일 상관이 너무 높다면 그 결과에 대해 주의를 기울이며 다루어야 한다.

　PPI의 또 다른 문제점은 PPI가 혈류역학 모형의 적합이 정확하다고 가정한다는 것이다. 따라서 모형에서 잘못 규정된 부분이 있다면, 이는 기능적 연결성이 아니라 활성화-유발 효과를 반영하는 상관을 산출해 낸 것일 수 있다.

5) 다변량 분해(multivariate decomposition)

　행렬을 개별 성분들로 분해하는 수많은 방법들이 있는데, 이들은 fMRI 데이터로부터 일관성 있게 활동하는 네트워크를 확인하는 데 사용될 수 있다. 행렬 대수에서, 이는 행렬 인수분해(matrix factorization) 방법으로 알려져 있다. 각 방법은 데이터가 서로 혼합되어 관찰된 데이터를 형성하는 몇몇 잠재 성분들로 구성되어 있다고 가정한다. 이 방법들 간의 주된 차이점은 잠재 성분들이 어떻게 다른 성분과 관련되는가와 잠재 성분들이 데이터로부터 어떻게 추정되는가에 초점이 있다.

(1) 주성분 분석

　행렬 분해의 가장 잘 알려진 방법 중 하나는 주성분 분석(principal components analysis: PCA)이다. PCA는 상관되지 않는, 혹은 서로 직교하는 성분들의 집합이라는 견지에서 데이터 세트를 다시 표현하기 위한 방법이다. [그림 8-4]에서 보여 주듯이, 첫 번째 주성분은 가장 큰 변산을 갖고 있는 데이터의 방향과 같고, 두 번째 주성분은 두 번째로 가장 큰 변산을 설명하면서 첫 번째 주성분과는 상관되지 않는 방향이며, 세 번째 이후의 주성분들은 마찬가지 방식으로 정의된다. 성분의 수는 차원 혹은 관찰치 수의 최솟값이며, fMRI 데이터에서는 대개 관찰치(시점이나 피험자) 개수보다 차원(복셀) 수가 훨씬 더 많다. PCA는 또한 자료 축소(data reduction) 기법으로 사용될 수 있다. 예를 들어, 뇌에 있는 수많은 복셀 각각으로부터 나온 데이터를 분석하는 것 대신, 데이터 변산

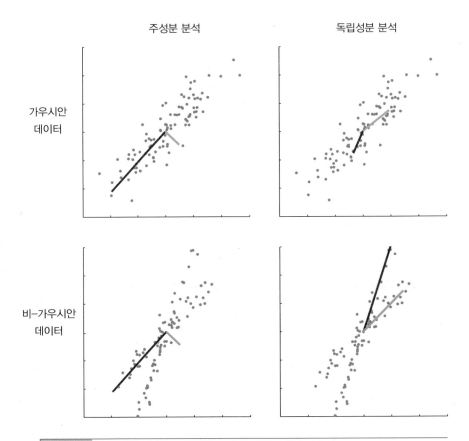

주성분 분석   독립성분 분석

가우시안
데이터

비-가우시안
데이터

그림 8-4   주성분 분석(PCA)과 독립성분 분석(ICA)은 데이터에서 서로 다른 유형의 구조를 찾는다. 위 그림에서, 데이터는 가우시안 분포에서 추출된 것이다. 각 기법에 의해 검출된 2개의 성분들은 빨간색과 초록색 선으로 표시되어 있다. 가우시안 데이터에서, PCA는 첫 번째 성분으로 가장 변산성이 높은 방향을, 두 번째 성분으로 첫 번째 성분과 직교하는 방향을 찾는다(좌측 상단). ICA는 이 데이터에서 다른 성분 집합을 찾는데, 이는 통계적 백색화를 거친 자료에서는 남아 있는 신호가 없기 때문에, 이렇게 찾아낸 성분은 잡음에 적합할 것이다(우측 상단). 아래 그림에서, 데이터에 두 개의 다른 신호가 혼재하고 있다. 자료가 직교하지 않기 때문에 PCA로는 변량의 출처를 찾을 수 없는 반면(좌측 하단), ICA로는 데이터의 두 신호를 정확하게 찾아낼 수 있다(우측 하단).

의 대부분을 설명하는 처음 몇 개의 주성분으로 데이터를 분석할 수 있을 것이다. 이와 관련해서는 기계학습 분석에 관해 다룬 9장에서 좀 더 논의할 것이다.

　　fMRI 데이터로 PCA 수행을 하기 위해서 데이터는 시점/피험자를 행으로, 복셀을 열로 하는 2차원 행렬의 형태로 재구성해야 한다. PCA는 각 시점에 대한 값을 가지는 일련의 성분들을 제공할 것인데, 이는 가장 큰 변산을 설명하는 복셀들의 조합을 반영한다. 이러한 개별 성분들은 또한 복셀이 각 성분에 기여하는 정도를 의미하는 복셀에 대한 부하량(loading)을 가진다. [그림 8-5]는 예제 데이터에 대한 몇 가지 PCA 주성분들의 예를 보여 준다.

　　PCA는 몇몇 초기 연구들에서 기능적 연결성을 위한 방법으로 사용되

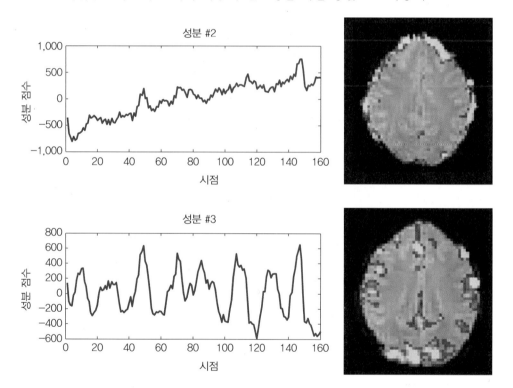

그림 8-5　예제 데이터에 적용된 주성분 분석(PCA). 오른쪽 그림은 두 개의 PCA 성분에 강하게 부하된 복셀들을 보여 주며(빨간색: 정적 부하, 파란색: 부적 부하), 왼쪽 그림은 각 성분의 시계열을 보여 준다. 성분 #2는 느린 측면 움직임의 특성을 가지고 있는데, 이는 뇌의 한쪽 측면에는 정적 부하로, 다른 쪽 측면에는 부적 부하로 강조되어 있으며, 이는 시계열에서 느린 드리프트로 나타나고 있다. 성분 #3은 시계열에서 과제와 관련된 것으로 보이며, 양측의 전두엽에 정적 부하를 보여 준다.

었다(Friston et al., 1993). PCA는 간단하고, 쉽게 적용된다는 이점을 가지고 있다. 그러나 단지 가우시안 분포를 따르는 신호에 대해서만 민감하다는 실질적인 단점을 지니고 있다. 물론 [그림 8-5]에 제시된 것처럼 fMRI 데이터의 일부 신호가 명확하게 그러한 분포를 따르기는 하지만, 가우시안 분포를 따르지 않는 많은 관심 신호들이 PCA에 의해 서로 뒤섞일 것이다. 이런 경우에, 독립성분 분석이 더 적합한 기법이고, 실제로 ICA는 기능적 연결성을 특성화하는 방법으로서 PCA를 크게 대신하고 있다.

(2) 독립성분 분석

독립성분 분석(independent components analysis: ICA)은 데이터 세트 내 미지의 신호를 탐지하는 문제를 해결하기 위해 개발되었으며, 때때로 숨은 출처 분리(blind source separation) 문제라고도 한다. 이 문제는 종종 칵테일 파티의 예로 설명된다(Hyvärinen & Oja, 2000). 방 전체에 걸쳐 마이크들이 배치된 파티에서 많은 사람들이 이야기를 하고 있다고 상상해 보자. 숨은 출처 분리 문제는 이 마이크들을 통해 녹음된 자료만을 이용하여 개개인의 말하기 흐름을 분리하는 것이다. 즉, 각 마이크로 녹음한 것에는 다른 모든 사람들의 말소리가 섞여 있고(말하는 사람과 마이크와의 거리, 머리 방향 등에 의해 가중됨), 우리의 목적은 그 녹음으로부터 출처들을 분해하는 것이다. 여기서 우리는 말하는 사람과 마이크는 녹음하는 동안 움직이지 않고, 따라서 녹음하는 동안 혼합 과정은 일정하다는 것을 가정한다.

형식적으로 ICA 모형은 다음과 같이 정의된다.

$$x = As$$

여기서 x는 분해하고자 하는 신호, s는 미지의 출처(혹은 성분)들의 집합, A는 관찰된 신호를 얻기 위해 성분들을 결합한 미지의 혼합 행렬

(mixing matrix)이다.

우리는 A와 s 둘 다 모르는 상태이기 때문에, 이 문제에 대한 유일한 해법을 찾을 수 있도록 하기 위해서는 몇 가지 가정을 해야 하고, 일반적으로는 s의 서로 다른 성분들 간 관계에 관한 가정을 만들게 된다. 이 성분들이 직교하고 있고 가우시안 분포라고 가정한다면, PCA를 이용하여 문제를 해결할 수 있다. 그러나 서로 다른 출처들에서 얻은 신호들이 직교하지도 않고 가우시안 분포를 따르지 않으면(칵테일 파티와 같은 경우들에서처럼), PCA로 그 출처들을 찾을 수는 없을 것이다.

ICA는 s의 성분들이 통계적으로 독립적이라는 가정에 의존한다. 두 신호 A와 B의 통계적 독립성은 결합확률이 각 확률의 곱과 같을 때 성립된다. 즉, $P(A, B) = P(A)P(B)$다. A와 B가 독립이면 한 값을 아는 것이 다른 값에 대한 어떤 정보도 제공하지 않는다. 신호 성분들이 독립적인 과정에 의해 생성된 경우(예: 칵테일 파티에서 독립적으로 말하는 사람들, 혹은 fMRI에서 독립적인 신경 처리), 이들은 비-가우시안 분포일 수 있으므로 ICA가 PCA보다는 성분 출처들을 더 정확하게 찾을 수 있을 것이다.

독립성은 직교성(또는 비상관)과 관련은 있지만, 다르다. 즉, 두 변인이 직교하지만 통계적으로 종속적일 수 있는데, 이는 데이터가 가우시안 분포를 따르지 않을 때 발생한다. 사실, ICA에서 독립적인 성분들은 데이터에서 비-가우시안 신호를 찾아냄으로써 추정된다. ICA 추정의 세부 사항은 이 책의 범위를 넘어서며, 관심이 있는 독자는 Hyvarinen과 Oja(2000)를 참조하기 바란다. ICA가 비-가우시안 신호를 찾아내기 때문에, 대부분의 ICA 알고리즘은 먼저 데이터에 있는 어떠한 가우시안 신호도 제거하기 위해 PCA를 이용하여 데이터를 백색화하는 것으로 시작한다. 일부 소프트웨어 패키지(예: FSL의 MELODIC)는 PCA 결과와 ICA 결과 모두를 산출해 줄 것인데, 이는 데이터에서 가장 범위가 넓은 신호에 대한 민감도를 유지하기 위해 둘 다를 검사하는 데 유용할 것이다.

표준적인 ICA 모형은 '무잡음(noise-free)'으로, 이는 데이터에 잡음에 해당하는 오류 항을 포함하지 않기 때문이다. 이후 잡음 항을 포함한 확률적 ICA 모형이 다음과 같이 개발되었다(Beckmann & Smith, 2004).

$$x = As + e$$

여기서, $e \sim N(0, \sigma)$다. 이 모형은 추정된 성분들이나 모수들의 오류 측정치를 제공함으로써, 추정된 출처들에 대한 통계적 추론을 할 수 있는 장점이 있다. 확률적 ICA는 FSL 소프트웨어의 MELODIC으로 수행할 수 있다.

fMRI 데이터에 ICA를 적용하기 위해서는, 먼저 자료를 2차원 행렬로 재정렬해야 한다. fMRI 시계열 데이터에 ICA를 적용할 때, 알고리즘이 공간적으로 독립적인 성분을 찾아야 하는지, 혹은 시간적으로 독립적인 성분을 찾아야 하는지(이는 입력 행렬의 방향에 의해 결정된다)를 선택하는 것이 필요하다. 대부분의 방법은 공간적 독립 성분을 가정했다. 이러한 방식이 적용될 때, ICA는 각 시점에서 관찰된 신호에 대한 각 공간 패턴의 기여를 표시하는 혼합 행렬과 함께 일군의 공간적 성분들을 산출해 준다([그림 8-6] 참조). 공간적 독립성 가정은 뇌에 수많은 잠재적으로 독립적인 연결망이 있다는 직관을 기초로 정의할 수 있으며, 이는 과제 수행 중에 유사한 시계열을 가지고 있을 것임을 의미한다. 공간적 독립 성분을 가정하는 방법은 상관된 시계열을 가지고 있을 수 있는, 공간적으로 구별되는 효과(예: 과제 관련 활성화 대 과제와 상관된 머리 움직임)를 탐지할 수 있는 능력을 제공한다.

ICA를 사용할 때 반드시 기억해야 할 많은 제한 사항들이 있다. 첫째, ICA 해법은 유일하지 않고, 따라서 최적의 해법을 결정하기 위한 추가적인 세약이 필요하다. FSL의 확률적 ICA 모형과 같은 일부 방법들은 확률론적이어서, 동일한 데이터 세트에 ICA 절차를 여러 번 반복했을 때 서로 다른 해법이 나올 수 있다. 둘째, ICA는 비-가우시안 구조에 민감하기 때문에 자료에 있는 극단치에 굉장히 민감할 수 있다. 이는 일반

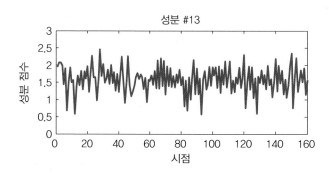
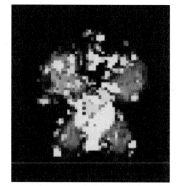

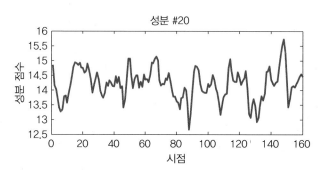
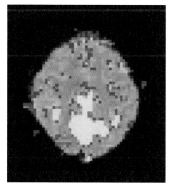

그림 8-6　독립성분 분석(ICA)이 적용된 예. 상단의 그림들은 심장 박동으로 보이는 것에 기인하여 나타나는 고주파 파동을 나타내는 한 성분의 데이터를 보여 준다. 절편 영상에서 볼 수 있듯이, 이 성분은 뇌간을 포함한 가장 아래쪽의 절편에 가장 많이 적재되었다. 하단의 그림들은 잠재적으로 과제와 관련된 파형을 지닌 한 성분을 보여 주고, 내측 두정 영역과 두정내 영역에 가장 많이 적재되었음을 나타내고 있다. ICA는 MATLAB의 FastICA를 이용하여 수행되었다.

적으로 긍정적으로 여겨지는데, 이는 ICA가 잠재적인 인공결함을 찾아내는 데 있어서도 유용하지만, 연결된 연결망들을 찾는 맥락에서 극단치에 의해 발생한 결과가 나타나지 않도록 확실히 하는 것이 중요하기 때문이다.

(3) 집단 데이터에서 ICA/PCA 수행하기

일변량 분석에서와 같이, 대개 연결성 분석은 어느 특정 개인에게 특이한 패턴보다는 모든 개인에 걸쳐 일관된 패턴을 찾아내고자 하는 의도로 수행된다. 그러나 피험자에 걸친 ICA 혹은 PCA로부터 나온 결과들을 결합하는 것은 복잡한데, 이는 이 성분들이 어떠한 자연적 순서도 가지고 있지 않기 때문에 개인들에 걸친 성분들을 맞출 수 있는 간단한 방법이 없다는 것에 기인한다. 예를 들어, 한 피험자의 과제-유발 활성화를 반영하는 성분이 #13인 반면, 또 다른 피험자에 대해서는 이 성분이 #2가 되기도 한다.

집단 ICA/PCA 분석이 수행되는 많은 방법이 존재한다(Calhoun et al., 2009). 아마도 가장 단순한 방법은 피험자에 걸쳐 데이터의 평균을 구하고, 평균 데이터 세트에서 ICA를 수행하는 것이 될 것이다. 이 방법은 단순하다는 장점은 있지만, 시간과 공간 모두에서 개별 피험자들에 걸쳐 높은 일관성이 있는 성분만을 찾아낼 수 있는 기능만을 제공할 것이다. 즉, 어떠한 특이한 효과라도 평균화되어 사라질 것이다. 또한 이 방법은 휴지상태 신호들(〈글상자 8-2〉 참조)을 탐지하는 데 작동하지 않는데, 이 신호들은 개인들에 걸쳐 광범위하게는 시간적으로 상관되지 않을 것이기 때문이다. 또 다른 방법은 각 피험자에 대해 ICA를 수행한 후, 피험자들 간 성분을 맞추기 위해 일종의 군집화 또는 상관 분석을 사용하는 것이다. 이 방법은 직관적으로 매력적이긴 하지만, 추정된 성분들에서 나타나는 잡음과 같은 속성 때문에 개인들에 걸쳐 성분들을 정확하게 짝짓는 것이 어려울 수 있다. 조금 더 복잡한 방법은 각 개인에 대한 데이터 행렬을 연결하는 것이다(개인들에 걸쳐 복셀들을 정렬하기 위한 공간적 표준화 이후에 실시). 시간에 걸친 연결은 공유된 공간적 성분을 찾아낼 것이며, 복셀에 걸친 연결은 피험자들에 걸쳐 공유된 시계열을 찾을 것이다. 대부분의 연구들은 시간에 걸쳐 연결하는데, 모의실험 데이터를 이용하여 이 서로 다른 방법들을 비교한 연구에 따르면, 시간에 걸쳐 연결하는 방법이 피험자들의 평균을 구하는 방법이나 복셀에 걸친 연결 방법보다 더 안정성이 있는 것으로 나타났다(Schmithorst & Holland, 2004).

자료가 시간에 걸쳐 연결되었을 때 공간적으로 독립적인 성분들(즉, 혼합 행렬)의 시계열을 추정하는 여러 가지 방법이 있다. GIFT 소프트웨어(Calhoun et al., 2009)에서는 각 피험자에 대해 분리된 혼합 행렬이 계산된다. FSL에서 실행되는 Tensor-PICA(Beckmann & Smith, 2005)에서는 공통의 집단 혼합 행렬이 추정되고, 각 피험자에 대해 비례 요인(scaling factor)을 추정한다. Tensor-PICA 방법은 공통의 시계열을 가정하기 때문에, 휴지상태 파동처럼 시계열이 개인들에 걸쳐 다를 수 있는 경우에 대해서는 적절하지 않을 것이다. 여기서 소개한 방법들을 적용한 다른 접근들 또한 사용할 수 있다(Guo & Pagnoni, 2008).

〈글상자 8-2〉 휴지상태 fMRI

fMRI 초기의 개발은 외부 사건이나 심적 자극에 유발된 뇌 반응을 이해하는 것에 관심을 가졌던 연구자들에 의해 이루어졌다. 따라서 거의 모든 연구는 인지심리학에서 이루어졌던 통제된 과제들에 의해 유발된 반응 측정치에 초점을 맞추었다. 그러나 초기의 두 연구의 결과는 연구자들이 과제-유발 활동이라는 유일한 주제에서 벗어날 수 있게 하였다. 첫째, 휴지기에 활동이 높고 노력이 필요한 인지 과제를 수행할 때 거의 예외 없이 활동이 감소하는 일련의 뇌 영역들이 존재하는 것이 명확하게 밝혀졌다(Shulman et al., 1997). 사실, 대부분의 숙련된 fMRI 연구자들은 복내측 전전두 피질, 쐐기앞소엽, 측두두정 피질을 포함한 영역들의 활동의 감소가 모든 뇌영상 연구에서 반복 검증이 가장 많이 된 발견이라는 것에 동의할 것이다! Marcus Raichle과 그의 동료들(Raichle et al., 2001)은 이 활동이 그들이 뇌의 '디폴트 모드(default mode)'라고 부른 것을 반영한다고 주장하였는데, 그들은 디폴트 모드가 뇌 활동의 진정한 대사적 기저선을 반영한다고 제안하였다.

둘째, Biswal 등(1995)의 연구에서 피험자들은 단순히 스캐너 안에서 휴식을 취하였고, 이 데이터는 좌측 운동 피질 내의 시드 영역을 가진 시드 상관 분석을 통해 연구되었다. 이 분석은 운동 시스템(시상과 대측의 운동피질 포함)의 다른 영역들이 시드와 상관이 있음을 발견하였고, 이 영역들이 활동적으로 관여되지 않은 경우에도 휴지상태의 상관은 신경계의 기능에 대한 통찰을 제공할 수 있다고 제안하였다. 이후의 연구는 디폴트 모드 영역들에 더하여, 휴지상태 fMRI 데이터가 다른 유형의 인지 과제 동안에 관여하는 많은 동일한 연결망을 관찰할 수 있을 정도로 굉장히 많은 흥미로운 구조를 포함하고 있음을 보였다(Smith et al., 2009). 이 연구는 디폴트 모드가 단지 휴지상태 fMRI 데이터에 나타나는 연결망들 중의 하나에 불과함을 보여 주게 되면서, 휴지상태와 기본 모드의 개념적 구별이 필수적이라는 것을 보여 주었다.

약 2000년부터 뇌 기능을 규명하기 위한 휴지상태 fMRI 연구가 폭발적으로 증가했다. 이러한 연구들의 대부분은 ICA(앞의 '독립성분 분석' 참조)를 사용하였는데, 이는 ICA가 휴식 동안의 일관적인 활동을 보이는 연결망을 강건하게 찾을 수 있는 능력이 있기 때문이다. 다른 연구들은 뒤에서 설명할 연결망 분석 방법이나 휴식 동안의 특정 영역들 간 상관을 규명하기 위해 설계된 시드 상관 분석 방법을 사용하였다.

6) 부분 최소 자승법

행렬 분해에 대해 앞서 설명한 방법들은 누군가는 가지고 있을 수 있는 과제 관련 지식이나 행동적 수행과 같은 측정치들에 대한 고려는 하지 않은 채, fMRI 데이터의 분해에만 초점을 두고 있다. 부분 최소 자승법(partial least squares: PLS)은 fMRI 데이터와 설계 행렬 사이의 공변량을 최대화하는 방법으로 이들을 동시에 분해하는 방법이다. 따라서 PCA와 ICA가 데이터에 있는 가장 큰 변량을 설명하는 성분만을 찾는 반면, PLS는 데이터와 설계 행렬 간의 관계를 가장 잘 설명하는 성분을 찾는다(Abdi, 2003). PLS는 PET 데이터에 먼저 적용되었고(McIntosh et al., 1996), 그런 다음 fMRI 데이터에 적용되었다. 이 방법을 뇌영상 데이터에 적용할 경우, 설계 행렬은 과제 조작(즉, 표준 GLM 분석에서 사용되는 동일한 설계 행렬), 또는 각 관찰치와 관련이 있을 가능성이 있는 행동적 수행을 반영할 수 있다(McIntosh & Lobaugh, 2004). 예를 들어, [그림 8-7]에서는 두 조건을 포함하는 설계 행렬을 이용하여 예제 데이터 세트에 PLS를 수행한 것을 보여 주고 있다.

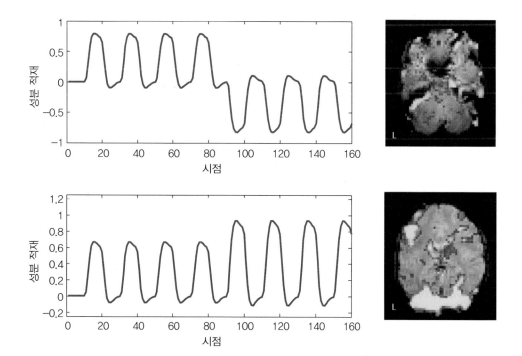

그림 8-7 예제 데이터 세트에 적용된 부분 최소 자승법(PLS). 첫 번째 열은 PLS의 첫 번째 성분이다. 이 시계열은 후반부 첫 네 블록(단어 조건)이 두 번째 네 블록(비단어 조건)보다 더 큰 반응을 보이고 있음을 나타낸다. 뇌영상에서 보여 주듯이, 아래쪽 절편에서 뇌 윤곽과 가까운 부분에서 나타나는 이 성분의 공간적 패턴은 회기 전체에 걸쳐 내려가는, 과제 관련 움직임에 의한 인공결함을 반영한다고 할 수 있다. 두 번째 열은 두 번째 성분으로, 대략적으로 두 과제에 동일하게 적재되고 있으며, 읽기에 관여한다고 알려진 영역들의 개입을 보여 준다(이 그림을 게재하기 위해 MATLAB 코드를 사용하게 해 준 Herve Abdi에게 감사를 표한다).

3. 인과적 연결성

앞에서 설명한 기능적 연결성은 어떻게 뇌 활동이 영역들에 걸쳐 함께 변하는가에 증거를 제공하며, 따라서 영역들 간에 발생하는 상호작용을 어느 정도 설명할 수 있다. 하지만 종종 최종적으로 더 강한 주장을 하고 싶을 때가 있다. 특히 우리는 한 영역의 활동이 다른 영역의 활동에 인과적인 영향을 미치는지에 대해 알고 싶어 한다. 인과적 연결성 모형은 뇌 영역들 간의 상호작용에 관한 인과모형을 검증할 수 있는 능력을 제공함으로써 이 설명의 결함을 보완하려는 시도를 한다.

기민한 독자는 이 시점에서 이렇게 이야기할 수 있다. "잠깐, 통계학 수업에서 배운 한 가지 기초적인 교훈은 상관은 인과와 다르다는 건데." 두 변인들 간 상관이 필연적으로 두 변인들 간 직접적인 인과관계를 의미하지 않는다는 것은 정말로 사실이다. 그러나 상관의 존재는 어딘가에 인과관계가 있다는 것([그림 8-1]에서 보여 주듯이, 두 변인들 사이에서, 혹은 측정되지 않은 제3의 변인을 통해)을 암시하며, 또한 상관은 특히 변인이 셋 이상 있을 때 잠재적인 인과관계에 관한 증거를 거의 확실히 제공할 수 있다. 현재 기계학습 분야에서 발전된 인과에 관하여 잘 개발된 이론이 있다(Spirtes et al., 2000; Pearl, 2000). 이 이론은 관찰된 자료만을 이용하여 인과적 가설을 검증할 수 있는 수학적 증명을 제공한다. 다음에서 설명하는 방법들은 정보를 추출하고 뇌 영역들 간 인과적 관계에 관한 가설을 검증하는 데 상관을 이용한다.

인과적 연결성과 같은 인과과정에 관한 모형은 종종 [그림 8-1]에 제시된 것들과 같은 방향성 그래프(directed graph)의 견지에서 표현된다. 이들은 또한 경로 분석과 구조방정식 모형(SEM)의 맥락에서는 경로도(path diagram)라 불리기도 한다. 그래프 내 마디(node, 원)는 뇌 영역을, 변(edge, 화살표가 있는 선)은 인과관계를 의미한다. 일반적으로, 인과적 연결성 분석에 사용되는 방법들은 상대적으로 적은 수의 변인들에 대해서만 적용된다. fMRI에서는 대체로 변인들이 보통 관심 영역들 내의 평균 신호다.

1) fMRI 데이터로 인과적 추론하기

fMRI 데이터의 많은 측면들이 인과관계에 관한 추론을 매우 어렵게 만든다(Ramsey et al., 2010). 다음은 주요 문제점들을 개관한 것이다.

모형 공간의 크기 뇌 영역들이 결정된 상태에서, 인과적 연결성 분석의 목표는 이 영역들이 어떻게 서로에게 영향을 주는지를 이해하는 것이다. 이에 대한 한 가지 확실한 방법은 어떤 그래프가 데이터에 가장 잘 맞는지를 결정하기 위해 모든 가능한 그래프들을 검증하는 것이다. 그러나 가능한 방향성 그래프의 개수는 그래프에 포함되는 영역들의 수의 함수로서 초기하급수적으로 증가하게 된다. 예를 들어, 여섯 개의 마디가 있는 그래프에 대해서는 10억 개 이상의 방향성 그래프가 존재한다! 속도가 빠른 컴퓨터를 가지고도, 이러한 조합의 폭발 때문에 약 여섯 개 영역 이상에 대한 철저한 공간 분석은 불가능하다. 이 문제를 다루는 또 다른 접근법은 다른 지식(예: 동물 모형으로부터 나온 연결성에 관한 지식)을 기반으로 하여 작은 모형들의 세트로 상세화하는 것이다. 작은 모형들의 세트에서 적합도 비교는 신뢰성이 있을 수 있지만, 가장 정확한 모형이 검증된 모형들의 세트에 포함되어 있어야만(넓은 탐색 공간이 아닐 것이기 때문에) 그 결과가 타당할 것이다. 따라서 수많은 대안들 중에서 최상의 모형을 찾아내는 능력이 대단히 중요하다. 다행히도 이 문제를 특정 가정하에서 다룰 수 있도록 하는 가용한 방법들이 있는데, 이에 대해서는 뒤에서 다룰 것이다.

간접 측정치 인과적 연결성 분석이 fMRI 데이터에 적용되지만, 우리가 발견하고자 원하는 인과관계는 기저의 신경 신호에 관한 것이다. 따라서 인과관계를 모형화하고자 하는 변인들은 잠재적이거나, 혹은 관찰되

지 않으며, 잡음과 신호의 체계적인 왜곡(예: 혈류역학적 지연) 둘 다를 포
함한, 관찰된 신호들로부터 변인들 간 인과관계를 추정해야만 한다. 불
행하게도, 이는 기저의 인과관계를 추정하는 데 심각한 문제로 나타날
수 있다. 첫째, 관찰된 측정치들에 포함된 측정 잡음(fMRI 데이터에서는
상당함)이, 잠재 변인들 간에 존재하지 않는 거짓 인과관계를 나타내게
할 수 있다(Ramsey et al., 2010). 둘째, 영역에 걸쳐 지연 정도와 같은 혈
류역학 반응에서의 어떠한 차이라도 인과적 추론을 하는 데 시간적 정
보를 이용할 때 또한 거짓 인과관계를 나타내게 할 수 있다. 이러한 문
제들을 다루기 위해 수많은 방법들이 제안되었는데, 이에 대해서는 다
음 절에서 살펴볼 것이다.

피험자들에 걸쳐 데이터 결합하기 일반적으로 인과적 연결성 분석은 시
계열 데이터에 대해 수행되는데, 여기에는 영역들에 걸친 활성화 간의
관계에 관한 관련 정보가 포함되어 있다. 그러나 활성화 분석에서와 같
이, 우리는 일반적으로 표집된 특정 개인에 대해서가 아니라 더 큰 모집
단에 존재하는 연결성 패턴을 추론하는 것에 관심이 있다. 게다가, 연결
성의 실제 패턴은 개인의 나이, 경험, 유전적 특질, 그 외 다른 요인들의
함수로서 피험자들에 따라 다를 수도 있다. 심지어 개인들이 동일한 인
과 구조를 공유하고 있다 해도, 연결성을 설명하는 매개 변수들은 다를
가능성이 있다. 따라서 모집단의 수준에서 인과적 연결성을 알맞게 규
정할 수 있는 분석 방법을 채용하는 것이 중요하다. 가장 단순한 가능한
접근법은 개인들에 걸쳐 데이터를 간단히 결합하고, 결합된 데이터 세
트에서 모형을 평가하는 것일 것이다. 그러나 Ramsey 등(2010)이 제안
하였듯이, 개인들에 걸쳐 데이터를 단순히 합치는 것은 집단 내의 어느
특정한 개인도 반영하지 않는 관찰된 독립성 패턴과 조건부 독립 관계
를 야기할 수 있다. 따라서 연결성이 집단에서 적절히 추정되는 것을 확
실히 하기 위해서 '무선효과' 분석을 사용해야만 한다.

2) 경로 분석과 구조방정식 모형

뇌영상 연구에서 인과적 연결성 분석을 위해 최초로 제기된 방법은 구조방정식 모형(structural equation modeling: SEM)의 한 형태인 경로 분석이다. 이 방법에 대한 개관은 Shipley(2000) 그리고 Bentler와 Stein(1992)에서 볼 수 있으며, 공식적인 지침은 Bollen(1989)에 제시되어 있다. 경로 분석은 비관찰 변인(혹은 잠재변인)이 없는, SEM의 특수한 경우이므로, 좀 더 일반적인 SEM의 관점에서 다루고자 한다.

(1) 구조방정식 모형의 구체화

SEM은 변인들 간 인과적 효과에 관한 가설을 검증할 수 있는 방법이다. SEM은 먼저 선형 방정식의 형태로 구체화되는 인과적 가설을 규정하는 모형으로부터 시작해야 한다(비선형 SEM을 생성하는 것 또한 가능하다). 예를 들어, [그림 8-1]의 세 변인을 가져오자. 이 변인들의 관계는 다음의 선형 방정식의 형태로 나타낼 수 있다.

$$A = \beta_{1,1}A + \beta_{1,2}B + \beta_{1,3}C$$
$$B = \beta_{2,1}A + \beta_{2,2}B + \beta_{2,3}C$$
$$C = \beta_{3,1}A + \beta_{3,2}B + \beta_{3,3}C$$

또는 다음과 같이 행렬로 나타낼 수도 있다.

$$\begin{bmatrix} A \\ B \\ C \end{bmatrix} = \begin{bmatrix} \beta_{1,1} & \beta_{1,2} & \beta_{1,3} \\ \beta_{2,1} & \beta_{2,2} & \beta_{2,3} \\ \beta_{3,1} & \beta_{3,2} & \beta_{3,3} \end{bmatrix} \begin{bmatrix} A \\ B \\ C \end{bmatrix}$$

앞으로는 β의 행렬을 연결성 행렬이라 부를 것인데, 이는 다른 변인들과의 연결성을 표현하기 때문이다. [그림 8-8]에서 보여 주듯이, 연결성 행렬은 방향성 그래프로 직접 표현할 수 있다.

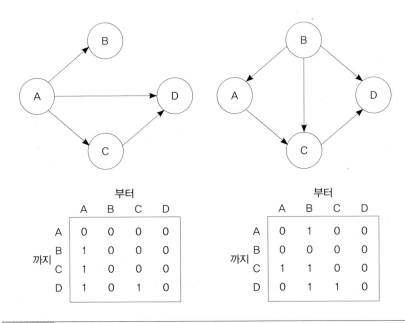

부터

	A	B	C	D
A	0	0	0	0
B	1	0	0	0
C	1	0	0	0
D	1	0	1	0

까지

부터

	A	B	C	D
A	0	1	0	0
B	0	0	0	0
C	1	1	0	0
D	0	1	1	0

까지

그림 8-8 경로도와 관련된 연결성 행렬의 예. 이 예에서 모든 경로는 1(있음)이나 0(없음)의 강도를 가진다.

영역들 간의 연결성을 모형화하는 것에 더하여, SEM은 외생변인(예: 과제 입력)뿐만 아니라, 관찰변인들에 대한 오류 항, 그리고 관찰변인과 어떠한 방식으로 관련되는 가설적 비관찰변인인 잠재변인들에 대한 오류 항도 포함할 수 있다(fMRI에 대한 SEM에서 잠재변인의 역할에 대한 세부 사항은 뒤의 내용 참조).

(2) 구조방정식 모형(SEM)의 추정 및 검증

지금까지 이 책에서 다루었던 대부분의 분석 방법들에서, 통계 모형의 모수들은 실제 데이터와 모형의 예측 간 차이를 최소화하는 방식으로 추정되었다. 그러나 SEM은 다른 접근법을 사용한다. 실세 데이터와 예측된 데이터 간 비교를 하는 대신, SEM의 모수들은 변인들 간 실제 공변량과 예측된 공변량 사이의 차를 최소화하는 방식으로 추정된다. 이 추정된 모수는 경로 계수(path coefficient)로 알려져 있는데, 이는 다른 모든 변인들이 일정할 때, 한 변인에서의 변화의 크기가 얼마나 다른 변인의 변화에 기인하는가를 나타낸다.

일단 모형이 추정되면, 모형이 관찰된 데이터에 얼마나 잘 적합하는지를 결정하기 위해 통계 검증을 실시해야 한다. 우선, 관찰된 공변량을 얼마나 잘 설명하는지를 예측된 공변량 구조가 실제 구조와 유의미한 차이가 있는지를 카이제곱 검증을 이용하여 규명함으로써 모형의 전반적 적합도를 검증하는 것이 가능하다. 여기서 표준 가설 검증 논리를 완전히 뒤집어서 생각한다는 것에 유의하자. 즉, 영가설이 보통은 기각되기를 바라는 가설이지만, 이 경우의 영가설은 모형이 옳음을 의미한다. 따라서 유의미하지 않은 카이제곱 검증이 그 모형이 참 또는 최고라는 것을 의미하는 것은 아니고, 단지 참인 가설을 기각할 수는 없다는 것을 이해하는 것이 대단히 중요하다. 동등하게 혹은 더 잘 적합하는 여러 다른 모형들이 있을 수 있다. 이러한 이유로 모형의 절대적인 적합도는 일반적으로 우선적인 관심이 아니다.

이보다 더 자주 우리는 어떤 모형들의 세트가 데이터에 가장 잘 적합하는지에 관한 가설을 검증하고자 한다. 예를 들어, 우리는 자료에 기반하여 특정 두 영역들이 또 다른 영역에 연결되어 있는지를 알고 싶을 수 있다. 이에 관한 결과는 연결성을 가정한 하나의 모형과 연결성을 가정하지 않은 다른 모형(즉, 매개변수를 0에 고정함)을 비교함으로써 얻을 수 있다. 그런 다음 두 모형의 상대적인 적합도를 비교할 수 있고, 경로가 포함된 모형의 적합도가 그렇지 않은 모형에 비해 더 유의미하다면 연결성이 존재한다고 결론 내릴 수 있다. 모형 비교는 모형의 절대적인 적합도가 우수할 때만 수행되어야 한다는 주장이 있었는데, Protzner와 McIntosh(2006)의 모의실험은 데이터에 대한 모형의 절대적인 적합도가 상대적으로 나쁘더라도 모형들 간 안정적인 차이를 찾는 것이 가능하다고 주장하였다.

모수가 더 많은 모형은 모수가 적은 모형에 비해 거의 항상 자료에 더 적합할 것이라는 생각에 주의하는 것이 매우 중요하다. 따라서 두 모형의 적합도를 간단하게 비교할 수는 없다. 대신 모형에 있는 모수의 개수를 고려한 아카이케 정보 기준(Akaike Information Criterion: AIC) 또는 베이지안 정보 기준(Bayesian Information Criterion, BIC)과 같은 모형 비교 통계치를 사용해야 한다. 다른 경우, 서로 다른 모형들 간 비교보다는 모형의 특정 모수치들에 대한 추론을 하고 싶을 수 있다(Stephan et al., 2010 참조). 예를 들어, 두 영역들 사이의 연결이 정적인지 혹은 부적인지를 결정하고자 할 수 있다. 이는 선택된 모형에서 추정된 경로 값을 규명함으로써 수행될 수 있다.

(3) fMRI 데이터에 대한 구조방정식 모형(SEM) 적용의 문제

fMRI 데이터에 SEM을 사용할 때 발생할 수 있는 많은 잠재적인 문제들이 있다. 첫째, SEM 모형 적합에 관한 검증의 표준적인 방법들은 관찰치들의 독립성을 가정하는데, 이는 fMRI 데이터에서는 사실이 아니다. 그러나 카이제곱 검증에 자유도를 조정함으로써 그 자유도가 인과적 자유도를 반영하도록 할 수 있는데, 이는 데이터에서 시간적 자기상관에 부여된 독립적인 관찰치들의 수를 의미한다(Bullmore et al., 2000).

대부분의 SEM 연구는 그래프를 규정하기 위해 사전의 해부학 모형을 이용하여, 그 그래프에 대한 가설 검증을 수행하였다. 그러나 모형 기각의 실패(즉, 카이제곱 검증이 유의미하지 않음)는 그 모형이 올바른 모형이라는 것을 확인해 주는 것이 아니라, 단지 그 모형을 기각하기에 충분한 근거가 없다는 것을 확인해 주는 것일 뿐이다. 앞서 언급하였듯이, 해부학적 사전 정의는 기능적 연결성 모형을 구축하는 데 비교적 약한 출발점을 제공하는 것과 마찬가지로, 인과적 연결성의 경우에도 가장 적합한 모형을 찾기 위해 모든 가능한 모형들을 찾아보는 것이 바람직할 것이다. 가장 작은 연결망을 포함한 모든 모형들을 고려한다면, 모든 가능한 모형을 철저하게 검증하는 것은 계산적으로 다룰 수 없게 될 것인데, 그래서 검색 방법이 필수적이다. SEM의 문헌에서 사용되는 가장 일반적인 방법은 욕심쟁이 검색 기법(greedy search technique)으로, 이는 어떠한 연결도 없는 모형에서부터 시작해 모형 적합을 최대로 증가시키는 하나의 연결을 반복적으로 추가함으로써 수행된다. 이는 라그랑지 승수(Lagrangian multipliers)라는 기법을 이용하며(Bullmore et al., 2000), SEM 문헌들에서는 수정 지수(modification indices)라고 알려져 있다. 불행하게도, 연결망 탐지에 대한 이 접근은 전역적으로 최적인 연결망을 찾아내는 것이 아니라 국지적 최솟값을 찾는 경향이 있어 신뢰할 수 없는 것으로 밝혀졌다(Sprites et al., 2000). 다음 절에서 설명할 검색 방법이 이 접근보다 성능이 우수한 것으로 알려져 있다.

대체로 SEM 모형들이 fMRI 데이터 분석을 위해 사용되기 때문에, 또 다른 더 근본적인 문제는 모형이 신경 신호들 간의 인과관계를 확인하기 위한 것이지만, 그 관계는 반드시 간접 측정치이자 잡음이 섞인 BOLD MRI 측정치를 기반으로 추정되어야 한다는 것이다(Penny et al., 2004). 잠재변인에 대한 인과적 추론이 간접 측정치를 기반으로 할 때, 측정치에 있는 독립적인 잡음이 일부 변인들 간의 가짜 관계를 확인하는 것으로 나타날 수 있다는 것이 밝혀졌다(Ramsey et al., 2010). 또한 잠재적인 신경 신호로부터 관찰된 혈류역학 신호로 변환하는 것은 복잡하고 비선형적이다. 이러한 관계를 SEM으로 다루는 것이 용이할지라도, 신경 신호들 사이의 인과관계를 추정하기 위해 혈류역학 반응 함수를 직접적으로 추정하는 역동적 인과 모형(dynamic causal modeling; 뒤의 '역동적 인과 모형' 참조)과 같은 접근이 이를 더 자연스럽게 다룰 수 있다.

3) 그래프 인과 모형

데이터 세트의 인과 구조를 규정하는 또 다른 방법은 그래프 인과 모형(graphical causal model)의 맥락에서 개발되었다(Spirtes et al., 2000; Shipley, 2000; Pearl, 2000). 이 접근은 그래프의 인과관계가 그래프 내 변인들의 서로 다른 집합들 간 조건부 독립 관계에 관한 의미가 있다는 생각에 기초한다. 조건부 독립은 다른 변인(들)에 대한 조건하에서 두 변인이 독립적인 것을 의미한다. [그림 8-9]는 [그림 8-1]의 그래프를 기반으로 한 조건부 독립의 예를 보여 준다. 이 개념은 회귀 분석의 맥락에서 친숙한데, 여기서 세 번째 변인에 대한 조건화는 회귀 모형에서 그 변인을 공변량으로 포함하는 것과 같다. 만일 두 변인이 세 번째 변인을 통해 상관된다면, 하나의 회귀자로서 세 번째 변인을 포함하는 것이 그 상관을 제거해 줄 것이고, 결과적으로 그 변인들을 독립적으로 만들어 준다.

일련의 변인들 간에 존재하는 조건부 독립 관계를 결정함으로써, 조건부 독립의 패턴에 의해 암시되는 인과관계를 설명하는 그래프를 결정하는 것이 가능하다(Pearl, 2000; Spirtes et al., 2000). 지난 20년 동안 기계학습 분야에서 개발된 일련의 방법들은 이러한 그래프 구조를 효과적으로 검색할 수 있는 기능을 제공해 왔다.

그래프 검색을 위한 수많은 검색 알고리즘들이 있으며, 이들 중 많은 것들은 무료로 이용할 수 있는 TETRAD 소프트웨어에서 구현된다(이 책의 웹사이트 참조). 이 검색 알고리즘들은 찾을 수 있는 그래프의 종류(예: 주기가 있거나 없는, 잠재 변인이 있거나 없는), 데이터에 관한 가정(예: 연속 혹은 이산, 정규분포 혹은 비정규분포)에 따라 본질적으로 다르다. 이러한 방법들에 대한 자세한 설명은 이 책의 범위를 넘어서므로 Spirtes 등(2000)과 TETRAD 소프트웨어 매뉴얼에서 자세한 내용을 참조하기 바란다. [그림 8-10]은 이 소프트웨어를 이용한 결과의 예를 보여 준다.

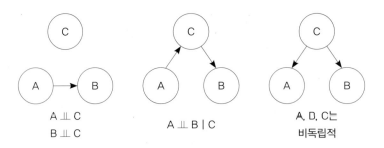

그림 8-9 [그림 8-1]의 각 그래프 모형은 세 마디들 간 조건부 독립 관계가 다르다는 것을 의미한다. 독립은 ⊥로 표기하며, 따라서 B⊥A|C는 "C 조건하에서 B는 A와 독립적이다."를 의미한다.

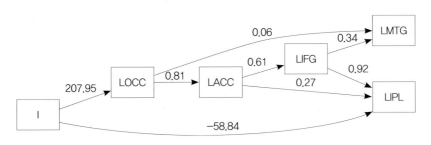

욕심쟁이 등가 검색

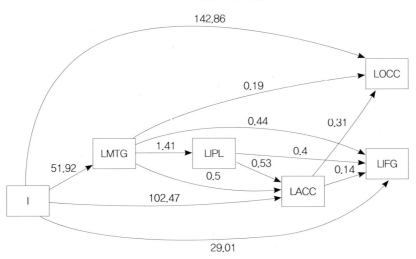

SEM(수정 지수 이용)

그림 8-10 TETRAD IV와 SEM의 수정 지수를 이용하여 추정된 예제 데이터 세트에 대한 최적합 모형들의 비교. 데이터는 5개 영역(LOCC: 좌반구 후두 영역, LMTG: 좌반구 중측두 영역, LIPL: 좌반구 하두정 영역, LACC: 좌반구 전대상 영역, LIFG: 좌반구 하전두 영역)의 단일 복셀들과 혈류역학 반응으로 컨볼루션한 과제를 나타내는 외부 입력의 시계열이다. TETRAD의 예에서는 욕심쟁이 등가 검색(GES) 알고리즘이 최적합 그래프를 검색하는 데 사용되었는데, 이는 입력이 LOCC와 연결되었다는 사전지식에서 시작하였다. SEM의 예에서는 욕심쟁이 검색 기술이 R의 SEM 기능을 이용하여 설명된 방식으로 적용되었는데, 입력이 LOCC와 연결되어 있다는 기본 모형에서 시작하여, 모형의 결함에 대한 카이제곱 검증이 더 이상 유의미하지 않을 때까지 각 단계에서 모형 적합을 가장 크게 높이는 변(수정 지수에 의해 측정됨)이 추가되었다. 그 결과 연결망의 적합도는 TETRAD 모형(BIC=−27)이 SEM 모형(BIC=−10)보다 더 나았다.

일단 최적의 그래프가 이 그래프 검색 방법들을 이용하여 확인되고 나면, SEM이나 DCM과 같은 다른 유형의 인과적 연결성 모형들의 기초로 사용될 수 있다.

그래프 인과 모형과 같은 검색 방법들을 사용하는 데 있어 한 가지 특별한 어려움은 여러 피험자들의 자료를 결합하는 것이다. 단순히 피험자들에 걸친 데이터를 결합하여 단일 검색을 사용하거나 혹은 피험자들에 걸쳐 데이터 평균을 구하는 것이 가장 확실해 보이지만, 이들 각각은 잘못된 결과를 얻을 가능성을 가지고 있다. 앞서 언급하였듯이, 결합된 데이터 세트에 존재하는 변인들 간 독립 관계는 개개인에 존재하는 관계를 반영하지 않을 수 있다. 이 문제점을 해결하기 위해 Ramsey 등(2010)은 IMaGES(independent multiply assessed greedy equivalence search)라는 방법을 개발하였는데, 이 방법은 심지어 피험자들이 모든 변인들을 공유하지 않더라도(예: 어느 한 피험자가 특정 ROI 내 유의미한 신호가 없더라도) 여러 피험자들에 걸쳐 검색을 수행한다. 이 방법은 TETRAD 소프트웨어에서도 사용 가능한데, 최적합 그래프 구조를 검색하고, 검색의 각 단계에서 개별 피험자를 분리해 조사하며, 집단 전체에 걸쳐 가장 적합한 모형을 찾기 위해 피험자별 적합도를 모두 결합한다.

4) 역동적 인과 모형

SEM과 그래프 인과 모형은 많은 다른 유형의 데이터에 적용할 수 있는 매우 일반적인 방법인 반면, 역동적 인과 모형(dynamic causal modeling: DCM)은 뇌영상 데이터(fMRI, EEG/MEG)에서 인과관계 모형화를 위해 특별히 개발된 방법이다(Friston et al., 2003). DCM은 관찰된 fMRI 신호로부터 기저의 신경 시스템의 역동성을 추론하고자 한다. fMRI를 위한 DCM은 두 부분, 즉 신경역학(즉, 기저의 신경활동) 모형과 혈류역학 모형(즉, 신경역학에 의해 유발된 혈류반응)으로 구성된다.

DCM의 신경역학 모형은 다음과 같이 미분 방정식이다(Penny et al.,

2004).

$$\dot{z}_t = \left(A + \sum_{j=1}^{J} u_t(j) B^j \right) Z_t + C u_t$$

여기서 t는 시간, $\dot{z}_t$는 시간에 따른 신경활동의 도함수, $u_t(j)$는 시간 t 에서 j번째 외부 입력 J, 그리고 A, B^j, C는 연결성 행렬이다.

- A는 내재적 연결(intrinsic connection)들의 행렬로, 어떤 영역들이 서 로 연결되어 있는지, 그리고 이 연결들이 일방향인지 양방향인지를 규정한다.
- C는 입력 연결(input connection)들의 행렬로, 어떤 영역들이 어떤 외재적 입력 u_j(예: 자극 혹은 지시)들에 의해 영향을 받는지를 규정한다.
- B^j는 조절적 연결(modulatory connection)들의 행렬로, A의 내재적 연결들이 어떻게 u_j 입력 각각에 의해 변화하는지를 규정한다.

DCM은 두 선형효과의 상호작용을 포함하고 있기 때문에 종종 이선 형(bilinear) 모형이라 불리지만, 연결성이 제3의 영역에 의해 조절되는 비선형적 경우에까지 확장되었다(Stephan et al., 2008). DCM의 혈류역 학 모형은 balloon-windkessel 모형(Buxton et al., 1998; Mandeville et al., 1999)의 한 형태인데, 이는 신경활동과 fMRI 신호 측정을 통해 얻을 수 있는 혈류 및 혈액량, 혈중 산소치의 변화들 간의 관계를 모형화한다. 이 두 모형들은 DCM에서 결합되어 fMRI 신호의 발생 모형(generative model)을 생성하고, 이 모형으로 베이지안 추론을 이용하여 fMRI 데이 터로부터 신경역학 모형(A, C, B^j 행렬)과 혈류역학 모형의 모수를 동시 에 추정하는 것이 가능하다. 이 추정 방법의 세부 사항은 매우 복잡하기 때문에 관심이 있는 독자는 다른 문헌들(Friston et al., 2003; Penny et al., 2004 Stephan et al., 2007)을 참조하기 바란다.

일단 모형의 모수들이 추정되면, 특정 연결이나 모형에 관한 가설을 검증할 수 있다. 일반적으로 DCM을 사용한 추정에는 두 부류가 있다. DCM 접근의 풍부한 해설은 Stephan 등(2010)이 제공하는데, 관심 있는 독자는 DCM의 적용에 관한 매우 유용한 지침이 되는 이 논문을 읽어 보기 바란다. 모형 공간의 추정은 관찰 자료에 가장 적합한 모형을 규명하기 위해 여러 DCM들을 비교하는 것을 포함한다. 예를 들어, 우리는 조절적 연결의 모든 경우를 포함한 어떤 모형이 이 연결들 중 몇몇을 누락한 모형보다 데이터에 더 적합한지를 알고 싶을 수 있다. 이는 자료에 대한 적합에 더하여 모형의 복잡성까지 고려하는 모형 선별 기법을 이용한다. 모형의 모수들에 대한 추론은 특정 모형 혹은 모형 집합 전체에 대한 모수들의 추정을 포함한다. 예를 들어, 우리는 특정한 조절적 모수가 두 피험자 집단들 간에 다른지를 알고 싶어 할 수 있다. 이 질문은 개별 피험자에 대해 추정된 모수들에 관한 무선효과 분석을 사용하여 다루어질 수 있다.

DCM이 굉장히 강력하기는 하지만, 몇 가지 중요한 한계점들이 있다. 첫째, SEM과 마찬가지로, 결과의 타당도가 규정된 해부학적 모형과 데이터 추출에 사용된 영역들에 의존적이다. 비록 DCM을 사용하여 시행착오의 방식으로 검색을 수행할 수는 있으나, 전역적으로 최선의 모형을 정확하게 찾을 수 있을 정도의 모형 공간이 충분히 확보되기에는 어려울 수 있다. 대신, 먼저 그럴듯한 후보 모형들을 구성하기 위해 그래프 검색 기술을 사용해 윤곽을 잡고, 그런 다음 DCM을 이용하여 그 모형들에 대한 특정한 가설 검증을 하는 것을 고려할 수 있다. 둘째, 64비트 시스템을 이용함으로써 다소 완화될 수는 있지만, 현재 DCM의 구현 환경은 상대적으로 매우 적은 영역에 한해 수행할 수 있다(이는 MATLAB의 메모리 제한에 기인한다). 마지막으로, 최근의 연구들은 DCM이 모형 선별에서 매우 신뢰할 만하지만(예: 동일한 개인에 대한 여러 번의 회기들에 걸쳐), 정확 모수 추정치들이 서로 다른 모수치들과 상관이 있는 경우 상대적으로 낮은 신뢰성을 보일 수 있다는 것을 보여 주었다(Rowe et al., 2010). 따라서 정확 모수치들에 의존하는 분석은 반드시 주의를 가지고 사용되어야 한다.

(1) 역동적 인과 모형 사용하기

우리는 이 장의 이전 예들에 사용된, 동일한 다섯 개의 ROI를 사용한 동일한 데이터에 대해 DCM 모형을 적합하였다. DCM에 대한 연결성 모형은 TETRAD 그래프 검색의 결과를 기반으로 하였다. 우리는 먼저 세 가지 모형을 비교하였다. 모형 1은 모든 과제에 의해 모든 연결에 대한 조절이 허용되었다. 모형 2는 동일한 내재적 연결성을 가지고 있지만 과제에 따른 내재적 연결에 대한 조절이 허용되지 않았다. 모형 3은 어떠한 내재적 연결도 허용하지 않는 '밀짚인형' 모형이었다. 이 세 가지 모형들 간 비교 결과는 모형 1이 사후 확률 .995로 가능성이 가장 높은 것으로 나타났다. 예상한 대로, 모형 2와 모형 3의 비교 결과는 모형 2의 사후 확률이 1에 근접하여, 모형 2가 선호되는 것으로 나타났다.

5) 그레인저 인과관계

그레인저 인과관계(Granger causality)는 본래 경제학 데이터 분석을 위해 개발되었는데, 이 방법은 변인들 간 관계를 시간에 대해 조사함으로써 인과관계를 모형화한다. 그레인저 인과관계는 원인이 시간상 언제나 효과에 선행한다는 개념에 기초한다. 이는 종종 다변량 자기회귀(multivariate autoregressive: MAR) 모형의 견지에서 구성되는데, 여기서 어떤 시점 t에서 변인들 집합에 대한 값들이 이전 시점의 값들의 함수로서 모형화된다. 두 변인 X와 Y가 있을 때, 만일 t 시점의 Y값을 $t-1$ 시점의 X와 Y값으로 예측하는 것이 $t-1$시점의 Y값만으로 예측하는 것보다 더 우수하다면, X는 Y의 "그레인저-원인이 된다(Granger-cause)."라고 말한다. 그레인저 인과관계는 그레인저 인과관계 지도화(Granger causality mapping: GCM)라고 알려진 전체 뇌 방식으로 적용되어 왔는

데, 이 방식에서는 시드 복셀의 시계열이 뇌의 다른 모든 복셀들과 비교되고, 그레인저 인과관계가 각 복셀에 대해 계산된다(Roebroeck et al., 2005).

　그레인저 인과관계(특히 GCM)는 DCM이나 SEM에서는 필수적인 해부학적 연결망을 규정하지 않고도, 전체 뇌 영역에 대한 인과적 연결성을 조사하는 방법을 제공하기 때문에 표면적으로는 다른 형태의 인과적 연결성 모형들에 대한 매력적인 대안으로 보인다. 그러나 fMRI 데이터에 대한 그레인저 인과관계 분석은 시간적 특성 때문에 문제가 된다. 첫째, 그레인저 인과관계는 시간상에서 뇌 영역들의 상대적인 활동에 의존하기 때문에, 절편 획득시간의 효과를 가장 우선적으로 고려하는 것이 중요하다. 이는 절편에 걸쳐 나타나는 상대적인 획득 시점의 차이가 신경 처리에 기인한 상대적인 시간적 효과보다 훨씬 더 크기 때문이다. 둘째, 그레인저 인과관계는 혈류역학 반응이 뇌 전체에 걸쳐 시간적 특성이 유사하다고 가정한다. 그러나 이는 틀린 것으로 알려져 있고(Miezen et al., 2000), 뇌 영역들에 걸쳐 혈류역학 반응의 시점상 차이들은 그레인저 인과관계 분석에서 명백한 가짜 인과관계로 나타날 것이다. 실제로 전기생리학적 기록 방법과 fMRI를 동시에 사용한 David 등(2008)에 따르면, fMRI 시계열의 그레인저 인과관계는 인과 영향을 정확하게 추출하지 않는 것으로 나타났다. 반면 시계열이 신경적 신호(전기생리학적 기록과 함께 DCM의 혈류역학 모형을 사용)의 추정치를 얻기 위해 디컨볼루션되었을 때, 그레인저 인과관계는 전기생리학적 데이터에서 관찰된 인과관계를 정확하게 추출해 낼 수 있었다. 셋째, 그레인저 인과관계는 데이터가 인과 처리보다 더 느린 비율로 수집될 때 발생하는, 즉 신경적 상호작용이 밀리초 단위로 일어날 때, fMRI 데이터가 초 단위로 수집될 때 발생하는 잘 알려진 문제점을 가지고 있다(Ramsey et al., 2010; Swanson & Granger, 1996). Swanson과 Granger(1996)가 제안한 이 문제에 대한 해법은 시계열 분석으로부터 잔차를 얻고, 그다음 앞서 설명한 그래프 인과 모형 검색 절차를 적용하는 것이다(Ramsey et al., 2010 참

조). 그레인저 인과관계 방법이 fMRI 데이터에 더 잘 들어맞도록 앞으로
더 발전되겠지만, 당장은 fMRI 데이터에 그레인저 인과관계 분석을 사
용하는 것을 권장하지 않는다.

4. 연결망 분석 및 그래프 이론

fMRI 데이터에서 연결성을 모형화하는 또 다른 접근은 전혀 다른 영
역으로 보이는 사회적 연결망 연구로부터 나왔다. 사회학자들은 오랫동
안 '6단계 분리'로 불리는 현상에 관심이 많았는데, 이는 거의 모든 사
람들은 6개 혹은 그 이하의 단계에서 전 세계의 어느 누구라도 친구들
의 경로를 찾을 수 있다는 것이다. 1990년대, 일단의 물리학자들이 복
잡한 연결망(예: World Wide Web과 뇌)을 분석하기 시작하였고, 이를 위
해 다양한 범위의 복잡한 연결망의 구조를 이해하기 위해 새로운 모형
을 개발하였다. 이에 관한 생생한 소개는 Watts(2003)에서, 더 자세한
개관은 Newman(2003)에서, 그리고 주석이 달린 이 분야의 고전들은
Newman 등(2006)에서 찾을 수 있다.

1) 작은 세상 연결망

연결망 모형화의 가장 기초가 되는 기여들 중에 하나는 복잡한 시스
템에서 흔하게 나타나는 특정 연결망인, 작은 세상 연결망(small world
network)이라 알려진 한 유형의 연결망의 발견과 형식적 특성화다. 작
은 세상 연결망은 World Wide Web부터 예쁜 꼬마 선충의 신경계, 영
화계에서의 동료 배우 연결망('케빈 베이컨의 6단계 게임'으로 유명해졌다)
에 이르기까지 어디에서나 찾을 수 있다. 작은 세상 연결망을 설명하기
전에, 그래프 이론(graph theory)으로부터 나온 몇 가지 중요한 개념들
을 먼저 소개한다. 연결망은 마디(node)의 집합으로 구성되어 있고, 이

들은 링크(link, 변[edge]으로 알려져 있음)들로 연결되어 있다. 마디의 수준(degree)은 그 마디가 가지고 있는 변의 개수다. 변들이 마디들 간 무선적으로 위치되어 있는 하나의 연결망(무선적 연결망[random network]으로 알려져 있음)이 있다고 상상해 보자. 수준 값들의 분포(즉, 각 마디가 얼마나 연결되어 있는가에 대한 분포)를 살펴보면 기하급수적으로 감소하는 것을 알 수 있는데, 즉 많이 연결된 마디들의 수는 무시할 수 있을 만큼 적다. 그러나 연구자가 이 방법을 이용해 World Wide Web과 같은 복잡한 연결망을 조사하기 시작했을 때 수준 값들의 분포는 긴 꼬리 형태를 보이고 있음을 발견하였는데, 이는 무선적이라고 기대했던 것보다는 훨씬 높은 연결 마디가 있다는 것이다. 이러한 수준 분포를 가진 연결망은 작은 세상 특징을 가지는데, 이는 두 마디들 사이의 평균거리는 같은 크기와 평균 수준을 가진 무선적으로 연결된 그래프에서 기대하는 것에 미치지 못함을 의미한다. 뇌의 기능과 구조 둘 다 작은 세상 연결망의 견지에서 특성화될 수 있다는 증거들이 나타나고 있고(Stephan et al., 2000; Bassett & Bullmore, 2006; Sporns et al., 2004), 또한 fMRI 데이터의 연결망 상호작용 분석은 이미 중요한 새로운 통찰을 제공해 왔다. 예를 들어, 발달과정에서의 휴지상태 fMRI 데이터 분석은 영역들 간 상호작용이 발달과정에 걸쳐 활성화 분석만으로는 분명하지 않은 여러 방식으로 변화한다는 것을 보여 주었다(Fair et al., 2007). 과제 관련 fMRI 데이터에 대해 연결망 분석 방법을 적용하는 것이 가능하기는 하지만, 일반적으로 이 방법은 휴지상태 fMRI 데이터에 적용되어 왔고, 여기서는 이에 대해 초점을 두고자 한다. 휴지상태 데이터 세트의 예는 이 책의 웹사이트에서 이용할 수 있다.

2) 휴지상태 fMRI 데이터로 연결망 모형화하기

자료에 대한 적절한 전처리를 마친 후, 휴지상태 fMRI 데이터로 연결망 모형화를 하는 단계는 다음과 같다.

① **자료 추출하기**(extract data) 연결망 분석은 분석에 포함된 마디의 수에 따라 달라지지만, 수천 개 이상의 마디들에서의 계산은 매우 집약적이기 때문에, 분석을 최적화하기 위해서는 가능한 적은 수의 마디를 유지하는 것이 일반적으로 권장된다. 종종 신호가 제한된 수의 관심 영역으로부터 추출된다. 예를 들어, Fair 등(2009)은 선행 연구를 기초로 하여 34개의 영역으로부터 데이터를 추출하였다. 이 영역들로부터 전처리된 데이터가 추출되어 N(시점)$\times P$(영역)의 행렬로 결합된다.

② **연결망 인접성 계산하기**(compute network adjacency) 첫 번째 단계에서 추출한 데이터를 사용하여, 다음 단계에서는 연결망의 각 마디에서 신호들 사이의 연결 강도를 지수화하는 측정치를 계산한다. 인접성을 측정하는 가장 보편적인 방법은 피어슨 상관 계수(r)다. 인접성 행렬은 잡음이 반영된 변들을 제거하기 위해 일반적으로 어떤 상대적으로 과대한 값(예: $r > 0.1$)에서 역치화된다. 또 다른 인접성 측정은 위상 중첩(topological overlap; Ravasz et al., 2002)이라 알려져 있는데, 이는 두 마디들이 동일한 다른 마디들과 높게 상관되어 있는 정도를 계산한다(즉, 이들이 같은 상관적 '이웃'인지를 계산한다). 이 측정은 단순 상관에 비해 좀 더 강건한 편이다(Zhang & Horvath, 2005). 어떤 인접성 측정에 대해서도, 우리는 명시된 혹은 명시되지 않은 (절대)값들을 사용할지를 결정해야만 하는데, 이는 묻고 있는 질문의 본성을 반영한다(즉, 마디들 간 부적 상관에 관심을 갖고 있는가?). 인접성 행렬을 역치화하고 나면, 이 단계의 결과는 마디들 간 링크가 존재하느냐 혹은 존재하지 않느냐를 규정하는 이진 값들을 지닌 $P \times P$ 행렬로 나타난다.

③ **연결망 규정하기**(characterize the network) 인접성 측정으로부터 추정된 연결망을 얻었다면, 우리는 평균 경로 길이, 군집화 계수 또는 조절 측정치와 같이 연결망의 다양한 측면을 특성화할 수 있다. 이 측정치들은 작은 세상 위상을 드러내는 정도와 같이, 연결망 위상에 관한 일

반석인 특성을 제공하는 데 유용할 것이다. MATLAB, R, python 등의 프로그래밍 언어에서 이러한 분석을 수행하는 데 이용 가능한 수많은 도구들이 있다. 이들에 관한 링크는 이 책의 웹사이트에 제공되어 있다.

④ **연결망 시각화하기**(visualize the network) 연결망을 시각화하는 것은 그 구성을 이해하는 데 가장 좋은 방법이다. [그림 8-11]에 하나의 예가 제시되어 있다. 시각화 방법은 예술적인 만큼 과학적이며, 연결망의

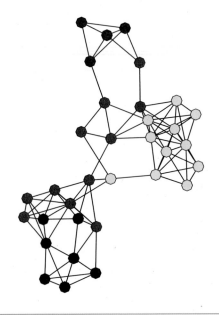

그림 8-11 휴지상태 데이터 분석으로 얻은 연결망의 예. 데이터는 BIRN(Biomeical Informatics Research Network) 데이터 저장소에서 얻은 것으로, 뒤에서 소개한 바와 같이 전처리되었으며, 이후 Fair 등(2009)에서 구체화된 34개의 마디(node)로부터 신호가 추출되었나. 이 마디늘은 Fair 능(2009)에 의해 기눌퇸 네 개의 연걸밍 씩직에서의 긘어 징도에 따라 서로 다른 색상으로 칠해져 있다(노란색: 전두-두정[frontoparietal] 연결망, 검은색: 대상-덮개[cingulo-opercular] 연결망, 빨간색: 기본상태[default mode] 연결망, 파란색: 소뇌[cerebellar] 연결망). 상관 행렬은 마디들 간 연결들 중 상위 20%를 유지하기 위해 역치화되었다. 데이터는 R을 위한 SNA 패키지에 부속되어 있는 Kamada-Kawai spring-embedding 알고리즘을 이용하여 시각화되었다.

그래픽 레이아웃을 위한 서로 다른 많은 알고리즘이 있다는 것을 알고 있어야 한다. 시각화를 기반으로 한 어떠한 결론도 시각화 방법의 다른 선택지들에 대해서 강건하다는 것을 반드시 확인해야 한다. 통계적 방법에 추가하여, 연결망 구조의 변화, 예를 들어 학습이나 발달에 걸쳐 발생할 수 있는 변화를 동영상으로 볼 수 있게 해주는 SONIA와 같은 이용 가능한 도구들이 있다(Moody et al., 2005).

3) 연결성 분석을 위한 전처리

연결성 분석을 수행할 때 한 가지 중요한 고려 사항은 머리 움직임과 같은 인공결함들이 뇌 영역들 간의 가짜 연결성의 원인이 될 수 있다는 것이다. 이러한 거짓 양성 연결이 나타나는 것을 방지하기 위해, 그러한 경향성은 영역들 간 연결성을 분석하기 전에 데이터로부터 삭제될 수 있다. 휴지상태 데이터의 경우에 관심 있는 상관은 데이터에서 저주파 경향에 의해 나타날 것인데, 이는 또한 fMRI 데이터에서 전형적으로 보이는 많은 잡음 신호(에일리어싱 혹은 기타 다른 잡음)들이 그러한 저주파 경향을 보인다. 연결성 분석의 질을 향상시키기 위해서는 데이터로부터의 방해 경향들의 제거가 필수적이다. 휴지상태 fMRI에 대해서는, 데이터로부터의 제거를 고려할 수 있는 전형적인 방해 경향성들은 강체 움직임 보정의 결과로 나오는 6개의 움직임 매개변수(첫 번째 도함수와 함께 나옴), 백질의 평균 신호, 뇌실의 신호, 전역 평균, 심장 박동과 호흡과 같은 생리학적 신호들을 포함한다(Cohen et al., 2008; Birn et al., 2006, Fox et al., 2005). 전역 평균을 데이터로부터 제거해야만 하는지 말아야 하는지에 대해서는 일부 쟁점이 있다. 흥미롭게도, 표준적인 과제 기반 fMRI 데이터 분석에서 전역 신호를 포함하는 것은 전형적으로 추천되지 않는데, 그 이유는 과제에 대응하는 광범위한 활성화가 있을 때 활성화가 감소하는 것으로 나타났으며, 또한 거짓 음성 활성화가 나타날 수도 있기 때문이다(Aquirre et al., 1998; Junghofer et al., 2005; Gavrilescu et al., 2002). 휴지상태 fMRI의 경우에 전역 평균을 포함하는 이유는 전역 신호가 움직임이나 호흡과 관련된 성분과 같은 비신경 신호 인공결함에 관한 정보를 가질 것이기 때문이다. 어떤 연구에서는 휴지상태 fMRI 데이터 분석에서 전역 신호를 방해 변수로 다루는 것이 거짓 음성 상관을 야기할 수 있음을 지적하였다(Murphy et al., 2009; Weissenbacher et al., 2009; Cole et al., 2010). 그러나 여전히 이러한 부적 상관이 수학적 부수 현상인지 혹은 뇌기능의 의미 있는 측면을 반영하는지에 관한 논쟁이 존재한다. 일반적으로 전역 신호를 모형화할 때 발견되는 부적 상관은 신중하게 해석해야만 한다. 그리고 편향이 부적 상관을 향하기 때문에, 유의미한 정적 상관이 거짓 양성이 될 가능성은 없는 것으로 보인다.

어떤 연결성 분석 유형이 수행되는가 따라 방해 신호의 제거는 서로 다른 방식으로 이루어진다. 시드 기반 연결성 분석의 경우, 그 분석이 시드 복셀과 다른 모든 표적 복셀들 간의 부분 상관 계수를 반영하기를 원할 것이다. 이는 개별 BOLD 시계열 자료를 종속변수로 하는 회귀분석을 하여 이룰 수 있는데, 이때 독립변수로서 방해변수를 모형화하는 것뿐만 아니라, 편평화나 고주파 통과 필터링, 저주파 통과 필터링과 같은 다른 작업을 함께 수행한다. 그다음 이 분석에서 얻은 잔차를 시드 기반 연결성 분석에서 피어슨 상관 계수를 계산하는 데 사용할 수 있다. 적용된 방해 매개변수의 수만큼 자유도를 적절하게 줄이고 나면, 이 상관들에 대한 추론은 부분 상관 계수 검증에 상응하게 된다. 사전백색화가 과제 기반 fMRI 데이터 분석에서는 표준적이지만 휴지상태 fMRI에서는 사용하지 말아야 하는 것을 주의해야 하는데, 이는 휴지상태 연결망을 보여 주는 중요한 저주파 파동을 걸러낼 것이기 때문이다(Shmuel & Leopold, 2008).

PPI 분석의 경우에도, 방해 경향성은 PPI 회귀자의 생성 이전에 데이터로부터 제거되어야만 한다. 방해 경향성이 PPI 회귀자를 생성할 때 수행되는 조절을 위한 것이 아니라면, 이는 간단히 PPI 회귀자와 함께 모형에 추가될 수 있다. 두 시행 동안 두 개의 정적 극파를 보이는 표적 복셀과 시드 복셀/영역을 가정해 보자. 또한 각 시행 유형은 PPI 회귀자에서 대비되었다고 가정해 보자. PPI 회귀자에 대해, 하나의 경우는 극파가 한 과제에 대해 여전히 정적으로 남아 있을 것이지만, PPI 회귀자의 조절로 인하여 다른 극파는 부적으로 될 것이다. 움직임 매개변수를 모형에 추가할 수 있지만, 이들이 PPI 회귀자에서 서로 다른 방향을 갖고 있을 것이기 때문에 극파를 아주 잘 모형화하지는 않을 것이다. 해결책은 시드 시계열과 PPI 회귀자 생성 이전에 데이터로부터 모든 방해 경향성을 제거하는 것이다. 이는 휴지상태 데이터의 경우에 앞서 설명한 방식으로 이루어진다. 물론 추론은 방해 모형에서 사용되는 추가적인 자유도를 고려해야만 한다.

마지막으로, ICA를 위해서는 데이터로부터 방해 매개변수들을 모형화할 필요는 없는데, 이는 방해 성분이 휴지상태 연결망 성분들로부터 자동으로 분리될 것이기 때문이다. 휴지상태 연결망 성분들을 규명하기 위한 방법이 기본 모드 연결망과 얼마나 잘 맞는지에 기초하고 있음에도 불구하고(Greicius & Menon, 2004; Greicius et al., 2007), 이 두 무리의 성분들을 서로 분리해 내는 것은 어려운 일이다.

Chapter **9**

다중복셀 패턴 분석과 기계학습

1. 패턴 분류에 대한 소개

2. 분류자를 fMRI 데이터에 적용하기

3. 데이터 추출

4. 특징 선택

5. 분류자의 훈련과 시험

6. 분류자 특성화하기

Chapter 9

다중복셀 패턴 분석과 기계학습

1. 패턴 분류에 대한 소개

지금까지 이 책에서 논의한 통계적 기법들은 우리가 갖고 있는 데이터 세트를 최선으로 설명하려고 노력한다는 공통의 특성을 가지고 있었다. 예를 들어, 일반선형모형을 데이터 세트에 적용할 때, 그 데이터를 최선으로 표현하는 모형 매개함수들을 결정하는 방법을 사용한다(여기서 '최선으로'라는 말은 '관찰된 데이터와 고정된 데이터 점들 간의 가장 작은 평균 자승화를 가지고'라는 의미다). 기계학습(machine learning), 통계적 학습(statistical learning) 혹은 패턴 인식(pattern recognition) 등으로 다양하게 알려져 있는 분야는 데이터를 모형화하는 다른 접근법을 취한다. 기계학습 방법은 관찰된 데이터를 최선으로 특성화하는 모형 매개변수들을 찾는 대신, 새로운 관찰치들에 대한 가장 정확한 예측을 가능하게 하는 모형 매개변수들을 찾는 시도를 한다. 이러한 모형 매개변수들이 항상 동일하지는 않다는 것이 이 접근 방식이 내포하는 가장 근본적인 직관들 중의 하나다.

기계학습의 영역은 방대하며 지속적으로 성장하고 있으므로, 이 장에서는 단지 이 방법들의 대략적인 표면만을 살펴볼 것이다. 이 시점에서,

우리는 이 책의 독자가 기계학습의 기본적인 개념에 대해 약간의 친숙함을 가지고 있을 것이라 가정한다. 보다 상세하게 알고자 하는 독자를 위해, Alpaydin(2004), Bishop(2006), Duda 등(2001), Hastie 등(2001)과 같은 기계학습 방식에 대한 좋은 교재들이 있음을 알려 둔다. fMRI에 대한 기계학습 방식의 특수한 적용의 관점에서 이는 종종 다중복셀 패턴 분석(multivoxel pattern analysis: MVPA)이라고 불리는데, 이에 관해서는 Haynes와 Rees(2006), Norman 등(2006), O'Toole 등(2007)을 포함하는 탁월한 개관들이 있다. 이 책의 웹페이지에도 기계학습 분석을 위한 소프트웨어 패키지에 접속할 수 있는 링크를 소개하고 있다.

1) 기계학습 접근에 대한 개관

기계학습의 목적은 아직 관찰되지 않은 데이터에 관한 예측 능력을 최대화하는 것이다. 즉, 이미 관찰된 데이터로부터 아직 관찰되지 않은 데이터에 대해 일반화하려는 것이다. 예를 들어, 둘 중 어느 약이 새로운 정신과 환자를 더 효과적으로 치료할지를 예측하기 위해, 혹은 한 개인에게서 나타난 정신과정의 유형을 해독하기 위해 fMRI 자료를 사용할 수 있다. 그 예측이 별개의 범주들 중 하나라면 이것을 분류(classification)라고 부르는 반면, 그것이 연속적인 값일 때에는 회귀(regression)라고 부른다. fMRI에 사용되는 거의 대부분의 기계학습 응용 방법들이 회귀보다는 분류를 사용하기 때문에, 일반적으로 분류 기계와 회귀 기계를 분류자(classifiers)라고 부른다.

(1) 특징, 관찰 그리고 '차원의 저주'

기계학습에서 우리의 목표는 일부 관찰치 세트들(보통 개별 시행들 혹은 개별 피험자들)에 걸쳐 일련의 관찰된 특징들(우리의 경우, 복셀의 강도)과 몇몇 결과 변수들(예: 정신 상태 혹은 정신과적 진단) 간의 관계를 학습하는 데 있다. 그러나 많은 다른 종류의 현대 자료 분석의 문제점과 같이, fMRI에서는 특징들의 수(보통 5만 개 이상)가 관찰치들의 수(20~100개)보다 훨씬 더 크다. 이는 표준 기법을 이용하여 GLM 모형을 데이터에 적합하는 것을 불가능하게 하는데, 그 이유는 GLM에서 특징들의 수는 특정한 매개변수들의 집합을 추정하기 위한 관찰치들의 수보다 반드시 더 작아야 하기 때문이다. 많은 수의 차원들 역시 모형화에 있어 보다 근본적인 문제를 제기한다. 데이터 세트를 적절하게 모형화하기 위해서는, 측정되는 각 변수들의 모든 범위에 걸쳐 체계적인 측정이 필요하다. 예를 들어, 키와 몸무게의 관계를 살펴보고 싶다면, 모집단 모든 범위에 걸쳐 다양한 키를 가지고 있는 개인들을 표집해야 한다. 그러나 여기에 차원을 더함에 따라 모든 차원들의 범위를 포함하기 위한 표본들의 수가 기하급수적으로 증가하게 된다. 이 문제는 '차원의 저주'라고 알려져 있다(Bellman, 1961).

기계학습의 영역은 이 저주를 다루는 방법들을 개발하는 것에 크게 관련되어 있다. 그중 한 가지 방법은 차원들의 수를 줄이는 것이다. 예를 들어, 많은 차원들에 걸쳐 중복되는 자료가 있다면, 데이터의 기저에 있는 더 적은 대안적 차원들의 세트를 찾아내기 위해 PCA나 ICA와 같은 차원성 축소(dimensionality reduction) 기법을 사용할 수 있다. 이 저주를 해결하는 또 다른 방법은 신호가 자료 내에서 산재하고 있다고 가정하고, 적은 수의 특징을 찾는 데 집중하는 것이다. 이는 희소해법(sparse solution)들을 찾도록 설계된 분류자를 사용하거나, 혹은 조사되고 있는 특징들의 수를 축소시키는 특징 선택(feature selection) 기법의 사용을 통하여 이루어질 수 있다.

(2) 과적합

관찰된 데이터에 가장 잘 적합하는 모형이 새로운 결과물 또한 가장 정확하게 예측할 것이라고 생각하기 쉽지만, 실제로는 그렇지 않다는 것을 확인하는 것은 매우 쉬운 일이다([그림 9-1] 참조). 보다 복잡한 모형(즉, 더 많은 매개변수들을 가진 모형)은 훈련 데이터(training data)

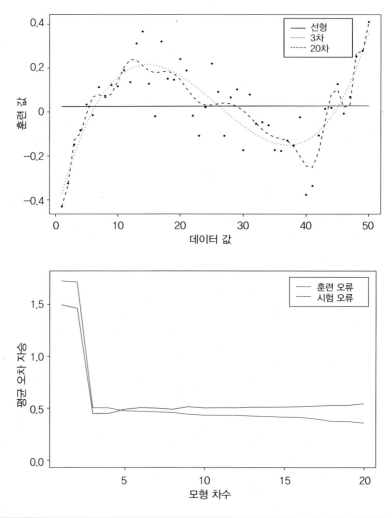

그림 9-1　과적합의 예. 위 그림은 삼차 함수에 무선 가우시안 잡음을 더함으로써 만들어진 데이터 포인트들을 보여 주고 있다. 이 데이터는 세 가지 다른 모형을 사용하여 적합되었다. 즉, 선형 모형(실선), 수정 삼차 모형(점선), 그리고 20차 다항 모형(파선)이다. 삼차 모형이 반응에 명확하게 적합한다. 선형 모형은 데이터에 과소적합하는 반면, 20차 다항 모형은 개별 데이터 포인트들의 많은 부분에 나타난 잡음에 대한 반응에 적응함으로써 과적합을 보이고 있다. 아래 그림은 독립적인 잡음 값들을 가진 동일한 함수를 사용하여 생성된 훈련 데이터와 시험 데이터에 대한 모형의 적합을 보여 준다. 모형의 차수가 늘어나면 훈련 데이터에 대한 적합은 항상 증가하는 반면, 모형의 차수가 실제 값인 3을 넘어 증가함에 따라 시험 데이터에 대한 적합은 감소하는데, 이는 훈련 데이터에 대한 과적합을 반영한다.

에 항상 더 정확하게 들어맞을 것이다. 더 나아가, 만약 데이터 포인트들이 있는 만큼 매개변수들이 많이 있다면 데이터는 완벽하게 적합할 것이다. 그러나 만약 이러한 변수들에 관련된 실제 함수가 덜 복잡하다면(예: 선형 혹은 이차 함수), 더 복잡한 모형을 사용하는 것은 과적합(overfitting)으로 나타날 것인데, 이 경우 모형 적합은 대부분 훈련 데이터의 잡음에 기인한다. 이 결과는 훈련 데이터에는 우수한 적합을 보이지만, 검사 데이터(test data)에 대해서는 [그림 9-1]과 같이 저조한 일반화를 보이게 된다.

2. 분류자를 fMRI 데이터에 적용하기

분류자를 fMRI 자료에 적용하는 과정(흔히 다중복셀 패턴 분석 혹은 MVPA라고 부름)은 다음의 네 단계를 따른다.

- 데이터 추출: 분류자를 훈련하고 시험하는 데 사용될 데이터를 추출한다.
- 특징 선택: 어떤 특징들이 분석에 포함될 것인가를 선택한다.
- 훈련과 시험: 분류자를 데이터에 훈련시키고, 표본 이상에 대한 일반화 정확도를 결정한다.
- 분류자 특성화하기: 어떤 특징들이 분류 정확도에 가장 중요한지를 결정한다.

3. 데이터 추출

fMRI 시계열로부터 추출되는 데이터는 분류의 속성에 의존한다. 특정 개인에 대한 서로 다른 사건들의 분류(개인 내 분류)에서 어려운 점은 각 사건에 의해 유발된 활동을 가장 잘 반영하는 특징들을 추출하는 것이다. 이는 블록 설계에서는 상대적으로 쉬운데, 그 이유는 각 특정 조건에 유일하게 기여하는 시점들의 세트가 존재하기 때문이다. 연구자는 블록 내 모든 시점을 포함하거나, 또는 그 블록에 대한 GLM 모형의 평균이나 베타 값과 같은 시점들의 요약된 정보를 사용할 수도 있다. 상대적으로 긴(약 10초 이상) 시행 간 간격을 가지는 사건 관련 설계에서는 비교적 다른 사건이 거의 혼입되지 않은 각 사건에 대해 유발된 신호를 추출할 수 있다 8장에서 논의한 베타 시리즈 상관 모형을 사용하거나 혈류역학 반응의 최고점을 잡아내는, 사건 제시 후 4~6초 후의 단일 시점을 단순히 취하는, 보다 단순한 접근을 사용할 수도 있다. 빠른 사건 관련 설계에서는 서로 다른 사건들 간의 중첩이 데이터 추출 문제를 훨씬 더 어렵게 만든다. 느린 사건 관련 설계와 빠른 사건 관련 설계 모두에 적용 가능한 하나의 대안적 방법은 베타 시리즈 접근을 사용하는 것이다. 그러나 빠른 설계에서 사건들 간의 시간적 인접성은 매우 가변적인 추정치를 야기하는 설계 행렬에서의 상당한 상관으로 나타날 수 있다. 이 문제를 해결하기 위해 능형 회귀(ridge regression)를 사용할 수 있으나(Rizk-Jackson et al., 2008), 이 방법의 민감도는 거의 확실하게 낮을 것이다.

또 하나의 대안은 각 시행의 전체 시계열을 분류자에 넣는 것인데, 이는 공간시간적 분류자(spatiotemporal classifier)로 알려져 있다(Mourão-Miranda et al., 2007). 이 경우, 분류자가 어떤 시점이 관련된 정보를 포함하고 있는지를 결정할 것이다. 이 방식은 혈류역학 반응에 관한 어떠한 특정 형태도 가정하지 않는다는 장점을 가지고 있고, 따라서 만일 그 반응이 표준 형태와 다르다면 보다 더 민감할 것이다. 그러나 이 방법 또한 특징들의 수를 매우 증가시키기 때문에 몇 가지 분류자가 학습하기에는 어려울 수 있다. 기계학습 방식을 적용하는 데 흥미를 가진 연구자들은 빠른 사건 관련 설계에서 생겨나는 심각한 특징 추출 문제를 완화하기 위해 일반적으로 블록 설계 또는 상대적으로 느린 사건 관련 설계를 사용해야만 할 것이다.

또 다른 대안은 시행마다의 분류를 먼저 하고, 대신 자료의 분리된 부분들(예: 분리된 회기들)에 대해 추정된 요약 통계 지도들 간 분류를 하는 것이다(Haxby et al., 2001; Haynes et al., 2007). 이는 시행마다의 반응 추정에 관련된 문제를 제거하지만, 결과로부터 이끌어 낼 수 있는 결론을 약간 변화시키게 된다. 즉, 개별 시행을 정확하게 해독할 수 있다는 의미가 아니라, 대신 분류되고 있는 구분에 관하여 얼마나 많은 정보가 제시되는가에 대해 보다 전반적인 측정치를 제공한다. 연구에 사용될 수 있는 이와 유사한 접근은 개인에 걸쳐 분류를 시도하는 것이다. 이 경우 모수 추정치 지도(parameter estimate map) 혹은 t/Z-통계 지도와 같이 각 개인에 대해서 공간적으로 표준화된 요약 지도의 한 형태를 사용하는 것이 일반적이다. 통계적 지도는 복셀들에 걸쳐 동일한 척도를 가지고 있기 때문에 통계적 지도를 사용하는 것이 모수 추정치 지도보다는 더 유용할 수 있다.

4. 특징 선택

fMRI 시계열로부터 관련 자료를 추출했다면, 다음 단계는 어떤 특징들(복셀들)을 분류자 분석에 포함시킬 것인가를 결정하는 것이다. 특징 선택에는 두 가지 가능한 계층이 있다. 첫째, 결과 변수와 관련되지 않은 사전 해부학적 지식 혹은 데이터의 특징을 이용함으로써 결과 변수에 관한 어떤 지식도 포함하지 않는 방식으로 복셀들을 구분해 낼 수 있다. 둘째, 어떤 복셀들이 분류에 가장 유용할지를 확인하기 위해 분류자를 사용한 다음, 단지 그 특징들만을 분석에 사용할 수 있다. 전자에 대해서 여기에서 논의할 것이며, 후자에 대해서는 다음 절에서 다룰 것이다.

가장 단순하게는 전체 뇌에서 나온 데이터를 모두 포함할 수 있다(Poldrack et al., 2009; Hanson & Halchenko, 2008). 복셀의 크기에 따라 이는 3만 개까지의 특징이 될 수 있는데, 이는 일부 분류자의 한계(예: 신경망)를 넘어서는 것이며 그 외 많은 다른 분류자들의 한계에 가까운 수치다. 서포트 벡터 머신(support vector machine)이 일반적으로 이러한 종류의 분석을 위한 분류자로 선택되는데, 이는 매우 많은 수의 특징들에 대해 수행을 잘하기 때문이다(그러나 여전히 다른 특징 선택이 더 나을 수 있다). 전체 뇌 접근 방식은 관심 질문이, 정보가 어디에서 발견되는가에 관계없이(단, 뒤에서 논의될 분류자 특성화 방법을 사용하여 일부 전체 뇌 분류자에 대한 국지화 정보를 얻는 것이 가능하다) 어떤 특정한 기능적 구분에 관련된 정보가 뇌 안에 있는지의 여부일 때 가장 적절하다.

사전 관심 영역을 사용하여 특정 복셀들에 대해 분석을 제한하는 것 또한 가능하다. ROI 규정에 대한 다양한 전략들을 10장에서 논의할 것인데, 이는 독립적인 기능적 국지화(independent functional localizer) 뿐만 아니라 개인화된 해부학적 라벨(individualized anatomical label)과 모집단 기반 해부학적 지도(population-based anatomical atlas)의 사용도 포함된다. 이 전략은 목적이 특정 기능에 있어 해부학적으로 혹은 기능적으로 정의된 특정한 영역의 상대적 중요성을 확인하는 것이거나, 특정한 이전 관심 영역에 집중하는 것일 때 특히 유용하다. ROI의 선택이 그 분석의 결과로부터 얻어진 어떠한 지식에도 근거하지 않는다는 것을 확인하는 것이 중요한데, 이는 결과로서 나오는 일반화 추정치를 편향시킬 수 있기 때문이다.

해부학적으로 유도된 특징 선택을 넘어서, 결과 변수와 관련이 없는 개인적 특징들의 특성을 이용하여 사전적이지 않은 특징 선택을 수행하는 것 또한 가능하다. 예를 들어, 관찰치들에 걸쳐 가장 높은 변량을 가지는 특징들을 선택할 수 있는데, 이는 그러한 특징들이 더 적은 변량을 가진 특징들보다 관찰치들 간 차이에 대한 정보를 더 많이 가지고 있을 것이라는 가정을 할 수 있기 때문이다.

5. 분류자의 훈련과 시험

일단 데이터를 전처리 하고 나면, 그다음 단계는 분류자를 훈련시키고, 분류자의 예측값들을 결과 변인의 알려진 실제 값들과 비교함으로써 그 분류자의 일반화 수행을 평가하는 것이다. 새로운 데이터에 대한 일반화에 있어 분류자의 수행을 정확하게 평가하기 위해서는, 분류자를 훈련하고 시험하기 위해 분리된 데이터 세트를 사용하는 것이 매우 중요하다(〈글상자 9-1〉 참조). 이를 위한 가장 단순한 방법은 두 개의 데이터 세트를 수집하여, 하나는 분류자를 훈련하는 데 사용하고 다른 하나는 시험하는 데 사용하는 것이다. 그러나 이는 수집하고자 하는 관찰치들의 2배를 수집해야 하기 때문에 비효율적이다. 게다가 결과가 변동적일 수 있는데, 이는 그 결과가 연구와 시험 표본들에 무선적으로 나타나는 관찰치들에 의존하기 때문이다. 다행히도, 일반화 능력을 평가하기 위한 훨씬 더 효율적인 방법들이 있는데, 이 방법들은 만일 우리가 분리된 훈련-시험 반복 과정에서 훈련과 시험을 한다면 이들에 대해 같은 자료를 사용할 수 있다는 사실을 활용하는 것이다. 이 과정은 교차 타당화(cross-validation)라는 이름으로 진행되는데, 이는 데이터가 k개의 관찰치 블록들로 나누어지고, 분류자가 하나를 제외한 모든 블록에서 훈련되며, 그런 다음 남은 하나의 블록에서 시험되고, 이러한 과정은 모든 블록에 대해 반복되는 것을 반영하여 종종 k-겹 교차 타당화(k-fold cross-validation)라고 언급된다. 만약 k가 관찰치의 수와 동일하다면 이것은 하나-제외 교차 타당화(leave-one-out cross-validation)라고 불린다. 하나-제외 교차 타당화는 계산적 관점에서 상대적으로 대가가 크지만(왜냐하면 분류자가 각각의 제외된 관찰치에 적합되어야 하기 때문에), 시험의 정확성에 대한 비편향 측정치를 제공할 것이다. 반면, 상당히 큰 k를 가지는 교차 타당화는 때때로 편향될 수 있다. 10겹 교차 타당화가 좋은 절충안으로 보인다(Hastie et al., 2009).

1) 특징 선택/제거

교차 타당화 내에서 특징 선택을 사용하는 데 있어 정보가가 없는 특징들(이들은 잡음은 더하고 신호는 없음)을 제외함으로써 특징들의 수를 줄이는 것이 일반적이다. 예를 들어, 각 복셀이 조건 간 통계적으로 유의미한 차이를 나타내는지를 결정하기 위해 통계 검증을 수행할 수 있다. 보다 정교한 접근 방법은 순환적 선택 제거(recursive feature elimination)로 알려져 있는데(Guyon et al., 2002), 이 방식에서 분류자가 반복적으로 적합되고, 각 단계에서 가장 정보가가 낮은 특정한 수 혹은 비율의 특징들이 제거된다. 이러한 접근법은 몇몇 경우에 분류자의 수행을 향상시키는 데 유용하다. 특징 선택이 시험 세트와 분리된 훈련 데이터에서 수행되도록 하는 것이 중요하다. 만약 시험 데이터가 특징 선택 단계에서 사용된다면 그 시험 결과는 손상될 것이다(〈글상자 9-1〉 참조).

특징 선택은 데이터를 더 적은 수의 차원으로 줄이는 차원성 축소(dimensionality reduction) 기법을 사용해서도 이루어질 수 있는데, 이는 그럼에도 불구하고 특징들 간의 상관에 의해 큰 데이터 세트에 출현한 거의 모든 정보를 가져오게 된다. 예를 들어, PCA나 ICA와 같이 8장에서 논의한 행렬 분해(matrix decomposition)의 방법들이 이러한 목적으로 사용될 수 있다.

〈글상자 9-1〉 훈련 데이터와 시험 데이터 분리의 중요성

어떠한 분류자 분석에서도 그 목적은 일반화, 즉 분류자를 훈련하는 데 사용된 데이터로부터 완전히 분리된 시험 데이터 세트에서의 수행에 대한 정확한 평가다. 그러나 시험 세트에 관한 정보가 의도치 않게 관여될 수 있으며, 시험 데이터에 대한 훈련 데이터의 어떠한 오염이 일반화 수행 정도의 과대추정이라는 결과로 나타날 수 있다. 따라서 훈련과정에 시험 데이터에 대한 어떠한 '엿보기'도 포함되지 않도록 확실히 하는 것이 매우 중요하다. 오염이 발생했다는 한 가지 좋은 단서는 분류자의 수행이 너무 좋게 나타나는 것이다. 만약 시험 세트에서 일반화 수행이 99%의 정확도를 보인다면, 이는 어떤 오염이 일어났을 가능성이 높다.

오염을 확인하는 데 좋은 일반적인 전략은 특징들과 결과들의 관계가 절단된 데이터 세트를 사용하여(예: 관찰치들에 걸쳐 결과를 무선적으로 재할당함으로써), 전체 과정의 흐름을 수행하는 것이다. 이것은 교환 가능성의 가정(assumption of exchangeability)을 필요로 하는데(Nichols & Holmes, 2002), 따라서 재할당된 단위들이 영가설하에서 교환이 가능하도록 하는 것이 중요하다(7장 참조). 완전히 자동화된 처리 흐름을 가지는 것이 유용한데, 이렇게 하면 그 과정이 여러 번 구동될 수 있으며 평균 정확도가 계산될 수 있다. 이러한 상황에서는 평균 정확도가 우연 수준과 같아야만 하기 때문에, 그 어떤 편향도 뚜렷이 드러난다.

하나의 예로, 우리가 하나의 복셀 집합으로부터 신호에 근거하여 두 유형의 자극들 중 어떤 자극이 출현하는지를 분류하고 싶어 한다고 해 보자(이 분석의 모의실험이 이 책의 웹사이트에서 가능하다). 우리는 분석에 미치는 잡음의 영향을 줄이기 위해 자극 집합이 영향을 준 깃으로 보이는 복셀들에 대해서만 분석을 한정하기를 원할 것인데, 이는 각 복셀에 대한 표준 단일변량 통계 검증을 사용해서 결정될 수 있다. 간단한 절차로, 데이터의 반을 훈련 데이터로, 나머지 반을 시험 데이터로 나누도록 하자. 우리는 전체 데이터 세트(훈련＋시험)에 대해 단일변량 검증을 수행하여 그 데이터 세트에서 자극 집합들 간 가장 큰 차이를 나타내는 복셀들을 취할 수 있다. 대안적으로, 훈련 세트에서 가져온 데이터만을 사용하여 같은 특징 선택을 수행할 수도 있다. 만약 이러한 분석을 실제 신호가 출현하는 모의 상황에서 수행한다면, 둘 다 유의미한 분류 정확도를 나타내는 것을 보게 될 것이지만, 시험 데이터를 포함하는 절차가 좀 더 높은 일반화 정확도를 보일 것이다. 특징 선택 과정에서 시험 데이터를 포함함으로써 나타나는 이 편향은 실제로 어떤 신호도 출현하지 않을 때 어떤 일이 일어나는지를 모의실험할 때 훨씬 더 명백하다. 이 경우, 훈련 데이터만을 이용하여 특징을 선택한 절차는 아무런 신호도 없을 때 기대할 수 있는 수준인 50%의 정확도를 보여 준다. 그러나 특징 선택에 훈련 데이터와 시험 데이터 둘 다 사용한 절차는 우연 수준 이상의 정확도를 보여 준다. 예를 들어, 만약 1,000개의 복셀들이 있고 가장 높은 10개를 분석에 포함하도록 선택한다면, 실제로는 아무런 신호가 없음에도 불구하고 시험 정확도는 75% 정도가 될 것이다! 이러한 거짓 정확도가 나타나는 이유는 특징 선택 절차가 훈련과 시험 단계 모두에서 단지 무선 잡음에 기인한 집합들 간 신호의 차이를 갖는 복셀들을 찾았기 때문이다. 이 분석은 잡음 데이터를 사용하여 전체 분석 흐름을 모의실험해 보는 것의 유용성과 중요성을 강조한다.

2) fMRI 데이터를 위한 분류자

분류 분석을 수행하기 전에, 수없이 많은 이용 가능한 기법들 중에 사용할 방법을 고르는 것이 필수적이다.

(1) 선형 분류자 대 비선형 분류자

분류자는 탐지할 수 있는 통계적 관계의 종류에 따라 다양하다. 선형 분류자(linear classifier)는 각 유형의 효과와 연합된 데이터 포인트들을 선형함수를 사용하여 분리할 수 있는 효과들을 탐지할 수 있다. 이차원의 경우 이것은 하나의 선이 되는 반면, 고차원 공간에서 이것은 초평면(hyperplane)이 될 것이다. 비선형 분류자(nonlinear classifier)는 보다 복잡한 함수들에 의해 정의되는 효과들을 탐지할 수 있다. [그림 9-2]와 [그림 9-3]은 다양한 분류자들이 선형 및 비선형 각각의 분류 문제에 적용된 예들을 보여 주고 있다.

fMRI 분류에 관한 문헌들은 다음과 같은 여러 가지 이유로 대부분 선형 분류자를 사용해 왔다. 첫째, 선형 분류자들은 일반적으로 이해하기에 가장 쉬운 방법이다(비록 이차 판별 분석 일부 비선형 분류자 역시 상당히 간단하기는 하다). 둘째, 다음 절에서 논의한 바와 같이, 선형 분류자는 일반적으로 특성화하기가 더 쉽다. 셋째, 비선형 분류자는 최적화를 필요로 하는 부가적인 매개변수들을 가지며, 이는 일반적으로 추가적인 수준에서

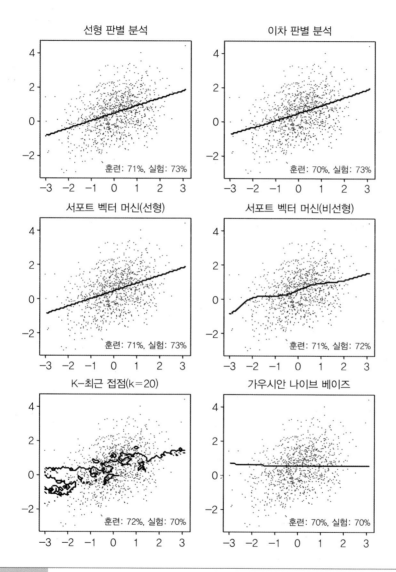

그림 9-2 선형 분류 문제에 대한 다양한 분류자들의 수행. 각각을 위한 데이터는 Y 차원을 따른 집합들 간의 평균에서 1.0 차이를 갖는 다변량 정규분포로부터 생성되었다. 빨간색 점들과 파란색 점들은 각 분류 집단으로부터의 관찰치들이며, 각 그림의 검은색 선은 각 분류자에 의해 추정된 범주 경계를 반영한다. 각 그림에서 제시된 훈련 정확도는 그림에 제시된 자료에 대한 것이며, 반면에 시험 정확도는 같은 분포로부터 표집된 또 다른 데이터 세트에 대한 것이다. 모든 분류자들이 매우 유사하게 수행하지만, 최인접 분류자의 수행은 과적합에 의해 다소 저조하다.

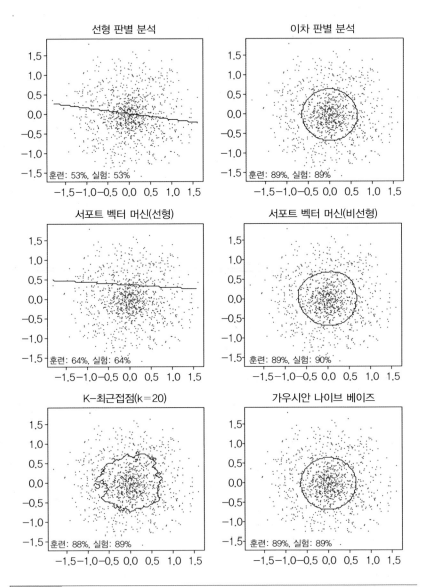

그림 9-3 비선형 분류 문제에 대한 다양한 분류자들의 수행. 각각을 위한 데이터는 집합들 간의 반지름에서 1.0 차이를 갖는 원으로 변환된 다변량 정규분포를 이용하여 생성되었다. 이 경우, 선형 분류자들(LDA와 선형 SVM)은 비선형 분류자에 비해 상대적으로 저조한 수행을 나타내고 있는데, 비선형 분류자들은 원형의 집합 경계를 정확하게 탐지해 낼 수 있다. 선형 SVM은 그 경계가 이 문제에 정확하지 않음에도 불구하고 두 분류 집단의 차이 분포를 이용함으로써 우연 수준보다 다소 높은 수행을 보인다.

교차 타당화를 필요로 한다(이는 매개변수 최적화가 시험 데이터에 반드시 독립적이어야 하기 때문이다). 그럼에도 불구하고, 선형 분류자는 실패하지만 비선형 분류자는 성공하는 몇 가지 문제들이 명백하게 존재하기 때문에, 분류자 수행의 어떠한 상대적 평가에도 비선형 분류자를 포함하는 것이 중요하다.

(2) 계산적 한계

분류자들은 또한 수용할 수 있는 특징 세트들의 크기와 거대한 데이터 세트들을 적합할 때의 효율성에 따라 다양하다. 서포트 벡터 머신과 같은 일부 분류자들은 매우 거대한 데이터 세트(예: 수십만 개의 특징들)가 합리적인 시간(예: 1~2시간) 내에 적합될 수 있는 방식으로 시행될 수 있다. 신경망과 같은 다른 것들은 대략 5,000~1만 개의 특징들을 가진 데이터 세트들에 사용 가능한데, 이 수준에서 메모리 요구가 제한 요소가 된다(물론 구체적인 알고리즘과 이행 방식에 따라 다르다). 또한 이러한 모형들을 적합하는 것은 매우 오랜 시간이 걸릴 수 있다. 스펙트럼의 다른 한쪽 끝에는 선형 판별 분석과 같이 특징들의 수가 관측치들의 수보다 적어야만 하는 분류자들이 있다. 이러한 방식들은 일반적으로 이 한계를 해결하기 위해 차원성 축소와 결합된 어떤 형태로 사용된다.

(3) 과적합 경향성

분류자들은 또한 데이터를 과적합하는 경향성에 따라 다양하다. 단일−최인접(one−nearest−neighbor) 분류자와 단순 신경망 방식과 같은 일부 분류자들은 데이터를 과적합할 가능성이 높으며, 그 결과 훈련 수행은 뛰어나지만 일반화에는 저조하다. 그러나 대부분의 분류 기법들은 과적합을 막기 위해 어떤 형태의 정규화(regularization)를 사용한다. 나아가, 서포트 벡터 머신과 같은 몇몇 기법들은 과적합을 막기 위해 특별히 고안된 것이다.

3) 어떤 분류자가 가장 좋은가

더 새롭고 더 좋은 분류 기법들의 개발에 중점을 둔 많은 문헌들이 있으며, 새로운 분류 기법을 fMRI 자료에 적용하여 다른 방법들과 수행을 비교하여 언급하는 fMRI 문헌들을 종종 보게 된다. 그러나 특정한 분류자가 특정한 데이터 세트나 문제에 잘 작동하더라도 모든 데이터 세트나 모든 분류 문제들에 걸쳐 더 뛰어난 하나의 방법은 없다는 것을 깨닫는 것이 중요하다. 이것은 사실 공식적으로 증명될 수 있으며, 기계학습에서는 '공짜 점심은 없다'는 정리('no free lunch' theorem)로 알려져 있다. 각각의 특정한 분류자는 그것의 특정한 가정에 잘 맞는 데이터 세트에서 잘 수행하는 반면에 같은 분류자도 그것과 잘 맞지 않는 다른 데이터 세트에서는 매우 저조한 수행을 보일 수 있다. 따라서 어떠한 연구결과들도 연구되고 있는 그 특정 분류자의 속성에 의해 제한되지 않다는 것을 확실히 하기 위해 다양한 분류자들을 시험하는 것이 중요하다. PyMVPA나 R 소프트웨어 패키지와 같은 도구들을 사용하면 어떠한 데이터 세트들에 대해서도 다양한 분류자들의 수행을 평가할 수 있으며, 이는 어떤 분류자가 현재 다루고 있는 문제에 가장 적절한지에 대한 가장 좋은 길잡이를 제공해 줄 수 있을 것이다. 다시 한 번 강조하면, 데이터에 행해지는 어떠한 모형 선택도 최종 시험 데이터와 분리되어야 하는 것이 매우 중요하다.

4) 분류자 정확도 평가

우리는 종종 분류자의 일반화 정확도가 우연에 의해 기대되는 것보다 우수한지를 확인하고 싶어 한다. 이를 평가하기 위한 간단한 방법은 수행을 변화에 의한 어떤 영가설 분포(예: 두 대안적 분류에 대한 이항 분포)에 따라 기대되는 수행과 비교하는 것이다. 그러나 분류자에서 어떤 편향이 있다면, 이는 부정확할 것이다. 예를 들어, 각 분류 집단에 존재하는 관찰치들의 수가 다르면 정확도에 편향을 가져올 것이다. 수행 대 우연을 수량화하는 보다 정확한 방법은 재표집 접근을 사용하는 것인데, 이 방법에서 전체 교차 타당화 절차가 분류집단 라벨이 무선적으로 매번 재할당되면서 여러 번 수행된다(교환 가능성의 가정하에). 매번 정확도 값이 저장되고, 이 값들의 분포는 관찰된 수행이 검증될 수 있도록 경험적 영가설 분포를 제공한다.

모든 관찰치에 대한 전반적 정확도를 단순히 계산하기보다는 관찰치들의 모든 분류 집단들에 대해 따로따로 정확도를 조사하는 것 또한 중요하다. 전반적 정확도의 사용이 특히 문제가 되는 한 가지 경우는 각 분류 집단에 관찰치들의 수가 동일하지 않을 때다. 어떤 분류자들은 단순히 모든 관찰치들을 보다 공통의 분류 집단에 할당하려고 할 것이다. 따라서 만약 관찰치의 80%가 한 분류 집단에 속한다면, 비록 한 분류 집단이 다른 것보다 더 공통적이라는 것 외에는 아무것도 학습한 것이 없음에도 불구하고, 그 분류자는 80%의 정확도로 수행할 것이다. 이 문제에 대한 한 가지 해결책은 균형화된 정확도 측정치를 계산하는 것인데, 이는 자극들의 각 분류 집단에 대한 평균 정확도다. 부가적으로, 분류 집단의 빈도들이 동일하지 않을 경우, 계층화 교차 타당화를 적용하는 것이 유용할 수 있는데, 이 방법에서는 분류 집단 구성원의 비율이 교차 타당화 층 각각에 균등화된다(Kohavi, 1995). 회귀 모형에서도 또한 층들에 걸친 특징 값들의 분포를 균형화하는 것이 유용할 수 있는데(Cohen et al., 2010), 그렇지 않으면 층들에 걸친 분포에 존재하는 차이들이 시험 데이터에 대해 체계적인 부정확한 예측을 가져올 수 있다.

6. 분류자 특성화하기

분류자 분석을 수행하였고, 선택된 특징 세트에서 잘 수행되는지를 확인했다면, 이제 분류자가 어떻게 그 수행을 이루어 내는지를 평가하는 것이 중요하다. 일반적으로, 이는 각 특징이 분류에서 담당하는 역할을 특성화하는 것을 포함할 것이다.

민감도 지도 한 가지 공통의 절차는 분류에 대한 각 복셀의 중요도를 시각화하는 것으로, 이는 종종 민감도 지도(sensitivity map) 혹은 중요도 지도(importance map)라고 불리는 것들을 생성한다. 이 단계의 구체적 속성은 사용되는 분류자의 종류에 달려 있다. 예를 들어, 신경망으로는 연결망의 가중치 구조를 다시 뇌에 지도화하는 것이 가능하며, 이는 분류 수행에 대한 각 복셀의 기여도를 나타내는 중요도 지도를 제공한다. 서포트 벡터 머신으로는, 각 차원에 할당된 매개변수에 기초한 민감도 지도를 계산하는 것 또한 가능하다. 어느 지도를 사용하든 간에, 그 지도가 분석을 위해 선택된 특정 분류자의 민감도를 반영한다는 것과 서로 다른 분류자들은 서로 다른 특징들에 민감할 수 있다는 것을 염두에 두는 것이 중요하다. 덧붙여, 민감도는 그 특징이 일반화에 중요하다는 것을 함의하지 않을 수도 있다. 그럼에도 불구하고, 민감성 지도는 분류자가 수행을 어떻게 했는지를 더 잘 이해하는 데 있어 종종 유용하다.

또한 잡음을 더하여 특징들을 간섭하는 효과를 살펴봄으로써 그 특징들의 중요성을 평가할 수도 있다. 예를 들어, Hanson 등(2004)은 신경망 분류자를 사용하여 이를 수행하였는데, 여기서 이들은 각 입력 복셀에 잡음을 더하고 잡음이 최소한 30%까지 수행에 영향을 미치는 것들을 선택하였다. 이 잡음의 명확한 속성이 중요할 수 있는데, 이는 분류자에 따라 달라지며, 따라서 이 접근법은 분류자 행위에 대한 매우 견고한 이해를 가지고 있는 사용자들에게만 추천된다.

탐조등 과정 지역적 분류자 수행을 특성화하기 위해 사용되는 또 다른 기법은 탐조등(searchlight)이다(Kriegeskorte et al., 2006). 이 방식에서는 작은 구가 중앙에 각 복셀을 두면서 놓이고, 분류자는 그 구 내에 있는 복셀들만을 이용하여 훈련되고 시험된다. 시험 정확도는 이후 중앙 복

셀에 할당된다. 이는 어떤 영역이 분류에 관련 있는 정보를 포함하고 있
는가를 보여 주는 지도를 제공한다. 탐조등 지도는 특히 유용한데, 이는
이 방식이 피험자들에 걸쳐 일관적인 분류 정확도를 보여 주는 영역을
찾기 위한 집단분석에 사용될 수 있기 때문이다. 탐조등 분석의 활용에
는 두 가지 잠재적 어려움이 있다. 첫째, 특정 분류자의 속도, 데이터의
해상도와 탐조등 반경의 선택에 따라 뇌의 모든 복셀에 탐조등을 시행
하는 것은 매우 긴 계산 시간이 걸릴 수 있다. 둘째, 반경의 선택은 결과
의 속성에 영향을 줄 수 있다. 즉, 매우 큰 탐조등은 여러 기능적 영역들
에 걸쳐 정보를 잠재적으로 통합하는 반면, 매우 작은 탐조등은 단지 몇
몇 복셀들에 걸친 정보만을 통합할 것이다. 적절한 탐조등 반경의 선택
은 검증하고자 하는 가설에 따라 달라진다.

  일단 탐조등 지도가 얻어지면, 어떤 영역이 유의미한 분류 수행을 나
타내는지를 확인하기 위해 역치화를 하는 것이 필요하다. 개별 피험자
들에 대해, 한 가지 흔한 방법은 이항 검증을 이용하여 지도를 역치화하
는 것이다. 그러나 이러한 방식은 분류자에 어떠한 편향이라도 있는 경
우 문제가 될 수 있기 때문에, 앞서 언급하였듯이 치환 검증을 사용하는
것이 최선이다. 집단분석의 경우, 탐조등 민감성 지도는 피험자들을 무
선 효과로 취급하는 표준 GLM 분석에 적용될 수 있다.

Chapter 10

fMRI 데이터의
시각화, 국지화 및 보고

1. 활성화 데이터의 시각화
2. 활성화의 국지화
3. 활성화의 국지화와 보고
4. 관심 영역 분석

fMRI 데이터의 시각화, 국지화 및 보고

fMRI 데이터의 차원성이 매우 방대하기 때문에, 데이터를 이해하기 위해서는 데이터의 커다란 패턴을 보기 쉽게 만들어 주는 시각화 도구를 사용하는 것이 필수적이다. 이 장의 일부는 Devlin과 Poldrack(2007) 그리고 Poldrack(2007)의 연구에서 인용하였다.

1. 활성화 데이터의 시각화

fMRI 데이터를 시각화하는 것은 한 번에 세 표준 방향들 모두에서 동시에 보여 주는 기능을 제공하는 도구를 사용하는 것이 가장 유용하며 ([그림 10-1] 참조), 이는 모든 주요 분석 패키지들에서 사용 가능하다.

우리는 뇌의 해부학적 구조 위에 겹쳐진 활성화 데이터를 보고자 하기 때문에, 이러한 배경으로 기능할 해부학적 영상을 선택하는 것이 필요하다. 이 해부학적 영상은 겹치는 기능적 영상에 대해 최대한 가장 신뢰할 수 있는 영상이어야 한다. 개인 피험자의 활성화를 보고자 할 때 가장 정확한 표현 방법은 기능적 데이터에 정합된 그 개인의 해부학적 스캔 위에 통계적 지도를 겹쳐 놓는 것이다. 집단분석으로부터의 활성

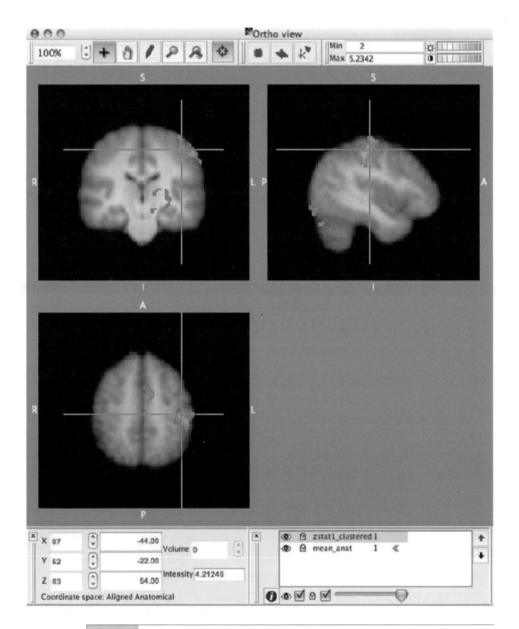

그림 10-1 FSLView를 사용해 보여지는 직교 구획에 겹쳐진 집단 fMRI 활성화의 예. 배경 영상은 피험자들의 집단으로부터 얻어진 평균 해부학적 영상이다.

화를 보고자 할 때에는, 해부학 영상은 반드시 fMRI 데이터에 적용된 편평화뿐만 아니라 집단의 해부학적 변산성을 반영해야만 한다. 단일 피험자의 해부학적 영상, 혹은 하나의 단일 피험자 영상 위에 활성화를 겹쳐 놓는 것은 기능적 데이터에서 실제로 나타나지 않는 해부학적 정확성의 정도를 보여 준다. 대신, 활성화는 반드시 기능적 데이터에 정합된 집단으로부터의 평균 구조 영상에 시각화되어야만 하는데, 이는 되도록이면 기능적 데이터에 적용된 것과 같은 정도의 공간적 편평화가 적용된 이후에 이루어져야 한다. 비록 거시해부학적 지표들이 흐릿해지는 점 때문에 이러한 시각화가 덜 정교할 수는 있지만, 이는 해부학적 변산성과 편평화에 따른 기능적 데이터의 비정밀성을 더욱 정확하게 나타낸다.

적절한 배경 영상을 선택하고 나면, 어떻게 통계적 지도를 시각화할지를 정해야 할 필요가 있다. 거의 일반적으로, 지도는 임계 처리 후 시각화되기 때문에, 특정 임계치에서 유의미한 활성화를 나타낸 영역들만을 보여 주게 된다. 개인 지도와 탐색적 집단분석의 경우, 데이터의 전반적인 조망을 얻기 위해 상대적으로 약한 임계치(예: $p<.01$ uncorrected)에서 데이터를 시각화하는 것이 종종 유용하다. 트루컬러 지도를 사용하여 임계치를 적용하지 않은 방식으로 시각화를 하는 것 또한 유용할 수 있다([그림 10-2] 참조). 이는 통계적 지도의 성질에 대한 전반적인 인상을 제공해 주고, 또한 어떠한 영역이 누락 또는 인공결함에 의해 통계적 지도에서 나타나지 않는지에 관한 조망뿐만 아니라, 부적 효과와 정적 효과 모두를 보여 준다. 그러나 추론을 위해서는 우리는 항상 교정된 임계치를 사용하기를 제안한다.

활성화 데이터를 보기 위한 또 다른 방법은, [그림 10-2]에 나타난 것과 같이, 이들을 피질의 표면에 투사하는 것이다. 이는 활성화를 시각화하는 매우 유용한 방법이 될 수 있는데, 해부학적 절편들만으로는 얻기 힘든 3차원의 조망을 제공해 주기 때문이다. 이에 더하여, 데이터는 피질 표면의 특징들의 정렬을 통해 정합되고 표면 공간에서 분석될

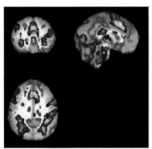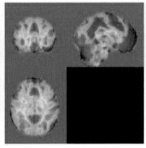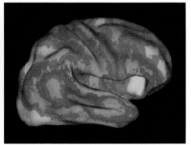

그림 10-2 fMRI 활성화 지도를 보는 여러 가지 방법들. 왼쪽 그림은 표준적인 역치화 활성화 지도로, 정적 활성화는 빨간색/노란색으로, 부적 활성화는 파란색/초록색으로 나타내고 있다. 가운데 그림은 같은 데이터의 트루컬러 지도로, 정적 신호는 빨간색으로, 부적 신호는 파란색으로 표현되어 있는데, mricron 소프트웨어 패키지를 사용하여 만들어졌다. 오른쪽 그림은 같은 데이터를 피질 표면 위에서 렌더링하고 있으며, CARET 소프트웨어 패키지를 사용하여 만들어졌다.

수 있는데, 이는 때때로 볼륨 기반 정렬보다 피험자들에 걸친 더 우수한 정렬을 제공할 수 있다(예: Desai et al., 2005). 그러나 이러한 방법들은 종종 피질 표면을 정확하게 재구성하기 위해 상당한 처리 시간과 수작업으로 이루어지는 중재를 필요로 한다. 최근 모집단 기반 표면 지도(population-based surface atlas; van Essen, 2005) 위에 개인 혹은 집단의 기능적 활성화를 투사할 수 있는 방법이 개발되었다. 다중 기준점 지도화(multifiducial mapping)라고 알려진 이 방법은 집단분석으로부터의 활성화 데이터를 서로 다른 개인으로 이루어진 집단의 피질 표면들 위에 지도화를 하고, 그런 다음 이러한 지도들을 평균화함으로써 집단 데이터를 단일 피험자의 피질 위에 지도화하는 결과로서 생길 수 있는 편향을 방지해 준다. 비록 개별적 재구성이 활성화 데이터를 피질 표면에 지도화하기 위한 표준적인 기준으로 여전히 남겠지만, 다중 기준점 지도화 기법(CARET 소프트웨어 패키지에서 구현됨)은 집단 활성화 데이터를 모집단-평균화된 피질 표면 위에 투사하여 시각화하는 유용한 수단을 제공한다.

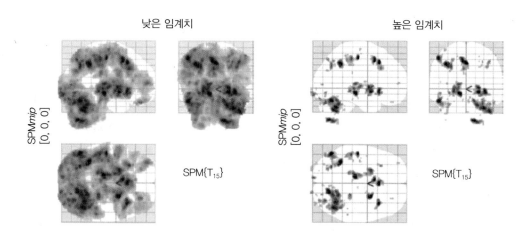

그림 10-3 SPM의 유리 뇌 시각화의 예. 각 축에 따른 최대 강도 투사들을 보여 준다. 낮은 임계치에서(왼쪽 그림) 상대적으로 많은 영역들이 활성화되었는데, 이는 활성화 위치를 결정하는 것을 상대적으로 어렵게 만든다. 더 높은 임계치에서(오른쪽 그림) 활성화된 영역들의 위치는 확인하는 것이 더 쉬워졌다.

　SPM은 자주 사용되지만 부적절하게 사용될 경우 잘못된 국지화의 결과로 나타날 수 있는 두 가지 시각화 도구를 포함한다. 첫 번째 도구는 '유리 뇌(glass brain)'로, 초기 PET 분석 이래로 지속적으로 사용되어 왔다([그림 10-3] 참조). 이는 3차원 투사인데, 주어진 축에서 뇌를 관통하여 각각의 투사를 따라 가장 강력한 신호를 반영하기 때문에 '최대 강도 투사'로 불린다. 활성화를 국지화하기 위해 유리 뇌를 사용하는 것은 상당한 연습을 필요로 하며, 그렇다 하더라고 국지화가 매우 정교하기는 어렵다. 이에 더하여, 만일 커다란 활성화가 출현한다면, [그림 10-3]의 왼쪽과 같이 활성화된 영역들을 분리해 내는 것은 어려울 것이다.

　SPM의 '렌더링(rendering)' 도구는 시각화를 위해 뇌의 표면에 활성화를 투사하기 위해 종종 사용된다([그림 10-4] 참조). 그러나 이는 올바른 렌더링이라기보다는 유리 뇌에 사용되는 최대 강도 투사에 더욱 가깝다는 점을 명심해야 한다. 집단 활성화를 피질 표면에 시각화하기 위해 추천하는 방법은 CARET 혹은 FreeSurfer를 사용하여 데이터를 피질 표면 공간에 투사하는 것인데, 이는 더욱 정교한 국지화를 보여 줄 것이다.

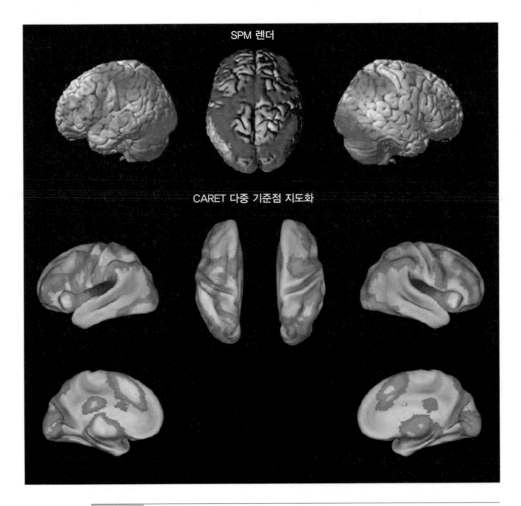

그림 10-4　맨 위의 그림은 SPM의 렌더 기능을 사용하여 나타낸 활성화 지도를 보여 주며, 아래 부분은 CARET의 다중 기준점 지도화 기능을 사용하여 피질 표면에 렌더링된 같은 데이터를 보여 준다.

2. 활성화의 국지화

fMRI 분석 소프트웨어 패키지를 위한 메일링 목록에서 가장 흔하게 볼 수 있는 질문들 중 하나는 다음과 같다. "분석을 수행하고 활성화 지도를 얻었다. 어떤 해부학적 영역들이 활성화되었는지를 어떻게 결정할 수 있는가?" Devlin과 Poldrack(2007)이 개관하였듯이, 이러한 질문에 대한 두 가지 접근법이 있다. '블랙박스 해부학(black-box anatomy)'이라고 불리는 한 가지 방법은 활성화 위치를 확인하기 위하여 신경해부학적 지식을 전혀 요구하지 않는 자동화된 도구를 사용하는 것이다. 우리가 강력히 추천하는 대안적인 방법은 어느 해부학적 영역들이 활성화되었는지 결정하기 위하여 다양한 지도들과 더불어 신경해부학적 지식을 사용하는 것이다.

활성화를 적절한 해부학적 영상 위에 겹쳐 놓았다면, 활성화의 국지화를 도와줄 수 있는 사용 가능한 많은 신경해부학 지도들과 몇몇 유용한 웹사이트들이 존재한다(이 책의 웹사이트에 제시하였다).

1) Talairach 지도

아마도 인간의 뇌 해부학으로 가장 널리 알려진 지도는 Jean Talairach가 개발한 것일 것이다(Talairach, 1967; Talairach & Tournoux, 1988). 그러나 Devlin과 Poldrack(2007)에서 주장했듯이, 이 지도나 이로부터 파생된 다양한 자동화된 도구들을 사용하는 것을 추천하지 않는 많은 이유들이 있다. 간단히 말하면, 우리는 Talairach 지도에 기반한 국지화가 매혹적으로 쉽기는 하지만, 나쁜 선택이라고 생각한다. 이 지도는 겹친 좌표 시스템을 갖고 있어서 활성화된 위치를 확인하는 것을 손쉽게 만들수 있기 때문에 사용하는 것이 매우 쉽다. 그럼에도 불구하고 이 지도는 나쁜 선택인데, 왜냐하면 여러 가지 이유로 정교함과 정확도 면에서 잘못된 생각을 제공하기 때문이다.

- 이 지도는 한 60대 여인의 하나의 뇌에 근거하였으며, 따라서 전체나 혹은 어떠한 개인들로서의 모집단을 대표하고 있지 않다.
- 거의 대부분의 분석 패키지들은 공간적 표준화를 위한 대상으로서 MNI305 지도에 근거한 템플릿을 사용하는데, 이는 모집단 기반의 (따라서 대표성이 있는) 템플릿이다. 좌표를 Talairach 공간에 전환하기 위해 부가적인 단계가 수반되며, 이는 부가적인 정합 오류를 만들게 된다. 더 안 좋은 문제는 어떻게 이러한 변환이 수행되어야 하는지에 관한 일치된 의견이 없다는 것이다(Brett et al., 2002; Carmack et al., 2004; Lancaster et al., 2007). 따라서 이를 위해 선택된 방식은 결과를 편향하고, 부가적인 변산을 만들어 결국은 정확도를 감소시킨다.
- 좌반구 하나에 근거한 이 지도는 다른 쪽 반구를 모형화하기 위해 좌반구를 반영하였다. 그러나 정상적인 사람들에서 반구의 비대칭성은 매우 널리 알려졌으며(예: 헤슬회의 위치, 중심전회의 길이), 이에 따라 반구들에 걸친 대칭성 가정은 부가적인 부정확성으로 나타날 것이다.
- Talairach 지도는 브로드만 영역(Brodmann's areas)으로 표지화되어 있는데, 이 표지의 정확성은 상당한 오해를 불러 일으킨다. 이 표지들은 Talairach에 의해 브로드만 지도로부터 수작업으로 변환되었으며, 심지어 Talairach조차도 이 지도는 불확실하고 하였다(Brett et al., 2002; Uylings et al., 2005 참조).

이러한 모든 이유들로, Talairach 지도는 좋은 선택이 아니라 할 수 있다. 마찬가지로, 우리는 Talairach 지도에 근거한 자동적 좌표-기반 표지화 방식(예: Talairach Daemon: Lancaster et al., 2000)이 문제의 소지가 있다고 본다. 우리는 좌표에 기반하기보다는, 명목상으로는 더 어렵긴 하지만 훨씬 더 정확한 방법인 해부학적 지도를 사용하는 방식을 취하는 것이 더 낫다고 생각한다.

2) 해부학적 지도

우리가 특히 유용하다고 생각하는 하나의 지도는 Duvernoy 지도(Duvernoy & Bourgouin, 1999)로, 이는 MRI 영상을 모든 세 개의 표준 면에서 보여 줄 뿐만 아니라, 맞추어진 뇌 절편들 사진을 보여 준다. 지도의 좌표 시스템의 결여에 따라 연구자로 하여금 좌표에 의해서가 아니라 관련된 거시해부학적 지표들의 관점에서 국지화를 할 수 있도록 한다. Duvernoy 지도(불행하게도 절판되었음) 이외에 유용하게 사용할 수 있는 다른 여러 지도들이 있으며(예: Mai et al., 2004; Woolsey et al., 2008), 소뇌(Schmahmann, 2000), 해마(Duvernoy, 2005), 피질하 구조(Lucerna et al., 2004) 그리고 백질 다발(Mori et al., 2004)과 같은 특정 뇌 영역을 위한 세부 지도가 존재한다. 매우 능숙한 신경해부학자는 지도 없이도 대부분의 구조들을 정확하게 구분할 수 있겠지만, 대부분의 연구자들에게 이러한 지도들이 필수적이다. 더욱이 해부학을 면밀히 조사하는 과정은 해부학적 다양성에 대한 더 나은 이해를 하도록 이끌고, 앞으로는 지도를 참조하지 않아도 이러한 구조들을 정확히 확인하는 능력을 증가시키며, 우리가 뇌영상 전문가가 지녀야 할 필수적인 측면이라고 생각하는 신경해부학의 내적인 삼차원 정신 모형을 구조화하는 데 도움이 된다.

3) 확률적 지도

앞서 언급한 지도들이 단일한 개인의 뇌에 근거하였다면, 확률적 지도는 방대한 수의 개인들에 걸친 정위 공간(stereotactic space) 내에서 특정 해부학적 구조들의 국지화에서의 변산성에 관한 설명을 제공하려는 시도를 한다. 예를 들어, LONI 확률적 지도(Shattuck et al., 2008)는 40명의 개인들에 대해 각 반구에서 56개의 구조를 수작업으로 표지화한 다음, 이 데이터를 MNI 공간에 표준화함으로써 만들어졌다. 이 데이터는 그다음 어떠한 특정 해부학적 영역이 하나의 특정 영역일 가능성을 보여 주는 지도를 만들기 위하여 사용되었다. 이와 비슷한 확률적 지도는 다른 수작업 지표화 방식에 근거하였고, 하버드-옥스퍼드(Harvard-Oxford) 지도로 알려져 있는데, FSL에 포함되어 있다. FSLView 프로그램 또한 지도 도구 세트를 포함하는데, 이는 어떤 복셀에 어느 영역이 잠재적으로 나타날 것인가와 그에 대한 가능성 비율을 제공할 수 있다([그림 10-5] 참조). 이 지도들은 개인들 간 존재하는 변산성을 반영하기 때문에, 이들은 활성화 위치를 분류하는 데 더욱 신뢰성 있는 방법을 제공할 수 있다.

4) 자동화된 해부학적 지표화

해부학적 국지화를 위한 또 다른 방법은 표준 해부학적 구획분할(parcellation) 방식을 사용하여 자동적으로 개인의 T1-강조 영상들을 지표화하는 것이 가능한 소프트웨어를 사용하는 것이다(예: Desikan et al., 2006; Fischl et al., 2002). 이러한 기법들은 해부학적 영역들을 구획분할하고 확인하기 위하여, 뇌의 고랑(구)들을 확인하고, 이들을 지표화 모형들에 맞추는 자동적 방법에 의존한다. 예를 들어, FreeSurfer 소프트웨어 패키지는 T1-강조 고해상도 해부학적 영상을 구획분할할 수 있으며, 각 복셀의 해부학적 영역을 확인하는 지표 영상을 제공한다. 이와 유사하게, FSL의 FIRST 도구는 피질하 구조의 구획분할된 영상들을 생성할 수 있다. 이러한 도구들은 해부학적 영역들을 확인할 때뿐만 아니라 독립적인 해부학적 관심 영역을 생성할 때에 매우 유용할 수 있다. 그러나 지표화는 개인들에 걸쳐 100% 정확하지 않으며, 지도를 참조하여 수작업으로 지표화가 잘 이루어졌는지를 확인하는 것이 중요하다. 이는 편도체와 같이 구획화하기가 매우 어려운 영역들의 경우에 특히 그러하다.

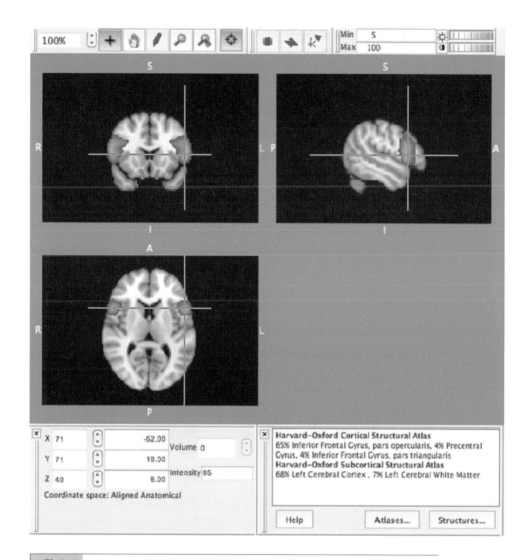

그림 10-5　FSL 소프트웨어 패키지에 포함된 하버드–옥스퍼드 확률적 해부학 지도로부터 얻어진 예. 색상 지도는 각 복셀이 관심 구조를 포함할 가능성을 나타낸다(이 경우 하측 전두회의 판개부). 이 지도의 브라우저(오른쪽 아래)는 또한 선택된 복셀의 해부학적 가능성에 대한 정보를 제공한다.

3. 활성화의 국지화와 보고

대부분의 뇌 영상 논문들은 정위 좌표와 관련 해부학적 지표를 담은 표들을 보고하는데, 〈표 10-1〉은 이러한 예를 보여 준다. 일반적으로, 이러한 좌표들은 Talairach 지도에 의해 정의된 공간(일반적으로 Talairach 공간이라 불린다)에서, 또는 MNI 템플릿에 의해 정의된 공간(일반적으로 MNI 공간이라 불린다)에서 보고된다. 최근 뇌영상 논문들에서 표준 공간이 의미하는 것이 무엇인가에 대한 약간의 혼란이 존재하는데(Brett et al., 2002 참조), 이는 'Talairach 공간'이라는 용어를 어떠한 정위 공간을 위한 포괄적인 명칭으로 사용하려는 경향과, 심지어 'Talairaching'을 공간적 표준화를 기술하는 일반적인 동사로서 사용하려는 경향 때문에 악화되고 있다.

뇌영상 분야의 초기에는 Talairach 공간이 표준이었으나, 이전에 언급하였던 여러 좋은 이유들에 의해 대부분 MNI로 대체되어 왔다. 거의 대부분의 주요 분석 패키지들은 결과를 보고하기 위한 자연스러운 공간을 만들기 위하여 표준화의 기본 설정으로서 MNI152 공간에 기반한 템플릿을 사용한다. 이러한 이유들로, International Consortium for Brain Mapping(ICBM)은 뇌영상 실험을 위한 '표준'으로서 MNI 공간을 지정하였다. 그러나 문헌들에서 사용하는 다양한 표준들은 지속적으로 혼란을 야기하며, 공간들 간의 일대일 지도화를 제공하는 표준 '다리'의 결여에 따라 여러 공간들에 걸친 어떠한 횡단도 잡음을 일으킬 것이다.

〈표 10-1〉 fMRI 논문들에 일반적으로 제시되는 정위 좌표들에 대한 표의 예

영역	X(mm)	Y(mm)	Z(mm)	최대 Z	클러스터 크기
좌측 후두 영역	−12	−94	−6	3.5	124
우측 하전두 역역	56	14	14	4.1	93
양측 전대상 영역	−2	32	26	3.8	110

우리의 견해는, MNI 공간에 표준화한 후 그 결과를 보고의 목적으로 Talairach 공간으로 변환하는 것은, 특히 앞서 언급하였던 Talairach 시스템의 문제점들을 고려하였을 때 이치에 맞지 않는 것이다. 단일한 표준을 적용함으로써 뇌영상 연구자들은 활성화들을 보고할 때 정확도와 투명성을 향상시킬 수 있을 것이다.

결과를 보고하는 것과 관련하여, 모든 뇌영상 연구들에서 공간적 표준화 절차의 자세한 사항들이 기술되어야 하는 것 또한 매우 중요하다(Poldrack et al., 2007 참조). 여기에는 표준화를 위해 사용된 소프트웨어에 대한 기술과, 표준화가 선형적 혹은 비선형적으로 이루어졌는지, 공간적 변환에 얼마나 많은 매개변수들이 사용되었는지와 같은 그 소프트웨어에서 사용된 매개변수들이 포함되어야만 한다. 이에 더하여, 표준화를 위해 사용된 구체적인 대상(target)이 명시되어야 한다(예: "데이터는 FLIRT로 12 매개변수를 가진 아핀 변환을 사용하여 MNI152 T1-강조 템플릿에 공간적으로 표준화되었다."). 이러한 세부 사항들은 서로 다른 버전의 MNI 템플릿들 간에, 서로 다른 표준화 소프트웨어들 간에 정위 공간들의 차이로 나타날 수 있기 때문에 특히 중요하다(Van Essen & Dierker, 2007). AFNI 사용자들은 만일 자동화 Talairach 정합(auto_tlrc) 절차가 사용되었다면, 좌표들이 비규정 변환을 사용하여 Talairach 좌표에 일치시키기 위해 변형된 MNI 템플릿으로부터 생성되었기 때문에, 좌표들이 실제 Talairach 좌표가 아님에 주의해야 한다. 따라서 AFNI 사용자들은 어떤 정합 절차를 사용하였는지 구체적으로 보고하는 것이 중요하다.

1) 브로드만 영역 보고하기

뇌 영상 논문들에서, 활성화들은 거시해부학적 구조와 더불어 브로드만 영역(Brodmann's area: BA)의 용어로 종종 보고된다. 흔하게 사용되는 방법은 BA 라벨을 Talairach 지도에 근거하여 결정하는 것인데, 이는 수작업으로, 혹은 Talairach Daemon과 같은 자동화 도구를 통해 이루어질 수 있다. 그러나 앞서 언급하였듯이, Talairach 지도의 BA 라벨은 실제로는 브로드만 영역의 실제 위치에 대한 '어림짐작'이라 할 수 있다. 또 다른 방법은 브로드만의 원본 지도를 하나의 안내서로 사용하여, 거시해부학적 구조로부터 BA 라벨을 추리하는 것이다. 예를 들어, 하측 전두회의 삼각부 부분에서의 활성화는 종종 브로드만의 원본 지도에서 이들의 상응에 기반하여 BA45에 배정된다. 그러나 지금은 세포 구축이 거시해부학적 구조에 명확히 지도화되지 않음이 명확한데, 특히 브로드만 영역의 가장자리들은 뇌 고랑의 경계와 일치하지 않으며, 브로드만 영역과 거시해부학 사이의 관계에 상당한 변산성이 존재한다(Amunts et al., 1999). 결과적으로, 브로드만 영역의 비공식적 추정치는 보증되지 않으며, 사용을 하지 말아야 한다(Uylings et al., 2005).

보다 타당한 방법은 Zilles와 동료들이 개발한 확률적 BA 지도를 사용하는 것이다. 이 지도는(MNI 공간에 표준화된 표준 영상 포맷에서 사용 가능함) 다수의 뇌들로부터 사망 후 조직 구조에 근거하며, 변산성을 분명하게 포함하는 위치들의 확률적 추정치를 생성해 낸다. 지금은 이러한 지도들이 SPM(SPM Anatomy Toolbox; Eickhoff et al., 2005)과 FSL(FSLView atlas toolkit) 둘 다에서 사용 가능하며, 이러한 지도들을 기능적 영상 분석과 통합하는 것을 가능하게 한다. 이 방법의 한계점은 이 작업의 고통스러울 만큼의 어려운 속성 때문에 이 지도들이 브로드만 영역들의 일부분들에 대해서만 존재하며, 따라서 연구에서 활성화들에 대한 모든 BA 영역들을 확인하는 것이 가능하지 않을 수 있다는 점이다.

마지막으로, 브로드만 영역의 사용은 이들이 기능적으로 중요한 경계들을 반영한다는 가정에 근거한다는 점을 주의해야 한다. 그러나 이러한 가정은 맞지 않을 수도 있다. Orban과 Vanduffel(2007)이 주장하였듯이, 개인의 브로드만 영역(예: 시각 피질의 18영역)은 상당한 기능적 이질성을 나타내는 것으로 잘 알려져 있는데, 이는 비록 세포 구축이 인간 피험자에 대하여 알려져 있다 하더라도(실제로는 그렇지 않다) 브로드만 영역이 기능을 안내하는 최선의 방법이 아닐 수 있음을 시사한다.

2) 좌표 목록 생성하기

커다란 클러스터에 대해 여러 개의 국소 최대치들을 보고하는 것이 관례적이다. 예를 들어, SPM 사용자들은 일반적으로 가장 높은 세 개의 국소 최대치를 보고하는데, 이는 이 소프트웨어 결과에서 기본적으로 세 개의 국소 최대치들을 보고해 주기 때문이다. 클러스터들이 매우 클 때, 소수의 최대치들로 제한을 두는 것은 활성화되었을 수도 있는 많은 구조들을 무시하는 결과가 되어 버릴 수 있다는 것을 유의해야 한다. 그러나 클러스터 내의 모든 가능한 최대치를 보고하는 것은 좌표들에 관한 비실제적인 표를 만드는 결과로 나타날 수 있다. 또 다른 대안은 각 클러스터에 대해 그 클러스터에 의해 둘러싸여 있는 모든 해부학적 영역들의 목록을 제공하는 것이다. 예를 들어, 어떤 클러스터는 확률적 지도 영상에서 여러 영역들을 가로지르고, 그래서 그 클러스터에 속한 모든 영역들을 보고할 수 있을 것이다. 이는 더욱 신뢰성 있는 해부학적 기술일 수 있지만, 그 표에 포함되지 않은 어떤 영역들도 그 데이터에 근거하여 수행될 수 있는 좌표 기반 메타 분석에도 포함되지 않을 것이라는 단점을 지니고 있다.

4. 관심 영역 분석

관심 영역(region of interest: ROI) 분석에서 fMRI 신호는 정의된 영역 내에서 규정되며 복셀 단위가 아니라 하나의 집합체로서 분석된다. 우리는 여러 가지 이유로 ROI 분석을 수행하는 것을 원할 수 있는데, 이때 ROI는 매우 다른 규정을 가지고, 매우 다른 가정을 하게 된다. 하나의 이유는 통계 검증의 수를 몇몇 ROI에 한정시킴으로써 제1종 오류를 통제하고자 하는 것이다. 또 다른 이유는 분리된 '국지화(localizer)' 스캔이나 조건과 같은 어떤 다른 정보들에 기반하여 기능적으로 정의된 하나의 영역에 검증을 제한하기 위해서다. 마지막으로, ROI 분석은 유의한 결과를 이끌어 낸 패턴을 특성화하기 위하여 사용될 수 있다. 여러 수준이 있는 요인 설계와 같이 복잡한 설계에서, 전반적 통계 지도로부터 조건들에 걸친 활동 패턴들을 식별하는 것은 종종 어려울 수 있는데, 따라서 ROI 분석은 각 조건에 대해 도표로 그려진 관심 영역의 신호를 확인하는 데 매우 유용할 수 있다.

1) 통계적 통제를 위한 ROI

가족단위 오류(familywise error)에 대한 전체 뇌 보정은 매우 보수적일 수 있기 때문에, 종종 사전 정의된 ROI들에 분석을 제한하고, 이에 따라 통제되어야 하는 통계 검증들의 수를 줄이는 것이 오히려 더 나을 수 있다. SPM 말투로, 이는 작은 용적 보정(small volume correction)으로 알려져 있다. 이 접근은 데이터에 그 어떤 분석도 수행되기 전에 관심 영역이 규정된 경우에만 사용될 수 있다. 만일 결과에 대한 어떠한 정보라도 작은 용적을 선택하는 데 스며들어 간다면, 결론적으로 통계 결과가 편향될 것이며, 가족단위 제1종 오류를 부풀리게 된다. 우리는 데이터세트에 대한 분석 이전에 각 대비에 수반될 것이라고 가정하는 해부학적 ROI들의 세트를 적어 놓을 것을 추천한다. 물론 이전 연구들로부터의 결과에 기반하여 작은 용적 보정을 수행하는 것 또한 완전히 수용 가능하지만, 이전의 연구들에 의지하여 데이터들을 분석한 이후 영역들을 선택하는 것은 수용할 수 없는데, 이는 이전의 연구들로부터의 영역 선정이 이미 알려진 결과들에 의해 편향될 수 있기 때문이다.

2) ROI를 정의하기

ROI는 구조적 혹은 기능적 특징들의 관점에서 미리 정의될 수 있다. 구조적 ROI는 일반적으로 이랑 해부학과 같은 거시해부학적 구조에 근거하여 정의된다. 많은 경우, 각 피험자의 해부학적 구조에 기반하여 그 피험자의 구조적 ROI를 정의하는 것이 최선의 방법인데, 이는 거시적 구조에 있어서 개인들 간의 상당한 변산이 존재할 수 있기 때문이다. 자동화된 해부학적 표지화에 관한 최근의 발전은 수작업적인 중재를 최소화하면서 개인의 해부학적 영상들에서 피질과 피질하 구조들에 대한 매우 신뢰성 높은 표지화에 대한 보장을 하는데(Fischl et al., 2002), 그렇다 하더라도 실제의 해부학적 구조에 대비하여 이러한 결과들을 확인하는 것은 여전히 중요하다. 굉장한 주의를 요구하는 한 가지 흔한 절차는 AAL 지도(Tzourio-Mazoyer et al., 2002) 혹은 Talairach 지도와 같은 단일 피험자 해부학적 지도들에 기반하여 ROI를 사용하는 것이다. 공간적 표준화를 통해서 개인들에 걸쳐 완벽하게 뇌들을 일치시킬 수는 없기 때문에, 어떠한 피험자 집단도 이 지도들과의 겹침에서 상당한 결함이 존재한다(Nieto-Castanon et al., 2003). 만일 지도 기반 ROI를 반드시 사용해야 하는 경우라면(즉, 해부학적 ROI들이 그 피험자들로부터 나온 것이 아닌 경우), 가장 좋은 방법은 거시적인 해부학적 구조(Hammers et al., 2003; Shattuck et al., 2008) 혹은 확률적 세포구축학적 지도들(Eickhoff et al., 2005)에 근거한 ROI를 사용하는 것이다.

기능적 ROI는 일반적으로 같은 개인으로부터 얻어진 데이터의 분석에 기반한다. '가장 표준적인' 방법은 특정한 반응을 보이는 특정 해부학적 영역에 있는 복셀들을 확인하기 위하여 독립적인 기능적 국지화 스캔을 사용하는 것이다. 예를 들어, 시각 처리에 관한 연구에서, 시각 피질의 망막위상적으로 반응하는 영역들을 먼저 확인하기 위해 독립적으로 스캔을 수행하고, 망막위상적으로 정의된 영역들을 ROI로 사용하여 독립적으로 다른 스캔의 데이터를 분석하는 것이 일반적이다. 국지화는 분석되는 데이터들로부터 완전히 독립적이기 때문에, 이는 굉장히 바람직하다. 기능적 ROI는 동일한 설계 내에서 직교화된 대비를 사용함으로써 대안적으로 만들어질 수 있다고 제안되어 왔다(Friston et al., 2006). 그러나 Kriegeskorte 등(2009)은 만일 대비에 의해 정의된 '효율적 회귀자들'이 직교화하지 않는다면(빠른 사건 관련 설계에서 조건들 간 상관에 의해 나타날 수 있음), 이러한 절차가 결과 추정치들에서 편향을 가져올 수 있음을 보였다.

ROI를 생성할 수 있는 또 다른 방법은 이전의 연구들에 기반하는 것이다. 비록 누군가가 한 연구에서 하나의 활성화로부터 정위 좌표를 취하고, ROI를 그 위치에 지정할 수 있다고 하더라도, 관심 있는 양상 혹은 과제에 관한 메타 분석으로부터 ROI를 끌어오는 것이 더 나은 방법이다. 지금은 기능적 영상 연구들의 메타분석을 위한 잘 만들어진 방법들이 있으며(예: Costafreda, 2009), 이러한 방법들은 단일 연구 활성화에 기반한 것보다 더 신뢰 있는 ROI를 생성하는 데 사용될 수 있다.

3) ROI 내의 신호 수량화하기

ROI가 정의되고 나면, 그 영역 내의 fMRI 신호를 수량화하는 것이 필수적이다. 이러한 문제들을 위한 많은 방법들이 있다.

(1) 복셀 세기

초기의 연구들에서 종종 사용되었던 한 가지 방법은 통계적 지도에 임계치를 적용하고 각 영역에서 활성화된 복셀들의 수를 세는 것이다. 그러나 이러한 접근은 특정 임계치에 매우 민감할 수 있기 때문에 문제가 된다. 나아가, 복셀 세기(voxel-connting)는 신호 변화의 직접적인 측정치와 비교할 때 신뢰할 수 없는 활성화 측정치인 것으로 확인되었다(Cohen & DuBois, 1999). 더 일반적인 접근은 관심 영역 내 복셀들에 걸쳐 통계치의 요약 형식을 사용하는 것이다.

(2) ROI 분석을 위한 신호 추출하기

ROI 분석을 위한 데이터는 보통 두 가지 방식을 통하여 추출된다. 매개변수 추정치 추출(parameter estimate extraction)에서, 연구자는 통계

적 모형의 각 조건에 대해 추정된 매개변수 값(예: SPM의 'beta' 영상, FSL
의 'pe' 영상)을 추출할 수 있다. 이는 특히 많은 조건들(예: ANOVA 모형
에서 다원 상호작용)을 포함한 대비들을 이해하는 데 실질적으로 유용할
수 있지만, 그러나 이 접근은 해당 영역 내 복셀들 간을 와해시키는 것
을 넘어서, 표준 분석에 포함된 것 이상의 어떠한 새로운 정보도 제공하
지 않는다.

혈류역학 반응 추출에서, 원래의 데이터가 세부적으로 조사되고, 해당
ROI에 대해 각 조건에 대한 전체 혈류역학 반응들이 추정되는데, 이는
일반적으로 자극 주변시간의 각 시점에서 유발된 반응을 추정하는 유한
파동 반응(FIR) 모형을 사용하여 수행된다(Dale, 1999; 이 모형에 대한 더
많은 정보는 5장 참조). 이 접근은 가정된 혈류역학 반응의 적합도보다는
그 형태에 관한 가정 없이 시간 내의 추정된 전체 반응을 보여 줌으로써
데이터에 관한 새로운 시각을 제공한다. FIR 모형은 많은 수의 매개변
수들(혈류역학 반응에서 각 시점에 하나씩)이 주어짐으로써 데이터를 과적
합하는 경향을 보일 수 있는데, 따라서 특히 표본 크기가 작을 때 생리
학적으로 그럴듯해 보이지 않는 추정된 혈류역학 반응을 때때로 관찰할
수 있다. 편평화된 FIR(Goutte et al., 2000)이나 로지스틱 모형들(Lindquist
& Wager, 2007) 혹은 최적화된 기저 세트(Woolrich et al., 2004a)와 같이
제한된 유동적 기저 세트들을 사용하는 접근들은 기저의 혈류역학 반응
에 관한 더 나은 추정치를 얻는 데 유용할 수 있다.

가정된 혈류역학 반응에 기반한 통계적 모형에서 활성화된 영역들로
부터 추정된 혈류역학 반응을 보여 주는 그림들을 제시하는 논문들은
일반적이지 않다. 이는 결과 데이터의 형태가 혈류역학 반응의 예측된
형태를 데이터가 확인했다는 어떤 확신을 제공한다는 것을 의미한다.
그러나 이러한 분석들은 순환적인데, 이는 분석이 표준 HRF와 유사한
반응들을 보이는 영역들을 찾기 때문이다. 따라서 표준 HRF와 닮은 반
응을 보이지 않는 유의한 영역에서 반응하는 것을 불가능하게 만든다.

〈글상자 10-1〉 순환성과 '주술적 상관(voodoo correlation)'

2009년에 한 연구가 ROI 분석 방법에 대한 fMRI 커뮤니티에서 논란의 불씨가 되었다. 원래의 제목이 'Voodoo Correlations in Social Neuroscience'인데, Vul 등(2009)의 이 논문은 효과 크기가 크게 부풀려진 추정치를 이끌어 내는 순환성 데이터 분석 방법을 사용하던 굉장히 많은 연구들을 비난하였다. 이 논문은 성격검사와 같은 행동적 측정치와 활성화 사이의 상관의 결과들에 초점을 두었지만, 핵심은 같은 데이터로부터 얻어진 관심영역을 사용하여 활성화 효과의 크기를 추정하고자 하는 어떠한 연구들에게도 적용된다. 비슷한 시기에, Kriegeskorte 등(2009)은 신경과학에서(뇌영상 분야에 국한되지 않고) '순환적 분석'의 문제를 더욱 넓게 정리한 연구를 발표하였다.

순환적 분석의 문제는 연구자가 최초의 분석으로부터 그 이상의 특성화를 하기 위해 잡음이 많은 변인들(예: 복셀들)의 하위 집단을 선택할 때 발생한다. 하나의 복셀이 임계치를 넘어설 때(그리고 그 이상의 분석을 위해 선택될 때), 이는 신호 또는 잡음 때문일 수 있다. 아무런 신호도 없는 경우, 임계치를 넘어서는 복셀들만이 매우 강한 정적 잡음 값을 가지는 것들이 된다. 그다음 만일 우리가 임계치를 넘어서는 그 복셀들의 평균 강도를 추정한다면, 이들은 필연적으로 매우 큰 정적 값을 가지게 될 것이다. 그렇지 않을 경우는 있을 수 없는데, 왜냐하면 이들은 이미 임계치를 넘어서는 기준에 근거하여 선택되었기 때문이다. 실제 신호와 잡음이 동시에 존재하는 경우, 임계치를 넘어서는 복셀들의 평균은 정적 잡음 값들에 의해 부풀려질 것인데, 이는 강한 부적 잡음에 기여하는 복셀들은 임계치에 도달하지 못할 것이기 때문이다.

Vul 등의 개관 논문(2009)은 사회신경과학 문헌들의 굉장히 많은 연구들이 효과 크기를 결정하는 데 순환적 분석 방법을 사용하였고, 따라서 그 추정치들은 부풀려졌다고 주장하였다. 비록 이 논문에 대한 응답 논문들이 다양한 논쟁들을 불러일으켰지만, 그 어떤 연구도 fMRI 문헌에서 순환적 분석의 보급이나 문제의 본질에 대해 다투지는 않았다. 이러한 논문들이 출판된 이래로, 연구 논문은 순환성의 문제에 대해 훨씬 더 민감해졌으며, 최근에는 대체로 수용되지 않고 있다.

(3) 퍼센트 신호 변화 계산하기

원래의 매개변수 추정치 값을 그대로 사용하기보다는 더 표준적인 측정치를 계산하는 것이 더욱 바람직한데, 가장 일반적인 방법은 BOLD 신호 변화의 퍼센트를 구하는 것이다. 이 측정치는 단순히 BOLD 반응의 크기를 BOLD 시계열의 전체 평균으로 나눈 것이다. 하나의 시행 유형이 있을 때에는, BOLD 신호의 크기는 기저선으로부터 반응 최고점까지의 BOLD의 변화다. GLM으로부터 얻은 모수 추정치는 BOLD 반응의 크기에 대한 직접적인 측정치가 아니며, 그 모형에 사용된 회귀자의 높이에 따라 달라지는 척도화된 버전에 해당한다. 각 블록이 같은 수의 시행들을 가진 블록 시행들을 사용한 한 연구를 가정해 보자. GLM 모수 추정치로부터 추정된 신호는 $\hat{\beta}_0 + X\hat{\beta}_1$이 될 것이며, 여기서 $\hat{\beta}_0$은 추정된 절편, X는 블록화된 과제에 대한 회귀자, $\hat{\beta}_1$는 이에 대응하는 모수 추정치다. 따라서 BOLD 신호의 추정된 크기는 회귀의 높이 X에 의해 주어지며, 모수 추정치 $\hat{\beta}_1$에 의해 곱해진다. 그러므로 퍼센트 신호 변화의 값은 $PCH = 100 * PE * BM / MN$에 의해 주어지는데, 여기서 PE는 GLM 모수 추정치, BM은 기저선으로부터 회귀자 최대치까지의 거리, MN은 BOLD 시계열의 평균이며, 100을 곱하여 이 값을 퍼센트 단위로 만든다. 그러나 이는 자극들이 같은 길이의 블록들에서 블록화된 매우 단순한 경우라는 점에 유의해야 한다.

자극이 가변적인 길이를 가졌거나, 시행 간 ISI가 변동적일 때 두 가지 문제가 발생한다. 첫째, 우리가 5장에서 논의하였던 신경 반응과 BOLD 신호 사이의 선형적 관계에 따라 짧은 자극은 더 긴 자극에 비해 작은 BOLD 신호를 보일 것이며, 신호 강도의 오해석을 방지하기 위해 퍼센트 신호 변화 계산에서 이 점을 고려해야 한다. 둘째, 이러한 종류의 설계에서 퍼센트 신호 변화 계산에 어떠한 회귀자 높이가 사용되어야 하는지가 불분명하다. 하나의 잘못된 방식은 회귀자의 최대 높이를 이용하는 것인데, 이는 해석 가능한 퍼센트 신호 변화 값을 도출해 내지 못한다. 예를 들어, 두 연구자들이 정확히 동일한 과제를 사용하지만, 한

명은 자극을 느린 고정 ISI 설계로 제시한 반면 다른 연구자는 무선적인 ISI를 사용했다고 가정하자. [그림 10-6]은 이들의 자극 제시 지점, GLM 회귀자들(파란색), 그리고 측정된 BOLD 반응들(빨간색)을 보여 준다. 두 경우 모두에서 이 연구들은 20초 지점에 분리된 자극이 제시되고 있는데, 이 시행 주변의 회귀자들이 동일할 뿐만 아니라, BOLD 크기(따라서 GLM 모수 추정치 또한)도 동일한 점에 주의하라. 이는 서로 다른 두 자극 제시 방법들이 사용되었지만 두 연구의 BOLD 활성화는 동일하고, 따라서 추정된 퍼센트 신호 변화 값들 또한 같아야 한다. 만일 GLM 회귀자들의 기저/최대 범위가 퍼센트 신호 변화 추정에 사용된다면, 연구 A는 $100 * 1 * 3.85/100 = 3.85$의 퍼센트 신호 변화를 나타낼 것인데, 이는 회귀자의 최소/최대 범위가 1이고, 모수 추정치가 3.85이며, 시계열의 평균이 100이기 때문이다. 연구 B는 $100 * 1.97 * 3.85/100 = 7.58$의 퍼센트 신호 변화를 보일 것인데, 이는 회귀자의 최소/최대 범위가 1.97이기 때문이다. 이 두 결과들은 분명히 동일하지 않으며, 따라서 퍼센트 신호 변화를 계산하기 위한 이 접근은 효율적이지 않으며, BOLD 반응의 크기에 대해 소통을 하는 의미 있는 방법 또한 아니다.

해석 가능한 퍼센트 신호 변화 값을 만들기 위해, 연구자는 계산에서 구체적인 사건 유형의 최대 거리를 가진 기저선을 사용해야 하고, 퍼센트 신호 변화를 보고할 때 사용된 특정 사건 유형과 표준 HRF를 보고해야만 한다. 사건 유형을 보고하는 것은 거리를 측정하고 인치나 센티미터 단위로 이를 보고하는 것과 유사한데, 이는 만일 당신이 무엇의 길이가 10이라고만 말한다면 사용된 미터법에 대한 지식 없이는 해석이 불가능하기 때문이다. 이 높이는 최고점이 적절하게 측정되었는지를 확인하기 위해 더 높은 시간 해상도에서 상향 표집된 회귀자를 사용하여 계산되어야만 한다. 만일 TR의 시간 해상도가 사용된다면, 최고점이 TR에 정확히 맞아 떨어지지 않는 한 이는 적절하게 추정되지 않을 것이다. 시행 유형은 실제 실험에서 반드시 나타날 필요는 없는데, 이는 퍼센트 신호 변화를 표현하는 데 사용되는 자 혹은 미터법에 불과하기 때문이

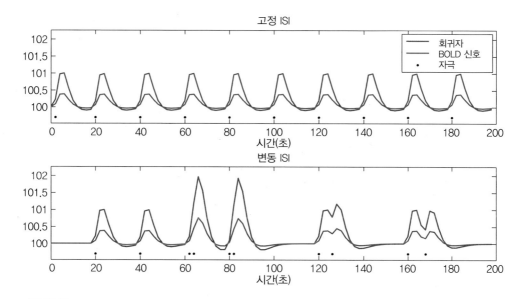

같은 자극들을 사용하였지만 자극 제시 전략이 다른 두 연구들에 대한 회귀자들과 BOLD 신호의 예. 위쪽 연구는 분리된 시행들을 사용하였고, 회귀자의 기저선/최대 범위는 1이다. 아래쪽 연구는 변동히는 ISI를 사용하였고, 두 시행들이 타이밍 가깝기 때문에 회귀자의 기저선/최대 범위는 더 크다(1.97). 두 연구들이 분리된 2초간의 시행을 가지고 있는 20초 지점에서 볼 수 있듯이, 두 연구에서 같은 크기의 뇌 활성화를 보이지만, 퍼센트 신호 변화를 계산하기 위해 기저선/최대 범위를 사용하면 서로 다른 결과들을 보고한다.

다. 그러므로, 예를 들어 누군가가 이중 감마 HRF로 1초 길이의 자극을 컨볼루션한 결과로부터 회귀자의 높이를 사용할 수 있는데, SPM이나 FSL의 기본 설정된 이중 감마 HRF를 이용하면 0.2087이 된다(이 계산을 위해 0.1초의 시간 해상도가 사용됨). 그러면, [그림 10-6]에서 보여 주듯이, 두 연구에서 퍼센트 신호 변화는 동일하게 된다(0.18). 전형적으로, 기저선/최대 높이가 자극 후 과소 이동을 피하기 위해 최소/최대 범위로 선호된다. 따라서 일반적으로 퍼센트 신호 변화는 $PCH = 100 * PE * BM/MN$ 으로 주어지며, 여기서 PE는 GLM으로부터 나온 모수 추정치의 값이고, BM은 계산을 위한 척도로 사용되는 특정 시행 유형의 기저선 최대 높이이며, MN은 BOLD 시계열의 평균이다.

앞서 설명한 예는 단일 과제에 대한 퍼센트 신호 변화의 계산을 다루었지만, 많은 fMRI 연구들은 서로 다른 과제들에 대한 모수의 추정치들의 대비에 초점을 둔다. 예를 들어, GLM의 첫 번째 두 회귀자들이 얼굴과 집을 각각 모형화하였고, 우리는 얼굴 빼기 집과 관련된 활성화를 발견하기 위해 $c_1 = [1 \ -1]$ 대비를 추정했다고 해 보자. 이제 우리는 이 활성화를 퍼센트 신호 변화의 형태로 보고하고 싶다. 이전의 공식의 모수 추정치를 대비 추정치 $CON = c\hat{\beta}$로 대체함으로써 $PCH = 100 * PE * BM/MN$을 단순히 사용하고 싶은 유혹이 있을 수 있지만, 이는 추정치를 잘못 이끌어 낼 수 있다. 한 연구자가 $c_1 = [1 \ -1]$ 대비를 사용하고, 다른 연구자는 $c_2 = [2 \ -2]$ 대비를 사용한 경우를 생각해 보자. 비록 이 두 대비들이 모두 타당하고 동일한 추론을 이끌어 낼 것이지만, 첫 번째 대비 추정치 $c_1\hat{\beta}$는 두 번째 대비 추정치 $c_1\hat{\beta}$의 절반 크기일 것이다. 두 번째 대비의 해석이 얼굴과 집의 차이의 2배가 되기 때문에, 이 얼굴과 집의 차이에 상응하는 퍼센트 신호 변화는 $\frac{1}{2} * c_1\hat{\beta} * BM/MN$으로 주어지며, 따라서 퍼센트 신호 변화 계산의 해석을 확실히 하기 위해 대비 척도 요인이 도입된다. 구체적으로, $PCH = 100 * SF * CON * BM/MN$이며, 여기서 SF는 적절한 대비 척도 요인이다.

또 다른 예는 세 가지 시행 종류가 사용되어서 대비 $c = [1 \ 1 \ 1]$이 모든 세 가지의 시행 종류에 걸친 평균 반응의 활성화를 검증하기 위해 사용된 경우를 들 수 있다. 다시 말하면, 이 대비는 과제들에 걸친 평균에 대한 가설 검증의 관점에서 타당하지만, $CON = c\hat{\beta}$의 해석은 사실 세 과제의 합계이므로, 적절한 퍼센트 신호 변화 계산은 $PCH = 100 * \frac{1}{2} CON * BM/MN$을 통해 얻을 수 있다. 대부분의 경우에, 대비가 구성되고 여기서 대비의 양수들의 합계를 1로 만들고, 음수들의 합계를 −1로 만든다면, 이 계산의 척도 요인은 1이 될 것이다. 이는 그러나 더 복잡한 ANOVA 모형에서 나타날 수 있는 몇몇 대비는 예외적일 수 있다.

(4) ROI 내의 데이터 요약하기

일단 신호가 추출되고 나면 요약하는 것이 필요한데, 겉으로 보기에 논쟁의 여지가 없는 이러한 작업조차도 매우 신중히 고려할 필요가 있다. 가장 단순한 방법은 ROI 내의 복셀들에 걸쳐 추출된 신호의 평균을 단순히 구하는 것인데, 이것이 일반적인 방법이다. 그러나 SPM 내에서 기본 설정 방법은 신호의 첫 번째 주성분(혹은 고유 변량)을 계산하는 것이다. 이러한 방법의 밑바탕에 깔린 생각은 만일 해당 영역 내에서 발생하는 다양한 처리과정들이 존재한다면 평균은 이러한 처리과정들의 혼합을 반영하는 반면, 첫 번째 주성분은 이러한 처리과정들 중 가장 강한 것을 반영한다는 것이다. 가장 명백한 예는 하나의 ROI 내에 활성화된 복셀과 비활성화된 복셀 모두가 존재하는 경우인데, 이러한 경우 주요 고유변량은 이들 중 가장 큰 것에 더욱 의존적인 반면, 평균은 0에 가까울 것이다. 우리가 아는 한, 이러한 방법들에 대한 체계적인 비교법은 존재하지 않지만, 하나의 ROI 내에서 얻은 신호들의 평균과 첫 번째 주성분은 대부분의 경우 서로에 대해 상당히 높은 상관을 보일 것이다.

커다란 해부학적 ROI가 사용될 때에는(예: 전체 상측두회), 비록 그 영역이 유의하게 활성화된 복셀들을 포함하더라도, 이 활성화는 그 ROI의 작은 부분의 복셀들에서만 일어날 수 있다. 이는 단순히 전체 영역에 걸친 평균을 구하는 것은 이 적은 수의 복셀들로부터 얻어진 신호가 나머지 비활성화된 복셀들로부터의 잡음 때문에 발견되지 않을 수 있음을 시사한다. 이 문제를 위해 널리 수용되는 해결법은 존재하지 않지만, 이는 가능하다면 ROI 분석이 상대적으로 작은 혹은 기능적으로 긴밀히 관련된 영역들에 집중되어야 함을 시사한다.

부록

부록 A. 일반선형모형에 대한 개관

부록 B. 데이터 조직화 및 관리

부록 C. 영상의 형식

A. 일반선형모형에 대한 개관

일반선형모형(general linear model: GLM)은 많은 fMRI 데이터 분석에서 중요한 도구다. '일반'이라는 명칭에서도 드러나듯, 이 모형은 상관, 단일 표본 t-검증, 두 표본 t-검증, 일원변량분석(ANOVA), 공변량분석(ANCOVA)을 포함한 많은 다른 유형의 분석에 사용될 수 있다. 이 부록은 GLM을 개관하고, 모수 추정과 가설 검증, 그리고 이런 다양한 유형의 분석을 위한 모형 설정을 담고 있다.

여기서는 행렬 대수에 대한 일부 지식이 필요하다. GLM에 대한 더 자세한 설명은 Neter 등(1996)을 참조하기 바란다.

1. GLM 모수 추정하기

GLM은 하나의 연속적인 종속변인 혹은 반응변인을 하나 이상의 연속 혹은 범주 독립 변인들 혹은 예측자들에 관련시킨다. 가장 단순한 모형은 단순 선형 회귀(simple linear regression)인데, 이는 하나의 독립변인을 가지고 있다. 예를 들어, 정신적 처리 속도라는 종속변인과 연령이라는 독립변인의 관계를 찾는 경우([그림 A-1]), 목표는 데이터에 잘 적합하는 모형을 만들어 내는 것인데, 연령과 처리 속도 간에는 단순한 선형 관계를 보일 것이기 때문에 모형은 $Y = \beta_0 + \beta_1 X_1$이다. 여기서 Y는 T 피험자들의 처리 속도들을 포함하는 길이 T의 벡터이고, β_0은 선이 어디에서 y축을 가로지르는지를 나타내며, β_1은 선의 기울기이고, X_1은 피험자들의 연령 값들을 포함하는 길이 T의 벡터다. β_0이 모형에서 생략되면 적합선은 원점을 통과하게 될 것인데, 이는 전형적으로 데이터의 흐름을 잘 따르지 않으며, 따라서 거의 모든 선형 모형들은 절편을 포함한다.

　[그림 A-1]의 데이터 값이 선 위에 정확하게 떨어지지 않는다는 것에

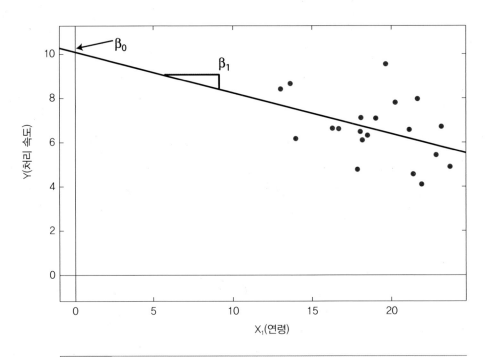

그림 A-1　단순 선형 회귀에 대한 데이터와 모형의 예. 절편 β_0는 선이 Y축과 교차하는 곳이고, 기울기 β_1은 종속변인인 정신적 처리 속도와 독립변인인 연령 간의 관계를 기술한다.

주목하라. 이는 처리 속도 Y가 어느 정도의 오류와 함께 측정된 무선적 수량이기 때문이다. 이를 설명하기 위해서 무선 오차 항(random error term)이 GLM 모형에 추가된다.

$$Y = \beta_0 + \beta_1 X_1 + \epsilon$$

여기서 ϵ는 종속변인의 실제 값과 연구에서 얻은 측정된 값 사이의 오차의 분산을 나타내는 길이 T의 무선 벡터다. 표준적인 가정은 ϵ가 정상 분포되어 있으므로 이 벡터의 평균이 0이고 분산이 σ^2이라는 것이다. 나아가서, 오류 벡터의 어떠한 두 요소도 서로 상관을 가지지 않는 것으로 가정된다. 즉, $\text{Cor}(\epsilon_i, \epsilon_j) = 0$으로 가정된다. 이는 전형적으로 $\epsilon \sim N(0, \sigma^2 I)$라고 표기되는데, 여기서 N은 다변량 정규분포이며 I는 $T \times T$ 단위 행렬인데, 대각으로만 1을 가지고 비대각에서는 0을 가진다.

모형의 해석은 다음과 같다. 만약 우리가 β_0과 β_1의 실제 값들을 안다면, 주어진 연령, 예를 들어 20세에 대해, 이 연령에 대해 예측된 평균 처리 속도는 $\beta_0 + \beta_1 \times 20$이다. 만약 20세 피험자들로부터 처리 속도들의 표본을 수집했다면 데이터의 분포는 $\beta_0 + \beta_1 \times 20$의 평균과 σ^2의 변량을 지닌 정규분포일 것이다. 비록 평균 처리 속도가 서로 다른 연령 집단에 대해 달라지겠지만, 변량은 동일할 것이다. 10세 연령에 대한 처리 속도들의 분포는 $\beta_0 + \beta_1 \times 10$의 평균과 σ^2의 변량을 지닐 것이다.

1) 단순 선형 회귀

모수 추정치 β_0와 β_1을 찾기 위해서는 최소 자승법(least squares)이 사용되는데, 이는 데이터 Y와 그 추정치 $\hat{Y} = \hat{\beta}_0 + \hat{\beta}_1 X_1$ 간 차이의 제곱을 최소화한다. 이 차이는 잔차라고 알려져 있는데, 이는 $e = Y - \hat{Y}$로 표시하며, 한 값과 적합선 간의 수평적 거리다. 오류 변량의 추정치 $\hat{\sigma}^2$은 $\hat{\sigma}^2 = \dfrac{e'e}{T-2}$에 의해 주어지는데, 여기서 T는 데이터 점들의 수다. $T-2$

의 수량은 이 모형의 자유도이며, 모형에 투입되는 정보의 합계(T 데이터 개수)에서 추정되는 모수치들의 수(2: β_0과 β_1)를 뺀 값이다. [그림 A-1]의 직선은 데이터에 대한 모형의 최소 자승 적합을 나타내고 있는데, 주어진 연령에 대해 그 연령에 대한 처리 속도의 분포는 $\hat{\beta_0} + age \times \hat{\beta_1}$의 평균을 갖도록 추정되며, $\hat{\sigma}^2$은 그 연령 값에 대한 데이터 변량의 추정치다.

오류가 평균이 0이고, 상수 변량을 가지고 있으며, 0의 상관을 가진다는 가정하에, $\hat{\beta_i}$의 최소 자승 추정치는 가우스-마르코프 정리(Gauss-Markov theorem)를 따르는 좋은 성질을 가지는데, 즉 β는 비편향 추정치이며 β에 대한 모든 비편향 추정치들 중에서 가장 작은 변량을 가진다(Graybill, 1961). 다시 말하면, 만일 실험을 무한히 반복하고 그때마다 $\hat{\beta}$을 추정한다면, 이 $\hat{\beta}$값들의 평균은 β의 실제 값과 같을 것이다. 그뿐 아니라 $\hat{\beta}$의 추정치들의 변량은 β에 대한 비편향 추정치를 제공하는 그 어떤 다른 추정량보다 더 작다. 이러한 가정이 위배될 때, 추정치는 이러한 성질들을 가지지 않게 될 것이며, 뒤의 '상관과 이질적 변량'에서 이러한 상황을 다루는 데 사용되는 방법에 대해 설명한다.

2) 중다 선형 회귀

여러 독립변인들, 즉 $X_1, X_2, \cdots, X_p$를 가지고 있는 경우도 가능한데, 이 경우에 GLM은 $Y = \beta_0 + \beta_1 X_1 + \beta_2 X_2 + \cdots + \beta_p X_p + \epsilon$가 될 것이다. 오차 항인 ϵ는 이전과 마찬가지로 분포되며($\epsilon \sim N(0, \sigma^2 I)$), 각 모수 β_i는 모형 내 모든 다른 변인들을 통제한 상태에서 X_i의 효과로 해석된다. 따라서, 예를 들어 만약 연령과 성별이 독립변인이라면 연령에 대한 모수 추정치는 성별을 조정하거나 상수로 고정한 상태에서 처리 속도에 대한 연령의 관계가 될 것이다. 때때로 중다 선형 회귀(multiple linear regression)의 모수는 편회귀 계수(partial regression coefficients)라고 불리기도 하는데, 그 이유는 이 모수들이 다른 모든 예측자들을 통제한 상태에서 한 예측자의 효과를 반영하기 때문이다.

중다 선형 회귀 공식은 다음과 같은 행렬 대수를 사용하여 간결하게 표현될 수 있다.

$$Y = X\beta + \epsilon$$

여기서 X는 X_i와 β에 상응하는 각각의 열을 가진 $T \times (p+1)$ 행렬이며, β는 $p+1$ 길이의 열 벡터 $\beta = [\beta_0, \beta_1, \cdots, \beta_p]'$다. 행렬 대수의 사용은 $\hat{\beta}$의 도출을 쉽게 만든다. X가 정방행렬이 아니기 때문에, $Y = X\beta$의 양측을 X^{-1}으로 좌측 곱셈을 해도 이 방정식을 풀 수 없는데, 왜냐하면 정방행렬만이 역을 가지기 때문이다. 그 대신에 만약 먼저 X'로 양측을 사전 곱셈한다면 소위 말하는 표준방정식(normal equation)을 얻게 된다.

$$X'Y = X'X\beta$$

표준방정식을 만족시키는 그 어떤 β도 잔차 $e'e$의 자승합을 최소화하는 것을 나타낼 수 있는데, 따라서 이는 $X'X$가 가역이라는 가정하에 최소 자승해(least square solution)를 제공한다.

$$\hat{\beta} = (X'X)^{-1}X'Y \qquad \text{(식 A.1)}$$

σ^2의 추정치는 이전과 마찬가지로, $\hat{\sigma}^2 = \dfrac{e'e}{T-(p+1)}$인데, 여기서 T는 X행렬의 행들의 개수이며 $p+1$은 열들의 개수로, 그 결과 $T-(p+1)$은 중다 선형 회귀에 대한 자유도가 된다.

$X'X$의 역이 존재하도록 하기 위해서 X는 완전 열 계수(full column rank)를 가져야 하며, 이는 그 어떤 열도 설계 행렬 내의 다른 열과의 선형 조합이 아니라는 것이다. 〈표 A-1〉에서 왼쪽에 있는 행렬은 계수 부족인데, 이는 첫 번째 열에 7을 곱하면 세 번째 열이 나오기 때문이다. 또한 오른쪽에 있는 행렬도 계수 부족인데, 이는 첫 번째 열의 2배에 두

〈표 A-1〉 계수 부족 행렬(rank deficient matrices)의 두 가지 예

$$\begin{pmatrix} 1 & 0 & 7 \\ 1 & 0 & 7 \\ 0 & 1 & 0 \\ 0 & 1 & 0 \end{pmatrix} \begin{pmatrix} 1 & 0 & 2 \\ 1 & 0 & 2 \\ 1 & 1 & 5 \\ 1 & 1 & 5 \end{pmatrix}$$

번째 열의 3배를 더하면 세 번째 열과 같기 때문이다. 만약 설계 행렬이 계수 부족이라면 모수 추정치에 대한 유일한 해답은 없다. 〈표 A-1〉의 왼쪽에 있는 행렬에 대하여, $Y = [1\ 4\ 1\ 4\ 0\ 0]'$ 일 때 세 개의 상응하는 모수들 $\beta_1, \beta_2, \beta_3$을 추정해 보라. 그러면 다음과 같이 모수치들이 $\beta_1 = 0$, $\beta_2 = 0$, $\beta_3 = 2$가 될 수 있을 뿐만 아니라,

$$\begin{pmatrix} 1 & 0 & 7 \\ 1 & 0 & 7 \\ 0 & 1 & 0 \\ 0 & 1 & 0 \end{pmatrix} \begin{pmatrix} 0 \\ 0 \\ 2 \end{pmatrix} = \begin{pmatrix} 14 \\ 14 \\ 0 \\ 0 \end{pmatrix} \qquad \text{(식 A.2)}$$

$\beta_1 = 14$, $\beta_2 = 0$, $\beta_3 = 0$과 무수히 많은 다른 조합들 또한 완벽하게 데이터에 적합할 수 있다는 것을 보여 주는 것은 쉽다.

2. 가설 검증하기

앞 절에서는 $\beta_1, \beta_2, \cdots, \beta_p$와 σ^2에 대한 모수 추정치를 어떻게 얻는지를 설명하였고, 이 절에서는 β들의 선형 조합 혹은 대비에 대한 가설 검증을 어떻게 수행하는지를 설명한다. $P + 1$ 길이의 행 벡터는 검증될 대비를 정의하는 데 사용된다. 가장 단순한 대비는 모수들의 벡터에서 하나의 모수인 β를 검증하는 것이다. 예를 들어, 모형에 네 개의 모

수들 $[\beta_1, \beta_2, \beta_3, \beta_4]'$가 있다면 첫 번째 모수 β_0이 0과 다르다는 것, 즉 $H_0 : \beta_0 = 0$을 검증하기 위한 대비는 c=[1 0 0 0]이 될 것인데, 왜냐 하면 $c\beta = \beta_0$이기 때문이다. 두 개의 모수들이 서로 다른지를 검증하는 것 또한 가능하다. $H_0 : \beta_2 = \beta_3$, 즉 $H_0 : \beta_2 - \beta_3 = 0$을 검증하기 위해서 는 대비 c=[0 1 −1 0]이 사용될 것이다. 두 경우 모두에서, 영가설은 $H_0 : c\beta = 0$이라고 다시 표현될 수 있다.

가설을 검증하기 위해서는, 대비가 0이라는 영가설의 가정하에 서 $c\hat{\beta}$의 분포가 알려져 있어야만 한다. $c\hat{\beta}$의 분포는 $c\beta$의 평균과 $c(X'X)^{-1}c'\sigma^2$의 변량을 지닌 정규분포인데, 따라서 영가설하에서 $c\hat{\beta} \sim N(0, c(X'X)^{-1}c'\sigma^2)$이다. 변량 σ^2을 모르므로, 가설 검증을 수행하 기 위해 정규분포를 사용할 수가 없다. 대신, t 통계치를 사용한다.

$$t = \frac{c\hat{\beta}}{\sqrt{c(X'X)^{-1}c'\hat{\sigma}^2}} \qquad \text{(식 A.3)}$$

이는 영가설하에서 $T-(p+1)$의 자유도를 가진 t-분포를 이룬다. 일방 대립가설에 대한 P값, 예를 들어 $H_A : c\beta > 0$은 $P(T_{T-(p+1)} \geq t)$ 로 주어지는데, 여기서 $T_{T-(p+1)}$은 $T-(p+1)$의 자유도를 가진 t-분포 를 따르는 무선 변인이며, t는 관찰된 검증 통계치다. 양방 가설 검증 $H_A : c\beta \neq 0$의 P값은 $P(T_{T-(p+1)} \geq |t|)$로 계산된다.

t-통계치를 사용한 단일 대비들의 가설 검증에 더하여, F-검증을 사 용하여 여러 대비들을 동시에 검증하는 것 또한 가능하다. 예를 들어, 다시 네 개의 모수들을 가지는 모형을 사용하여 모든 β들이 0인지를, 즉 $H_0 : \beta_1 = \beta_2 = \beta_3 = \beta_4 = 0$을 검증하기 위해서 대비들을 행렬의 형태로 규정할 수 있다. 대비에 관한 각각의 행은 네 개의 동시적 검증들 중 하 나에 상응하는데, 이 경우에는 하나의 특정 β_i가 1로, 다음과 같을 것이다.

$$c = \begin{pmatrix} 1 & 0 & 0 & 0 \\ 0 & 1 & 0 & 0 \\ 0 & 0 & 1 & 0 \\ 0 & 0 & 0 & 1 \end{pmatrix} \qquad \text{(식 A.4)}$$

그러면 F-통계치는 다음과 같이 주어진다.

$$F = (c\hat{\beta})'[rc(\widehat{\text{Cov}}(\hat{\beta}))c']^{-1}(c\hat{\beta}) \qquad \text{(식 A.5)}$$

여기서 r은 c의 계수이며 전형적으로 c의 행들의 수와 동일하다. 식 A.5에서 F-통계치는 분자가 r이고 분모가 $T-(p+1)$의 자유도를 가지는 F로 분포한다($F_{r,T-(p+1)}$).

3. 상관과 이질적 변량

GLM의 중요한 가정들 중 하나는 이 부록의 초반부에서 언급했듯이, 오류 벡터 ϵ의 성분들이 상관되지 않는다는 것, 즉 $i \neq j$에 대해 $\text{Cor}(\epsilon_i, \epsilon_j) = 0$이며, 이들이 모두 동일한 변량을 가진다는 것, 즉 모든 i에 대해 $\text{Var}(\epsilon_i) = \sigma^2$라는 것이다. 이 가정이 위배되는 많은 경우들이 있다. 예를 들어, 연령과 처리속도에 관한 데이터 세트가 일란성 쌍생아를 포함하고 있다고 상상해 보자. 이 경우 일부 개인은 다른 개인들보다 더 많이 유사할 것이다. fMRI에 더 많이 관련지으면, 이는 또한 종속변인 Y가 시간적으로 상관된 데이터를 포함하고 있을 때 일어난다. 이 경우 오류의 분포는 $\text{Cov}(\epsilon) = \sigma^2 V$로 주어지는데, 여기서 V는 대칭 상관 행렬이며, σ^2는 변량이다.

이 문제에 대한 가장 일반적인 해결책은 데이터를 사전백색화하거나 시간적 상관을 제거하는 것이다. 상관 행렬이 대칭이고 정부호(positive definite)이기 때문에 콜레스키 분해(Cholesky decomposition)가 $V^{-1} = K'K$를 만족시키는 행렬 K를 찾는 데 사용될 수 있다(보다 자세한 행렬 분해에 대해서는 Harville(1997) 참조). 데이터를 사전백색화하기 위하여, K가 GLM의 양측에 좌측 곱셈되어 다음이 된다.

$$KY = KX\beta + K\epsilon \qquad \text{(식 A.6)}$$

이제 오류 항들이 독립적이기 때문에

$$\text{Cov}(K\epsilon) = K\text{Cov}(K\epsilon)K' = \sigma^2 I$$

식 A.6을 다음과 같이 다시 쓸 수 있다.

$$Y^* = X^*\beta + \epsilon^* \qquad \text{(식 A.7)}$$

여기서 $Y^* = KY$, $X^* = KX$ 그리고 $\epsilon^* = K\epsilon$이다. 가장 중요한 것은 $\text{Cov}(\epsilon^*) = \sigma^2 I$이기 때문에, 이전에 진술한 가정이 유지되고, 따라서 모수와 모수의 변량을 추정하기 위해 최소 자승을 사용할 수 있다. 모수 추정치는 다음과 같다.

$$\hat{\beta} = (X^{*'}X^*)^{-1}X^{*'}Y^* \qquad \text{(식 A.8)}$$

이는 또한 $\hat{\beta} = (X'V^{-1}X)^{-1}X'V^{-1}Y$로 다시 쓸 수 있다. $\hat{\beta}$의 공변량은 다음을 통해 주어진다.

$$\widehat{\text{Cov}}(\hat{\beta}) = (X^{*'}X^*)^{-1}\hat{\sigma}^2 \qquad \text{(식 A.9)}$$

또는 $\widehat{\text{Cov}}(\hat{\beta}) = (XV^{-1}X)^{-1}\hat{\sigma}^2$로 나타낼 수 있으며 σ^2는 앞과 같은 방식으로 추정된다.

만약 오차 항들이 상관되어 있지 않지만, 즉 $\text{Cor}(\epsilon) = 1$이지만, 변량의 동질성 가정이 위배된다면, 즉 $\text{Var}(\epsilon_i) \neq \text{Var}(\epsilon_j)$, $i \neq j$이라면, 변량

들이 이질적이라고 불리며, GLM은 $K = \mathrm{diag}(1/\sigma_1, 1/\sigma_2, \cdots, 1/\sigma_T)$를 가지고 식 A.8과 식 A.9에서 보여 준 바와 같이 추정된다. $\mathrm{diag}(1/\sigma_1, \cdots, 1/\sigma_T)$라는 표현은 비대각에 0이 있고, 대각을 따라 $1/\sigma_1, 1/\sigma_2, \cdots, 1/\sigma_T$이 있는 행렬을 의미한다. 이것은 가중 선형 회귀(weighted linear regression)라고 알려져 있다. 사전백색화와 가중 회귀 접근 모두에서, 필수적인 변량과 공변량 모수들은 데이터를 통해 추정되고, 그다음 대비 추정치들을 얻고 가설 검증을 수행하는 데 사용된다.

4. 왜 '일반' 선형모형인가

GLM은 강력한 도구인데, 그 이유는 단일 표본 t-검증, 두 표본 t-검증, 짝진 t-검증, ANOVA, ANCOVA를 포함한 많은 다른 유형의 분석들이 GLM을 사용하여 수행될 수 있기 때문이다. 첫 번째 절에서는 처리 속도가 연령의 함수로 모형화된 예에서 단순 선형 회귀를 설명하였다. [그림 A-2]는 GLM을 사용하여 수행되는 일반적인 분석을 보여 주고 있는데, 여기서 맨 위의 예는 가장 단순한 모형인 단일 표본 t-검증이다. 이 경우, 우리는 하나의 집단을 가지고 있고 전반적 평균이 0인지를 검증하는 데 관심이 있다. 설계는 단순히 1들이 포함된 하나의 열이며, 대비는 c=[1]이다.

[그림 A-2]의 두 번째 설계는 두 표본 t-검증인데, 여기서 데이터는 집단 1(G1)이나 집단 2(G2)에 속한다. 결과 벡터 Y에서 모든 G1 관찰치들은 처음에 있고 G2의 관찰치들이 뒤따른다. 설계 행렬에는 두 개의 열이 있는데, 각 열에 대한 모수는 G1과 G2 평균에 각각 상응한다. 제시된 대비는 두 집단의 평균들이 동일한지 아닌지를 검증하는데, 각각의 대비 c=[1 0]과 c=[0 1]을 사용하여 각 집단의 평균을 검증하는 것도 가능하다. 그림에는 제시되지 않은, 두 표본 t-검증에 대한 설계 행렬을 설정하는 대안적 방법이 있음을 유의하라. 두 표본 t-검증을 위한

검증 유형	데이터 순서	$X\beta$	가설 검증
단일표본 t-검증 6개의 관찰치	G_1 G_2 G_3 G_4 G_5 G_6	$\begin{pmatrix}1\\1\\1\\1\\1\\1\end{pmatrix}\ (\beta_1)$	H_0 : 전체 평균 $=0$ H_0 : $\beta_1 = 0$ H_0 : $c\beta = 0$ $c = [1]$
두 표본 t-검증 집단 1(G1)에 5명의 참가자, 집단 2(G2)에 5명의 참가자	$G1_1$ $G1_2$ $G1_3$ $G1_4$ $G1_5$ $G2_1$ $G2_2$ $G2_3$ $G2_4$ $G2_5$	$\begin{pmatrix}1&0\\1&0\\1&0\\1&0\\1&0\\0&1\\0&1\\0&1\\0&1\\0&1\end{pmatrix}\begin{pmatrix}\beta_{G1}\\\beta_{G2}\end{pmatrix}$	H_0 : G1 평균 $=$ G2 평균 H_0 : $\beta_{G1} - \beta_{G2} = 0$ H_0 : $c\beta = 0$ $c = [1\ \ -1]$
짝진 t-검증 A와 B에 관한 5개의 짝진 측정치	A_{S1} B_{S1} A_{S2} B_{S2} A_{S3} B_{S3} A_{S4} B_{S4} A_{S5} B_{S5}	$\begin{pmatrix}1&1&0&0&0&0\\-1&1&0&0&0&0\\1&0&1&0&0&0\\-1&0&1&0&0&0\\1&0&0&1&0&0\\-1&0&0&1&0&0\\1&0&0&0&1&0\\-1&0&0&0&1&0\\1&0&0&0&0&1\\-1&0&0&0&0&1\end{pmatrix}\begin{pmatrix}\beta_{차이}\\\beta_{S1}\\\beta_{S2}\\\beta_{S3}\\\beta_{S4}\\\beta_{S5}\end{pmatrix}$	H_0 : A $=$ B H_0 : $\beta_{차이} = 0$ H_0 : $c\beta = 0$ $c = [1\ 0\ 0\ 0\ 0\ 0]$
단일표본 t-검증 요인 A는 2 수준, 요인 B는 3 수준을 가지고 있다. 각 A/B 조합에 대하여 2개의 관찰치들이 있다.	$A1B1_1$ $A1B1_2$ $A1B2_1$ $A1B2_2$ $A1B3_1$ $A1B3_2$ $A2B1_1$ $A2B1_2$ $A2B2_1$ $A2B2_2$ $A2B3_1$ $A2B3_2$	$\begin{pmatrix}1&1&1&1&0\\1&1&1&1&0\\1&1&0&0&1\\1&1&0&0&1\\1&1&-1&-1&-1\\1&1&-1&-1&-1\\1&-1&1&1&-1&0\\1&-1&1&1&-1&0\\1&-1&0&0&-1\\1&-1&0&0&-1\\1&-1&-1&1&1\\1&-1&-1&1&1\end{pmatrix}\begin{pmatrix}\beta_{평균}\\\beta_{A1}\\\beta_{B1}\\\beta_{B2}\\\beta_{A1B1}\\\beta_{A1B2}\end{pmatrix}$	모든 대비들을 위한 F-검증 H_0 : 전체 평균 $=0$ H_0 : $\beta_{평균} = 0$ H_0 : $c\beta = 0$ $c = [1\ 0\ 0\ 0\ 0\ 0]$ H_0 : A의 주 효과 $=0$ H_0 : $\beta_{A1} = 0$ H_0 : $c\beta = 0$ $c = [0\ 1\ 0\ 0\ 0\ 0]$ H_0 : B의 주 효과 $=0$ H_0 : $\beta_{B1} = \beta_{B2} = 0$ H_0 : $c\beta = 0$ $c = \begin{bmatrix}0&0&1&0&0&0\\0&0&0&1&0&0\end{bmatrix}$ H_0 : A/B의 상호작용 효과 $=0$ H_0 : $\beta_{A1B1} = \beta_{A1B2} = 0$ H_0 : $c\beta = 0$ $c = \begin{bmatrix}0&0&0&0&1&0\\0&0&0&0&0&1\end{bmatrix}$

그림 A-2 단일 표본 t-검증, 두 표본 t-검증, 짝진 t-검증, 이원 ANOVA를 포함한 대중적인 연구 설계에 대한 GLM 모형의 예. 첫 번째 열은 모형을 설명하고, 두 번째 열은 결과 벡터에서 데이터가 어떻게 정렬되는지를 설명하며, 세 번째 열은 설계 행렬을 보여 주고, 마지막 열은 가설 검증과 그에 상응하는 대비를 보여 주고 있다. ANOVA 예에서 F-검증은 모든 대비에 대해 사용되는 반면, t-검증은 다른 예들에 사용되었음을 주목하라.

설계 행렬의 두 가지 다른 예들이 식 A.10에 X_{T1}과 X_{T2}로 주어져 있다.

$$X_{T1} = \begin{pmatrix} 1 & 0 \\ \vdots & \vdots \\ 1 & 0 \\ 1 & 1 \\ \vdots & \vdots \\ 1 & 1 \end{pmatrix} \quad X_{T2} = \begin{pmatrix} 1 & 0 \\ \vdots & \vdots \\ 1 & 1 \\ 1 & -1 \\ \vdots & \vdots \\ 1 & -1 \end{pmatrix} \qquad \text{(식 A.10)}$$

X_{T1}에서 두 번째 열은 기저선의 평균, 혹은 모형화되지 않은 집단의 평균을 모형화한다. 이 경우 집단 2의 평균은 외현적으로 모형화되지 않았는데, 따라서 첫 번째 열에 상응하는 모수는 집단 1의 평균이 될 것이고, 두 번째 열에 관련된 모수는 집단 1과 집단 2의 평균 차이와 관련될 것이다.

X_{T2}의 경우 첫 번째 열은 데이터의 전체 평균에 상응하며 두 번째 열은 집단 1과 집단 2의 평균들의 차이다. 설계 행렬을 설정하는 여러 방법이 있는 경우가 종종 있으므로 설계 행렬의 열들에 대해 어떤 모수가 상응하는지를 이해하는 것이 중요하다. 예를 들어, X_{T1}의 경우 $X_{T1}\beta$는 벡터 $\hat{Y} = [\beta_0, \beta_0, \cdots, \beta_0, \beta_0 + \beta_1, \cdots, \beta_0 + \beta_1]'$가 산출되며, 따라서 β_0이 집단 1의 평균에 상응하고 $\beta_0 + \beta_1$이 집단 2의 평균인데, 그러므로 β_1은 두 평균들 간의 차이를 나타내는 것이 명백하다. 이와 비슷하게 $X_{T2}\beta$는 집단 1의 입력 값들에 대해 $\beta_0 + \beta_1$의 값을 주고, 집단 2의 입력 값들에 대해 $\beta_0 - \beta_1$을 주는데, 이는 β_0이 전체 평균이며 β_1이 두 집단 간 평균들의 차이라는 것을 의미한다.

짝진 t-검증은 [그림 A-2]의 세 번째 예인데, 여기에는 짝진 관찰치들에 대한 N개의 집단이 있다. 예를 들어, N명의 피험자를 두 번의 회기에 걸쳐 스캔하고 두 번째 회기를 첫 번째 회기와 비교하려고 할 수 있다. 결과 벡터 Y에서는 관찰치들이 피험자 순으로 정렬되며 회기 1 다음에 회기 2가 뒤따른다. 설계 행렬의 첫 번째 열은 그 차이를 모형화하며, 설계 행렬의 마지막 N 열들은 피험자별 평균을 모형화한다. 피험자별 평균들을 조정함으로써, 그 차이는 데이터 점들의 중심화 혹은 평균 빼기된 쌍들에서의 차이를 일컫는다. 짝진 차이를 검증하기 위해서, 대비는 첫 번째 모수만을 포함하며 피험자별 평균에 관련된 나머지 모수들은 전형적으로 검증하지 않기 때문 '잡음(nuisance)'으로 여겨지지만, 각 피험자가 다른 평균을 가지고 있음에 따른 추가적인 변산성을 잡아내기 위해 모형에 포함시키는 것이 필수적이다.

마지막 예는 첫 번째 요인에 대해 두 수준과 두 번째 요인에 대해 세 수준을 가지고 있는 이원 ANOVA를 보여 주고 있다. 이 모형을 만드는 방식은 몇 가지가 있을 수 있지만, 여기에 제시된 것은 요인 효과 설정이며, 이것은 관심이 전체 평균, 주 효과, 상호작용 효과에 대한 전형적인 ANOVA 가설을 검증하는 것에 있을 때 사용된다. 일반적으로, 회귀자들을 만들기 위한 형식은 다음과 같다. 각 요인에 대해 회귀자들의 수가 그 요인의 수준들의 수보다 하나 적어야 한다. 따라서 여기서 첫 번째 요인(A라고 하자)은 이와 관련된 하나의 회귀자를 가질 것이며, 두 번째 요인(B라고 하자)은 두 개를 가질 것이다. 각 회귀자는 기저선 수준에 대한 요인의 수준의 차이를 모형화한다. 예를 들어, [그림 A-2]의 ANOVA 패널에서 X의 두 번째 열은 요인 A의 회귀자이며 A의 수준 1(A1)에 상응하는 행들에 대해 1의 값을 가지며, 두 번째 수준이 참조 수준이기 때문에 A2에 상응하는 모든 행들의 값은 −1이다. 세 번째와 네 번째 열들은 요인 B에 대한 회귀자들이며, 세 번째 수준인 B3은 참조 수준이므로 두 개의 회귀자들 모두 그 회귀자들이 상응하는 열들에 대해 −1이다. 세 번째 회귀자는 B1을 B3에 비교하는데, 따라서 수준 B1에 대해서는 1이며 수준 B2에 대해서는 0이다. 네 번째 회귀자는 B2를 B3에 비교하는데, 따라서 B1에 대해서 0이며 B2에 대해서는 1이다. 마지막 두 열들은 상호작용을 구성하며 두 번째와 세 번째열, 그리고 두 번째와 네 번째 열을 각각 곱하면 발견할 수 있다. 이것이 ANOVA에 대한 표준이므로, 모든 대비들이 F-검증을 사용하여 검증된다. 주 효과를 검증하기 위해서는 간단히 그 요인에 해당하는 각 회귀자에 대한 대비를 포함하면 되고, 상호작용을 검증하기 위해서는 상호작용에 해당하는 각 회귀자에 대한 대비를 포함하면 된다. 또 다른 방법은 셀 평균(cell mean) 방식을 사용하는 것인데, 여기에는 단순히 여섯 개의 회귀자가 있고, 각각은 2×3 ANOVA의 여섯 개 각각의 셀에 해당한다. 이는 [그림 A-2]에 있는 두 표본 t-검증의 확장으로, ANOVA의 셀들 간의 평균들을 비교하는 가설을 검증하는 데 관심이 있을 때 더욱 편리하다.

반복 측정치들이 있을 때는 선형 회귀 모형을 사용하는 경우도 있다는 것을 명심해야 한다. 예를 들어, 두 표본 t-검증은 수준들에 걸쳐 반복 측정치를 가진 두 수준의 일원 ANOVA의 형태로 볼 수 있다. 이와 비슷한 방식으로, [그림 A-2]의 맨 아래쪽에 있는 이원 ANOVA 모형은 반복 측정의 경우로 확장될 수 있는데, 이 경우 측정이 이 모형 내 모든 요인들에 대해서 반복된다. 예를 들어, 한 피험자가 세 가지 종류의 기억 과제(요인 B)에 대해 처치 전과 후(요인 A)에 연구되는 경우다. 이 경우, 단일 평균 열은 구분된 피험자 평균들로 나누어질 것이며, 이 설계 행렬에서 이러한 열들은 잡음으로 처리될 것이다. 반복 측정 ANOVA 설계를 위한 선형 모형을 사용할 때에는 측정치들이 요인 수준들에 걸쳐 균형화된 경우에만 적용이 가능하다는 것을 명심하는 것이 중요하다. 따라서, 예를 들어 한 피험자가 처치 후에 요인 B의 두 번째와 세 번째 수준에 대해 결측치라면, 이 선형 회귀 접근은 사용할 수 없다. 이와 같은 경우들에서는, 보다 복잡한 모형과 추정 전략이 적절한 검증 통계치와 가설 검증 결과를 얻기 위해 필수적이다.

B. 데이터 조직화 및 관리

fMRI 연구의 과정에서 수행되는 계산과 산출되는 데이터의 양은 매우 당혹스러울 수 있다. 다수의 연구자들이 있는 연구실의 경우, 데이터를 조직화하기 위하여 동일한 규칙이 사용되고 있음을 확실히 하는 것이 매우 중요해진다. 예를 들어, 어떤 학생이 그 연구실을 떠나더라도 책임 연구자는 여전히 부가적인 분석을 수행하기 위하여 논문에 보고된 특정 분석에 어떤 데이터가 사용되었는지를 확인할 필요가 있을 수 있다. 이 부록에서는 연구자들이 fMRI 연구의 계산적 요구들을 만족시키고 데이터의 범람을 잘 통제하도록 도와주는 몇 가지 방법들에 관해 논의할 것인데, 이는 특히 연구 집단을 발전시키거나, 데이터 분석을 수행하는 다수의 연구자들이 있는 연구실의 경우 도움이 될 것이다.

1. fMRI 분석을 위한 계산

오늘날의 컴퓨터 능력은 이 책에서 논의된 거의 모든 데이터 분석 방법들이 보통의 데스크톱 컴퓨터에서 수행되는 것을 가능하게 했다. 이를 고려할 때, 연구실의 조직화를 위한 하나의 모형은 우리가 '워크스테이션 다발(just a bunch of workstations: JBOW)'이라고 부르는 것이 될 수 있다. 이 모형에서 연구 집단의 개별 구성원은 분석을 수행하는 자신만의 워크스테이션을 가지고 있다. 이 모형은 특별한 하드웨어나 시스템 관리, 혹은 사용자 훈련에 대한 요구가 거의 없다는 장점을 가지고 있다. 따라서 구성원이 분석을 매우 빠르게 시작할 수 있다. 그러나 여기에는 잠재적인 단점들이 많이 있다.

- 처리 능력이 단일 워크스테이션에 제한되기 때문에 대량의 분석을 수행하는 것을 어렵게 한다.
- 일반적으로 데이터가 중복되어 저장되지 않기 때문에, 하나의 하드 드라이브 손상이 완전한 데이터 유실로 이어질 수 있다.
- 중앙 집중화된 백업과 데이터의 집적을 위한 조직화가 어려워진다.
- 소프트웨어의 업데이트가 워크스테이션들마다 다를 수 있으므로, 연구실의 조직 구성원들이 서로 다른 소프트웨어 버전을 사용하게 된다.

또 다른 더 복잡한 모형은 클라이언트-서버(client-server) 방식으로 불리는데, 중앙 집중화된 서버가 집단의 모든 구성원들에게 컴퓨터 계산을 위한 자원들을 제공한다. 이는 일반적으로 개인들이 중앙 시스템에 접속하여 분석을 원격으로 수행하는 것이 요구된다. 이러한 시스템에서 데이터 저장은 RAID(redundant array of inexpensive disks) 저장 장치에 의존하는데, 이는 디스크 오류를 방지할 뿐만 아니라, 파일들을 여러 개의 디스크에 분배함으로써 더욱 빠른 속도를 제공한다. 클라이언트-서

버 모형은 설치하는 데 더 많은 비용이 들고, 관리하기 어려우며, 일반
적으로 전문적인 시스템 관리를 요구한다는 단점을 지니고 있다. 그러
나 이 모형은 JBOW 모형보다 두드러지는 여러 장점을 지니고 있다.

- 많은 처리 장치를 이용할 수 있다는 장점이 있다.
- RAID의 사용으로 데이터를 보다 더 잘 보호할 수 있으며, 디스크
  오류의 위험성을 낮춘다.
- 데이터가 단일 파일 시스템에 보관되기 때문에, 중앙 집중적 백업
  을 더욱 쉽게 만든다.
- 소프트웨어 업데이트와 버전에 대한 더 나은 통제가 가능하다.

fMRI 분석에 대한 최근의 발전은 그리드 계산(grid computing)이 보다
보편적으로 이행된다는 것인데, 이를 통해 거대한 컴퓨터 집단이 단일
시스템에서 가능한 것보다 훨씬 빠른 속도로 데이터 분석을 수행하기
위해 병렬적으로 사용될 수 있다. Sun Grid Engine(SGE)과 같은 소프트
웨어 패키지들은 거의 모든 컴퓨터 집단에서 병렬처리를 하는 것이 가
능하며, fMRI 분석 패키지들 또한 이러한 그리드 처리를 위한 직접적인
지원을 제공하기 시작하고 있다. 예를 들어, FSL를 사용하여 엄청나게
많은(사용 가능한 프로세서의 수보다 더 많은) 분석 작업을 수행할 수 있으
며, 만일 SGE가 설치되어 있다면 작업들이 자동적으로 조정되어 컴퓨
터가 과부화되지 않는다. 이러한 이유들로, 우리는 연구자들이 대규모
의 연구 집단을 만들기 시작할 때 클라이언트-서버 계산 모형을 적용하
는 것을 강력히 추천한다.

운영 시스템 데이터 분석을 위해 Microsoft Windows를 효율적으로 사
용하는 매우 많은 연구실들이 분명히 있음에도 불구하고, 우리는 UNIX-
기반 운영 시스템(예: Linux, Mac OS X)이 fMRI 데이터 분석을 위해 최선
의 선택이라고 생각한다. 첫째, Windows 시스템과 비교하여 UNIX 시

스템에 대해 무료로 사용할 수 있는 훨씬 더 많은 분석 소프트웨어들이 존재한다. 모든 주요 패키지들(SPM, FSL, AFNI)이 UNIX 시스템에서 사용 가능한 반면, Windows에서는 SPM만이 사용 가능하다. Windows에서 가상 시스템(virtual machine)을 사용하여 FSL이나 AFNI를 구동시키는 것이 가능하지만, 이는 수행 관점에서 보자면 차선책에 해당한다. 둘째, UNIX에 기반하여 분석을 스크립트화하는 능력이 (우리의 의견으로는) Windows 시스템에 기반하였을 때보다 더 뛰어나다.

2. 데이터 조직화

우리가 fMRI 연구를 진행하면서 배운 가장 중요한 교훈 중 하나는 데이터 파일들을 조직화하고 이름을 붙이는 데 일관적이고 명확한 규칙이 필요하다는 것이다. 이는 단일 연구에 대해서는 상대적으로 덜 중요한 것처럼 보일 수 있지만, 데이터 세트들이 불어날수록 여러 연구들 중에서 필요한 데이터를 찾을 수 있게 하기 위해 점점 더 중요해진다. 게다가, 여러 연구들에 걸쳐 일관적인 데이터 조직화와 이름 붙이기 규칙을 사용하는 것은 우리가 다수 연구들에 걸쳐 분석을 수행하기 위해 스크립트를 작성하는 것을 상대적으로 더욱 쉽게 해 준다.

데이터 조직화를 잘 이행하는 한 가지 효과적인 방법은 MRI 스캐너로부터 데이터를 처음 다운로드했을 때 완벽한 디렉토리 구조를 생성하는 것이다. [그림 B-1]은 우리 연구실에서 스크립트로 생성한, 다운로드할 데이터를 위해 사용된 데이터 조직화의 예를 보여 준다. 데이터 세트를 분석하는 과정에서 종종 서로 다른 많은 모형들을 데이터에 적합하기도 하는데, 우리는 각각의 독립적인 모형을, 그 특정 모형을 기술하는 이름을 지닌 별개의 폴더에 저장하는 것이 매우 유용하다는 것을 발견하였다.

원본 fMRI 데이터 파일들이 매우 클 수 있기 때문에, 서로 다른 분석들을 위해서 이들을 여러 번 복사하는 것은 되도록 삼가는 것이 좋다.

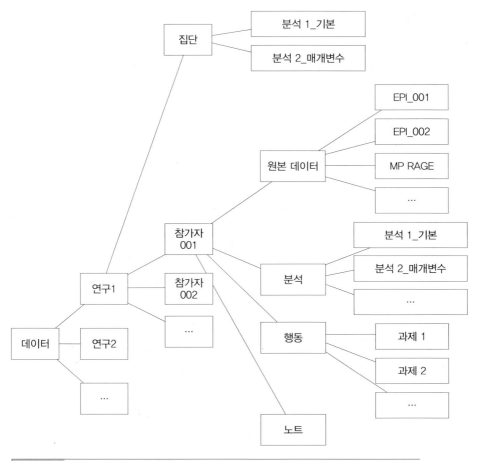

그림 B-1 데이터 조직화를 위한 규칙의 예

UNIX 운영 시스템의 한 가지 매우 유용한 특징은 기호 연결(symbolic link)을 생성할 수 있는 능력인데, 이는 Windows의 파일 바로가기와 MacOS의 가명(alias)과 유사하며, 하나의 파일을 다른 파일에 지정하는 하나의 작은 파일로 되어 있다. 기호 연결은 원본 파일을 원래의 이름으로 남겨 둔 채로, 그 데이터에 대해 더욱 직관적으로 이름 붙여진 참조를 생성해 낸다. 또한 원본 데이터 파일들은 읽기만 가능하게 설정하는 것이 일반적으로 권장되는데, 이에 따라 다른 어떠한 후속 처리의 조작에 의해서 변형되지 않도록 하고, 우연적으로 삭제되지 않도록 할 수 있을 것이다.

규모가 더 거대한 연구실들의 경우, 데이터 조직화를 도와줄 수 있는 더욱 정교한 시스템을 사용할 수 있다. 예를 들어, Extensible Neuroimaging Archive Toolkit(XNAT) 프로젝트(http://www.xnat.org/)는 뇌영상 데이터를 저장하고 관리하기 위한 매우 강력한 공개된 도구를 제공한다. XNAT와 같은 도구들은 매우 거대한 양의 데이터 세트들에 대해 조직화를 잘하는 장점을 지니고 있지만, 이러한 도구들을 특정한 작업 환경에 맞추기 위해서는 능력 있는 시스템 관리 전문가가 필요하다.

3. 프로젝트 관리

연구실의 규모가 커짐에 따라 개별 프로젝트들의 상태를 확인하는 것이 점점 더 어려워질 수 있다. 예를 들어, 드물지 않게 우리는 분석을 수행했던 학생이 가용하지 않을 때 발표를 위한 그림을 만들기 위해 데이터를 추적하여 찾아내야 했다. 이는 결국 데이터 발굴에 관한 매우 어려운 실습이 될 수 있다. 분석에 대한 일관적이고 명료한 이름 붙이기 규칙을 사용하는 것은 이러한 문제에 분명히 도움이 되지만, 여전히 중요한 정보들의 상당 부분이 연구자의 노트에서 밝혀지지 않은 채로 남겨진다는 문제가 남아 있다. 이와 같이, 하나의 연구실이 여러 개의 인적 연구 기록을 지니는 경우, 이 모든 정보들을 단순히 추적하는 일은 어려운 일이 될 수 있다.

우리는 연구실에서 수행되는 모든 프로젝트들에 대한 영구적으로 접근 가능한 기록을 제공하기 위해 온라인 프로젝트 관리 시스템을 유지하는 것이 매우 유용한 것을 발견하였다. 매우 강력한 프로젝트 관리 시스템이 많이 있지만, 매우 간단하면서도 유용한 방법은 연구실의 연구들에 관한 정보를 위한 온라인 저장소를 만드는 데 무료로 이용 가능한 위키 소프트웨어(예: Media Wiki: http://www.mediawiki.org)를 사용하는 것이다. 위키 페이지를 편집하는 것은 상대적으로 간단하기 때문에 이것은 연구자들에게 자신의 연구들과 분석을 문서화하는 쉬운 도구를 제공해 준다. 이 시스템에 파일을 업로드하는 것 또한 매우 손쉽다. 게다가 위키 소프트웨어의 보안 특성은 사용자로 하여금 해당 정보에 대한 접근을 관련된 연구실 구성원 혹은 게스트로 제한시킬 수 있도록 해 준다.

데이터 분석 소프트웨어와 위키 시스템 사이의 더욱 직접적인 연결을 만드는 것 또한 가능하다. 예를 들어, 우리는 한 피험자의 데이터가 스캐너에서 데이터 분석 시스템으로 전송될 때마다 자동적으로 하나의 위키 페이지를 만들어 내는 소프트웨어를 개발하였다. 각 피험자들의 DICOM 헤더(header)는 SQL 데이터베이스로 전송되고, 이 정보는 해당 회기 동안 수집된 각 영상 계열을 위한 스캔 메타-데이터를 보여 주는 페이지를 만들어 내는 데 사용된다. 이 소프트웨어는 이 책의 웹사이트를 통해서 무료로 이용 가능하다.

우리는 각각의 프로젝트나 연구를 위한 프로젝트 관리 페이지에 반드시 포함되어야 할 최소한의 정보 목록으로서 다음을 제시한다.

- 연구에 참가한 모든 인원들과 해당 프로젝트에서 그들의 개별적인 역할에 대한 목록
- 각 피험자에 대한 데이터의 위치(디렉토리와 컴퓨터)에 대한 구체적인 정보
- 분석으로부터 제외된 피험자들에 대한 기록
- 출판된 논문의 연구 방법의 수준으로 상세한 그 연구에 관한 기술. 어떠한 상세 정보들이 포함되어야 하는지에 관한 체크리스트에 대해서는 Poldrack 등(2007) 참조
- 과제를 수행하는 데 사용된 모든 자극 파일들과 프로그램들의 복사본
- 데이터에 대해 수행된 모든 서로 다른 분석들의 목적과 결과를 기술한 설명, 그리고 해당 분석을 수행하는 데 사용된 스크립트들의 위치에 대한 구체적인 정보

• 연구와 관련된 모든 초록, 발표 혹은 논문의 복사본

4. 데이터 분석을 위한 스크립팅

분석을 스크립트화하는 능력은 효율적으로 fMRI 데이터를 분석하는 데 있어 필수적인 능력이다. 분석을 수작업으로 수행하는 것과 대조적으로 스크립트를 사용하는 것은 수많은 장점이 있다. 첫째, 이는 분석의 효율성을 크게 높일 수 있다. 적은 수의 분석을 GUI 기반 프로그램을 사용하여 수행하는 것은 적절할지 몰라도, 데이터 세트들의 크기가 증가함에 따라 분석을 수작업으로 수행하는 것은 거의 불가능하게 된다. 이에 더하여, 스크립트의 사용은 서로 다른 여러 분석들을 시도하는 것을 더욱 쉽게 만드는데, 이는 특정 분석을 설정하는 데 있어 반드시 선택해야 하는 수많은 옵션들을 생각할 때, 매우 중요할 것이다. 둘째, 스크립팅은 분석의 세부 사항들을 수작업으로 지정하였을 때 반드시 발생하게 되는, 오류들의 발생 가능성을 감소시킬 수 있다. 셋째, 스크립팅을 사용하면 어떠한 분석이든 그 세부 사항들을 정확하게 재구현할 수 있으며, 필요한 경우 그 분석을 재실행할 수 있다.

많은 스크립팅 언어들이 존재하며, 일반적으로 언어의 선택은 스크립트가 처음으로 시작될 지점을 결정하는 것보다 덜 중요한데, 이는 대부분의 언어들이 자동적 fMRI 분석의 견지로 보면 비슷한 능력들을 가지고 있기 때문이다. 몇 가지 대중적인 선택들은 다음과 같다.

• UNIX의 툴인 sed와 awk과 함께 결합하여 사용하는 다양한 Bourne shell (sh/bash), 또는 C shell(csh/tcsh)와 같은 UNIX Shell 스크립팅 언어들
• Python
• PERL

- MATLAB

스크립팅 언어의 선택은 사용하고 있는 특정 소프트웨어 패키지와 상호작용한다. 즉, SPM 사용자들은 MATLAB을 선택할 것이며, FSL 혹은 AFNI 사용자들은 여기서 언급한 어떠한 스크립팅 언어라도 거의 사용할 수 있을 것이다.

예시　여기에서는 FSL로 스크립팅을 사용하여 무엇을 할 수 있는지에 관한 간단한 예를 제공한다. 전처리와 다른 작업들에 사용된 많은 수의 다른 스크립트들과 마찬가지로, 이 예에서 사용된 파일들은 이 책의 웹사이트에서 이용 가능하다.

우리는 먼저 단일 피험자의 단일 회기를 위한 설계를 설정하기 위하여 FSL Feat GUI를 사용하여 시작할 것이다. 이는 design.fsf(설계에 대한 설명이 들어 있음), design.mat(설계 행렬이 들어 있음), design.con(대비들이 들어 있음)을 포함하는 설계 파일들의 세트를 생성한다. 만일 설계가 모든 피험자에 걸쳐 동일하다면(즉, 동일한 조건들을 포함한다면), 우리는 각 피험자들에 대한 새로운 설계 파일을 생성하기 위해 원래의 파일에서 관련 있는 부분을 바꿈으로써 참가자에 걸쳐 일관적인 이름 붙이기 규칙을 사용하는 이점을 활용할 수 있다. 다음 스크립트는 첫 번째 피험자에 대해 만들어진 design.fsf 파일(여기서는 input.fsf로 불린다)을 사용하여 여러 피험자들에 대한 FSL 분석을 자동적으로 생성하고 실행시킨다. 이를 성공적으로 사용하기 위해서는 FSL이 기대하는 모든 파일들(예: 각 조건에 대한 onset 파일)이 반드시 동일한 이름을 가지고 있어야 하고, 각 피험자에 대하여 반드시 동일한 상대적 위치에 있어야 한다는 것을 주의하라.

```sh
#!/bin/sh

BASEDIR="/path/to/data/directory"
ANALYSIS_NAME="analysis2_parametric"

doanalysis( )
{
### IF THE DIRECTORY DOESN'T ALREADY EXIST, CREATE IT
if [ ! -e $BASEDIR/$SUB/analysis/analysis2_parametric ]
then
    mkdir $BASEDIR/$SUB/analysis/analysis2_parametric
fi

### CHANGE TO THE ANALYSIS DIRECTORY
cd $BASEDIR/$SUB/analysis/analysis2_parametric

### SET UP RUN 1
sed -e "s/SUB_001/${SUB}/" -e "s/EPI_4/EPI_$
{SCANS_INDEX[0]}/"
-e "s/S004_4D_mcf_brain.hdr/S00${SCANS_INDEX[0]}_4D_m
cf_brain.hdr/"
$BASEDIR/orig.fsf > $BASEDIR/$SUB/analysis/
$ANALYSIS_NAME/run1.fsf;

### SET UP RUN 2
sed -e "s/SUB_001/${SUB}/" -e "s/EPI_4/EPI_$
{SCANS_INDEX[1]}/"
-e "s/S004_4D_mcf_brain.hdr/S00${SCANS_INDEX[1]}_4D_m
cf_brain.hdr/"
-e "s/run1/run2/" $BASEDIR/orig.fsf
```

```
> $BASEDIR/$SUB/analysis/$ANALYSIS_NAME/run2.fsf;
### EXECUTE FEAT FOR EACH RUN
for j in $DESIGN_NAME
do
    feat $BASEDIR/$SUB/analysis/$ANALYSIS_NAME/$j
done
}


########### RUN ANALYSIS FOR SUBJECT 2
SUB="SUB_002"
DESIGN_NAME=("run1.fsf" "run2.fsf")
SCANS_INDEX=(4 5)
doanalysis


########### RUN ANALYSIS FOR SUBJECT 3
SUB="SUB_002"
DESIGN_NAME=("run1.fsf" "run2.fsf")
SCANS_INDEX=(5 7)
doanalysis
```

1) fMRI 분석 스크립팅을 위한 몇 가지 조언

　fMRI 분석을 위해 스크립트를 작성할 때 유용하게 사용될 몇 가지 조언은 다음과 같다.

• 목록을 표현하기 위해 숫자를 포함한 파일 이름을 생성한다면, 항상 0이 덧대진 숫자들을 사용하도록 한다(예: 'file1.nii' 보다는 'file0001.nii'). 그 이유는 파일 이름을 목록화하는 유틸리티들(예:

UNIX의 ls 명령어)이 알파벳순으로 정렬하는데, 만일 0을 덧대지 않은 파일에 사용된다면 잘못된 배열을 할 수 있기 때문이다.

- 정확한 명령어들이 실행될 것인지를 확인하기 위하여, 실제로 실행하기 전에 실행될 모든 명령어들을 인쇄하는 스크립트를 먼저 생성하는 것이 종종 유용하다.

- 스크립트에서 상대 경로명보다는 항상 절대 경로명을 사용하라.

- 일반적으로, 스크립트의 부분으로서 파일 삭제를 포함시키는 것은 피하라. 만일 파일을 반드시 삭제해야 한다면, 반드시 절대 경로명을 사용해야 하고, 절대로 와일드 카드(예: rm*)를 사용해서는 안 된다.

- 복잡한 스크립트의 경우, 그 스크립트를 생성하기 위하여 또 다른 스크립트나 프로그램(예: MATLAB이나 스크립팅 언어를 사용하는 것)을 작성하는 것이 대체로 유용하다. 언제라도 당신이 같은 작업을 수작업으로 여러 번 수행해야 한다는 것을 발견한다면, 스크립트가 작업을 능률적으로 하고, 오류를 방지하며, 수행된 작업에 대한 지속적인 기록을 제공하는 데 도움이 될 것이다.

C. 영상의 형식

 fMRI 초창기에, 영상 형식은 실로 바벨탑이나 다름없었다. 대부분의 데이터가 연구용 펄스 연쇄를 사용하여 수집되었기 때문에, 데이터가 대부분 오프라인에서 재구조화되고, 연구 센터마다 서로 다른 파일 형식으로 저장되었다. 또한 대부분의 분석 소프트웨어가 내부적으로 자체 제작되었기 때문에, 연구자들이 센터들 간 데이터 공유의 필요성을 느끼지 않는 한 이는 특별한 문제가 아니었다. 이 분야가 발전하면서, 몇몇 표준 파일 형식들이 사용되기 시작했고, 여러 센터나 연구실들 간에 서로 다른 형식을 사용한 것은 대체로 서로 다른 분석 소프트웨어 패키지들을 사용했기 때문이었으나, 최근까지도 여전히 파일 형식에 상당한 다양성이 남아 있었다. 다행스럽게도, 이러한 상황은 지난 10년간 NIfTI라 알려진 파일 형식이 개발되고 거의 보편적으로 사용되면서 훨씬 더 개선되었다. 여기서는 가장 중요한 파일 형식 몇 가지와 함께 fMRI 데이터 저장에 관한 몇몇 일반적인 쟁점들을 간단하게 설명할 것이다.

1. 데이터 저장

2장에서 논의하였듯이, MRI 데이터는 대체로 8비트 또는 16비트 정수로서 이진 데이터 파일로 저장된다. 따라서 디스크상에서 데이터 파일의 크기는 데이터 크기와 영상의 차원의 곱이 될 것이다. 예를 들어, 128×128×96 차원을 지닌 16비트 정수 영상을 저장하는 것은 25,165,824비트(또는 3메가바이트)를 차지할 것이다. 원본 영상에 더하여, 우리는 또한 일반적으로 그 영상에 대한 부가적인 정보를 저장하기를 원하는데, 이를 메타 데이터(meta data)라고 부른다. 이러한 데이터는 차원과 데이터 유형과 같은 영상의 여러 측면을 나타낸다. 이 정보는 중요한데, 예를 들어 영상이 16비트에서 128×128×96 영상이 수집된 것인지, 8비트에서 128×128×192 영상이 수집된 것인지를 이진 데이터세트를 보는 것만으로 알아내기는 불가능하기 때문이다. 여기에서 논의하였듯이, 서로 다른 영상 형식은 매우 다른 용량과 유형의 메타데이터를 보유한다.

구조적 MRI 영상은 일반적으로 3차원 데이터 파일로 저장된다. fMRI 데이터가 일련의 영상들로 수집되기 때문에, 이 데이터는 3차원 파일들의 세트, 혹은 네 번째 차원이 시간인 하나의 4차원 파일로 저장될 수 있다. 우리는 다뤄야 할 파일들의 수를 최소화하기 때문에 가능하면 데이터를 4차원으로 저장하는 것을 선호하지만, 일부 분석 패키지는 4차원 파일을 지원하지 않기도 한다.

2. 파일 형식

뇌영상의 역사를 통하여 수많은 서로 다른 영상 형식이 나타났다. 그 중 몇 가지가 〈표 C-1〉에 설명되어 있다. 이 장에서는 현존하는 세 가지 가장 중요한 파일 형식인 DICOM, Analyze, NIfTI를 설명할 것이다.

〈표 C-1〉 의료용 영상 데이터 형식에 관한 설명

파일 형식	파일 확장자	제작
Analyze	.img/.hdr	Analyze 소프트웨어, Mayo Clinic
DICOM	없음	ACR/NEMA 컨소시엄
NIfTI	.nii or .img/.hdr	NIH Neuroimaging Informatics Tools Initiative
MINC	.mnc	Montreal Neurological Institute (NetCDF의 확장)
AFNI brick	.BRIK	AFNI 소프트웨어, 위스콘신 의과대학/ NIMH

1) DICOM

오늘날의 대부분의 MRI 스캐너들은 재구성된 데이터를 DICOM이라는 파일 형식으로 저장한다. 이 파일 형식은 미국 방사선학 대학 협의회(American College of Radiologists: ACR)와 국립 전자 제조업자 협회(National Electronics Manufacturers Association: NEMA)가 참여하는 컨소시엄에서 탄생했다. DICOM은 단순한 영상 저장 형식을 넘어 프로토콜을 제공함으로써 서로 다른 영상 시스템들이 서로 다른 데이터의 형식을 소통할 수 있게 해 주는데, MRI 영상은 그중 하나의 유형이다. DICOM의 현재 버전은 1993년에 처음 출시되었으며, MRI 촬영기기를 판매하는 모든 주요 회사들의 지원을 받았다.

DICOM은 일반적으로 독립된 하나의 파일로서 각 절편을 저장한다. 시스템마다 다를 수는 있지만, 이 파일들은 편의상 절편 숫자를 반영하는 숫자들을 사용하여 이름이 붙여진다. 헤더(header) 정보는 파일 내에 삽입되어 있으며, 헤더 정보를 읽거나 버릴 수 있는 특수한 소프트웨어를 이용해야만 추출할 수 있다. 모든 형식을 통틀어, DICOM은 헤더 안에 스캐너와 영상 획득에 관한 낮은 수준의 정보뿐만 아니라 참가자에 관한 정보를 포함하는 가장 많은 양의 메타데이터를 가지고 있다.

DICOM이 MRI 스캐너로부터 출력되는 데이터의 표준 형식이긴 하지만, 데이터 분석 전에 DICOM에서 또 다른 파일 형식으로 변환하는 과정이 거의 항상 필수적이다. 이러한 과정이 필요한 주된 이유는, 각 절편이 하나의 독립적인 파일로 저장되기 때문에 DICOM 데이터를 다루는 데 불편함이 따른다는 점이다. 따라서 이는 곧 파일 시스템을 방해하고 분석을 느리게 하는 굉장히 많은 작은 용량의 파일들이 생기게 할 수 있다. DICOM 데이터 파일을 다른 주요 저장 형식으로 변환할 수 있는 무료로 이용 가능한 많은 도구들이 있다. 어떤 이유인지, 영상 연구자들은 이미 존재하는 파일 형식 변환 소프트웨어를 이용하기보다는 자체적으로 변환 프로그램을 개발하려고 하는 경향이 있다. 우리 의견에, 이는 시간적인 낭비이며, 오류의 잠재적인 출처를 더할 뿐이다. 뇌영상 분야에는 똑똑한 과학자와 프로그래머들이 관심을 기울일 가치가 있는 풀리지 않은 문제들이 많이 있지만, DICOM을 다른 표준 영상 형식으로 변환하는 것은 이에 포함되지 않는다.

(1) 모자이크 데이터 저장

일부 MRI 펄스 연쇄(특히 Siemens MRI 시스템에서)는 fMRI 데이터를 모자이크(mosaic) 형태로서 DICOM으로 저장하는데, 여기에서 각 영상은 하나의 단일 영상으로 표현된 16개의 실제 절편들의 모자이크를 지닌다. 이는 저장 공간을 절약하게 되는데, 스캐너는 256×256 차원을 지닌 영상으로 저장하길 선호하는 반면, 일반적으로 fMRI 영상은 64×64의 행렬 크기를 가지기 때문이다. 이 모자이크 영상은 분석 소프트웨어가 인식할 수 있는 3차원 또는 4차원 파일을 만들기 위해서 일반적으로 분석 전에 반드시 압축을 풀어야 한다.

2) Analyze

MRI 데이터에 대한 가장 잘 알려진 오래된 형식들 중의 하나는 Analyze 로 알려진 것이다. 이 이름은 Mayo Clinic에서 개발된 같은 이름의 소프 트웨어 패키지(비싼 가격 때문에 fMRI 연구자들이 거의 사용하지 않는다)에 서 따왔다. Analyze는 각 데이터 세트를 두 개의 파일 세트로 저장한다. 데이터 파일은 확장자 .img로, 영상에 대한 이진 데이터를 포함한다. 헤더 파일은 확장자 .hdr로, 그 영상에 대한 메타데이터를 포함한다. Analyze는 fMRI 초기에 대중적인 형식이었으나 오늘날 대부분 NIfTI 형 식으로 대체되었다. 이 형식의 주요 한계는 헤더에 메타데이터의 비교 적 제한된 정보만을 나타낼 수 있다는 것이다.

3) NIfTI

2000년, 미국 국립정신보건원(National Institute of Mental Health: NIMH) 과 미국 국립 신경장애 및 뇌졸중 연구소(National institute of Neurological Disorders and Stroke: NINDS)는 여러 센터와 소프트웨어 패키지들 간 데 이터 공유에 따르는 문제를 완화하는 데 도움을 줄 수 있는 새로운 데 이터 저장 형식을 개발하기 위해 연구자들의 컨소시엄을 설립하였다. 2004년에는 새로운 파일 형식의 첫 번째 버전인 NIfTI-1이 출시되었 다. 이 형식은 많은 메타데이터의 부가적인 유형들을 추가한 Analyze 7.5의 확장판이다. NIfTI 형식에서 가장 중요한 속성들 중 하나는 복셀 의 지표와 MRI 스캐너상의 공간 정보의 관계를 표현하는 방식이다. 적 절히 사용되면, 어느 방향이 어느 쪽인지(예: 영상의 어느 쪽이 뇌의 왼쪽 을 나타내는지)를 항상 정확하게 결정하는 것을 확실히 할 수 있다.

NIfTI 영상의 표준 파일 확장자는 .nii이며, 이는 헤더와 영상 데이터 가 모두를 포함한다. 그러나 NIfTI와 Analyze의 관련성에 의해, 또한 별 도의 영상(.img)과 헤더(.hdr)를 이용하여 NIfTI 영상을 표현하는 것도 가능하다. 단일 파일을 가지는 .nii 형식의 한 가지 편리한 속성은 파일들을 표준 압축 소프트웨어(예: gzip)를 사용하여 압축할 수 있고, 몇몇 소프트웨어 패키지(예: FSL)는 이 압축된 .nii 파일(확장자 .nii.gz를 가짐)들을 직접 읽거나 쓸 수 있다는 것이다.

참고문헌

Abdi, H. 2003. Partiall east squares regression (PLS-regression), in *Encyclopedia for research methods for the social sciences*, M. Lewis Beck, A. Bryman, and T. Futing, Eds. Thousand Oaks, CA: Sage, 792−5.

Adler, R, & Taylor, J. 2007. *Random fields and geometry*. New York, NY: Springer.

Aguirre, GK, Zarahn, E & D'Esposito, M. 1997. Empirical analyses of BOLD fMRI statistics. II. Spatially smoothed data collected under null-hypothesis and experimental conditions. *Neuroimage*, 5, 199−212.

Aguirre, GK, Zarahn, E & D'Esposito, M. 1998. The inferential impact of global signal covariates in functional neuroimaging analyses. *Neuroimage*, 8(3), 302−6.

Alpaydin, E. 2004. *Introduction to machine learning*. Cambridge, Mass.: MIT Press.

Amunts, K, Schleicher, A, Bürgel, U, Mohlberg, H, Uylings, HB, & Zilles, K. 1999. Broca's region revisited: Cytoarchitecture and intersubject variability. *J Comp Neurol*, 412(2), 319−41.

Andersson, JL, Hutton, C, Ashburner, J, Turner, R, & Friston, K. 2001. Modeling geometric deformations in EPI time series. *Neuroimage*, 13(5), 903−19.

Ardekani, BA, Bachman, AH, Strother, SC, Fujibayashi, Y, & Yonekura, Y. 2004. Impact of intersubject image registration on group analysis of fMRI data. *International Congress Series*, 1265, 49−59. Quantitation in Biomedical Imaging with PET and MRI. Proceedings of the International Workshop on Quantitation in Biomedical Imaging with PET and MRI.

Arnold, JB, Liow, JS, Schaper, KA, Stern, JJ, Sled, JG, Shattuck, DW, Worth, AJ, Cohen, MS, Leahy, RM, Mazziotta, JC, & Rottenberg, DA. 2001. Qualitative and quantitative evaluation of six algorithms for correcting intensity nonuniformity effects. *Neuroimage*, 13(5), 931−43.

Ashburner, J. 2007. A fast diffeomorphic image registration algorithm. *Neuroimage*, 38(1), 95−113.

Ashburner, J, & Friston, K. 2005. Unified segmentation. *Neuroimage*, 26(3), 839−51.

Ashburner, J, & Friston, KJ. 1999. Nonlinear spatial normalization using basis functions. *Hum Brain Mapp*, 7(4), 254−266.

Ashburner, J, & Friston, KJ. 2007. Non-linear registration, KJ Friston, J Ashburner, S Kiebel, TE Nichols, & Penny, WD (Eds)., In *Statistical parametric mapping: the analysis of functional brain images*, 1st ed, London: Elsevier/Academic Press.

Bassett, DS, & Bullmore, E. 2006. Small-world brain networks. *Neuroscientist*, 12(6), 512−23.

Beckmann, CF, & Smith, SM. 2004. Probabilistic independent component analysis for functional magnetic resonance imaging. *IEEE Trans Med Imaging*, 23(2), 137−52.

Beckmann, CF, & Smith, SM. 2005. Tensorial extensions of independent component analysis for multisubject FMRI analysis. *Neuroimage*, 25(1), 294−311.

Bellman, RE. 1961. *Adaptive control processes*. Princeton, N.J.: Princeton University Press.

Benjamini, Y, & Hochberg, Y. 1995. Controlling the false discovery rate: A practical and powerful approach to multiple testing. *J R Stat Soc. Ser B Methodol*, 57(1), 289−300.

Bentler, PM, & Stein, JA. 1992. Structural equation models in medical research. *Stat Methods Med Res*, 1(2), 159−181.

Birn, RM, Diamond, JB, Smith, MA, & Bandettini, PA. 2006. Separating respiratory-variation-related fluctuations from neuronal-activity-related fluctuations in fMRI. *Neuroimage*, 31, 1536−48.

Bishop, CM. 2006. *Pattern recognition and machine learning*. New York: Springer.

Biswal, B, Yetkin, FZ, Haughton, VM, & Hyde, JS. 1995. Functional connectivity in the motor cortex of resting human brain using echo-planar MRI. *Magn Reson Med*, 34(4), 537−41.

Boesen, K, Rehm, K, Schaper, K, Stoltzner, S, Woods, R, Lüders, E, & Rottenberg, D. 2004. Quantitative comparison of four brain extraction algorithms. *Neuroimage*, 22(3), 1255−61.

Bokde, AL, Tagamets, MA, Friedman, RB, & Horwitz, B. 2001. Functional interactions of the inferior frontal cortex during the processing of words and word-like stimuli. *Neuron*, 30(2), 609−17.

Bollen, KA. 1989. *Structural equations with latent variables*. New York: Wiley.

Box, GE, Jenkins, GM, & Reinsel, GC. 2008. *Time series analysis: Forcasting and control*. Hoboken, NJ: John Wiley.

Boynton, GM, Engel, SA, Glover, GH, & Heeger, DJ. 1996. Linear systems analysis of functional magnetic resonance imaging in human V1. *J Neurosci*, 16(13), 4207−21.

Bracewell, RN. 2000. *The Fourier transform and its applications*. 3rd ed. Boston: McGraw Hill.

Brett, M, Leff, AP, Rorden, C, & Ashburner, J. 2001. Spatial normalization of brain images with focal lesions using cost function masking. *Neuroimage*, 14(2), 486−500.

Brett, M, Johnsrude, IS, & Owen, AM. 2002. The problem of functional localization in the human brain. *Nat Rev Neurosci*, 3(3), 243−9.

Buckner, RL, Bandettini, PA, O'Craven, KM, Savoy, RL, Petersen, SE, Raichle, ME, & Rosen, BR. 1996. Detection of cortical activation during averaged single trials of a cognitive task using functional magnetic resonance imaging. *Proc Natl Acad Sci USA*, 93(25), 14878−83.

Buckner, RL, Head, D, Parker, J, Fotenos, AF, Marcus, D, Morris, JC, & Snyder, AZ. 2004. A unified approach for morphometric and functional data analysis in young, old, and demented adults using automated atlas-based head size normalization: Reliability and validation against manual measurement of total int racranial volume. *Neuroimage*, 23(2), 724−38.

Bullmore, E, Horwitz, B, Honey, G, Brammer, M, Williams, S, & Sharma, T. 2000. How good is good enough in path analysis of fMRI data? *Neuroimage*, 11(4), 289−301.

Bullmore, E, Long, C, Suckling, J, Fadili, J, Calvert, G, Zelaya, F, Carpenter, TA, & Brammer, M. 2001. Colored noise and computational inference in neurophysiological (fMRI) time series analysis: Resampling methods in time and wavelet domains. *Hum Brain Mapp*, 12(2), 61–78.

Bullmore, ET, Suckling, J, Overmeyer, S, Rabe-hesketh, S, Taylor, E, & Brammer, MJ. 1999. Global, voxel, and cluster tests, by theory and permutation, for a difference between two groups of structural MR images of the brain. *IEEE Trans. Med. Imaging*, 18, 32–42.

Burgund, ED, Kang, HC, Kelly, JE, Buckner, RL, Snyder, AZ, Petersen, SE, & Schlaggar, BL. 2002. The feasibility of a common stereotactic space for children and adults in fMRI studies of development. *Neuroimage*, 17(1), 184–200.

Buxton, RB. 2001. The elusive initial dip. *Neuroimage*, 13(6 Pt 1), 953–8.

Buxton, RB, Wong, EC, & Frank, LR. 1998. Dynamics of blood flow and oxygenation changes during brain activation: the balloon model. *Magn Reson Med;* 39(6), 855–64.

Buxton, RB. 2002. *Introduction to functional magnetic resonance imaging: Principles and techniques.* Cambridge, UK: Cambridge University Press.

Calhoun, VD, Liu, J, & Adali, T. 2009. A review of group ICA for fMRI data and ICA for joint inference of imaging, genetic, and ERP data. *Neuroimage*, 45(1 Suppl), S163–72.

Cao, J, & Worsley, KJ. 2001. *Spatial statistics: Methodological Aspscts and Applications.* Lecture Notes in Statistics; vol. 159., New York: Springer, Chapter 8. Applications of random fields in human brain mapping, pp. 169–82.

Carmack, PS, Spence, J, Gunst, RF, Schucany, WR, Woodward, WA, &

Haley, RW. 2004. Improved agreement between Talairach and MNI coordinate spaces in deep brain regions. *Neuroimage*, 22(1), 367–71.

Caviness, Jr, VS, Kennedy, DN, Richelme, C, Rademacher, J, & Filipek, PA. 1996. The human brain age 7–1 years: A volumetric analysis based on magnetic resonance images. *Cereb Cortex*, 6(5), 726–36.

Christensen, GE, Rabbitt, RD, & Miller, MI. 1994. 3D brain mapping using a deformable neuroanatomy. *Phys Med Biol*, 39(3), 609–18.

Chumbley, JR, & Friston, KJ. 2009. False discovery rate revisited: FDR and topological inference using Gaussian random fields. *Neuroimage*, 44(1), 62–70.

Clarke, LP, Velthuizen, RP, Camacho, MA, Heine, JJ, Vaidyanathan, M, Hall, LO, Thatcher, RW, & Silbiger, ML. 1995. MRI segmentation: Methods and applications. *Magn Reson Imaging*, 13(3), 343–68.

Cleveland, WS. 1979. Robust locally weighted regression and smoothing scatterplots. *J Am Stat Assoc*, 74, 829–836.

Cohen, AL, Fair, DA, Dosenbach, NU, Miezin, FM, Dierker, D, Van Essen, DC, Schlaggar, BL, & Petersen, SE 2008. Defining functionalar eas in individualh uman brains using resting functional connectivity MRI. *Neuroimage*, 41, 45–57.

Cohen, J. 1988. *Power analysis for the behavioral sciences*. Hillsdale, NJ: Lawrence Erlbaum Associates.

Cohen, JR, Asarnow, RF, Sabb, FW, Bilder, RM, Bookheimer, SY, Knowlton, BJ, & Poldrack, RA. 2010. Decoding developmental differences and individual variability in response inhibition through predictive analyses across individuals. *Front Hum Neurosci*, 4, 47.

Cohen, MS. 1997. Parametric analysis of fMRI data using linear systems methods. *Neuroimage*, 6(2), 93−103.

Cohen, MS, & DuBois, RM. 1999. Stability, repeatability, and the expression of signal magnitude in functional magnetic resonance imaging. *J Magn Reson Imaging*, 10(1), 33−40.

Cohen, MS, DuBois, RM, & Zeineh, MM. 2000. Rapid and effective correction of RF inhomogeneity for high field magnetic resonance imaging. *Hum Brain Mapp*, 10(4), 204−11.

Cole, DM, Smith, SM, & Beckmann, CF. 2010. Advances and pitfalls in the analysis and interpretation of resting-state FMRI data. *Front Syst Neurosci*, 4, 8.

Costafreda, SG. 2009. Pooling fMRI data: Meta-analysis, mega-analysis and multicenter studies. *Front Neuroinformat*, 3, 33.

Dale, AM. 1999. Optimal experimental design for event-related fMRI. *Hum Brain Mapp*, 8(2−3), 109−14.

Dale, AM, & Buckner, RL. 1997. Selective averaging of rapidly present d individual trials using fMRI. *Hum Brain Mapp*, 5, 329−340.

David, O, Guillemain, I, Saillet, S, Reyt, S, Deransart, C, Segebarth, C, & Depaulis, A. 2008. Identifying neural drivers with functional MRI: An electrophysiological validation. *PLoS Biol*, 6(12), 2683−97.

Desai, R, Liebenthal, E, Possing, ET, Waldron, E, & Binder, JR. 2005. Volumetric vs. surface-based alignment for localization of auditory cortex activation. *Neuroimage*, 26(4), 1019−29.

Desikan, RS, Ségonne, F, Fischl, B, Quinn, BT, Dickerson, BC, Blacker,

D, Buckner, RL, Dale, AM, Maguire, RP, Hyman, BT, Albert, MS, & Killiany, RJ. 2006. An automated labeling system for subdividing the human cerebral cortex on MRI scans into gyral based regions of interest. *Neuroimage*, 31(3), 968–80.

D'Esposito, M, Deouell, LY, & Gazzaley, A. 2003. Alterations in the BOLD fMRI signal with ageing and disease: A challenge for neuroimaging. *Nat Rev Neurosci*, 4(11), 863–72.

Detre, JA, & Wang, J. 2002. Technical aspects and utility of fMRI using BOLD and ASL. *Clin Neurophysiol*, 113(5), 621–34.

Devlin, JT, & Poldrack, RA. 2007. In praise of tedious anatomy. *Neuroimage*, 37(4), 1033–41.

Duda, RO, Hart, PE, & Stork, DG. 2001. *Pattern classification*, 2nd ed. New York: Wiley.

Duvernoy, HM. 2005. *The human hippocampus: Functional anatomy, vascularization, and serial sections with MRI*, 3rd ed. Berlin: Springer.

Duvernoy, HM., & Bourgouin, P. 1999. *The human brain: Surface, three-dimensional sectional anatomy with MRI, and blood supply*, 2nd ed. Wien: Springer.

Eickhoff, SB, Stephan, KE, Mohlberg, H, Grefkes, C, Fink, GR, Amunts, K, & Zilles, Karl. 2005. A new SPM toolbox for combining probabilistic cytoarchitectonic maps and functional imaging data. *Neuroimage*, 25(4), 1325–35.

Ericsson, KA, Krampe, RT, & Tesch-Romer, C. 1993. The role of deliberate practice in the acquisition of expert performance. *Psychol Rev*, 100,

363–406.

Evans, A, Collins, D, Mills, S, Brown, E, Kelly, R, & Peters, T. 1993. 3D statistical neuroanatomical models from 305 MRI volumes. *Nuclear Science Symposium and Medical Imaging Conference, 1993, 1993 IEEE Conference Record*, January. vol. 3, 1813–17.

Fair, DA, Dosenbach, NUF, Church, JA, Cohen, AL, Brahmbhatt, S, Miezin, FM, Barch, DM, Raichle, ME, Petersen, SE, & Schlaggar, BL. 2007. Development of distinct control networks through segregation and integration. *Proc Natl Acad Sci USA*, 104(33), 13507–12.

Fair, DA, Cohen, AL, Power, JD, Dosenbach, NUF, Church, JA, Miezin, FM, Schlaggar, BL, & Petersen, SE. 2009. Functional brain networks develop froma "local to distributed" organization. *PLoS Comput Biol*, 5(5), e1000381.

Finger, S. 1994. *Origins of neuroscience: A history of explorations into brain function*. New York: Oxford University Press.

Fischl, B, Sereno, MI, Tootell, RB, & Dale, AM. 1999. High-resolution intersubject averaging and a coordinate system for the cortical surface. *Hum Brain Mapp*, 8(4), 272–84.

Fischl, B, Salat, DH, Busa, E, Albert, M, Dieterich, M, Haselgrove, C, van der Kouwe, A, Killiany, R, Kennedy, D, Klaveness, S, Montillo, A, Makris, N, Rosen, B, & Dale, AM. 2002. Whole brain segmentation: Automated labeling of neuroanatomical structures in the human brain. *Neuron*, 33(3), 341–55.

Forman, SD, Cohen, JD, Fitzgerald, JD, Eddy, WF, Mintun, MA, & Noll, DC. 1995. Improved assessment of significant activation in functional magnetic resonance imaging (fMRI): Use of a cluster-size threshold. *Magn Reson Med*, 33, 636–47.

Fox, MD, Snyder, AZ, Vincent, JL, Corbetta, M., Van Essen, DC, & Raichle, ME. 2005. The human brain is intrinsically organized into dynamic, anticorrelated functional networks. *Proc Natl Acad Sci USA*, 102, 9673–78.

Freire, L, &Mangin, JF. 2001. Motion correction algorithms may create spurious brain activations in the absence of subject motion. *Neuroimage*, 14(3), 709–22.

Freire, L, Roche, A, &Mangin, JF. 2002. What is the best similarity measure for motion correction in fMRI time series? *IEEE Trans Med Imaging*, 21(5), 470–84.

Friston, K. 1994. Functional and effective connectivity in neuroimaging: A synthesis. *Hum Brain mapp* 2, 56–78.

Friston, KJ. 2005. Models of brain function in neuroimaging. *Annu Rev Psychol*, 56, 57–87.

Friston, K, Jezzard, P, & Turner, R. 1994a. Analysis of functional MRI time-series. *Hum Brain Mapp*, 1, 1–19.

Friston, KJ, Worsley, KJ, Frackowiak, RSJ, Mazziotta, JC, & Evans, AC. 1994b. Assessing the significance of focal activations using their spatial extent. *Hum Brain Mapp*, 1, 210–20.

Friston, KJ, Frith, CD, Liddle, PF, & Frackowiak, RS. 1993. Functional connectivity: The principal component analysis of large (PET) data sets. *J Cereb Blood Flow Metab*, 13(1), 5–14.

Friston, KJ, Holmes, A, Poline, JB, Price, CJ, & Frith, CD. 1996a. Detecting activations in PET and fMRI: Levels of inference and power. *Neuroimage*, 4(3), 223–35.

Friston, KJ,Williams, S, Howard, R, Frackowiak, RS, & Turner, R. 1996b. Movement-related effects in fMRI time-series. *Magn Reson Med*, 35(3), 346–55.

Friston, KJ, Buechel, C, Fink, GR, Morris, J, Rolls, E, & Dolan, RJ. 1997. Psychophysiological and modulatory interactions in neuroimaging. *Neuroimage*, 6(3), 218–29.

Friston, KJ, Fletcher, P, Josephs, O, Holmes, A, Rugg, MD, & Turner, R. 1998. Event-related fMRI: Characterizing differential responses. *Neuroimage*, 7, 30–40.

Friston, KJ, Josephs, O, Zarahn, E, Holmes, AP, Rouquette, S, & Poline, J. 2000. To smooth or not to smooth? Bias and efficiency in fMRI time-series analysis. *Neuroimage*, 12, 196–208.

Friston, KJ, Harrison, L, & Penny, W. 2003. Dynamic causal modelling. *Neuroimage*, 19(4), 1273–302.

Friston, KJ, Penny, WD, & Glaser, DE. 2005. Conjunction revisited. *Neuroimage*, 25(3), 661–7.

Friston, KJ, Rotshtein, P, Geng, JJ, Sterzer, P, & Henson, RN. 2006. A critique of functional localisers. *Neuroimage*, 30(4), 1077–87.

Gavrilescu, M, Shaw, ME, Stuart, GW, Eckersley, P, Svalbe, ID, & Egan, GF. 2002. Simulation of the effects of global normalization procedures in functional MRI. *Neuroimage*, 17, 532–42.

Genovese, CR, Lazar, NA, & Nichols, TE. 2002. Thresholding of statistical maps in functional neuroimaging using the false discovery rate.

Neuroimage, 15(4), 870−78.

Gitelman, DR, Penny, WD, Ashburner, J, & Friston, KJ. 2003. Modeling regional and psychophysiologic interactions in fMRI: the importance of hemodynamic deconvolution. *Neuroimage*, 19(1), 200−7.

Glover, GH. 1999. Deconvolution of impulse response in event-related BOLD fMRI. *Neuroimage*, 9(4), 416−29.

Glover, GH, Li, TQ, & Ress, D. 2000. Image-based method for retrospective correction of physiological motion effects in fMRI: RETROICOR. *Magn Reson Med*, 44(1), 162−7.

Goutte, C, Nielsen, FA, & Hansen, LK. 2000. Modeling the haemodynamic response in fMRI using smooth FIR filters. *IEEE Trans Med Imaging*, 19(12), 1188−201.

Graybill, FA. 1961. *An introduction to linear statistical models*. New York, NY: McGraw-Hill.

Greicius, MD, & Menon, V. 2004. Default-mode activity during a passive sensory task: Uncoupled from deactivation but impacting activation. *J Cogn Neurosci*, 16, 1484−92.

Greicius, MD, Flores, BH, Menon, V, Glover, GH, Solvason, HB, Kenna, H, Reiss, AL, & Schatzberg, AF 2007. Resting-state functional connectivity in major depression: Abnormally increased contributions from subgenual cingulate cortex and thalamus. *Biol Psychiat*, 62, 429−437.

Grinband, J, Wager, TD, Lindquist, M, Ferrera, VP, & Hirsch, J. 2008. Detection of time-varying signals in event-related fMRI designs. *Neuroimage*, 43, 509−520.

Guimaraes, AR, Melcher, JR, Talavage, TM, Baker, JR, Ledden, P, Rosen, BR, Kiang, NY, Fullerton, BC, & Weisskoff, RM. 1998. Imaging subcortical auditory activity in humans. *Hum Brain Mapp*, 6(1), 33–41.

Guo, Y, & Pagnoni, G. 2008. A unified framework for group independent component analysis for multi-subject fMRI data. *Neuroimage*, 42(3), 1078–93.

Guyon, I, Weston, J, Barnhill, S, & Vapnik, V. 2002. Gene selection for cancer classification using support vector machines. *Machine Learning*, 46 (1–3), 389–422.

Hammers, A, Allom, R, Koepp, MJ, Free, SL, Myers, R, Lemieux, Louis, M, TN, Brooks, DJ, & Duncan, JS. 2003. Three-dimensional maximum probability atlas of the human brain, with particular reference to the temporal lobe. *Hum Brain Mapp*, 19(4), 224–47.

Handwerker, DA, Ollinger, JM, & D'Esposito, M. 2004. Variation of BOLD hemodynamic responses across subjects and brain regions and their effects on statistical analyses. *Neuroimage*, 21, 1639–1651.

Hanson, SJ, & Halchenko, YO. 2008. Brain reading using full brain support vector machines for object recognition: There is no "face" identification area. *Neural Comput*, 20(2), 486–503.

Hanson, SJ, Matsuka, T, & Haxby, JV. 2004. Combinatorial codes in ventral temporal lobe for object recognition: Haxby (2001) revisited: Is there a "face" area? *Neuroimage*, 23(1), 156–66.

Harms, MP, & Melcher, JR. 2002. Sound repetition rate in the human auditory pathway: Representations in the waveshape and amplitude of fMRI activation. *J Neurophysiol*, 88(3), 1433−50.

Harville, DA. 1997. *Matrix algebra from a statisticians perspective*. New York, NY: Springer Science and Buisness Medicine.

Hastie, T, Tibshirani, R, & Friedman, JH. 2001. *The elements of statistical learning: Data mining, inference, and prediction, with 200 full-color illustrations*. New York: Springer.

Hastie, T, Tibshirani, R, & Friedman, JH. 2009. *The elements of statistical learning: Data mining, inference, and prediction*, (2nd ed.). New York: Springer.

Haxby, JV, Gobbini, MI, Furey, ML, Ishai, A, Schouten, JL, & Pietrini, P. 2001. Distributed and overlapping representations of faces and objects in ventral temporal cortex. *Science*, 293(5539), 2425−30.

Hayasaka, S, & Nichols, TE. 2003.Validating cluster size inference: Random field and permutation methods. *Neuroimage*, 20, 2343−56.

Hayasaka, S, & Nichols, TE. 2004. Combining voxel intensity and cluster extent with permutation test framework. *Neuroimage*, 23(1), 54−63.

Hayasaka, S, Peiffer, AM, Hugenschmidt, CE, & Laurienti, PJ. 2007. Power and sample size calculation for neuroimaging studies by non-central random field theory. *Neuroimage*, 37(3), 721−30.

Haynes, JD, & Rees, G. 2006. Decoding mental states from brain activity in humans. *Nat Rev Neurosci*, 7(7), 523−534.

Haynes, JD, Sakai, K, Rees, G, Gilbert, S, Frith, C, & Passingham, RE. 2007. Reading hidden intentions in the human brain. *Curr Biol*, 17(4), 323−28.

Henson, RNA, Buchel, C, Josephs, O, & Friston, KJ. 1999. The slice-timing problem in event-related fMRI. *NeuroImage*, 9, 125.

Henson, RNA, Shallice, T, Gorno-Tempini, ML, & Dolan, RJ. 2002. Face repetition effects in implicit and explicit memory tests as measured by fMRI. *Cerebral cortex*, 12(2), 178–86.

Hoenig, JM, & Heisey, DM. 2001. The abuse of power: The pervasive fallacy of power calculations for data analysis. *Amer Stat*, 55, 19–24.

Holden, M. 2008. A review of geometric transformations for nonrigid body registration. *IEEE Trans Med Imaging*, 27(1), 111–128.

Holmes, AP, & Friston, KJ. 1999. Generalisability, random effects & population inference. *Neuroimage*, 7(4 (2/3)), S754. *Proceedings of Fourth International Conference on Functional Mapping of the Human Brain*, June 7–12, 1998, Montreal, Canada.

Hutton, C, Bork, A, Josephs, O, Deichmann, R, Ashburner, J, & Turner, R. 2002. Image distortion correction in fMRI: A quantitative evaluation. *Neuroimage*, 16(1), 217–40.

Hyvärinen, A, & Oja, E. 2000. Independent component analysis: algorithms and applications. *Neural Networks*, 13(4–5), 411–30.

Jenkinson, M, & Smith, S. 2001. A global optimisation method for robust affine registration of brain images. *Med Image Anal*, 5(2), 143–56.

Jenkinson, M, Bannister, P, Brady, M, & Smith, S. 2002. Improved optimization for the robust and accurate linear registration and motion correction of brain images. *Neuroimage*, 17(2), 825–41.

Jezzard, P, & Balaban, RS. 1995. Correction for geometric distortion in echo planar images from B0 field variations. *Magn reson Med*, 34(1), 65–73.

Josephs, O, & Henson, RN. 1999. Event-related functional magnetic resonance imaging: Modelling, inference and optimization. *Philos Trans R Soc Lon. Ser. B Biol Sci*, 354(1387), 1215–28.

Josephs, O, Turner, R, & Friston, K. 1997. Event-related fMRI. *Hum Brain Mapp*, 5, 243–248.

Junghofer, M, Schupp, HT, Stark, R, & Vaitl, D. 2005. Neuroimaging of Emotion: empirical effects of proportional global signal scaling in fMRI data analysis. *Neuroimage*, 25, 520–6.

Kao, M-H, Mandal, A, Lazar, N, & Stufken, J. 2009. Multi-objective optimal experimental designs for event-related fMRI studies. *Neuroimage*, 44(3), 849–56.

Klein, A, Andersson, J, Ardekani, BA, Ashburner, J, Avants, B, Chiang, M-C, Christensen, GE, Collins, DL, Gee, J, Hellier, P, Song, JH, Jenkinson, M, Lepage, C, Rueckert, D, Thompson, P, Vercauteren, T,Woods, RP, Mann, JJ, & Parsey, RV. 2009. Evaluation of 14 nonlinear deformation algorithms applied to human brain MRI registration. *Neuroimage*, 46(3), 786–802.

Kohavi, R. 1995. A Study of cross-validation and bootstrap for accuracy estimation and model selection. *International Joint Conference on Artificial Intelligence*. San Francisco, CA: Morgan Kaufmann Publishers, 1137–43.

Kriegeskorte, N, Goebel, R, & Bandettini, P. 2006. Information-based functional brain mapping. *Proc Natl Acad Sci USA*, 103(10), 3863–8.

Kriegeskorte, N, Simmons, WK, Bellgowan, PSF, & Baker, CI. 2009. Circular analysis in systems neuroscience: The dangers of double dipping.

Nat Neurosci, 12(5), 535−40.

Kruggel, F., & von Cramon, DY. 1999. Temporal properties of the hemodynamic response in functional MRI. *Hum Brain Mapp*, 8, 259 −71.

Kwong, KK, Belliveau, JW, Chesler, DA, Goldberg, IE, Weisskoff, RM, Poncelet, BP, Kennedy, DN, Hoppel, BE, Cohen, MS, & Turner, R. 1992. Dynamic magnetic resonance imaging of human brain activity during primary sensory stimulation. *Proc Natl Acad Sci USA*, 89(12), 5675−9.

Lancaster, JL, Woldorff, MG, Parsons, LM, Liotti, M, Freitas, CS, Rainey, L, Kochunov, PV, Nickerson, D, Mikiten, SA, & Fox, PT. 2000. Automated Talairach atlas labels for functional brain mapping. *Hum Brain Mapp*, 10(3), 120−31.

Lancaster, JL, Tordesillas-Gutierrez, D, Martinez, M, Salinas, F, Evans, A, Zilles, K, Mazziotta, JC, & Fox, PT. 2007. Bias between MNI and Talairach coordinates analyzed using the ICBM-152 brain template. *Hum Brain Mapp*, 28(11), 1194−205.

Lange, N, & Zeger, S. 1997. Non-linear Fourier time series analysis for human brain mapping by functional magnetic resonance imaging. *Appl Statistics*, 46, 1−29.

Lindquist, MA, & Wager, TD. 2007. Validity and power in hemodynamic response modeling: A comparison study and a new approach. *Hum Brain Mapp*, 28(8), 764−84.

Liu, T. 2004. Efficiency, power, and entropy in event-related fMRI with multiple trial types. Part II: Design of experiments. *Neuro Image*,

21(1), 401–13.

Liu, T, & Frank, LR. 2004. Efficiency, power, and entropy in event-related fMRI with multiple trial types. Part I: Theory. *Neuroimage*, 21(1), 387–400.

Liu, TT, Frank, LR, Wong, EC, & Buxton, RB. 2001. Detection power, estimation efficiency, and predictability in event-related fMRI. *Neuroimage*, 13, 759–73.

Logothetis, NK, Pauls, J, Augath, M, Trinath, T, & Oeltermann, A. 2001. Neurophysiological investigation of the basis of the fMRI signal. *Nature*, 412, 150–7.

Lucerna, S, Salpietro, FM, Alafaci, C, & Tomasello, F. 2004. *In vivo atlas of deep brain structures*. Berlin Heidelberg, Germany: Springer.

Mai, JK, Assheuer, J, & Paxinos, G. 2004. *Atlas of the human brain, (2nd ed.)* San Diego: Academic Press.

Mandeville, B, Marota, JJ, Ayata, C, Zaharchuk, G, Moskowitz, MA, Rosen, BR, & Weisskoff, RM. 1999. Evidence of a cerebrovascular postarteriole windkessel with delayed compliance. *J Cereb Blood Flow Metab*, 19(6), 679–89.

Marcus, DS, Wang, TH, Parker, J, Csernansky, JG, Morris, JC, & Buckner, RL. 2007. Open access series of imaging studies (OASIS): Cross-sectional MRI data in young, middle aged, nondemented, and demented older adults. *J Cogn Neurosci*, 19(9), 1498–507.

McIntosh, AR. 1999. Mapping cognition to the brain through neural interactions. *Memory*, 7(5–6), 523–48.

McIntosh, AR. 2000. Towards a network theory of cognition. *Neural Netw*,

13(8−9), 861−70.

McIntosh, AR, Bookstein, FL, Haxby, JV, & Grady, CL. 1996. Spatialpatt ern analysis of functional brain images using partiall east squares. *Neuroimage*, 3(3−1), 143−57.

McIntosh, AR, & Lobaugh, NJ. 2004. Partiall east squares analysis of neuroimaging data: Applications and advances. *Neuroimage*, 23 Suppl 1, S250−63.

Miezin, FM, Maccotta, L, Ollinger, JM, Petersen, SE, & Buckner, RL. 2000. Characterizing the hemodynamic response: Effects of presentation rate, sampling procedure, and the possibility of ordering brain activity based on relative timing. *Neuroimage*, 11(6−1), 735−59.

Miller, MI. 2004. Computational anatomy: Shape, growth, and atrophy comparison via diffeomorphisms. *Neuroimage*, 23 Suppl 1, S19−33.

Moody, J, McFarland, DA, & Bender-deMoll, S. 2005. Visualizing network dynamics. *Amer J Sociol*, 110, 1206−41.

Mori, S, Wakana, S, & Van Zijl, PCM. 2004. *MRI atlas of human white matter*. 1st ed. Amsterdam: Elsevier.

Mourao-Miranda, J, Friston, KJ, & Brammer, M. 2007. Dynamic discrimination analysis: A spatial temporal SVM. *Neuroimage*, 36(1), 88−99.

Mumford, JA, & Nichols, TE. 2008. Power calculation for group fMRI studies accounting for arbitrary design and temporal autocorrelation. *Neuroimage*, 39(1), 261−8.

Mumford, JA, & Nichols, T. 2009. Simple group fMRI modeling and inference. *Neuroimage*, 47(4), 1469−75.

Muresan, L, Renken, R, Roerdink, JBTM, & Duifhuis, H. 2005. Automated correction of spinhistory related motion artefacts in fMRI: Simulated and phantom data. *IEEE transactions on bio-medical engineering*, 52(8), 1450−60.

Murphy, K, Birn, RM, Handwerker, DA, Jones, TB, & Bandettini, PA. 2009. The impact of global signal regression on resting state correlations: are anti-correlated networks introduced? *Neuroimage*, 44, 893−905.

Neter, J, Kutner, M, Wasserman, W, & Nachtshiem, C. 1996. *Applied linear statistical models*. McGraw-Hill Irwin.

Newman, MEJ. 2003. The structure and function of complex networks. *SIAM Rev*, 45(2), 167−256.

Newman, MEJ, Barabási, A-L, & Watts, DJ. 2006. *The structure and dynamics of networks*. Princeton: Princeton University Press.

Nichols, TE, & Holmes, Andrew P. 2002. Nonparametric permutation tests for functional neuroimaging: A primer with examples. *Hum Brain Mapp*, 15(1), 1−25.

Nichols, TE, & Hayasaka, S. 2003. Controlling the familywise error rate in functional neuroimaging: A comparative review. *Stat Meth Med Res*, 12(5), 419−446.

Nichols, T, Brett, Matthew, A, Jesper, Wager, Tor, & Poline, JB. 2005. Valid conjunction inference with the minimum statistic. *Neuroimage*, 25(3), 653−60.

Nieto-Castanon, A, Ghosh, SS, Tourville, JA, & Guenther, FH. 2003. Region of interest based analysis of functional imaging data. *Neuroimage*, 19(4), 1303−16.

Norman, KA, Polyn, SM, Detre, GJ, & Haxby, JV. 2006. Beyond mind-reading: Multi-voxel pattern analysis of fMRI data. *Trends Cogn Sci*, 10(9), 424–30.

Oakes, TR, Johnstone, T, Walsh, KSO,Greischar, LL, Alexander, AL, Fox, AS, & Davidson, RJ. 2005. Comparison of fMRI motion correction software tools. *Neuroimage*, 28(3), 529–43.

Orban, GA, & Vanduffel, W. 2007. Comment on Devlin and Poldrack. *Neuroimage*, 37(4), 1057–8; discussion 1066–8.

Ostuni, JL, Santha, AK, Mattay, VS, Weinberger, DR, Levin, RL, & Frank, JA. 1997. Analysis of interpolation effects in the reslicing of functional MR images. *J Comput Assist Tomog*, 21(5), 803–10.

O'Toole, AJ, Jiang, F, Abdi, H, Penard, N, Dunlop, JP, & Parent, MA. 2007. Theoretical, statistical, and practical perspectives on pattern-based classification approaches to the analysis of functional neuroimaging data. *J Cogn Neurosci*, 19(11), 1735–52.

Pearl, J. 2000. *Causality: Models, reasoning, and inference*. Cambridge: Cambridge University Press.

Penhune, VB, Zatorre, RJ, MacDonald, D, & Evans, AE. 1996. Interhemispheric anatomical differences in human primary auditory cortex: Probabilistic mapping and volume measurement from MR scans. *Cerebral Cortex*, 6(5), 661–672.

Penny, WD, Stephan, KE, Mechelli, A, & Friston, KJ. 2004. Modelling functional integration: A comparison of structural equation and dynamic causal models. *Neuroimage*, 23 Suppl 1, S264–74.

Pluim, J, Maintz, J, & Viergever, M. 2003. Mutual-information-based registration of medical images: A survey. *Med Imaging* 22(8), 986–

1004.

Poldrack, RA. 2007. Region of interest analysis for fMRI. *Soc Cogn Affect Neurosci*, 2(1), 67−10.

Poldrack, RA, Fletcher, PC, Henson, RN, Worsley, KJ, Brett, M, & Nichols, TE. 2007. Guidelines for reporting an fMRI study. *Neuroimage* 40(2), 409−14.

Poldrack, RA, Halchenko, YO, & Hanson, SJ. 2009. Decoding the large-scale structure of brain function by classifying mental states across individuals. *Psychol Sci* 20(11), 1364−72.

Poline, JB, & Mazoyer, BM. 1993. Analysis of individual positron emission tomography activation maps by detection of high signal-to-noise-ratio pixel clusters. *J Cereb Blood Flow Metabol*, 13(3), 425−37.

Posner, MI, Petersen, SE, Fox, PT, & Raichle, ME. 1988. Localization of cognitive operations in the human brain. *Science*, 240(4859), 1627−31.

Postelnicu, G, Zollei, L, & Fischl, B. 2009. Combined volumetric and surface registration. *IEEE Trans Med Imaging*, 28(4), 508−22.

Press, WH. 2007. *Numerical recipes: The art of scientific computing*, 3rd ed. Cambridge: Cambridge University Press.

Protzner, AB, & McIntosh, AR. 2006. Testing effective connectivity changes with structural equation modeling: What does a bad model tell us? *Hum Brain Mapp*, 27(12), 935−47.

Rademacher, J, Morosan, P, Schormann, T, Schleicher, A, Werner, C, Freund, HJ, et al. (2001). Probabilistic mapping and volume measurement of human primary auditory cortex. *Neuroimage*, 13(4), 669−683.

Raichle, ME, MacLeod, AM, Snyder, AZ, Powers, WJ, Gusnard, DA, & Shulman, GL. 2001. A default mode of brain function. *Proc Natl Acad Sci USA*, 98(2), 676–82.

Ramsey, JD, Hanson, SJ, Hanson, C, Halchenko, YO, Poldrack, RA, & Glymour, C. 2010. Six problems for causal inference from fMRI. *Neuroimage*, 49(2), 1545–58.

Ravasz, E, Somera, AL, Mongru, DA, Oltvai, ZN, & Barabási, AL. 2002. Hierarchical organization of modularity in metabolic networks. *Science*, 297(5586), 1551–5.

Rissman, J, Gazzaley, A, & D'Esposito, M. 2004. Measuring functional connectivity during distinct stages of a cognitive task. *Neuroimage*, 23(2), 752–63.

Rizk-Jackson, A, Mumford, J, & Poldrack, RA. 2008. Classification analysis of rapid event-related fMRI studies. *Org Hum Brain Mapp Abst*.

Roche, A, Malandain, G, Pennec, X, & Ayache, N. 1998. The correlation ratio as a new similarity measure for multimodal image registration. *Proc MICCAI*, January.

Roebroeck, A, Formisano, E, & Goebel, R. 2005. Mapping directed influence over the brain using Granger causality and fMRI. *Neuroimage*, 25(1), 230–42.

Rowe, JB, Hughes, LE, Barker, RA, & Owen, AM. 2010. Dynamic causal modelling of effective connectivity from fMRI: Are results reproducible and sensitive to Parkinson's disease and its treatment? *Neuroimage*, 52(3), 1015–26.

Samanez-Larkin, GR, & D'Esposito, M. 2008. Group comparisons: Imaging the aging brain. *Soc Cogn Affect Neurosci*, 3(3), 290−7.

Schmahmann, JD. 2000. *MRI atlas of the human cerebellum*. San Diego: Academic Press.

Schmithorst, VJ, & Holland, SK. 2004. Comparison of three methods for generating group statistical inferences from independent component analysis of functional magnetic resonance imaging data. *J Magn Reson Imaging*, 19(3), 365−8.

Shallice, T. 1988. *From neuropsychology to mental structure*. Cambridge: Cambridge University Press.

Shattuck, DW, Sandor-Leahy, SR, Schaper, KA, Rottenberg, DA, & Leahy, RM. 2001. Magnetic resonance image tissue classification using a partial volume model. *Neuroimage*, 13(5), 856−76.

Shattuck, DW, Mirza, M, Adisetiyo, V, Hojatkashani, C, Salamon, G, Narr, KL, Poldrack, RA, Bilder, RM, & Toga, AW. 2008. Construction of a 3D probabilistic atlas of human cortical structures. *Neuroimage*, 39(3), 1064−80.

Shipley, B. 2000. *Cause and correlation in biology: Auser's guide to path analysis, structural equations, and causal inference*. Cambridge: Cambridge University Press.

Shmuel, A, & Leopold, DA. 2008. Neuronal correlates of spontaneous fluctuations in fMRI signals in monkey visual cortex: Implications for functional connectivity at rest. *Hum Brain Mapp*, 29, 751−61.

Shulman, GL, Fiez, JA, Corbetta, M, Buckner, RL, Miezin, FM, Raichle, ME, & Petersen, SE. 1997. Common blood flow changes across visualtasks: II. Decreases in cerebral cortex. *J Cogn Neurosci*, 9(5), 648−63.

Sled, J, & Pike, G. 1998. Understanding intensity nonuniformity in MRI. *Proc. Med Image Comput Computer-Assisted Intervention*, 1496, 614−22.

Sled, JG, Zijdenbos, AP, & Evans, AC. 1998. A nonparametric method for automatic correction of intensity nonuniformity in MRI data. *IEEE Trans Med Imaging*, 17(1), 87−97.

Smith, AM, Lewis, BK, Ruttimann, UE, Ye, FQ, Sinnwell, TM, Yang, Y, Duyn, JH, & Frank, JA. 1999. Investigation of low frequency drift in fMRI signal. *Neuroimage*, 9, 526−33.

Smith, SM, & Nichols, TE. 2009. Threshold-free cluster enhancement: Addressing problems of smoothing, threshold dependence and localisation in cluster inference. *Neuroimage*, 44(1), 83−98.

Smith, SM, Fox, PT, Miller, KL, Glahn, DC, Fox, PM, Mackay, CE, Filippini, N, Watkins, KE, Toro, R, Laird, AR, & Beckmann, CF. 2009. Correspondence of the brain's functional architecture during activation and rest. *Proc Natl Acad Sci USA*, 106(31), 13040−5.

Spirtes, P, Glymour, CN, & Scheines, R. 2000. *Causation, prediction, and search*, 2nd ed. Cambridge, Mass.: MIT Press.

Sporns, O, Chialvo, DR, Kaiser, M, & Hilgetag, CC. 2004. Organization, development and function of complex brain networks. *Trends Cogn Sci (Regul Ed)*, 8(9), 418−25.

Stephan, KE, Hilgetag, CC, Burns, GA, O'Neill, MA, Young, MP, & Kötter, R. 2000. Computational analysis of functional connectivity between areas of primate cerebral cortex. *Philos Trans R Soc Lond B Biol Sci*, 355(1393), 111−26.

Stephan, KE, Weiskopf, N, Drysdale, PM, Robinson, PA, & Friston, KJ. 2007. Comparing hemodynamic models with DCM. *Neuroimage*, 38(3), 387–401.

Stephan, KE, Kasper, L, Harrison, LM, Daunizeau, J, den Ouden, H EM, Breakspear, M, & Friston, KJ. 2008. Nonlinear dynamic causal models for fMRI. *Neuroimage*, 42(2), 649–62.

Stephan, KE, Penny, WD, Moran, RJ, den Ouden, HEM, Daunizeau, J, & Friston, KJ. 2010. Ten simple rules for dynamic causal modeling. *Neuroimage*, 49(4), 3099–109.

Studholme, C, Hill, D, & Hawkes, D. 1999. An overlap invariant entropy measure of 3D medical image alignment. *Pattern Recog.* 32, 71–86.

Swanson, N, & Granger, C. 1996. Impulse response functions based on a causal approach to residual orthogonalization in vector autoregressions. *J Amer. Stat Assoc*, 92, 357–67.

Talairach, J. 1967. *Atlas d'anatomie stéréotaxique du télencéphale: études anatomo-radiologiques*. Paris: Masson et Cie.

Talairach, J, & Tournoux, P. 1988. *Co-planar stereotaxic atlas of the human brain*. Stuttgart: Thieme.

Thesen, S, Heid, O, Mueller, E, & Schad, LR. 2000. Prospective acquisition correction for head motion with image-based tracking for real-time fMRI. *Magn Reson Med*, 44(3), 457–65.

Thevenaz, P, Blu, T, & Unser, M. 2000. Interpolation revisited. *IEEE Trans Med Imaging*, 19(7), 739–58.

Toga, AW, & Thompson, PM. 2001. Maps of the brain. *Anat Rec*, 265(2), 37–53.

Toga, AW, & Thompson, PM. 2005. Genetics of brain structure and intelligence. *Annu RevNeurosci*, 28, 1–23.

Tohka, J, Foerde, K, Aron, AR, Tom, SM, Toga, AW, & Poldrack, RA. 2008. Automatic independent component labeling for artifact removal in fMRI. *Neuroimage*, 39(3), 1227–45.

Tom, SM, Fox, CR, Trepel, C, & Poldrack, RA. 2007. The neural basis of loss aversion in decision-making under risk. *Science*, 315(5811), 515–18.

Translational College of LEX. 1997. *Who is Fourier?: A mathematical adventure*, 2nd ed. Boston: Language Research Foundation.

Troendle, JF, Korn, EL, & McShane, LM. 2004. An example of slow convergence of the bootstrap in high dimensions. *American Statistician*, 58(1), 25–9.

Tzourio-Mazoyer, N, Landeau, B, Papathanassiou, D, Crivello, F, Etard, O, Delcroix, N, Mazoyer, B, & Joliot, M. 2002. Automated anatomical labeling of activations in SPM using a macroscopic anatomical parcellation of the MNI MRI single-subject brain. *Neuroimage*, 15(1), 273–89.

Uylings, HBM, Rajkowska, G, Sanz-Arigita, E, Amunts, K, & Zilles, K. 2005. Consequences of large interindividual variability for human brain atlases: Converging macroscopical imaging and microscopical neuroanatomy. *Anat Embryol (Berl)*, 210(5–6), 423–31.

Van Essen, DC. 2005. A Population-Average, Landmark-and surface-based (PALS) atlas of human cerebral cortex. *Neuroimage*, 28(3), 635–62.

Van Essen, DC, & Dierker, D. 2007. On navigating the human cerebral cortex: Response to "in praise of tedious anatomy". *Neuroimage*, 37(4),

1050–4; discussion 1066–8.

Vazquez, a L, & Noll, DC. 1998. Nonlinear aspects of the BOLD response in functional MRI. *Neuroimage*, 7(2), 108–18.

Vul, E, Harris, C, Winkielman, P, & Pashler, H. 2009. Puzzlingly high correlations in fMRI Studies of emotion, personality, and social cognition. *Perspect Psychol Sci*, 4, 274–90.

Wager, TD, & Nichols, TE. 2003. Optimization of experimental design in fMRI: A general framework using a genetic algorithm. *Neuroimage*, 18(2), 293–309.

Wager, TD, Vazquez, A, Hernandez, L, & Noll, DC. 2005. Accounting for nonlinear BOLD effects in fMRI: Parameter estimates and a modelfor prediction in rapid event-related studies. *Neuroimage*, 25(1), 206–18.

Watts, DJ. 2003. *Six degrees: The science of a connected age*, 1st ed. New York: Norton.

Weissenbacher, A, Kasess, C., Gerstl, F, Lanzenberger, R, Moser, E, & Windischberger, C. 2009. Correlations and anticorrelations in resting-state functional connectivity MRI: A quantitative comparison of preprocessing strategies. *Neuroimage*, 47, 1408–6.

Wilke, M, Schmithorst, VJ, & Holland, SK. 2002. Assessment of spatial normalization of wholebrain magnetic resonance images in children. *Hum Brain Mapp*, 17(1), 48–60.

Woods, R, Mazziotta, J, & Cherry, S. 1993. MRI-PET registration with automated algorithm. *J Comput Assist Tomogr* 17(4), 536–46.

Woolrich, MW, Behrens, TEJ, &Smith, SM. 2004a. Constrained linear basis sets for HRF modelling using variational Bayes. *Neuroimage*, 21(4), 1748−61.

Woolrich, MW, Behrens, TEJ, Beckmann, CF, Jenkinson, M, & Smith, SM. 2004b. Multilevel linear modelling for FMRI group analysis using Bayesian inference. *Neuroimage*, 21(4), 1732−47.

Woolrich, MW, Ripley, BD, Brady, M, & Smith, SM. 2001. Temporal autocorrelation in univariate linear modeling of FMRI data. *Neuroimage*, 14(6), 1370−86.

Woolsey, TA, Hanaway, J, & Gado, MH. 2008. *The brain atlas: A visual guide to the human central nervous system*, 3rd ed. Hoboken, N.J.: Wiley.

Worsley, KJ, Liao, CH, Aston, J, Petre, V, Duncan, GH, Morales, F, & Evans, AC. 2002. A general statistical analysis for fMRI data. *Neuroimage*, 15, 1−15.

Wu, DH, Lewin, JS, & Duerk, JL. 1997. Inadequacy of motion correction algorithms in functional MRI: Role of susceptibility-induced artifacts. *J Magn Reson Imaging*, 7(2), 365−70.

Xue, G, Aron, AR, & Poldrack, RA. 2008. Common neural substrates for inhibition of spoken and manualr esponses. *Cereb Cortex*, 18(8), 1923−32.

Yeşilyurt, B, Uğurbil, K, & Uludağ, K. 2008. Dynamics and nonlinearities of the BOLD response at very short stimulus durations. *Magn Reson Imaging*, 26(7), 853−62.

Zarahn, E, Aguirre, GK, & D'Esposito, M. 1997. Empirical analyses of BOLD fMRI statistics. I. Spatially unsmoothed data collected under null-hypothesis conditions. *Neuroimage*, 5, 179−97.

Zhang, B, & Horvath, S. 2005. A general framework for weighted gene co-expression network analysis. *Stat Appl Genet Mol Biol*, 4, Article17.

Zhang, H, Nichols, TE, & Johnson, TD. 2009. Cluster mass inference via random field theory. *Neuroimage*, 44(1), 51−61.

Zola-Morgan, S. 1995. Localization of brain function: The legacy of Franz Joseph Gall (1758-1828). *Annu Rev Neurosci*, 18, 359−83.

찾아보기

A

AFNI 27

Analyze 347

B

BOLD 신호 124

BOLD 잡음 146

BrainVoyager 28

B-스플라인 60

C

CARET 110

D

DARTEL 109

DICOM 345, 346

F

FIR 기저 세트 134

FreeSurfer 28, 110

FSL 27

M

MNI 형판 100

M-수열 164

N

NIfTI 347

S

SPM 26

T

Talairach 지도 100

TR 139

ㄱ

가우시안 함수 63

가족단위 오류 198

강체 변환 43, 82

거짓 발견율 205

거짓 양성 오류 189

거짓 음성 오류 189

검증력 189, 213

결합 히스토그램 50

경사에코 에코평면 영상 73

고스팅 69

고정효과 170

고정효과 모형 177

고주파 통과 필터 61

공간적 변환 41

공간적 편평화 91

공간적 표준화 97

과소이동 17

관심 영역 분석 303

교차배치 획득 76

구분적 선형 변환 44

구조방정식 모형 245

국지화 221

그래프 인과 모형 249

그레인저 인과관계 255

극파 69

기계학습 268

기능적 연결성 222

기저함수 46

ㄴ

뇌 추출 102

ㄷ

다중검증 문제 198

다중척도 최적화 55

단순 선형 회귀 319

대역통과 필터링 155

독립성분 분석 71, 234

드리프트 22

ㅁ

모수적 조절 140

몬테 카를로 모의실험 201

무선 장 이론 199

무선효과 172

ㅂ

반복 시간 139

반치전폭 92

베타-계열 상관 226

보간법 42

보통 최소 자승 175

복셀-수준 추론 191, 192

본페로니 보정 199

볼륨 기반 정합 42

브로드만 영역 301

비선형 변환 44

비용함수 42, 47

ㅅ

사전백색화 151

사전유색화 155

산소치 의존 신호 16

삼선형 보간법 58

상관 비 53

상호 정보 51

상호정합 107

세트-수준 추론 191, 196

스파이크 69

시간추이 139

시드 복셀 224

시불변 127

심리생리학적 상호작용 228

싱크 보간법 59

ㅇ

아핀 변환 43

양식 간 정합 48

양식 내 정합 48

에일리어싱 89

엔트로피 50

역동적 인과 모형 252

움직임 보정 81

이중 감마 HRF 130

인공결함 69

인과적 연결성 242

ㅈ

자기장 지도 74

작은 세상 연결망 257

잡음 회귀자 143

저주파 통과 필터 61

전처리 67

절편 76

정규 상관 49

정규화 54

제약 기저 세트 136

조직 분할 104

좌표 체계 39

주성분 분석 231

중다 선형 회귀 320

직교화　144

ㅊ

최근접점 보간법　57

최소 자승 비용함수　49

추정　159

치환검증　202

ㅋ

컨볼루션　63, 127

클러스터-수준 추론　191, 193

ㅌ

탐지　159

ㅍ

파워 스펙트럼　61

편향 자기장　101

편향 자기장 교정　102

평균 중심화　178

표면 기반 표준화 방식　110

표준 HRF　130

표준 공간　41

푸리에 변환　61

푸리에 분석　61

필터링　60

ㅎ

혈류역학 반응　17, 125

혼합 모형　172

활성화-유발 상관　225

저자 소개

Russell A. Poldrack
미국 텍사스 대학교(University of Texas at Austin) 영상연구센터의 책임자이자 심리학과 및 신경생물학과 교수다. 그는 *Science, Nature, Neuron, Nature Neuroscience, PNAS* 등과 같은 저널에 인지신경과학 분야의 논문을 100편 이상 게재하였다. 그는 fMRI나 다른 영상 기법을 이용하여 학습과 기억, 의사결정, 집행 기능을 뒷받침하는 인간의 뇌 시스템을 이해하기 위한 연구들로 잘 알려져 있을 뿐만 아니라, 뇌신경 영상이 심리적 작용에 관한 추론을 이끌어 내는 데 어떻게 이용될 수 있는지에 관한 저술로도 유명하다.

Jeanette A. Mumford
미국 텍사스 대학교 심리학과의 연구 조교수다. 생물통계학 분야에서 훈련을 받았고, 연구는 fMRI 데이터의 통계적 모형화와 분석에 관한 새로운 방법 개발과 특성 해석에 중점을 두고 있다. 그녀는 서로 다른 집단 모델링 방법의 영향력에 대해 연구하였고, 휴지상태 fMRI 데이터 분석에서 네트워크 구조의 모델링을 위한 새로운 도구를 개발하였다. 또한 fMRI 데이터를 위한 검증력 분석 도구를 제공하는 fmriPower 소프트웨어의 개발자이기도 하다.

Thomas E. Nichols
영국 워릭 대학교(University of Warwick) 통계학과의 뇌신경 영상 통계 분야 수석연구원이다. 그는 프로그래머이자 통계학자로서 1992년 피츠버그 대학교(University of Pittsburgh)의 PET 시설에 참여한 이래로 기능적 뇌신경 영상 분야의 연구를 하고 있다. 모수적 · 비모수적 방법을 이용한 뇌영상 연구에서의 추론에 관한 업적으로 알려져 있으며, FSL과 SPM 소프트웨어 패키지에 대해 활발한 기고 활동을 하고 있다. 2009년에는 뇌신경 데이터에 대한 통계적 모형화와 추론에 기여한 공로를 인정받아 휴먼 뇌기능 매핑 학회(Organization for Human Brain Mapping)로부터 Wiley Young Investigator Award를 수상하였다.

역자 소개

김초복 (Kim Chobok)
충남대학교 심리학과(학사 및 석사)
미국 뉴멕시코 주립대학교(New Mexico State University) 심리학과(박사)
미국 켄터키 대학교(University of Kentucky) 신경생물학과(박사후 연구원)
현재 경북대학교 심리학과 교수
이메일: ckim@knu.ac.kr

fMRI 데이터 분석의 이해
(Handbook of Functional MRI Data Analysis)

2015년 1월 20일 1판 1쇄 발행
2018년 4월 25일 1판 2쇄 발행

지은이 • Russell A. Poldrack · Jeanette A. Mumford · Thomas E. Nichols
옮긴이 • 김초복
펴낸이 • 김진환
펴낸곳 • (주) 학지사
　　　　　121-838 서울특별시 마포구 양화로 15길 20 마인드월드빌딩
대표전화 • 02)330-5114　　팩스 • 02)324-2345
등록번호 • 제313-2006-000265호

홈페이지 • http://www.hakjisa.co.kr
커뮤니티 • http://cafe.naver.com/hakjisa

ISBN 978-89-997-0581-6　93180

정가 25,000원

이 도서의 국립중앙도서관 출판시도서목록(CIP)은 서지정보유통지원시스템
홈페이지(http://seoji.nl.go.kr)와 국가자료공동목록시스템(http://www.
nl.go.kr/kolisnet)에서 이용하실 수 있습니다.
(CIP제어번호: CIP2014037050)

교육문화출판미디어그룹 학지사
심리검사연구소 인싸이트 www.inpsyt.co.kr
원격교육연수원 카운피아 www.counpia.com
학술논문서비스 뉴논문 www.newnonmun.com
간호보건의학출판 정담미디어 www.jdmpub.com